·臺灣研究叢刊·

清代臺灣社會經濟

王世慶 著

自序

一九四九年春我到臺灣省通志館顧問委員會服務，同年七月該館改組為臺灣省文獻委員會，仍繼續任職。四十餘年來，除參與前後四次纂修《臺灣省通志》外，大多致力於臺灣史料的蒐集整理和臺灣史的研究。因職司整理工作多年，所撰寫的作品以臺灣史料的分量較多，專題的研究則以有關清代臺灣社會經濟發展為主。我之所以偏向清代臺灣史的研究，有兩個理由：一是可研究的問題極多。雖然先賢史家連雅堂先生、伊能嘉矩先生等，對清代臺灣史的研究已有豐碩的成果，但就臺灣史的斷代研究來說，以有清一代二百多年所佔時間最長，更是先民渡臺拓墾，將荒野開發為樂園寶島的艱辛時代，值得探討研究。其次，已往清代以後之臺灣史的研究，特別是日據時代至一九四九年前，頗受環境的限制，不易就學術觀點自由發揮，所以長期以來我毅然選擇了清代臺灣農村社會經濟問題的研究，做為終生的職志。

漢人之東渡澎湖拓殖，有史籍可考的係始於南宋孝宗乾道年間（一一六五～一一七三），大約十二世紀末葉。但對臺灣本島的移民，則遲至十六世紀中葉以後，亦卽明代嘉靖（一五二二～一五六六）、隆慶（一五六七～一五七二）、萬曆（一五七三～一六一九）年間。明末清朝領臺時，漢人移民已有十數萬人，拓墾之田園至少有一萬八千四百多甲。

自康熙二十二年（一六八三）清朝領臺，至光緒元年（一八七五）將近二百年間，清政府一直限制大陸人民渡臺。惟康熙三十年代以後，在人口壓力之下，閩粵無產業家室之各郡民，歲有數萬人領照或偷渡，冒險來臺開闢新天地，尤以乾隆年間（一七三六～一七九五）為最多。清朝統治臺灣的二百多年間，是漢人大舉移民拓墾開發的時代。這些移民有墾耕成功後衣錦還鄉者，亦有拓墾失敗或在臺不易娶妻建立家室而回流原籍者，但大多數落籍臺灣，建立新社會。至光緒二十一年（一八九五）臺灣割讓與日本時，人口已達二百五十餘萬人，開闢之田園達四十一萬四千二百餘甲以上，當時可墾之荒埔丘陵幾已墾盡。因此筆者覺得這二百多年間，臺灣移民社會之墾戶、佃民的拓墾發展，農田水利埤圳的興築，最主要農產品稻米之生產外銷，米價的變動，農村金融的借貸情形，農村主要勞動力的牛墟，及移民新社會宗教信仰活動的演變等，都很值得研究探討。

本書彙集筆者自一九五六年以來，所發表的有關清代臺灣社會經濟史的論文十二篇，藉著此次出版論文集的機會，做了若干少許的修正，不以原來發表之時間先後編排。茲簡述各文寫作之緣起及大意如次：

第一篇〈十九世紀中葉臺灣北部農村金融之研究〉，是利用帳簿〈廣記道光二十二年歲次壬寅吉置總抄簿〉，論述道光二十三年（一八四三）之後約三十年間，臺灣北部興直堡小租戶張家所經營的農村金融，探討其貸放款、利率、利息、利穀與米價關係，並分析其經營土壠間（碾米廠）及乾德商行，發展成為一千石租地主的經過情形。

第二篇〈清代臺灣的米價〉和第三篇〈清代臺灣的米產與外銷〉，係探討清代臺灣的墾耕發展和米產的發達，及其外銷大陸沿海各省的情形，並論述米穀市價和官價之變動比較與政府之採買、折徵、平糶措施等。

第四篇〈從清代臺灣農田水利的開發看農村社會關係〉和第

五篇〈談清代臺灣蘭陽地區之農田水利開發史料〉，則利用民間的古文書、古契，探討水圳之興築在墾耕上的重要性。這兩文討論了先民自力開鑿埤圳之投資經營模式，官府對開發水利之措施，埤圳之合約組織和功能，以及水利與廟神禮祭的農村社會關係，並進一步介紹分析蘭陽地區豐富的埤圳開發史料，和以企業經營為主的蘭陽地區水利開發之特色。

第六篇〈清代海山庄之墾戶與公館〉和第十二篇〈林本源之租館和武備與乙未抗日〉，是利用契字、臺灣總督府檔案等，論述臺灣北部之墾戶"張吳文"與臺灣最大業戶"林本源"之拓墾事業和設立公館租館收租的發展情形，並論及其武備與械鬥、割臺抗日的關係。

第七篇〈清季及日據初期南部臺灣之牛墟〉，係利用臺灣總督府臺南縣檔案、石碑、史籍，論述臺灣唯一的墟市"牛墟"之設置經過、經營章程，政府對牛墟之管理取締，各地牛墟之營業情形，及牛墟在傳統農業社會的角色與地位。

第八篇〈民間信仰在不同祖籍移民的鄉村之歷史〉，係一九七一年十月，筆者應邀參加美國社會科學研究會(Social Science Research Council)主辦，由史丹福大學(Stanford University)武雅士教授（Professor Arthur P. Wolf）籌劃主持的"中國社會的宗教與禮俗會議"（Conference on Religion and Ritual in Chinese Society）所發表的論文。（英文原題為"Religious Organization in the History of a Taiwanese Town"，登於該會議之論文集 *Religion and Ritual in Chinese Society*，一九七四年史丹福大學出版。）本篇結合了田野調查資料和文獻史籍，闡明清代臺灣不同祖籍之移民，如何隨著拓墾發展而建立地緣、血緣村落，又如何隨著新天地農村社會之形成而開始其宗教信仰及社會活動的經過情形。清代臺灣移民的宗教信仰，原由各奉敬之宗族從故鄉攜來之神像香火，慢慢融合形成創建村庄土地公廟及神明會，進而共同創建大道公廟做為數庄居民之信仰中心，但仍各自維持原屬祖籍神明之信仰。在日本據臺後，隨鄉村之漸次近代化，鄉村的社會宗教活動更進一步融合發展，原有以祖籍神明為中心之信仰活動不如往昔濃厚，而漸演變為以居住同一地區之行政鄰里或鎮為中心之共同信仰社區，各村庄內之土地公廟、神明會、祖籍神明等，也均在濟安宮的信仰圈下與大道公保持密切的關係。

第九篇〈臺灣隘制考〉和第十一篇〈日據初期臺灣撫墾署始末〉，則為探討清代和日據初期臺灣移民設隘開拓，由平原荒埔、丘陵地帶，進而"開山撫番"，鎮壓先住民，開發山地資源之歷程，以及"隘制"在臺灣拓墾史上所擔任之角色。〈臺灣隘制考〉是筆者最早發表的一篇文章，民國四十五年十二月，刊登於《臺灣文獻》第七卷第三、四期合刊。

第十篇〈日據初期臺灣之降筆會與戒煙運動〉。日本據臺伊始，臺灣面臨政治上的巨變，彼時民情激憤，社會不安，臺民雖有權選擇決定國籍"去就"之自由，但絕大多數臺灣人，為堅守先民艱難開拓之故土，所以都情願留住臺灣。日本據臺初期，為確立其財政之獨立自足，先後施行鴉片、食鹽、樟腦等專賣及各種苛稅，以之剝削臺灣人之經濟資源。當時臺灣知識分子，有鑑於鴉片毒害身體，乃致力組織鸞堂降筆會，發動戒煙反日運動。本文主要論述降筆會之引進和分佈情形，及其戒煙運動之實施，日本政府之偵查取締經過。也分析了各地鸞堂之組織堂規及經費來源。降筆會的戒煙運動雖然獲得相當成果，但這種有益人心社會之勸善改良運動，最後因為對總督府之稅收造成極大損失，而被日本政府認為是反對其鴉片政策及排日反日運動，終遭日警取締及強制解散。

我有機會參與纂修臺灣省志及研究臺灣史，深受長官前輩之指導、教誨、愛護、提拔，如黃純青先生、林熊祥先生、林崇智先生、戴炎輝教授、黃得時教授、林衡道教授、林衡立教授、毛一波先生、簡榮聰先生、中村孝志教授，及親友 Professors Arthur P. Wolf, Ramon H. Myers, William M. Speidel, Harry J. Lamley、陳捷先、張偉仁、王崧興教授等之指導、提拔，藉此拙作結集出版之際，謹表示由衷之感謝。其中承受林衡立教授和Professor A.P. Wolf之學恩尤多，筆者感激不盡。也感謝許多前輩、知友、同事多年來的鼓勵。最近幾年，我更垂蒙陳奇祿、張光直、李亦園、許倬雲院士，以及莊英章、管東貴、陳三井、麥朝成、彭文賢、曹永和、劉石吉、黃富三、梁華璜、陳其南、張炎憲、賴澤涵、許雪姬教授等人的引薦及協助，得以參與中央研究院臺灣史田野研究室及臺灣史研究所籌備處的史料整理及籌備工作，並有機會以兼任研究員的身分，參加中央研究院社科所的研究行列，我特別感到榮幸與欣慰，謹在此誌謝。本書能夠付梓出版，要特別感謝聯經出版公司劉國瑞、林載爵、方清河三位先生和陳秋坤先生的好意協助，在此一併敬致謝忱。

王世慶

民國八十二年十月二十八日

目　次

十九世紀中葉臺灣北部農村金融之研究

——以興直堡銀主小租戶廣記為例

一、前言

清代臺灣在開港以前尚無近代式之金融機關，民間金融大多依賴業戶商人等富戶豪紳之高利貸。對資金需要殷切而告貸無門之庶民，則組織搖會、標會聯合互助融通①。

咸豐八年(西元一八五八年)，依天津條約臺灣正式開港後，歐美商業資本侵入臺灣，對外貿易發展，臺北始有由外商資本支援設立之金融機構媽振館②。媽振館既非純粹之商人，亦非經紀人，係介在厦門之洋行與臺北茶館之中間，承託運銷茶葉，由洋行提供資金貸與茶商，再將資金貸與茶農，居間作抽頭之生意③。

①東嘉生，《臺灣經濟史研究》，臺北，東都書籍株式會社臺北支店，昭和19年，頁 277、278。
吳耀輝，《臺灣省通志稿》卷 4〈經濟志金融篇〉，臺北，臺灣省文獻委員會，民國48年，頁 71-73、237-239。
洪震宇，《臺灣農村經濟研究》，臺北，自立晚報社，民國73年，頁45。
道光22年置〈廣記總抄簿〉，收編於《臺灣公私藏古文書影本》第10輯 03-04-271，1982年編印。

②媽振館之名稱，起源於英語 Merchant.

③臺灣銀行，《臺灣銀行20年誌》，臺北，該行，大正 9 年。
東嘉生，《臺灣經濟史研究》，頁 328、329。
吳耀輝，《臺灣省通志稿・金融篇》，頁73。

至光緒十年（一八八四），法軍進攻臺灣，臺灣軍費不足，劉銘傳乃以捐借兩法，由臺灣之富戶豪紳籌辦軍餉，以捐借之銀款發行鈔票，即派殷紳開辦銀號，予以發行鈔票之權限，並辦理金融業務。是臺灣金融機關，正式經營金融業務之開端④。

但就整個清代臺灣觀之，地主、商人、富戶、豪紳之高利貸，仍爲民間融通資金的主要來源。以往已有東嘉生、吳耀輝、洪震宇⑤等研究清代臺灣民間金融問題，但限於資料多僅敍述民間金融高利貸之種類，貸借之方式，點綴式之利率，或論高利貸之剝削農民等，少見有以具體之貸借實例與數字，作比較長期性民間金融之研究。本文擬利用淡水廳興直堡〈廣記道光二十二年歲次壬寅吉置總抄簿〉，來探討道光、咸豐、同治年間約三十年間之臺灣北部民間農村金融及穀價之情形。

二、廣記與其關係企業

廣記爲清代臺灣北部興直堡之張姓小租戶，其親族多住於和尚洲，在道光至同治年間擁有田園約三十甲，年收小租穀及園稅約有一千石租⑥。廣記在道光二十二年以前已是興直堡的小租戶。據〈廣記總抄簿〉自道光二十二年至同治八年（一八四二至

---

④吳耀輝，《臺灣省通志稿・金融篇》，頁71、72。

⑤即同註①東嘉生、吳耀輝、洪震宇等著作。

⑥按據咸豐壬子2年，劉家謀撰《海音詩》（民國42年，臺灣省文獻委員會本），葉4云：臺地田每甲出粟，上者不過三、四十石。東嘉生，《臺灣經濟史研究》，頁73云：小租在一般田，約納收穫量之十分之四，每甲之小租額約爲三〇～三五石。沈茂蔭，《苗栗縣志》，（臺灣文獻叢刊第159種，臺灣銀行，民國51年），第1冊，頁114云：田主每年收所供租穀日小租，向來多納早冬；其晚冬悉歸佃戶。以此計算一千石租約爲三十餘甲之收入。日據時期，因稻作改良，中上則田一甲每年早晚兩冬可收穫八十至一百餘石，租穀一甲每年爲四十至五十石。

一八六九年）共二十八年之間，向廣記典胎借銀者有二十二戶，銀錢借給廣記者有五戶，與廣記有銀穀往來而不計利息者有七戶，向廣記批購米穀者有十一戶，廣記之佃人有十九戶，租店舖和租地基者各一戶，賣田、園、店、厝地、風水山地給廣記者共有十三戶，總共有七十九戶⑦。

由此可知小租戶廣記除收小租穀外，還有出租店舖、地基，批售米穀，出借銀穀收取利息銀穀，同時也借入銀款，並經營土壠間等⑧，獲利頗多。在同治九年以後，廣記仍繼續經營前記各項業務，並於同治十年（辛未）設置新總簿記賬，可惜已失傳。

廣記另有兩家關係企業，一爲商號“乾德”，一爲“坤記”。乾德商號規模相當大，經營米穀之批售，販賣各種布料——眉布、井淺布、天青呢、淺西洋、白織遷、布鞋等。乾德在道光二十二年至二十七年之間，與廣記往來銀穀之間，初六年間曾支援廣記銀共八千六百九十五員；道光二十八年以後至同治八年，則相反地廣記年年有餘銀供乾德運用。（詳見表八）

與廣記和乾德往來之主要商戶，計有：興直堡內之振德、謝振記、清福軒、合德、杜儉記、斐記、大振、春記、恆茂、聚記、聘記、米記、通記、金福順、乾源、協隆、韻記、愚記、金豐順、勝發、月記、義記、享記、星記、泰興、德成（洋蔘行）、錫記、益記（水車行）、元記、理記、忠恕記及海山、興直二堡之永安陂圳戶張豐順等三十二戶。咸豐十、十一兩年，與枋橋林本源亦有抽補分類粟之往來。在臺灣北部又有轉投資抽分收入銀穀。並曾在其大陸故鄉泉州投資，同治元年在泉州有抽分

⑦據道光22年置〈廣記總抄簿〉，以下未註明資料出處者都根據〈廣記總抄簿〉，註略。

⑧見〈廣記總抄簿〉乾德己未、庚申（咸豐9年、10年）項下載有，廣記土壠間碾米工銀收入，碾米工銀每石爲佛銀〇·〇五八三三～〇·〇五八三五元。

收入佛銀。

在公益方面，當咸豐六、七年間新莊造牆時，廣記、乾德曾捐穀十七石餘。咸豐八、九年間，捐鶴浦西安宮龍柱銀四十八員。咸豐十一年，抽分銀一點五七四員給綏和局。同治二年，捐軍需銀五十員。

三、廣記貸借銀穀及利息銀穀之收支

(一) 清代臺灣農村金融之貸借方式

在談廣記貸借情形之前，先略述清代臺灣民間金融之主要貸借方式於後：

(1)典：係借銀人（債務人）將土地或建物等不動產，或不動產權，如大租、水租、地基租等作抵押，向富戶銀主（債權人）借銀。銀主得占有經營使用該典物收取利益，而以其收益抵利息。例如典田園時承典者可自耕或招佃人耕作，收取其收穫物抵利息額。該典物之大租、水租、地基租、正供等之負擔則由雙方約定，通常大租、水租等由承典者負擔，正供由出典者負擔。雙方並約定借銀期限，過期不贖回，該典物歸銀主所有⑨。

(2)胎借：爲以不動產及不動產權之字據作抵押向銀主借銀，銀主占有該抵押胎借之字據，抵押之不動產仍歸出胎者持有。出胎者要向銀主付利息，通常以其抵押之不動產所生產之收益抵利息，故稱爲胎。例如以田園字據作抵押胎借者，銀主得約定逕向該田園之耕作者佃人，取得稻穀或園稅抵利息。也有約定借期⑩。

⑨臨時臺灣土地調查局，《臺灣舊慣制度調查一斑》，臺北，明治34年，頁 213-220。
洪震宇，《臺灣農村經濟研究》，頁46。

⑩《臺灣舊慣制度調查一斑》，頁 229-234。道光22年置〈廣記總抄簿〉。

(3)信借：不需抵押品，但大多需要第三者親友作保認人，信借之銀穀數額通常比較少，但利息卻多比典胎借較高⑪。

(4)有利磧地：係地主向佃人支借銀兩，將租抵利者，曰“有利磧地”⑫。

(5)賣青苗：所謂賣「青」者，乃農民缺乏資金未熟先糶，未收先售也。有粟青、有油青、有糖青等。於新穀未熟，新油、新糖未收時給銀先定價值，俟熟收而還之。菁靛，則先給佃銀令種，一年兩收⑬。銀主多爲土壠間（碾米廠）、米穀商、地主、糖廍、油車戶等。

(6)質當：告貸無門者，急需銀款時，將衣物拿到當舖去質當。當舖以高利剝削借銀人⑭。

另有一種私當、私典，曰「小押」者，皆兵卒爲之，每質物一百文只給九十一，謂之「九抽」，贖時仍滿其數。每十日一百文，計息六文。其限期之緩急以物之高下爲差，然無過一歲者⑮。爲短期周轉而付高利。

(7)五虎利：借銀錢，每百錢按日繳息五文。停繳一日，即將前繳抹銷，謂之「五虎利」，亦營卒所爲，窮民不得已貸之，無力償者，或擄其妻女而去⑯。

(8)搖會、標會、輪會：爲福建來臺之移民所創始，在臺灣農村金融所占地位甚大。「會仔」，依其得會方法可分爲搖會、標會、輪會三種。邀集者（發起人）稱會頭，其餘參加者稱爲會

⑪道光22年置〈廣記總抄簿〉。

⑫沈茂蔭，《苗栗縣志》，臺灣文獻叢刊第159種，臺灣銀行，民國51年，第1冊，頁114。

⑬沈茂蔭，《苗栗縣志》，第1冊，頁115。

⑭洪震宇，《臺灣農村經濟研究》，頁46。

⑮劉家謀著，吳守禮校，《校注海音詩全卷》，臺北，臺灣省文獻委員會，民國43年，頁20。

⑯《校注海音詩全卷》，頁20。

脚，一會有十數人，或數十人不等。

其組織動機，大多因平民需要資金而告貸無門者，聯合自求互助解決。第一次集會會款，由會頭所得，會頭收會頭錢時，或宴請會脚一次，或自發的減收少許會頭錢，對會脚表示謝意。第二次以後，按期歸會脚輪得，會脚必需付利息。臺灣以標會最爲普遍⑰。

㈡ 廣記貸放銀錢及其利息銀穀之收入

廣記自道光二十二年起至同治八年止，在二十八年之間，曾貸放銀穀，但大多爲貸銀，貸穀爲極小額，且未計利息。其貸借種類，可分爲典、胎借、信借三種。

1. 典

係以田園出典借銀，需立起耕典田園契字，寫明出典田園之坐落四至；配納之大租、水份，典價，出典期限，及贖回、未贖回時之處理方式等事項。又需立爲中人，繳交出典之該田園字據，並要付給中人，代筆人花紅。兹舉〈廣記總抄簿〉所錄贖回及未贖回之起耕典契要項二例於後：

例1：謝振記，庚申年（咸豐十年）二月二十九日，去起耕典田價佛銀二仟員。

開爲中人謝答、鄭辰花紅銀四拾員，又代筆楊綿遠花紅銀貳員。

十二月三十日，對貼張蕚起田厝去佛銀拾貳元。

甲子（同治三年）元月拾九日，還來佛銀貳仟元。又對坐修田厝來佛銀拾陸元。（請參照附件一）

⑰詳請參見，吳耀輝，《臺灣省通志稿·金融篇》，頁 237-239。及《臺灣公私藏古文書影本》第6輯 05-05-404、405，〈標會、退會銀字〉，美國亞洲學會臺灣研究小組編輯，1981年。

例2：李萬慶官，己酉年（道光二十九年）十二月二十三日，去起耕典田併園價佛銀捌佰員。

甲寅（咸豐四年）十二月十四日，找去盡根田園價佛銀捌拾捌員。

李爻老、李長流，場見禮佛銀肆員。

李邦淵先、張榮觀，為中禮佛銀捌員。

王法官禮佛銀壹員。（請參照附件二）

如表一所列，自道光二十六年開始承典至咸豐七年，又咸豐十年起至同治三年止，十七年間，廣記所承典之戶數共有四戶，即(1)李元同、李元忝官戶，(2)王光蔭、王天助戶，(3)李萬慶戶，(4)謝振記戶。出典者都是田主小租戶，而都是興直堡人。所承典之各戶典價共為佛銀四千一百十六員，但大多連續承典數年以上，故十七年間，歷年承典之累計戶次共有二十六戶次，歷年承典之累計金額共為佛銀二萬六千八百三十八員。承典之金額最大筆者，為咸豐十年出典之謝振記，典價為佛銀二千員。最小筆之出典者為王光蔭、王天助戶，典銀為佛銀一百九十員。典期最短者是王光蔭、王天助戶，為期滿三年。最長者為李元同、李元忝戶，典銀一千一百員，典期達滿十一年。典期到期贖回者為李元同、李元忝戶及謝振記戶二戶，王光蔭、王天助戶及李萬慶戶二戶則未贖回，而盡根絕賣給承典主廣記。

出典者在典出期間，雖不付利息給廣記，但承典主可經管承典之田園，其生產之稻穀等歸承典主之收入抵利息。廣記自道光二十六年至咸豐七年及咸豐十年至同治三年共十七年之間，承典之田所收稻穀共有一千九百七十六石二斗，收入最多之年分為咸豐元年，達一百七十五石九斗八升，最少之年分為道光二十七年，全年收入九十石。

2.　胎借

胎借銀人在胎借銀時必須立胎借銀字，寫明向某銀主胎借金額若干，每年應付利息銀穀若干，繳納方式、日期，胎借期限，並立中人，繳交抵押之該不動產字據。並需付中人禮、代書禮等花紅。玆舉〈廣記總抄簿〉所錄胎借銀字之要項二例於後：

例1：李爲生、李寬諒官，甲辰年（道光二十四年）十一月二十日，胎借去母佛銀捌佰員。

同中三面議定，每百元全年願貼利穀拾叁石行，全年計利息穀壹佰零肆石，按早六晚四，對現佃黃永觀收抵。其銀限借三年。即立來胎借銀字壹紙。又來嘉慶二十二年，明買過陳賢友武勝灣大友莊⑱水田契壹紙，契面銀壹仟叁佰元，道光十四年七月，稅布字第八七九四號，又來鬮分壹紙，又來給憲補印契單壹紙，共肆紙付執爲照。

爲中人鄭爲觀、張永觀去禮佛銀肆元。

丙午（道光二十六年）八月二十一日，來定佛銀貳拾元。十月二十九日，來佛銀柒佰捌拾元，贖去契字肆紙。（請參照附件三）

例2：李萬慶官，丁未年（道光二十七年）十一月初十日，胎借去母佛銀肆佰員。

同中三面言議，每百元全年願貼利息佛銀拾叁元伍角行，計全年共該利息佛銀伍拾肆元，對現佃李非謙觀每年園稅佛銀四拾四元，約六月交一半，十月內交淸。又對現佃王愚觀每年納粟拾石，早季交納六石，晚季交納四石，共拾石，折佛銀拾元，共五十四元。其銀限借五年爲滿，即立來胎借銀字一紙，又繳來承買印契粘司單一紙，又上手鬮書一紙，共叁紙付執存照。

爲中人張榮觀、張永觀，去禮佛銀貳元。

己酉（道光二十九年）五月初三日，對戊申年（道光二十八年）十一月，由乾德借去佛銀壹佰肆拾員。

---

⑱大友莊，又作大有莊，或作達友莊，即今三重市二重里。

同中三面言議，每百元全年願貼利息穀拾叁石五斗行，對現佃王愚觀交納，親立借字後爲憑。

己酉（道光二十九年）十二月二十三日，還來母佛銀伍佰肆拾員。（請參照附件四）

如表一所列，自道光二十三年起至同治元年，二十年之間，向廣記胎借銀之出胎者共有十二戶，卽(1)廖華沱、廖華岳官（擺接堡冷水坑莊），(2)李爲生、李寬諒官（大友莊），(3)李寬諒（達友莊），(4)李頃來（達友莊），(5)李爻老、李長流（興直堡），(6)簡敬官（海山堡潭底莊），(7)張嫣光、張仙送（和尚洲），(8)王予官（興直堡），(9)李萬慶官（興直堡），(10)李元同官（興直堡），(11)李元同、李元忝官（興直堡），(12)楊活水（興直堡）。出胎者亦都是田主小租戶，大多是興直堡人，但有一戶是擺接堡冷水坑人，一戶是海山堡潭底莊人，其貸放銀錢之地區，已擴及鄰近之海山、擺接二堡。

承胎之各戶貸款金額共爲佛銀五千五百十一員，但亦大多連續胎借數年以上，因此二十年之間，歷年胎借之累計戶次共有六十二戶次，歷年胎借累計金額共爲佛銀二萬六千三百九十七員。胎借金額最大筆之胎借者，爲咸豐十年胎借之楊活水官，胎借金額爲佛銀一千員。最小筆之胎借金額爲道光二十四年，達友莊李寬諒官胎借之佛銀三十五員，但後來陸續添胎借，胎借金額增加至佛銀三百七十五員。胎借期限最短者，爲道光二十五年胎借三百三十員之李頃來，道光二十七年胎借一百三十員之王予官，及咸豐十年胎借一千員之楊活水官等三人，各胎借一年。胎借期最長者，爲道光二十七年胎借佛銀三百員（後來於道光二十八年，添胎借五十員，同治元年，添胎借佛銀一百五十員），胎借期達十五年又六個月之久，而且在同治元年後仍繼續胎借，但承抄於另册新總簿，現已失傳無法查明。

胎借期間胎借者需對銀主付利息⑲，利息依約有付銀者，有付稻穀者，但以付稻穀者爲多。廣記自道光二十三年至同治元年，二十年之間承胎所實收之利息銀共有佛銀四百七十七員一角二點，所實收之利息穀達二千一百零六石二斗。胎借利息銀穀收入最多之年分爲道光二十九年，所收利息銀有佛銀六十員，利息穀一百五十九石八斗。最少之年分爲同治元年，也收利息穀五十二石。納利息穀最多者，爲胎借期間最長之張媽光、張仙送戶，於胎借十五年又六個月之間，共納利穀（含結價之穀額）四百十八石之多。

3. 信借

通常借銀人要立借字，需要保認人，或爲中人認言，寫明借銀額，利息；但又有不立借字者。一般而言，信借之金額大多金額較少，而利息則較高。其利息有約付利息銀者，又有約付利息穀者。玆舉〈廣記總抄簿〉所載信借銀字之要項二例於後：

例1：李爲生官，乙巳年（道光二十五年）六月初一日，借去母佛銀十員。

張永官認言，約全年十月算，每元逐月願貼利息銀二分行。

丙午（道光二十六年）二月二十日，借去母佛銀叁拾員。

言約全年十月算，每元逐月應貼利息銀貳分行。爲中人張榮官。

三月十六日借去瓣二千九百六十文，折佛銀貳元。

丙午（道光二十六年）九月初十日，還來母佛銀肆拾貳員。又來利息佛銀九員。九月初十日找去瓣七百五十文，折佛銀五角。（請參照附件五）

例2：張永官，丁未年（道光二十七年）十月二十九日，借

---

⑲關於貸借之利息、利率另於第四章探討。

去母佛銀捌拾員。

面約每佰元全年願貼利息穀拾陸石行，全年共應納利息穀十二石八斗，約早季納穀六石四斗，晚季納穀六石四斗。（請參照附件六）

如表一所列，自道光二十五年起至咸豐九年及同治元年至八年共二十三年之間，向廣記信借銀錢者共有六戶，即(1)李爲生官，(2)張永官（蒲仔寮莊，後爲廣記之佃人），(3)王光蔭官，(4)李元同、李元忝官，(5)鄭貢官，(6)張仙送、張緣官。借銀人皆爲興直堡人，其中只有張永官一人連續信借十年後，於咸豐七年成爲廣記之佃人，其後續借至咸豐九年，仍納利息銀。

借銀人各戶信借之金額共爲佛銀一千零五十九員，但多連續借一年以上，因此二十三年之間，歷年信借之累計戶次共有三十六戶次，歷年信借累計金額共爲佛銀六千五百零三員。信借金額最大筆者，爲同治元年張仙送、張緣官所信借，金額佛銀五百員。最小額之信借，爲道光二十九年王光蔭官所借之金額佛銀十二員。信借期限最短者，爲道光二十五年六月一日開始信借十員之李爲生官，借期爲一年三個月。借期最長者，爲道光二十七年十月二十九日，信借佛銀八十員之張永官，借期達十二年之久。

道光二十五年至咸豐九年及同治元年至八年共二十三年之間，信借所實收之利息銀共爲五十五員三角，實收之利息穀共有五百三十一石七斗。信借利息銀穀收入最多之年分爲咸豐五年，所收利息銀六員，利息穀一百十九石六斗。最少之年分爲同治八年，僅收利息穀三石。納利息穀最多者，爲同治元年起至八年之間，信借佛銀五百員達七年七個月之張仙送、張緣官，共納利息穀二百二十六石七斗。

此外又有若干貸借小額銀穀者，及佃人向田主小租戶廣記或乾德周轉農耕所需小額費用，例如周轉購買牛犂、水車、車葉、牛稠料、厝料、修水車，以及調借小額現銀等，但大多在佛銀數

表一　廣記歷年貸放銀款及利

年次	貸放銀錢額 典			胎借			信借			合計		
		戶	員		戶	員		戶	員		戶	員
道光23年		—	—	a	1	600		—	—	a	1	600
				b	1	600				b	1	600
24年		—	—	a	2	835				a	2	835
				b	3	1,435		—	—	b	3	1,435
				c	1	600				c	1	600
25年		—	—	a	1	570	a	1	10	a	2	580
				b	3	1,405	b	1	10	b	4	1,415
				c	2	420				c	2	420
26年	a	1	1,100	a	1	650	a		32	a	2	1,782
	b	1	1,100	b	3	1,635	b	1	42	b	5	2,777
				c	2	995	c	1	42	c	3	1,037
27年	b	1	1,100	a	5	1,100	a	1	80	a	6	1,180
				b	6	1,650	b	1	80	b	8	2,830
28年	a	1	190	a		150				a	1	340
	b	2	1,290	b	6	1,800	b	1	80	b	9	3,170
				c	1	130				c	1	130
29年	a	1	800	a		140	a	1	12	a	2	952
	b	3	2,090	b	5	1,810	b	2	92	b	10	3,992
				c	2	760				c	2	760
30年	b	3	2,090	a		200				a		200
				b	3	1,250	b	2	92	b	8	3,432
咸豐1年	b	3	2,090	a	1	100	a	1	25	a	2	125
	d	1	190	b	4	1,350	b	3	117	b	10	3,557
				c	1	150	c	1	12	c	2	162
										d	1	190
2年	a		26							a		26
	b	2	1,926	b	3	1,200	b	2	105	b	7	3,231
3年	b	2	1,926	b	3	1,200	b	2	105	b	7	3,321
				a		16	a	1	400	a	1	416
4年	b	2	1,926	b	3	1,216	b	3	505	b	8	3,647
	d	1	826							d	1	826
5年	b	1	1,100	b	3	1,216	b	3	505	b	7	2,821

息銀穀收入統計表 (1843～1869)

所收利息銀穀額								每石穀價
典		胎借		信借		合計		
員	石	員	石	員	石	員	石	
—	—	—	108	—	—	—	108	穀價1員
—	—	—	108	—	—	—	108	穀價0.74～1.24員
—	—	30.5	110	—	—	30.5	110	穀價1.01～1.17員
—	—	45.5	110	8.5	—	54	110	
—	90	—	90.7	—	—	—	180.7	結價1員
—	105.54	54	113.9	—	12.8	54	232.24	穀價0.67～0.69員
—	170.98	60	159.8	—	12.8	60	343.58	穀價0.65～0.7員
—	165.98	—	107.5	2.4	12.8	2.4	286.28	結價0.82員
—	175.98	80	120.5	8.4	12.8	88.4	309.28	結價0.72員
—	125.44	—	80	6	—	6	205.44	結價0.78員
—	135.44	—	67	6	2	6	204.44	穀價0.62～0.625員
—	143.44	21.6	113.5	6	11.2	27.6	268.14	結價0.62員
—	108	14	118	6	119.6	20	345.6	結價0.7員

（續）表一　廣記歷年貸放銀款及利

年次	貸放銀錢額							
	典		胎借		信借		合計	
	戶	員	戶	員	戶	員	戶	員
咸豐6年	b 1	1,100	b 3	1,216	b 3	505	b 7	2,821
					c 1	400	c 1	400
7年	b 1	1,100	b 3	1,216	b 2	105	b 6	2,421
	c 1	1,100	c 1	100	c 1	25	c 3	1,225
8年	—	—	b 2	1,116	b 1	80	b 3	1,196
9年	—	—	b 2	1,116	b 1	80	b 3	1,196
10年	a 1	2,000	a 1	1,000			a 2	3,000
	b 1	2,000	b 3	2,116	—	—	b 4	4,116
			c 1	766			c 1	766
11年	b 1	2,000	b 2	1,350			b 3	3,350
			c 1	1,000			c 1	1,000
同治1年	b 1	2,000	a	150	a 1	500	a 1	650
			b 1	500	b 1	500	b 3	3,000
2年	b 1	2,000	—	—	b 1	500	b 2	2,500
3年	c 1	2,000	—	—	b 1	500	b 1	500
							c 1	2,000
4年	—	—	—	—	b 1	500	b 1	500
5年	—	—	—	—	b 1	500	b 1	500
6年	—	—	—	—	b 1	500	b 1	500
7年	—	—	—	—	b 1	500	b 1	500
8年	—	—	—	—	b 1	500	b 1	500
					c 1	500	c 1	500
合計	a 4	4,116	a 12	5,511	a 6	1,059	a 22	10,686
	b 26	26,838	b 62	26,397	b 36	6,503	b 124	59,738

附　註：(1) a 為向廣記新借銀款戶數及其借銀額，但其中有同一借戶添借銀款者，則只列新借銀額，只註明 a 而不列戶數，以免重複。

(2) b 為向廣記借銀之歷年新舊累計借銀戶數及新舊累計借銀額。

(3) c 為各該年向廣記退還（或贖回）典、胎、信借銀之戶數及退還金額。

(4) d 為出典者未贖回而盡賣所典田園給廣記之戶數及金額。

息銀穀收入統計表 (1843~1869)

所收利息銀穀額								每石穀價
典		胎借		信借		合計		
員	石	員	石	員	石	員	石	
—	101	20	88	6	88	26	277	6月穀價0.73員 12月結價1員
—	—	54.6	106.7	6	20	60.6	126.7	穀價1.1~1.15員
—	—	28	124	—	—	28	124	結價1.13~1.2員
—	—	40.5	81	—	13	40.5	94	結價1.05員 穀價1.0~1.25員
—	163.6	18.42	123.6	—	—	18.42	287.2	結價1.05員 1.22員
—	163.6	10	124	—	—	10	287.6	穀價1.12~1.5員
—	163.6	—	52	—	18	—	233.6	結價1.15~1.36員
—	163.6	—	—	—	51	—	214.6	結價1.58員
—	—	—	—	—	40	—	40	結價1.71員
—	—	—	—	—	24.2	—	24.2	
—	—	—	—	—	32	—	32	穀價1.28~1.4員
—	—	—	—	—	24.5	—	24.5	穀價0.8~1.18員
—	—	—	—	—	34	—	34	穀價0.8員
—	—	—	—	—	3	—	3	穀價0.86~1.5員
—	1,976.2	477.12	2,106.2	55.3	531.7	532.42	4,614.1	

(5)廣記承典之戶數有四戶，其中只有典價1,100員之李元同、李元恭官戶列有每年收穀90石，其他三戶並未記明典田所收穀額，故仍按李元同、李元恭戶之典價與所收穀額，每百元收8.18石之比例計算其所收穀額。

資料來源：據道光22年置〈廣記總抄簿〉編製。

員至十員以下，稻穀則在十石以下，並且多不計利息。

綜觀廣記自道光二十三年至同治八年止共二十七年之間，向廣記典胎信借之借銀人，有出典者四戶，胎借者十二戶，信借者六戶，共二十二戶，其中典胎信借二種以上者有五戶。典胎信借銀人各戶借款之金額，共爲佛銀一萬零六百八十六員。而大多連續典胎信借二年以上，借期最長者達十五年又六個月。歷年典胎信借之戶次共有一百二十四戶次，歷年典胎信借之累計金額爲佛銀五萬九千七百三十八員。借戶最多者爲胎借者，共有十二戶，占總借銀戶之54.5%，各戶胎借金額共爲五千五百十一員，占總借款銀額之51.57%，歷年胎借之累計戶次數爲六十二戶次，占總借銀戶次之50%，歷年胎借之累計金額爲佛銀二萬六千三百九十七員，占歷年總借銀累計金額之44.19%。廣記在二十七年之間，所收之利息銀穀，共有利息銀佛銀五百三十二元四角二點，利息穀共四千六百十四石一斗。其中胎借所收之利息銀穀最多，胎借收入之利息銀有四百七十七元一角二點，約占總收利息銀之89.6%，利息穀有二千一百零六石二斗，占總收利息穀之45.65%。其次爲典，所收利穀有一千九百七十六石二斗，占總收利息穀之42.83%。最少爲信借，所收利息銀爲五十五元三角，占總收利息銀之10.4%，利息穀有五百三十一石七斗，占總收利息穀之11.52%。就其二十七年間之貸款情形來說：自道光二十四年至同治元年間之貸款業務較爲旺盛，自同治二年以後貸放戶數漸減，只有信借者一戶而已。

由此可知清代農村社會需要告貸者不只是佃農，小租戶、地主也因各家庭之不同因素而需要借銀。而胎借方式在銀主來說比較無風險，故急需銀款之小租戶、地主，因可用田園字契抵押胎借，比較容易借得所需之巨額銀款。佃農則無不動產字契可資抵押胎借，故不易借得所需之巨額銀款。但其農耕所需短期之小額銀款，則屢見向地主小租戶廣記周轉而未計利息。佃人向自己之地主、小租戶卽頭家信借之情形亦甚少。至於出典田園者，大多爲需要較巨額之銀款，乃以出典方式獲得所需銀款矣。

小租戶廣記在金融貸借方面，並無貸放銀穀給其佃人收高利剝削佃人之情形。

(三) 廣記借入銀款及其利息銀穀之支出

廣記雖然以貸放銀款爲主，不是正式專營之錢莊，但自咸豐九年以後至同治八年之間，也有借入銀款之情形。其借入銀款之方式亦有胎借、信借二種。

1. 胎借

廣記於 同治七年 十一月七日， 向佃人張敬官 胎借佛銀七百元，並立字議約：每年四百元對租四十石抵利，三百元對園稅二十四元抵利。卽爲《苗栗縣志》卷七〈風俗考〉所謂之「有利磧地」。其利息卽等於每百元全年貼利息穀十石，或每百元全年貼利息銀八元，其利息銀穀低於其貸放之利率。

銀主張敬官自咸豐十一年作廣記之佃人耕作田園，至同治十年以後仍續作廣記之佃人，算是勤耕經營得法有餘裕的佃農。

如表二所列，廣記於同治八年，以張敬應納之小租早晚穀四十石及園稅二十四元抵利，至同治十年以後仍續胎借，可惜辛未（同治十年）廣記新總簿已失傳，無法窺知其繼續胎借之情形。

2. 信借

自咸豐九年二月起至同治八年止十一年之間，廣記以信借對外借入銀款之銀主，有斐記、金朝安、張敬官及李遠官等四戶，俱爲興直堡人，其中張敬爲廣記之佃人，也是屬於「有利磧地」之貸借。

廣記對斐記信借佛銀二百五十員之利息，爲全年貼利息穀二十二石五斗，卽每百元全年貼利息穀九石。對金朝安信借佛銀一千員之利息，爲全年貼利穀一百石，或全年貼利息銀一百二十員，卽每百元全年貼利穀十石或貼利息銀十二員。對張敬陸續信借佛銀二百元，每百元全年貼利息銀十六元。對李遠官信借佛銀四百元，言約每百元全年貼利息穀十二石。

自咸豐九年至同治八年止十一年之間，廣記以信借借入之銀主有四戶，借入之金額共爲佛銀一千八百五十員，但也大多連續信借一年以上，因此十一年間歷年信借之累計戶次共有二十三戶次，歷年信借之累計金額爲佛銀六千六百員。信借金額最大筆爲咸豐十年二月，向金朝安借入之佛銀一千員，最小額者爲咸豐十一年，向佃人張敬官借入之佛銀五十元，其後至同治五年再分三次各添借五十元，共借入二百元。信借期限最短者爲咸豐十年二月至咸豐十一年，向金朝安所借一千員，爲期二年。同治七年十一月，向李遠官信借之四百員，雖只記載至同治八年，但註明同治十年仍續借，並承移於同治十年廣記新總簿，故借期至少在三年以上。咸豐十一年十一月至同治七年十二月，向佃人張敬官陸續信借之二百員則達七年。咸豐九年二月至同治八年十月，向斐記信借之二百五十員則達十一年之久。

廣記信借之應支利息四戶之中，二戶係支利息穀，一戶支利息銀，另一戶則一年支利息穀，一年支利息銀。在十一年之間，其信借所實支之利息銀爲二百四十一元〇角四點八，實支之利息穀爲三百九十四石七斗。信借實支利息銀穀最多之年分爲咸豐九年及十年，各支利息穀二十二石五斗。支付利息最多者爲借入佛銀二百員，信借期間達十一年之銀主斐記，共支付利息穀二百四十六石七斗。

綜觀廣記自咸豐九年至同治八年止十一年之間，廣記對外胎借信借之銀主，有胎借銀主一戶，信借銀主四戶，其中佃人張敬官兼爲胎借信借之銀主。所胎借信借之總金額爲二千五百五十員。也大多連續胎信借二年以上，歷年胎信借之累計戶次共有二十五戶次，歷年胎信借之累計金額爲佛銀八千員，信借之銀主多於胎借之銀主。

就廣記之貸放銀款與借入銀款加以比較，則除同治七、八兩年借入之銀款多於貸放之銀款外，其他各年均貸放銀款多於借入銀額（請參見表一、表二）。其借入銀款之利息，大多低於貸款之利息（請參見表三）。而廣記借入銀款之年分，亦都有貸放銀款，因此廣記所借入之銀款，也可以說是吸收存款，獲取貸借之差額利息。

四、廣記貸借銀款之利息

廣記自道光二十三年至同治八年止二十七年之間，在貸款方面，其借銀人，典者有四戶，胎借者有十二戶，信借者有六戶。在借款方面，胎借之銀主有一戶，信借之銀主有四戶。如前所說，典者承典人係獲得其典物之占有經營使用權，收取其收益，出典者不付利息。胎借、信借者則需付利息。其利息有約定納穀者，也有約定納銀者。茲將其利息之收支變動情形分述於後。

㈠ 廣記貸款之利息

1. 胎借利息

⑴胎借人廖華沱、廖華岳：自道光二十三年三月十一日起，至道光二十四年十一月二十八日止，以田契作抵押，向廣記胎借佛銀六百員。爲中保認人是擺接莊人楊燦南觀。初約定期限三年，實則借了二年後還清母銀。

其利息約定每百元全年貼利息穀十八石，全年共利息穀一百零八石，分早晚二季對佃人江騫觀交納，早季納五十四石，晚季納五十四石。按當時穀價爲每石佛銀一元（請參照表三、表五，以下同），故每百元全年利息穀十八石等於利息銀十八元。

表二　廣記歷年借入銀款及利息銀穀支出統計表（1859～1869）

年次	借入銀額 胎借 戶	借入銀額 胎借 員	借入銀額 信借 戶	借入銀額 信借 員	借入銀額 合計 戶	借入銀額 合計 員	所支利銀穀額 胎借 員	所支利銀穀額 胎借 石	所支利銀穀額 信借 員	所支利銀穀額 信借 石	所支利銀穀額 合計 員	所支利銀穀額 合計 石	每石穀價
咸豐9年			a 1	250	a 1	250	—	—	—	22.5	—	22.5	1.3員
			b 1	250	b 1	250							
10年	—	—	a 1	1,000	a 1	1,000	—	—	—	22.5	—	22.5	1.2～1.4員
			b 2	1,250	b 2	1,250							
11年	—	—	a 1	50	a 1	50							
			b 3	1,300	b 3	1,300	—	—	120	100	120	100	1.38員
			c 1	1,000	c 1	1,000							
同治1年	—	—	a	50	a	50	—	—	8	22.5	8	22.5	1.15員
			b 2	350	b 2	350							
2年	—	—	b 2	350	b 2	350	—	—	—	44.2		44.2	1.46～1.6員
3年	—	—	b 2	350	b 2	350	—	—	24	22.5	24	22.5	1.3～1.7員
4年	—	—	b 2	350	b 2	350	—	—	16	22.5	16	22.5	
5年	—	—	a	100	a	100	—	—	4.448	22.5	4.448	22.5	1.2825員
			b 2	450	b 2	450							
6年	—	—	b 2	450	b 2	450	—	—	11.5	22.5	11.5	22.5	0.8～1.18員
7年	a 1	700	a 1	400	a 2	1,100							
	b 1	700	b 3	850	b 4	1,550	—	—	57.1	22.5	57.1	22.5	0.8員
			c 1	200	c 1	200							
8年	b 1	700	b 2	650	b 3	1,350	24	40	—	70.5	24	110.5	0.86員
			c 1	250	c 1	250							
合計	a 1	700	a 4	1,850	a 5	2,550	24	40	241.048	394.7	265.048	434.7	
	b 2	1,400	b 23	6,600	b 25	8,000							

附　註：(1) a 為廣記對外新（添）借入銀款之銀主戶數及借入銀額，其中有同一銀主添貸銀款者，則只列添貸銀額，只註明 a 而不列銀主戶數以免重複。

(2) b 為歷年廣記對外所借入之新舊累計銀主戶數及新舊累計借入金額。

(3) c 為廣記向銀主退還之胎借、信借銀主戶數及退還金額。

資料來源：據道光22年置〈廣記總抄簿〉編製。

(2)胎借人李為生、李寬諒：自道光二十四年十一月二十日起，至道光二十六年十月二十九日止，以田契作抵押，向廣記胎借佛銀八百員，初約定期限三年，借了二年後還淸母銀。

利息約定每百元全年貼利息穀十三石，全年共利息穀一百零四石，早六晚四，對現佃黃永官收抵，但實則早晚各收五十二石。按道光二十四年十一月約定時之穀價為每石一元二角四點，故每百元全年利息穀十三石等於利息銀十六元一角二點。

(3)胎借銀人李寬諒：自道光二十四年十二月二十六日起，至道光二十六年十月止，以田園契作抵押，向廣記胎借佛銀三十五員。約定全年貼利息穀六石，約合每百元全年利息穀一七點一四三石。按道光二十四年十二月之穀價為每石一點一五八元，故每百元全年利息穀一七點一四三石等於利息銀一九點八五二元弱。對佃黃永官收抵。

道光二十五年二月三十日添胎借佛銀三十員，四月十一日添胎借佛銀二十員，五月二十五日添胎借佛銀三十員，六月一日添胎借佛銀四十員，七月一日添胎借佛銀二十員，九月二十二日添胎借佛銀二十員，共胎借佛銀一百六十員。均約定全年十月算，每元逐月貼利息銀二分。即每百元逐月貼利息銀二員，全年為每百元利息銀二十員。

後來道光二十五年十月十日再添胎借佛銀四十員，約定為期一年，全年每百元貼利銀二十兩，即二分利。

道光二十五年十二月九日添胎借佛銀四十員，道光二十六年三月十九日添胎借佛銀五十員，四月十三日添胎借佛銀二十員，六月十日添胎借佛銀三十員，共借去佛銀一百四十員，雖未註明利息，但當仍為月利二分，全年十月算。

胎借銀於道光二十五年八月二十三日收回母佛銀九十員，道光二十六年九月一日收回母佛銀一百九十五員，未收回之母佛銀為九十員。

⑷胎借銀人李頃來： 道光二十五年二月一日， 以田契作抵押，向廣記胎借母佛銀五十員，五月二十二日添胎借母佛銀二十員， 共借母佛銀七十員， 俱約定逐月每百元貼利息銀二元， 即二分利。於六月十三日收回母佛銀七十員。六月十三日同時再胎借佛銀二百六十員，約定利息逐月每百元貼利銀二元，限期四個月，於十月二十四日還母佛銀二百六十員。

⑸胎借銀人李爻老、李長流：道光二十六年八月二十六日，以田契作抵押，向廣記胎借母佛銀三百五十員。約定每百元全年貼利穀十三石，全年共利穀四十五石五斗，早六晚四，對現佃人王發官收抵。按道光二十六年穀價每石約爲一元，故每百元全年利息穀十三石等於利息銀十三元。十月二十日添胎借母佛銀二百員，利穀與前借一樣。

至道光 三十 年 十一 月十三日再添借佛銀二百員，再換胎借字，合前共借母佛銀七百五十員。利穀依前每百元全年貼利穀十三石，計全年利穀九十七石五斗，對現佃人王發官交收。按道光三十年十一月之穀價每石爲八角五點，故每百元全年利穀十三石等於利銀十一元零角五點。迨咸豐十年十一月二十四日及十二月八日，始還淸母佛銀全額。

⑹胎借銀人簡敬：道光二十七年四月八日，以田契作抵押，向廣記胎借母佛銀一百五十員，約定限借二年，利息每百元全年貼利息佛銀二十元。按道光二十七年穀價每石爲一元，故每百元全年利息銀二十元等於利息穀二十石。於咸豐元年十二月二十九日還母佛銀一百五十員。

⑺胎借銀人張嫣光、張仙送：道光二十七年五月十三日，以田契作抵押，向廣記胎借母佛銀三百員，又二十八年二月二十日添胎借佛銀五十員，俱每百元全年貼利息穀八石，全年利穀共二十八石。在道光二十七年約定時穀價爲每石一元，故每百元全年利息穀八石等於利息銀八元。

至同治元年七月六日又添胎借母佛銀一百元，十一月十日又胎借母佛銀五十員，利息與前借一樣，按媽光一名媽功，廣記主人稱媽功之妻為媽功嫂，是其親族，似為此，故其利息比別人特別低。

⑻胎借銀人李元同：道光二十七年八月十五日，以田契作抵押，向廣記胎借母佛銀一百二十員，約定每百元全年貼利穀十二石，全年共利穀十四石四斗，早晚對半交納。按道光二十七年之穀價為每石一元，故每百元全年利穀十二石等於利息銀十二元。

至道光二十八年十二月六日，添胎借去母佛銀一百員，親批每百元 全年貼利息穀 十五石。 按當時之穀價 為每石佛銀六角七點，故每百元全年利息穀十五石等於利息銀十元零角五點。於道光二十九年十二月十一日，還母佛銀二百二十員。

⑼胎借銀人王予： 道光二十七年十一月十日 ，以園契作抵押，向廣記胎借母佛銀一百三十員。約定每百元全年貼利息佛銀十六元，計全年共利銀二十元八角，對現佃許玉觀交收，其園稅銀約十月內交清。按道光二十七年之穀價為每石一元，故每百元全年利息銀十六元等於利息穀十六石。限借三年，於道光二十八年十二月二十四日還母佛銀一百三十員。

⑽胎借銀人李萬慶：道光二十七年十一月十日，以田園契作抵押，向廣記胎借母佛銀四百員，限借三年。議定每百元全年貼利銀十三元五角，全年共利銀五十四元，對現佃李非謙觀，每年園稅佛銀四十四元，約六月內交一半，十月交清；又對現佃王愚官每年納粟十石， 早多交六石， 晚多交四石， 共十石折佛銀十元，共五十四元。按道光二十七年之穀價為每石佛銀一元，故每百元全年利息銀十三元五角等於利息穀十三石五斗。

道光二十八年十一月，添胎借去佛銀一百四十員，每百元貼利息穀十三石五斗，對現佃王愚官交納。按當時穀價為每石佛銀六角七點，故每百元利息穀十三石五斗等於利息銀九元零角四點五。於道光二十九年十二月二十三日，還母佛銀五百四十員。

⑾胎借銀人李元同、李元㭒：咸豐元年十一月九日，以田契作抵押，向廣記胎借佛銀一百員。約定每百元全年貼利穀十八石，早六晚四交。按當時之穀價爲每石佛銀七角，故每百元全年利穀十八石等於利息銀十二元六角。限借四年。於咸豐七年十二月二十六日，送還母佛銀一百員。

⑿胎借銀人楊活水：咸豐十年十二月十七日，以田契作抵押，向廣記胎借佛銀一千員。每百員全年貼利息穀十一石，全年共利息穀一百一十石，早六晚四，對現佃張派交納。按當時之穀價爲每石佛銀一元四角，故每百元全年利息穀十一石等於利息銀十五元四角。限借三年，於咸豐十一年十二月三十日，還母佛銀一千員。

2. 信借利息

⑴信借銀人李爲生官：道光二十五年六月一日，向廣記借去母佛銀十員。約全年十月算，每元逐月貼利息銀二分行。道光二十六年二月二十日，借去母佛銀三十員，又三月十六日借去佛銀二員，利息銀依前借一樣，全年十月算，每元逐月貼利息二分。於道光二十六年九月十日，還母佛銀四十二員。

⑵信借銀人張永：道光二十七年十月二十九日，向廣記借去母佛銀八十員。每百元全年貼利息穀十六石，乃全年貼利息穀十二石八斗，早晚季各納六石四斗。按道光二十七年之穀價爲每石佛銀一元，故每百元全年利息穀十六石等於利息銀十六元。

⑶信借銀人王光蔭：道光二十九年十二月二十日，向廣記借去母佛銀十二員。約每十元全年應貼利息佛銀二元，即每百元全年貼利銀二十員，乃全年貼利銀二元四角。按道光二十九年之穀價爲每石佛銀九角，故每百元全年貼利息銀二十元等於利息穀二十二石二斗強。

⑷信借銀人李元同、李元忝：咸豐元年十二月二日，向廣記借去佛銀二十五員。約每員逐月貼利息銀二分行。於咸豐七年十二月二十六日，還母佛銀二十五員。

⑸信借銀人鄭貢：咸豐四年十一月，向廣記借去母佛銀四百員。約每百元全年貼利穀二十二石，全年共貼利穀八十八石。按咸豐四年十一月，穀價極爲低賤，每石佛銀六角二點，故每百元全年利息穀二十二石等於利息銀十三元六角四點。因穀價低賤，故利息穀較高。

⑹信借銀人張仙送、張緣官：同治元年，承前向廣記借去母佛銀五百員。言約每百元全年貼利息穀八石，全年共利穀四十石。按同治元年早冬之穀價爲每石一元一角五點，故每百元全年利息穀八石等於利息銀九元二角。於同治八年七月十八日，還母佛銀五百員。

3.典借之利率

出典者並不需付利息，而由承典者占有經營使用抵押之典物收取其收益。廣記承典之四戶，其中只有道光二十六年十一月四日，出典者李元同、李元忝戶所典田價一千一百員，記有其承典水田所收取之租穀每年九十石。如以此比例計算則其利息穀爲每百元全年約八石一斗八升。後來於咸豐七年十二月二十六日，還典田價佛銀一千一百員，贖回抵押之典字及典田。

㈡ 廣記借款之利息

1. 胎借利息

胎借銀主張敬：廣記於同治七年十一月七日，對佃人張敬官胎借佛銀七百員，議約每年四百員對租四十石抵利，三百員對園稅二十四元抵利。其利息即爲每百元全年利息穀十石，或每百元全年利息銀八元。按當時穀價爲每石佛銀八角，故每百元全年利息穀十石等於全年利息銀八元。

2. 信借利息

(1)信借銀主斐記：廣記於咸豐九年二月十三日，對斐記信借佛銀二百五十員，全年納利息穀二十二石五斗，其利息即爲每百元全年利息穀九石。按咸豐九年初之穀價爲每石一元三角，故每百元全年利息穀九石等於利息銀十一元七角。於同治八年九月二十日及十月二十日還母佛銀二百五十元。

(2)信借銀主金朝安：廣記於咸豐十年二月二十九日，向金朝安信借佛銀一千員 。咸豐十年納利息穀一百石 ，按係以稻穀結價，一車即十石結佛銀十二元納利息，結一百石共一百二十元。咸豐十一年納利息銀一百二十元。因此其利息即爲每百元全年利息穀十石，或每百元全年利息銀十二元。

(3)信借銀主張敬官：廣記於咸豐十一年十二月五日，向佃人張敬官信借佛銀五十元，每年納利息銀八元，即每百元全年貼利息銀十六元。按咸豐十一年十二月之穀價爲每石一元三角八點，故每百元全年利息銀十六元等於利息穀十一石五斗九升。

又同治元年三月十一日添借佛銀五十員。同治五年八月二十六日及十一月十五日，各添借佛銀五十員，利息均與前借一樣。按同治元年三月之穀價每石爲一元一角五點，故每百元全年利息銀十六元等於利息穀十三石九斗一升。同治五年八月及十一月之穀價爲每石一點二八二五元，故每百元全年利息銀十六元等於利息穀十二石四斗八升。於同治七年還母佛銀二百元。

(4)信借銀主李遠：廣記於同治七年十一月二十三日，對李遠信借佛銀四百元，言約每百元全年貼利息穀十二石，全年計納利息穀四十八石。按當時穀價每石爲佛銀八角，故全年每百元利息穀十二石等於利息銀九元六角。

就廣記貸、借之情形觀之，其胎借十三戶之中，納利息穀者有七戶，納利息銀者有三戶，一部分納利息穀一部分納利息銀者也有三戶。按其胎借者皆以田園契字作抵押。其中納利息穀者七戶均以田契作抵押。納利息銀者三戶之中，一戶係以園契作抵押，二戶以田契作抵押，但其中一戶係居住海山堡潭底莊，似田地距離較遠乃納利息銀。一部分納利息穀一部分納利息銀者三戶，均分別以田園契作抵押，故乃分別以穀銀兩種繳納，即以田契作抵押者乃納穀，以園契抵押者則納銀。

信借總共十戶之中，納利息銀者有四戶，納利穀者有五戶，一部分納利息穀一部分納利息銀者有一戶。蓋廣記係小租戶兼營土壟間及米穀之批售，故其信用貸、借之利息亦半數以利穀繳納。

廣記貸放銀款，在道光二十三年至同治八年之間，其胎借之利息銀穀，原貼利穀者有十三件，最低爲每百元全年八石，最高爲十八石（請參照表三，以下同），兩者差 1.25 倍，原貼利息銀而以當時穀價換算穀石者，最低爲每百元全年十三石五斗，最高爲二十石。胎借之利息銀原貼利銀者有五件，最低爲每百元全年八元，最高爲二十元，兩者相差 1.5 倍，原貼利穀而以當時穀價換算利銀者，最低爲每百元全年八元，最高爲十九元八角三點五。

信借之利息銀穀，原納利穀者有三件，最低爲每百元八石，最高爲二十二石，兩者相差1.75倍。原納利銀而以當時穀價換算爲穀石者，最低爲每百元全年十九石六斗一升，最高爲三十二石四斗三升。信借之利息銀，原納利銀者有四件，最低爲每百元全年二十元，最高爲二十四元，兩者相差0.25倍。原貼利穀而以當時穀價換算利銀者，最低爲每百元全年九元二角，最高爲十三元六角四點。

至於廣記借入之銀款，在咸豐九年至同治八年之間，胎借之利息只有一件，其利息爲一部分納利穀一部分納利銀，利息爲每

表三　廣記歷年新（添）貸、借之利息表（1843~1868）

年月	胎借 利息穀	胎借 利息銀	胎借 利率	信借 利息穀	信借 利息銀	信借 利率	備考
	石	元	%	石	元	%	
道光23年3月	a 18	(18)	18.0				穀價1石1元
24年11月	a 13	(16.12)	16.12				穀價1石1.24元
24年12月	a 17.143	(19.852)	19.852				穀價1石1.158元
25年2、4、5、6、7、9月	a (19.61)	20	20.0				穀價1石1.02元
25年2、5月	a※ (1.961)	※ 2	※ 2.0				穀價1石1.02元
25年6月				a (19.61)	20	20.0	穀價1石1.02元
26年2、3月				a (20)	20	20.0	穀價1石1元
26年8、10月	a 13	(13)	13.0				穀價1石1元
27年4月	a (20)	20	20.0				穀價1石1元
27年5月	a 8	(8)	8.0				穀價1石1元
27年8月	a 12	(12)	12.0				穀價1石1元
27年10月				a 16	(16)	16.0	穀價1石1元
27年11月	a (16)	16	16.0				穀價1石1元
27年11月	a (13.5)	13.5	13.5				穀價1石1元
28年11月	a 13.5	(9.045)	9.045				穀價1石0.67元
28年12月	a 15	(10.05)	10.05				穀價1石0.67元

道光29年12月					a	(22.2)	20	20.0	穀價1石0.9元
30年11月	a	13	(11.05)	11.05					穀價1石0.85元
咸豐1年11月	a	18	(12.6)	12.6					穀價1石0.7元
1年12月					a	(32.43)	24※	20.0	月利，每員逐月貼利息銀2分，全年12月計算。穀價1石0.74元
4年11月					a	22	(13.64)	13.64	穀價1石0.62元
9年2月					b	9	(11.7)	11.7	穀價1石1.3元
10年2月					b	10	12	12.0	穀價1石1.2元
10年12月	a	11	(15.4)	15.4					穀價1石1.4元
11年12月					b	(11.59)	16	16.0	穀價1石1.38元
同治1年初					a	8	(9.2)	9.2	穀價1石1.15元
1年3月					b	(13.91)	16	16.0	穀價1石1.15元
1年7月	a	8	(9.2)	9.2					穀價1石1.15元
1年11月	a	8	(10.88)	10.88					穀價1石1.36元
5年8、11月					b	(12.48)	16	16.0	穀價1石1.2825元
7年11月	b	10	8	8	b	12	(9.6)	9.6	穀價1石0.8元

附　註：⑴利息銀穀、利率係為佛銀每百元全年所貼之利息銀穀、利率。以月利二分計算之全年利息，大多一年以十個月計算。

⑵有此※記號者，為逐月以月利率計算者。

⑶a為廣記貸款之利息，b為廣記借款之利息。

⑷括弧內之數字為換算穀價之利息銀或利息穀。

資料來源：據道光22年置〈廣記總抄簿〉編製。

表四　清代道咸同年間廣記貸、借款利息表（1843～1869）

年次	利息銀 低（10元以下）	利息銀 中（11-15元）	利息銀 高（16元以上）	利息穀 低（10石以下）	利息穀 中（11-15石）	利息穀 高（16石以上）	每石穀價
	元	元	元	石	石	石	
道光23年						胎 a 18	穀價 1 石 1 元
24年					胎 a 13	胎 a 17.143 胎 18	穀價1.158～1.24元
25年			胎 a 20 胎 a ※ 2 信 a 20		胎 13	胎 17.143	穀價1.02元
26年			胎 20 信 a 20 信 20	典 a 8.18	胎 a 13 胎 13	胎 17.143	穀價 1 元
27年		胎 a 13.5	胎 a 20 胎 a 16	典 8.18 胎 a 8	胎 a 12 胎 13	信 a 16	穀價 1 元
28年		胎 13.5	胎 20 胎 16	典 8.18 胎 8	胎 a 13.5 胎 a 15 胎 13 胎 12	信 16	穀價0.67元
29年		胎 13.5	信 a 20 胎 20	典 8.18 胎 8	胎 15 胎 13.5 胎 13 胎 12	信 16	穀價0.9元
30年			胎 20 信 20	典 8.18 胎 8	胎 a 13	信 16	穀價0.85元

咸豐1年			信a※ 2 胎 20 信 20	典 8.18 胎 8	胎 13	胎a 18 信 16	穀價0.7元
2年			信※ 2	典 8.18 胎 8	胎 13	胎 18 信 16	穀價0.78元
3年			信※ 2	典 8.18 胎 8	胎 13	胎 18 信 16	穀價0.52～0.92元
4年			信※ 2	典 8.18 胎 8	胎 13	信a 22 胎 18 信 16	穀價0.62元
5年			信※ 2	典 8.18 胎 8	胎 13	胎 18 信 22 信 16	穀價0.7～0.92元
6年			信※ 2	典 8.18 胎 8	胎 13	胎 18 信 22 信 16	穀價0.73～1元
7年			信 ※2	典 8.18 胎 8	胎 13	胎 18 信 16	穀價1.13～1.7元
8年				胎 8	胎 13	信 16	穀價0.78～1.25元
9年				信a 9 胎 8	胎 13	信 16	穀價1.3元
10年		信a 12		信a 10 胎 8 信 9	胎a 11 胎 13		穀價1.2～1.4元
11年		信 12	信a 16	胎 8 信 9 信 10	胎 11		穀價1.38元

同治1年			信 a 16 信 16	信 a 8 胎 8 信 9			穀價1.15元
2年			信 16	信 8 信 9			穀價1.3~1.6元
3年			信 16	信 8 信 9			穀價1.3~1.71元
4年			信 16	信 8 信 9			—
5年			信 a 16 信 16	信 8 信 9			穀價1.2825元
6年			信 16	信 8 信 9			穀價0.8~1.18元
7年	胎 a 8		信 16	胎 a 10 信 8 信 9	信 a 12		穀價0.8元
8年	胎 8			胎 10 信 8 信 9	信 12		穀價0.86~1.5元

附　　記：(1)利息銀穀係為對母佛銀每百元全年所貼之利息銀穀，但有※記號者係為月利。
(2)典、胎、信係表示典借、胎借、信借。
(3)a 為新貸借（或添貸借）之利息，未註 a 者為續貸借之利息。

資料來源：據道光22年置〈廣記總抄簿〉編製。

百元全年利息穀十石或每百元全年利息銀八元。

信借之利息銀穀，原貼利穀者有三件，最低爲每百元九石，最高爲十二石，兩者相差0.33倍。原納利銀者，也有三件，均每百元全年貼利息銀十六元，而以各該年之穀價換算爲穀石，則最低爲每百元全年貼利穀十一石五斗九升，最高爲十三石九斗一升。

廣記貸借之銀款，不論胎借信借之利息銀穀、利率，俱因人、因時、因地，因借銀數目而有差異，同一時間貸借者，其利息銀穀，利率又有不同。利息銀穀、利率並未統一。同樣道光二十七年貸借之銀款，其低利者僅每百元全年利穀八石（合利銀八元），高利者每百元全年利銀二十元，兩者相差 1.5 倍。低利者似爲其親族所借之利息，高利者爲外莊人海山堡潭底莊人所借之利息。一般而言，納利銀者其利息稍偏高，多取二分（月利，全年多以十月算），而信借之利息亦略高於胎借之利息。

續借之利息銀穀，利率大多採取固定利率，並未採用機動利率，故續借之利息不論續借多久，其利率都不變，不受物價之波動而有所影響。但新貸借之銀款，則多受穀價之波動漲跌而有所變動。清代道光、咸豐、同治年間，臺灣北部安定時期之穀價大多爲每石佛銀一元左右。利息銀穀可以穀價每石一元爲基準而衡量高低，而所收利息也都在以保值爲目的。例如咸豐元年十二月，穀價每石跌至七角，故當年新胎借之利息，每百元全年貼利息穀達十八石（折合利息銀十二元六角）。又咸豐四年十二月，穀價極爲賤低，每石跌至佛銀六角二點，故當年新信借之利息，每百元全年貼利息穀高達二十二石之多（折合佛銀十三元六角四點）。而咸豐十年十二月，穀價漲至每石一元四角時，每百元全年利息穀降至十一石（折合利息銀十五元四角）。又咸豐十一年至同治五年，穀價每石漲至一元三角左右時，當年新信借之利息銀亦漲至每百元全年十六元（折合十一石五斗九升至十二石四斗）。

利息之變動與穀價之關係，視其收利息銀或利息穀而有所不同。即收利息銀者，其利息當然隨穀價之漲跌而上漲下跌。但收利息穀者，並非穀價上漲時利息穀亦隨之上漲，穀價下跌時利息穀亦隨之下降，而是相反地穀價賤低時利息穀高漲，穀價上漲時利息穀乃降低。利息高低之波動，視收利穀或利銀而有所不同，但收利息也都在以保值爲目的。

就廣記貸放銀款之利息與借入銀款之利息加以比較，則同治七年十一月穀價每石八角時，廣記向佃人胎借之利息爲每百元全年利息穀貼十石，即貼利息銀八元。但在道光二十八年穀價每石爲六角七點時，廣記貸放之胎借利息穀爲十三石五斗或十五石。道光三十年穀價每石八角五點時，廣記貸放之胎借利息穀亦爲每百元全年十三石。咸豐元年穀價每石七角時，廣記貸放之胎借利息穀亦爲每百元全年十八石。貸放之胎借年利率爲 8 %至20%，但借入銀款之胎借年利率只有 8 %。故其貸放銀款之胎借利息比借入銀款之胎借利息高。又在信用貸借方面，廣記貸放之信借年利率爲13.64%至20%，但借入之信借年利率則在9.6%至16%。在貸借之間，胎信借均有像錢莊賺貸借利息之差額。因此廣記之借入銀款，也可以說是吸收存款獲取貸借利息之差額。

五、道咸同年間臺灣北部之米穀價格

清代道光初年至道光二十年鴉片戰爭前，臺灣之米穀因每年外銷中國大陸沿海各省，北至天津西北，並且有配運福建福興泉漳四府平糶額粟及兵眷穀、兵米穀，故穀價平穩時也多在番銀（即佛銀）一圓以上。如有雇運時則米穀價必騰昂。如道光十四年至十七年間，米價都因歉收而每石漲至佛銀三兩二、三錢至五兩四錢⑳。

道光二十一年因夷氛未靖，來往臺灣之商船稀少撥配不敷，內地各倉兵米穀乃仿照眷米折色，一律改爲一半折色。翌二十二年訂立南京條約之後，江浙福建開港，中國大陸之市場被打開。道光末年中國大陸與南洋之貿易急速發展，而厦門亦成爲通洋之中心，南洋呂宋暹羅米傾銷中國大陸沿海各地，因而臺米之糶運顯著減少。臺米滯銷，致囤積米穀，價格低落㉑。

因此，如表五所列，自道光二十三年至二十七年，仍維持每石佛銀一元左右的臺灣北部穀價，自道光二十八年五月早冬起，開始下跌，爲每石八角以下。一直至咸豐五年，穀價除道光三十年冬春季偶爾恢復每石佛銀一元以外，大多跌至每石八角以下。咸豐三、四年間，則跌至每石七角以下。最賤時爲咸豐三年十一月，每石僅售佛銀五角二點，幾乎爲穩定時之穀價每石佛銀一元之半價而已。

道光二十八年四月起至咸豐四年正月，任福建分巡臺灣兵備道之徐宗幹所著之《斯未信齋存稿》，及咸豐二年劉家謀所著《海音詩》，對道光末年至咸豐初年，臺米慘跌之情形均有詳細的說明。《斯未信齋存稿》說：

> 倉有餘粟，庫有餘帑，民有餘錢，商有餘貨，昔之官於此者，皆公私綽綽然；……故至今無不以為臺地之勝於內地。履其地而後始知十年前之不如二十年前也。……一、二年內之不如五、六年前也。其故安在？一言以蔽之，曰：銀日少，穀日多。銀何以日少？洋煙愈甚也。穀何以日多？洋米愈賤也。他郡縣猶或可以補救，臺地居海中，

⑳王世慶，〈清代臺灣的米價〉，《臺灣文獻》第9卷第4期，民國47年12月，頁12。

㉑王世慶，〈清代臺灣的米產與外銷〉，《臺灣文獻》第9卷第1期，民國47年3月，頁 23-24。及前引〈清代臺灣的米價〉，頁12。

既無去路，亦無來路。

夫生財之道，不外開其源，節其流。臺地無源可開，但通其流而源自裕。米穀不流通，日積日多。望豐年乎？賤更甚矣。抑待歉年乎？賤如故也。蓋由內地食洋米而不食臺米也。不食臺米則臺米無去處，而無內渡之米船；無內渡之米船，卽無外來之貨船。往年春夏外來洋元數十萬，今則來者寥寥，已數月無厦口商船矣。㉒

又咸豐二年，劉家謀撰《海音詩》云：

蜀糖利市勝閩糖，出峽長年價倍償；輓粟更教資鬼國，三杯誰覓海東糧？

並註曰：

臺地糖米之利，近濟東南，遠資西北。……嘆咭唎販呂宋諸夷米入於中國，臺米亦多賤售。商為虧本而歇業，農為虧本而賣田，民愈無聊賴矣。三杯，臺穀名。

又云：

一甲徵租近一車，賦浮那得復言加；多田翁比無田苦，怕見當門虎老爹。

其註腳說：

臺邑地狹，而賦視他邑為多。內地田一畝約賦銀一錢，臺地田一甲比內地十一畝三分一釐零，上則田一甲賦粟八石八斗，每石折番餅銀二圓二角，計每甲賦番餅銀十九圓三角六辦，一畝賦十數倍內地不止。久墾，土田漸成磽瘠。每甲出粟，上者不過三、四十石，每石價不過六七角。一年所入，除各色費用外，不足以供賦。追呼之慘，稱貸之艱，有不忍言者矣。田地昔值百金者，今厪及半焉。鬻之

㉒丁日健，《治臺必告錄》，臺灣文獻叢刊第17種，臺灣銀行，民國84年，第2冊，頁 282-283。

> 則虧資，存之則受累；民亦何樂求田耶？臺穀每十石為一車。班役之家皆祀虎，謂之「虎老爹」。逋賦者拘押諸家，荼毒萬狀。㉓

此兩文俱細說道光末年至咸豐四、五年間，臺米滯銷，穀賤傷農，影響臺地經濟；及賦課之過重，告貸艱難，而地主農民皆苦慘矣。

至咸豐五年冬及咸豐六年正月以後，穀價除早冬收成時之六、七月間比較便宜以外，漸次恢復每石佛銀一元左右之價格。到咸豐七、八年至九年五月間，穀價一直上揚，每石穀價漲至佛銀一元二角以上。咸豐七年十一月最貴時，漲至佛銀一元七角。

按因咸豐三年以後，臺灣北部分類械鬥、風水災、旱災、震災等連年頻繁，影響稻穀之生產及社會安寧。先是咸豐三年新年及八月，漳泉四縣械鬥，艋舺、新莊、擺接、海山各堡均波及，艋舺八甲、新莊均被燬。廣記本舖亦被焚燬無遺。三年六月，因大風雨，內港㉔大水，民居傾沒。是年廣記並且因械鬥而有一部分減收半年園稅。四年中港中壢閩粵亦互鬥，地方皆不寧。這些人爲與自然災害，致使農產物之生產均激減，並受燬損。故成爲咸豐五年冬以後，穀價上揚高漲之原因㉕。

咸豐九年六月早冬收成以後，至十年早冬，穀價亦下降爲每石佛銀一元左右。但十年冬十月至同治五年之間，穀價亦上揚，爲每石佛銀一元二、三角以上。咸豐十一年六月曾漲至每石一元八角。同治二、三年間，穀價高昂時，每石亦漲至一元七角。

㉓《校注海音詩全卷》，葉4、5、7。

㉔內港即新莊、三重埔、艋舺、枋橋、擺接及海山堡沿溪一帶之總稱。詳請參照盛清沂，〈說上淡水之內外港〉，《臺北文獻》直字第61、62期合刊，民國72年3月，頁135-147。

㉕陳培桂，《淡水廳志》，臺灣文獻叢刊第172種，臺灣銀行，民國52年，第3冊，頁349、365、366。及道光22年置〈廣記總抄簿〉。

蓋此期間亦因咸豐九年以後，臺灣北部復有分類械鬥、大地震、大風、大旱等，人爲自然災害接連發生。首先是咸豐九年九月，加蠟仔、擺接、芝蘭一、二堡，漳同分類械鬥，十年又漳泉械鬥，桃仔園漳人與興直堡大坪頂泉人鬥，焚燬十餘里。咸豐十一年冬，興直堡內港一帶亦失水，廣記乃減收部分佃租三分。同治元年春夏，地大震。六月，大風，饑。同治元年，中部有戴萬生起事，淡南曾戒嚴。三年，艋舺街又饑。五年春又地震，夏四月大疫，五月大旱，饑㉖。故穀價乃上揚，成爲自道光二十年代以後，最爲高昂的時期，穀價多在每石佛銀一元三、四角，高至一元七角。

迨同治六年六月，早冬有年㉗。因此是年六月以後，穀價亦下降至每石佛銀一元左右。同治七年至八年六月早冬，穀價亦下跌至每石佛銀八角左右。而八年十月，再上揚爲每石佛銀一元三角左右。

總而言之，道光末年至同治年間，臺灣北部穀價之行情，乃受前述南洋米之傾銷中國大陸沿海各省，而臺米滯銷，穀價賤低。咸豐五年以後至九年之間，及咸豐十年晚冬至同治七、八年間，則因分類械鬥、風水災、旱災、地震、大疫等，以致米穀減產損燬，甚至發生饑荒，成爲穀價高漲之主要原因。而臺米之外銷雖比以往減少，但臺米之糶運外銷並非絕止，至同治十一年，仍有由外國船舶運輸臺米出口，每年至少在二、三萬擔至八、九萬擔之間㉘。

㉖《淡水廳志》，臺灣文獻叢刊第172種，第3冊，頁350、366、367。及道光22年置〈廣記總抄簿〉。

㉗《淡水廳志》，臺灣文獻叢刊第172種，第3冊，頁350。

㉘王世慶，〈清代臺灣的米產與外銷〉，頁24。

表五　清代道咸同年間臺灣北部穀價表 (1843~1869)

穀價單位：佛銀元
穀價指數基期：道光23年10月10日等於 100

年　月　日	1石穀價	穀價指數	備　考
	元角點		
道光23年2月4日	1.20	120.00	原文：結早穀1車（10石）價佛銀12元。
10月10日	1.00	100.00	對還春官抵配運晚穀43石佛銀43元。
12月6日	1.00	100.00	早穀結價每車（10石）佛銀10元。
24年5月8日	0.74	74.00	結格穀價每車（10石）佛銀7元4角。
10月17日	0.90	90.00	早米50石佛銀90元，淸代係1石米申2石穀，故即穀100石佛銀90元。
11月27日	1.24	124.00	結早格穀批價1車（10石）12元4角。
12月26日	1.158	115.80	格米70石佛銀162元2角，1石米申2石穀，即穀140石佛銀162元2角。
25年8月23日	1.01	101.00	早米50石佛銀101元，1米申2穀，即穀100石佛銀101元。
8月23日	1.02	102.00	早米60石佛銀122元4角，1米申2穀，即穀120石佛銀122元4角。
道光25年12月16日	0.80	80.00	格米40石64元，1米申2穀，即格穀80石佛銀64元。
12月16日	1.17	117.00	格米10石23元4角，1米申2穀，即格穀20石佛銀23元4角。
26年3月8日	1.05	105.00	格米50石佛銀105元，1米申2穀，即格穀100石105元。
12月29日	0.97	97.00	早米50石97元，1米申2穀，即早穀100石佛銀97元。
12月29日	1.00	100.00	早米50石100元，1米申2穀，即早穀100石佛銀100元。

道光26年12月29日	1.03	103.00	早米32石5斗佛銀66元9角5點，1米申2穀，即早穀65石佛銀66元9角5點。
27年7月18日	1.00	100.00	結早穀3石，價每石1元行。
8月24日	0.95	95.00	穀144石折米72石，佛銀136元8角，結價1石米1元9角，即1石穀0.95元。
11月10日	1.00	100.00	穀10石折銀10元。
11月15日	0.96	96.00	早米50石佛銀96元，1米申2穀，即早穀100石96元。
11月15日	1.00	100.00	米9石2斗佛銀18元4角，結價米1石佛銀2元，申穀1石佛銀1元。
28年4月7日	0.97	97.00	螺米50石佛銀97元，1米申2穀，即100石穀佛銀97元。
5月11日	0.75	75.00	格米50石75元，結價1石米1元5角，1米申2穀，即格穀100石佛銀75元。
5月12日	0.80	80.00	早米50石，佛銀80元，結價1石1元6角，1米申2穀，即早穀1石0.8元。
5月12日	0.75	75.00	格米50石佛銀75元，結價1石米1元5角，申穀1石7角5點。
7月4日	0.69	69.00	早穀48石佛銀33.12元，結價每車（10石）6.9元。
12月6日	0.74	74.00	螺米50石74元，結價米1石1.48元，1米申2穀，穀1石7角4點。
29年1月29日	0.70	70.00	格穀32石結價佛銀22元4角，即每車（10石）結價7元。
4月7日	0.68	68.00	格米50石佛銀68元，1米申2穀，即格粟100石68元。
4月18日	0.71	71.00	早米20石5升佛銀28.471元，1米申2穀，即早穀40石1斗28.471元，1石0.71元。
閏4月12日	0.68	68.00	格米32石5斗佛銀44元2角，1米申2穀，即格穀65石44.2元，1石0.68元。

道光29年閏4月22日	0.65	65.00	早格穀171石2斗佛銀111元2角8點，每車（10石）價6.5元。
9月23日	0.90	90.00	早米50石90元，1米申2穀，即早穀100石佛銀90元。
10月21日	0.90	90.00	格穀2石佛銀1元8角，即1石9角。
10月28日	0.90	90.00	水租穀11石佛銀9元9角，即1石9角。
12月11日	0.97	97.00	早格穀17石4斗佛銀16元8角7點8，1石結價9角7點。
30年2月19日	1.06	106.00	結早格穀批價1車（10石）10元6角。
4月18日	1.10	110.00	格米5石佛銀11元，1米申2穀，即格穀10石11元。
11月3日	0.85	85.00	現冬格穀結價1車（10石）8元5角。
12月13日	0.85	85.00	早米100石佛銀170元，1米申2穀，即早穀200石170元，1石8角5點。
12月13日	1.05	105.00	格米104石佛銀218元4角，1米申2穀，即格穀208石218元4角。
咸豐1年4月3日	0.84	84.00	格米69石佛銀115.92元，1石1.68元，1米申2穀，格穀1石0.84元。
4月11日	0.81	81.00	結早格穀1車（10石）批價8元1角。
6月25日	0.75	75.00	結小租穀1車（10石）價7元5角。
9月10日	0.67	67.00	結小租穀1車（10石）價6元7角。
10月8日	0.67	67.00	格穀18石佛銀12.06元，1石0.67元。
11月9日	0.70	70.00	結租穀1車（10石）7元。

咸豐1年12月29日	0.74	74.00	早米62石佛銀91.76元，又早米50石74元，早米1石1.48元，1米申2穀，早穀1石0.74元。
2年3月14日	0.81	81.00	結早格穀1車（10石）批價8元1角。
4月14日	0.82	82.00	格米50石佛銀82元，1石1.64元，1米申2穀，格穀1石0.82元。
8月24日	0.78	78.00	螺米50石佛銀78元，1石1.56元，1米申2穀，螺穀1石0.78元。
8月24日	0.71	71.00	早米50石佛銀71元，1石1.42元，1米申2穀，早穀1石0.71元。
10月8日	0.81	81.00	早米50石佛銀81元，1石1.62元，1米申2穀，早穀1石0.81元。
11月17日	0.78	78.00	結格穀1車（10石）7元8角。
3年1月25日	0.88	88.00	早米50石佛銀88元，1石1.76元，1米申2穀，早穀1石0.88元。
3月13日	0.92	92.00	早米50石，佛銀92元，1石1.84元，申穀1石0.92元。
7月20日	0.66	66.00	花螺米100石132元，1石1.32元，1米申2穀，穀1石0.66元。
9月22日	0.625	62.50	早米20石佛銀25元，1石1.25元，申穀1石0.625元。又結穀1車（10石）6.25元。
10月19日	0.70	70.00	格穀8.4石佛銀5元8角8點，1石0.7元。
11月3日	0.52	52.00	結格穀1車（10石）5元2角。
11月19日	0.52	52.00	結格穀1車（10石）5元2角。
4年1月22日	0.625	62.50	格米2石2元5角，1石1.25元，1米申2穀，格穀1石0.625元。
1月28日	0.625	62.50	格米1石1.25元，1米申2穀，格穀1石0.625元。

咸豐4年3月21日	0.62	62.00	結穀1車（10石）6元2角。
5月7日	0.625	62.50	格米1石1.25元，1米申2穀，格穀1石0.625元。
5月26日	0.625	62.50	格米1石1.25元，1米申2穀，格穀1石0.625元。
6月30日	0.65	65.00	早穀1車（10石）佛銀6.5元。
7月30日	0.70	70.00	早穀308石5斗，結價佛銀215.95元，1石0.7元。
8月27日	0.625	62.50	早米1石6斗佛銀2元，1石1.25元，1米申2穀，早穀1石0.625元。
9月27日	0.57	57.00	格穀1車（10石）佛銀5元7角。
5年6月5日	0.72	72.00	早穀3石佛銀2.16元。
6月18日	0.75	75.00	結早粟1車（10石）7元5角。
8月16日	0.72	72.00	早穀20石佛銀14元4角。
8月25日	0.72 0.75	72.00 75.00	定早穀20石，1車(10石)7元2角。 定螺穀20石，1車(10石)7元5角。
9月8日	0.75	75.00	螺穀5石銀3元7角5點。
10月14日	0.70	70.00	結粟20石，1車（10石）價銀7元。
11月30日	0.80 0.90	80.00 90.00	格穀1車（10石）8元。 格穀1車（10石）9元。
12月27日	0.70 0.90	70.00 90.00	早穀72石佛銀50元4角。 格穀40石佛銀36元。
6年1月10日	0.90	90.00	結早穀價1車（10石）佛銀9元。

咸豐6年1月12日	0.91 0.92	91.00 92.00	早穀40石佛銀36元4角。 結早穀價1車（10石）9元2角。
1月14日	1.00	100.00	結早穀1車（10石）佛銀10元。
1月19日	0.92	92.00	結格穀價1車(10石)佛銀9元2角。
1月20日	0.94	94.00	定早穀價1車（10石）9元4角。
1月29日	0.95	95.00	定早穀20石，價1車（10石）9元5角。
2月6日	0.955	95.50	定格穀20石，1車（10石）9元5角5點。
2月12日	0.955	95.50	定格穀30石 1車（10石）佛銀 9元5角5點。
2月28日	0.96	96.00	定格穀100石，價1車（10石）銀9元6角。
6月20日	0.73	73.00	結早穀26石6斗8升，價1車(10石)銀7元3角。
7月18日	0.75	75.00	花螺米52石佛銀78元，1石1.5元，1米申2穀，穀1石0.75元。
10月29日	0.99	99.00	螺穀40石，佛銀39元6角，結價1車（10石）9元9角。
12月2日	1.00	100.00	早米50石佛銀100元，1石2元，1米申2穀，早穀1石1元。
12月17日	1.00	100.00	結格穀35石6斗，價1車（10石）佛銀10元。
12月20日	1.10	110.00	定早穀50石，價1車（10石）佛銀11元。
12月25日	1.10	110.00	結早穀23石5斗，價1車（10石）佛銀11元。
7年1月11日	1.10 1.13	110.00 113.00	上格穀1車（10石）11元。 上早穀1車（10石）11元3角。

咸豐7年6月10日	1.23	123.00	螺米52石127.92元，1石2.46元，1米申2穀，穀1石1元2角3點。
6月10日	1.30	130.00	螺米50石130元，1石2.6元，1米申2穀，穀1石1.3元。 早米52石135.2元，1石2.6元，申穀1石1.3元。
7月18日	1.50	150.00	結早穀5石5斗，價1車（10石）15元。
8月30日	1.60	160.00	早米8斗價銀2元5角6點，1石3元2角，申穀1石1.6元。
9月15日	1.60	160.00	早米5石4斗17元2角8點，1石3元2角，1米申2穀，穀1石1.6元。
10月6日	1.60	160.00	格米2石8斗8元9角6點，1石3元2角，1米申2穀，格穀1石1元6角。
10月15日	1.60	160.00	格米3石6斗佛銀11元5角2點，1石3元2角，申穀1石1元6角。
11月1日	1.70	170.00	格米5石4斗18元3角6點，1石3元4角，申穀1石1元7角。
11月9日	1.50	150.00	結格穀4石4斗，結價1車（10石）15元。
8年6月14日	1.13	113.00	結格穀14石，價1車（10石）佛銀11元3角。
10月13日	1.20	120.00	結穀10石佛銀12元。
10月19日	1.25	125.00	螺米50石7斗126元7角5點，1石2元5角，1米申2穀，1石1.25元。
11月7日	1.25	125.00	早米50石125元，1石2元5角，1米申2石，穀1石1.25元。
12月1日	1.25	125.00	早米5斗1元2角5點，1石2元5角，1米申2穀，早穀1石1元2角5點。
12月1日	1.30	130.00	螺米50石130元，1石2.6元，1米申2穀，穀1石1元3角。
9年5月6日	1.30	130.00	格米66石171元6角，1石2元6角，1米申2穀，格穀1石1元3角。

咸豐9年5月6日	1.35	135.00	早米50石135元，1石2元7角，1米申2穀，早穀1石1元3角5點。
6月21日	1.05	105.00	結早穀5石4斗，價1車（10石）10元5角。
6月28日	1.07	107.00	螺米50石107元，1石2元1角4點，1米申2穀，穀1石1.07元。
7月3日	1.06	106.00	螺米50石106元，1石2元1角2點，申穀1石1元6點。
8月27日	0.98	98.00	早米50石98元，1石1.96元，申穀1石9角8點。
8月27日	1.02	102.00	早米50石102元，1石2.04元，申穀1石1.02元。
10月22日	1.00	100.00	結格穀18石7斗5升，價1車(10石)10元。
10月24日	1.03	103.00	結格穀30石，價1車（10石）10元3角。
12月23日	1.25	125.00	結舊欠穀4石，價1車（10石）12元5角。
12月25日	1.45	145.00	早米2石7斗7元8角3點，1石2元9角，申穀1石1.45元。
12月30日	0.9935	99.35	番租穀95石7斗4升佛銀95.121元，1石0.9935元。
12月30日	1.14	114.00	早格穀39石8斗45.37元，1石1.14元。
10年5月28日	1.05	105.00	結已未早格穀28石，會價1車(10石)10元5角。
6月27日	1.14	114.00	結早粟3石3元4角2點。
6月27日	1.13	113.00	結早粟7.1石，價1車（10石）11元3角。
6月27日	1.10	110.00	螺米50石110元，1石2元2角，1米申2穀，穀1石1元1角。

咸豐10年7月19日	1.05	105.00	螺米50石105元，1石2元1角，1米申2穀，穀1石1元5點。
7月19日	1.06	106.00	螺米50石106元，1石2元1角2點，申穀1石1.06元。
7月29日	1.13	113.00	早米50石113元，1石2元2角6點，申穀1石1元1角3點。
10月21日	1.22	122.00	結格粟12石9斗，價1車（10石）12元2角。
11月20日	1.38	138.00	結穀2石3斗,價1石1元3角8點。
12月12日	1.40	140.00	格米1石2元8角，1米申2穀，格穀1石1元4角。
12月21日	1.40	140.00	格米5斗1元4角，申穀1石1元4角。
12月30日	1.10	110.00	早穀7石6斗8元3角6點，又貼圳寮穀1石1元1角。
12月30日	1.12	112.00	結早穀11石5斗12元8角8點，1石1.12元。
11年6月16日	1.80	180.00	格米14石1斗50元7角6點，1石3元6角，1米申2穀，格穀1石1元8角。
6月24日	1.30	130.00	結大租穀2石2元6角，1石1.3元。
12月5日	1.40	140.00	格穀5石7元。
12月23日	1.38	138.00	結格穀5石5斗，價1車（10石）13元8角。
12月30日	1.20	120.00	大租21石5斗8升1合，結價26元9角7點6，1石1元2角。
12月30日	1.20	120.00	結早晚利穀100石，1車（10石）12元。
12月30日	1.25	125.00	大租43石1斗6升2合，結價53元9角5點2，1石1.25元。

同治1年7月6日	0.9523	95.23	結水租 6石3斗，價銀 6元，1石0.9523元。
7月6日	1.15	115.00	結現冬早穀14石，1車（10石）11元5角。
7月10日	1.24	124.00	結早穀21石26.04元，每車（10石）12元4角。
9月30日	1.40	140.00	早米4石7斗13元1角6點，1石2.8元，1米申2穀，早穀1石1元4角。
10月20日	1.3705	137.05	格穀20石27.41元，1石1.3705元。
11月10日	1.49	149.00	早米100石298元，1石2.98元，1米申2穀，早穀1石1.49元。
11月10日	1.36	136.00	結還舊欠穀10石13元6角。
12月30日	1.30	130.00	結穀10石佛銀13元。
2年7月7日	1.46	146.00	螺米100石292元，1石2.92元，1米申2穀，穀1石1.46元。
7月30日	1.70	170.00	結粟29石9斗3升，1車（10石）17元。
12月26日	1.42	142.00	結穀1石6斗6升2.357元，1石1元4角2點。
12月26日	1.58	158.00	結穀7石，1車（10石）15元8角。
3年7月26日	1.30	130.00	結穀4.1石，1車（10石）13元。
10月28日	1.70	170.00	結穀32石，1車（10石）17元。
11月16日	1.71	171.00	結穀8石，1車（10石）17元1角。
4年12月8日	1.481	148.10	結穀2.7石，佛銀4元，1石1.481元。

同治5年11月7日	1.282	128.20	結格穀72石92元1角6點，1石1.2825元。
12月10日	1.47	147.00	結格穀20石29元4角，1石1.47元。
6年6月20日	1.0144	101.44	結穀60石4斗，價61.272元，1石1.0144元。
7月28日	1.18	118.00	結早穀150石177元，1車（10石）11元8角。
7月28日	1.15	115.00	結螺穀121石9斗價140元1角8點5，1車（10石）11元5角。
7年5月27日	0.80	80.00	結穀2石2斗，價1車(10石)8元。
7月21日	0.80	80.00	結穀60石48元。
10月3日	0.80	80.00	結穀3石2斗，1車（10石）8元。
8年6月27日	08.6	86.00	結穀5石4元3角，1石8角6點。
10月20日	1.34	134.00	水租穀2石2斗佛銀2元9角4點8。又水租穀3石3斗佛銀4.422元。俱價1車（10石）13元4角。
12月27日	1.34	134.00	格穀15石佛銀20元1角，結價1車（10石）13元4角。
27年間平均價格	1.071		

附　　註：(1)清代白米和稻穀之折率為一米申二穀，今稻穀100臺斤可碾白米70-75臺斤。民國75年10月之穀價100臺斤（卽1石）約為800元。白米100臺斤約為1,400元，故穀價與米價之比率為1比1.75。

(2)民國75年10月之穀價100臺斤（1石）為800元，75年上期政府收購稻穀價格100臺斤為1,128元，故穀價很低，比收購價格約低29%。清代道咸同年間穀價穩定時約為1石1元（佛銀），低價時1石約為0.7元左右。

(3)道光23年至同治8年，27年間穀價，依本表之簡單算術，其平均價格為每石佛銀1元0角7點1。卽各次穀價總和186.3957元除以穀價總次數174次，等於1.0712元。

資料來源：據道光22年置〈廣記總抄簿〉編製。

六、廣記之資本與財富之成長

廣記自道光二十二年至同治八年之間，因其爲小租戶地主，並經營土壠間碾米，販賣米穀，貸款放利；而且有關係企業「乾德」經商，販賣日用百貨、布料、米穀等。故其資本財富亦多由收小租穀、園稅、貸款收利銀穀、販賣米穀及碾米等收益而獲利成長。玆分述於後。

㈠ 小租、園稅、店稅之收入

如前所述，小租戶廣記在道光二十二年以後至同治八年間，擁有田園約三十甲，年收小租穀及園稅約有一千石租。其田園多分布於興直堡內達友莊（今三重市二重埔）、蒲仔寮（今五股鄉）、車路頭（今三重市）、鴨母港墘（今五股鄉）、加里珍（今新莊市、泰山鄉）及西盛莊（今新莊市西盛）等地區。佃人先後有張永、葉旺、葉祖成、黃應先、郭庇、張文山、王鳳、王愚、楊端、李賞、林斗、張和、王求、張他、朱德裕、徐推、張蓴、蕭林、張敬等十九戶。（請參照附件七）

如表六所列，廣記在道光二十二年只有佃人張他一戶，其後歷年增加。佃人最多的年分爲咸豐十一年，共有十四戶。其次爲咸豐十年，有十三戶。同治八年，仍擁有佃人十一戶。佃農承租耕地最多而納小租穀最多者，爲達友莊、蒲仔寮之佃人楊端。自道光二十五年起至二十八年，每年應納小租穀爲一百六十石。道光二十九年至咸豐三年，每年應納小租穀爲二百二十五石。咸豐四年至同治七年，每年應納小租穀爲二百十五石。其承租田地，以每甲年納小租三十石計算，約承耕七、八甲地。並且爲廣記承租最久之佃人。其次爲咸豐十一年起，承租新莊西盛莊水田之佃人蕭林官，年納小租穀一百八十石，即約承耕六甲田地。同治七年起，小租穀升爲每年二百石。

小租穀之收入，實收最多之年分爲同治七年，共有八百零二石。園稅之收入，實收最多之年分爲咸豐八年，共收佛銀六百四十二元，但當年係爲收張他所繳十七年間之園稅五百零三元在內。如以正常之收入來說，則最多之年分爲同治三年，收園稅佛銀一百八十八元。在同治八年，廣記應收之小租共有八百十八石四斗四升，應收園稅有佛銀一百六十四元，故合計其所收小租額及園稅約有一千石租。

廣記自道光二十二年起至同治八年止，二十八年之間，應收之小租穀共爲一萬三千八百四十八石九斗四升，實收之小租穀共有一萬三千六百二十石六斗三升，另實收小租銀八元。應收園稅共爲佛銀三千二百三十元，實收之園稅共有佛銀三千一百九十四元五角二點八。此爲廣記財富之最大收入。

其間小租戶地主廣記，對佃人也都有收取無利磧地銀，即承租田園之保證金。一般以應納小租穀每石收磧地銀佛銀一元，及園稅每元收磧地銀一元爲例。廣記在此二十八年間，收取無利磧地銀最多之年分爲同治八年，是年所收新舊磧地銀達八百三十二元。自道光二十三年起至同治八年共二十七年之間，歷年所收之磧地銀共有佛銀一千五百二十九元，歷年所收新舊磧地銀累計則達佛銀一萬三千二百五十二元（請參見表六）。此項無利磧地銀，廣記亦可運用於貸款，或其他事業之資金。

此外，自咸豐八年起至十一年之間，也有若干少許之出租店稅收入，共有佛銀八十四元。

(二) 貸款之利息銀穀收入

如前面第三章第二節已述，自道光二十三年至同治八年之間，廣記經營貸款收利，其間向廣記典胎信借者共有二十二戶。所承典之戶數共有四戶，所承典之各戶典價共爲佛銀四千一百十

表六　廣記歷年所收小租穀銀園稅店稅統計表（1842～1869）

年次	佃	※(1)磧地銀		所收小租穀銀			園稅		店	備考
	戶	收取	退還	應收額	實收穀額	實銀收額	應收額	實收額	稅	
	戶	元	元	石	石	元	元	元	元	
道光22年	1									
23年	2	60 ※(2)(60)					40			穀價早穀結價1石佛銀1元
24年	4	60 (120)		65	65		38			11月結早穀1石1.24元
25年	4	20 (140)		295	295		36			8月早穀1石1.02元
26年	5	133 (273)		295	295		36			12月早穀1石0.97～1.03元
27年	5	(273)		375	310		89	53		7月早穀結價1石1元
28年	6	74 (347)		375	347		89	53		7月早穀1石0.69元
29年	8	60 (407)	60	401	494		89	53		9月早穀1石0.9元
30年	7	4 (351)		433.5	417.5		139	71		11月晚冬穀價結價1石0.85元

咸豐1年	7	(351)	1	433.5	356.2		139	110		6月穀價結價1石0.78元, 9月1石0.67元
2年	7	14 (351)	14	407.5	611.5		139	42		8月早穀1石0.71元, 11月結格穀1石0.78元
3年	7	(351)		433.5	350		※(3)68	19		穀價結價1石0.52元
4年	7	(351)		423.5	412		129	75.6		穀價6月結價1石0.65元, 9月1石0.57元
5年	9	37 (388)	2	423.5	401.5		150.5	210		6月、10月穀價結價均爲1石0.75元
6年	8	40 (295)	35	418.5	420.5		126	60		12月結格穀1石1元
7年	8	10 (270)		418.5	421.98		126	80		7月穀價結價1石1.5元
8年	10	84 (354)		527.3	532.76		126	※(4) 642	16	穀價結價1石0.8元
9年	12	390 (700)		759.3	759.3	8	134	155.1	20	6月穀價結價1石1.05元, 10月1石1.03元
10年	13	89 (789)	325.305	581.4	550.1		134	140	24	6月穀價結價1石1.13元
11年	14	384 (873)	59.15	542.8	406.1		143	163,908	24	穀價結價6月1石1.3元, 10月1石1.38～1.4元

同治1年	12	(804)		758.7	758.7		168	178		11月穀價結價1石1.3元
2年	11	(762)		772.8	771.1		140	140.92		7月穀價結價1石1.7元，12月1石1.42～1.58元
3年	11	(762)		772.8	773.9		182	188		7月穀價結價1石1.3元，10月1石1.7元
4年	11	(762)		766.4	766.3		146	146		穀價結價1石1.481元
5年	11	(762)		779.4	782.4		155	150		11月結格穀1石1.282元，12月結價1.47元
6年	11	(762)		772.8	772.6		163	144		7月結早穀1石1.18元
7年	11	(762)		798.8	802		163	156		5月穀價結價1石0.8元
8年	11	70 (832)		818.44	738.19		164	164		6月穀價結價1石0.86元
合　計		1,529 (13,252)	496.455 ※(5)	13,848.94 ※(6)	13,620.63	8	3,230 ※(7)	3,194.528	84	

附　註：※(1)磧地銀包括承贌定銀在內。
※(2)括弧內之數字為新舊磧地銀之累計銀額。
※(3)此年因分類械鬥，張他官之圍稅減半收取，原為36元，減半乃收18元。
※(4)此年包括張他官自道光22年起至咸豐8年共17年間，所實納之圍稅503元在內。按自道光22年至咸豐8年，張他應納圍稅為534元，實納503元，尚欠31元。
※(5)應退磧地銀，有的因欠小租穀、圍稅而抵銷，故未退還。
※(6)應收小租穀未記明之年分，係以實收額充之。
※(7)應收圍稅未記明之年分，以實收額充之。

資料來源：據道光22年置〈廣記總抄簿〉編製。

六元，歷年承典之新舊累計金額共為佛銀二萬六千八百三十八元。胎借者有十二戶，承胎之各戶貸款銀額共為佛銀五千五百十一元，歷年胎借之新舊累計金額共為佛銀二萬六千三百九十七元。信借者有六戶，各戶信借之金額共為佛銀一千零五十九元，歷年信借之新舊累計金額共為佛銀六千五百零三員。

在二十七年間，貸款典胎信借所收之利息銀穀，總共有利息銀佛銀五百三十二元四角二點，利息穀共四千六百十四石一斗。其中承典所收之利穀有一千九百七十六石二斗；胎借所收利息銀有四百七十七元一角二點，利息穀有二千一百零六石二斗；信借所收利息銀為五十五元三角，利息穀有五百三十一石七斗。就廣記收入之財源來說，利息銀穀之收入也相當可觀。

㈢ 批售米穀及土壠間礪米之收入

廣記也銷售米穀及經營土壠間礪米，廣記總簿雖無其銷售米穀之帳目，但有一部分對廣記批購米穀、小租穀，定購早穀、格穀等帳目。例如擺接堡冷水坑人廖華沱、廖華岳，向廣記胎借佛銀六百員，其應納利息穀全年一百零八石，係對佃人江騫觀交納，但胎借人廖氏及其佃人江騫俱為擺接堡人，故廣記應收之小租穀每年一百零八石，都在擺接堡當地批售給其胎借保認人擺接莊人楊燦南。

如表七所列，自道光二十三年至同治二年，向廣記批購定購米穀、小租穀而有帳目可查者，計有擺接莊人楊燦南等十一人。其間廣記批售之穀額共有三千四百五十八石四斗，收入之穀銀有佛銀二千三百三十六元七角六點二，又銅錢一千二百六十文。向廣記購買稻穀後，一部分以白米對還廣記者有楊燦南等五人，對還之白米有四百四十八石。向廣記批購稻穀最多者為三重埔人吉成，在道光二十九年至咸豐五年共七年之間，批購稻穀一千四百七十五石。

表七　廣記批售米穀統計表（1843～1863）

年　次	購買人	批售穀額	收入之穀銀	備　考
		石	元	
道光23～24年	楊燦南（擺接莊人）	216	134	另還早米50石。穀價結價1車(10石)12元4角。
道光23～24年	張址（即張媽功，洲裏人）	70	84	穀價結價1車(10石)12元。
道光23～25元	陳但（五谷坑人）	40	20	另還米10石。穀價結價1車(10石)7元4角～10元。
道光25年 咸豐5年	張榮（蒲仔寮人）	180	9.4	另還米90石。
道光28年	蕭春	48	33.1	穀價結價1車(10石)6元9角。
道光28～29年	林開日（三重埔人）	171.2	113.28	穀價結價1車(10石)6元5角。
道光29年	李阿木	32	22.4	穀價定價1車(10石)7元。
道光29年～咸豐4年	吉成（三重埔人）	1,475	981.415（又1,260文）	另還米128石。穀價結價1車(10石)6元2角～10元6角。
咸豐5～7年	呂造	235.1	268.717	穀價結價1車(10石)8元～11元。
咸豐5～7年	張裁衣	390.2	514.45	穀價定價及結價1車（10石）7元2角～11元3角。
同治1～2年	茂成	600.9	156	另還米200石。
合　計	11人	3,458.4石	2,336.762元（又1,260文）	還米共448石

資料來源：據道光22年置〈廣記總抄簿〉編製。

在土壠間礪米方面，廣記總簿也散見有礪米工銀之收入。例如咸豐九年（己未）十二月二十五日，乾德對四月六日做米（卽礪米）五十二石七斗，曾付廣記工銀佛銀三元零角七點五；對五月四日做米，付廣記工銀三元八角五點；對七月四日做米一百零二石，付廣記工銀五元九角六點七；又對端老做米，付廣記工銀七元三角二點。咸豐十年（庚申）七月十九日，乾德又對礪米付給廣記工銀八元九角五點六。八月二十九日，乾德又對礪米五十四石五斗，付廣記工銀三元一角八點。按就其所付工銀計算礪米工銀，每石爲〇・〇五八三三元至〇・〇五八三五元，卽礪米一百石之工銀爲五元八角三點三乃至五元八角三點五而已。

廣記批發銷售米穀之利益及礪米工銀之收入，雖無詳細帳目可考查，但其銷售米穀及礪米所收利益工銀，無疑亦爲廣記企業之一項主要收入。

㈣ 廣記與關係企業「乾德」之銀穀貨銀往來

廣記與其關係企業「乾德」，自道光二十二年至同治八年共二十八年之間，每年均有銀穀貨銀之往來與資金之周轉支援。如表八所列，在道光二十二年至二十七年共六年之間，廣記支付給乾德之銀穀額，折佛銀爲三千二百二十七元二角六點；而乾德支付給廣記之銀穀貨品銀額，爲佛銀一萬一千九百二十二元四角七點，卽在初六年間，兩者對除外乾德共支援廣記佛銀八千六百九十五元二角一點。（請參照附件八）

但道光二十八年以後至同治八年共二十二年之間，則廣記之財富年年成長，反而年年有資金支援乾德。在此二十二年間，廣記支付給乾德之銀穀等，折佛銀共爲七萬八千六百五十元七角九點九，乾德支付給廣記之銀穀貨品銀額，爲佛銀一萬二千九百八十五元二角五點九，兩者對除外，廣記反而共支援乾德佛銀六萬五千六百六十五元五角四點。

表八　廣記與乾德銀穀貨銀往來對除結賬表（1842~1869）

單位：佛銀元

年次	廣記支付給乾德之銀額	乾德支付給廣記之銀額	兩者對除結賬廣記餘額
	元	元	元
道光 22 年			
23 年	955.200	4,595.320	(−) 3,640.120
24 年			
25 年	961.300	3,261.210	(−) 2,299.910
26 年	896.560	1,856.050	(−) 959.490
27 年	414.200	2,209.890	(−) 1,795.690
28 年	911.461	676.012	(+) 235.449
29 年	820.678	535.253	(+) 285.425
30 年	1,233.925	714.552	(+) 519.373
咸豐 1 年	3,360.121	1,853.372	(+) 1,506.749
2 年	2,163.389	272.640	(+) 1,890.749
3 年	2,326.449	106.241	(+) 2,220.208
4 年	416.960	122.943	(+) 294.017
5 年	722.739	531.197	(+) 191.542
6 年	1,120.558	178.772	(+) 941.786
7 年	2,577.113	525.317	(+) 2,051.796
8 年	2,664.116	272.929	(+) 2,391.187
9 年	2,958.085	370.915	(+) 2,587.170
10 年	3,914.101	1,610.262	(+) 2,303.839
11 年	2,887.500	711.793	(+) 2,175.707

同治 1 年	3,194.231	652.429	(+) 2,541.802
2 年	3,552.392	231.420	(+) 3,320.972
3 年	5,223.510	486.795	(+) 4,736.715
4 年	5,659.765	86.217	(+) 5,573.548
5 年	8,028.425	1,715.500	(+) 6,312.925
6 年	7,139.564	236.694	(+) 6,902.870
7 年	8,330.622	123.532	(+) 8,207.090
8 年	9,445.095	970.474	(+) 8,474.621
合計	81,878.059	24,907.729	(+)56,970.330

資料來源：據道光22年置〈廣記總抄簿〉編製。

如果自道光二十二年起至同治八年共二十八年間，兩者之銀穀貨品等往來加以統計，則廣記支付給乾德之銀穀額，共爲佛銀八萬一千八百七十八元零角五點九，而乾德支付給廣記之銀穀貨品等，折佛銀共爲二萬四千九百零七元七角二點九，兩者對除外，廣記給乾德長去佛銀五萬六千九百七十元三角三點。卽在二十八年之間，廣記之財富有顯著之成長，而支援乾德之資金有五萬六千九百七十元餘。

(五) 廣記歷年增購之田園店厝地

廣記自道光二十二年至同治八年，前後二十八年之間，利息銀穀之收入共有利息銀五百三十二元四角二點，利息穀四千六百十四石一斗；小租穀之收入有一萬三千六百二十石六斗三升，另實收小租銀八元，園稅之收入有三千一百九十四元五角二點八。只有利息銀穀與小租穀、園稅二項之收入，就有佛銀三千七百二十六元九角四點八，及稻穀一萬八千二百三十四石七斗三升。穀價如以二十八年間之平均價格每石一・〇七一二元計算，則稻穀之收入共爲一萬九千五百三十三元零角四點二，兩項之收入共二萬三千二百五十九元九角九點。

此外廣記尚有銷售米穀，經營土壠間碾米等收入，雖無賬目可徵，爲數也相當可觀。因此，廣記能在此二十數年間，支援乾德商業資金佛銀五萬六千九百七十元外，並於道光二十三年十二月起至同治八年之間，添購田園店厝地等不動產。計有田八筆、園三筆、店厝地四筆如下：

1.道光二十三年十二月二十九日，向陳侯協官購置唐山埤頭社坑壠遷風水面前園，價佛銀十二員，交付陳雪官耕作。

2.道光二十四年十一月二十日，向林光明官購置達友莊土地埔田，價佛銀一千四百三十員（二十七年投稅，連司單佛銀一百十九元三角九點）。

3.道光二十五年十二月三日，購置擺接莊人黃淵官店，價佛銀四百員。

4.道光二十六年十一月十二日，向張獻章哥、拱治老，購買車路頭田園，價佛銀一千五百四十元。

5.咸豐元年十一月九日，向王光蔭、王天助購買道光二十八年以佛銀一百九十員承典而未贖回之田，價佛銀二百三十員。

6.咸豐四年十二月十四日，向李萬慶購買道光二十九年以佛銀八百員承典而未贖回之田園，價佛銀八百員，又找去盡根田園價，佛銀八十八員，另同治四年又找去三十三元，共九百二十一員。

7.咸豐七年十二月二十六日，向李元同購買田，價銀一千二百員。

8.咸豐九年二月十三日，向李振葵、李阿龍購買田，價佛銀五百八十員，又另去佛銀二十員，共六百員。

9.咸豐九年十二月三十日，向李求購買厝地，佛銀七十三員。

10.咸豐十一年十二月十六日，向杜儉記購買店地，價銀二百八十員。

11.同治三年一月十九日，向張積記購買田，價佛銀二千四百二十員，另找去佛銀二十二員，共二千四百四十二員。

12.同治六年五月五日，向清福軒購買店地，價佛銀十八元。

13.同治八年七月十八日，向張仙送、張作、張烏獅購買田，價佛銀八百六十元，另貼銀一百二十四元四角八點，共九百八十四元四角八點。

以上共添購田園九筆，價銀九千三百四十七元四角八點，店厝地四筆，價佛銀七百七十一元，總共價銀一萬零一百三十員四角八點。（請參見表九）但其購置之田園店厝地面積，則無資料可徵。

總而言之，廣記在同治八年前後，其企業仍極為發展，年收小租穀約八百餘石，及園稅一百六十餘元，合計約一千石租，並陸續添購田園。在同治九年以後，賬目已移轉於同治十年（辛未）置新總簿，然而已失傳，故無法續探其後廣記之展業情形。

七、結語

廣記及其關係企業乾德商行，為清代臺灣農村社會之一種典型的企業型態，是小租戶地主經營土壠間銷售米穀，而由小租及農產加工所收利益，轉投資金給乾德經商；並貸放銀款收取高利，也是清代臺灣農村之一個典型的貸放銀主。由目前所蒐集之清代臺灣典胎信借契字觀之，清代臺灣北部農村街莊，可說各有數戶以上類似廣記之銀主，擔當融通資金之主要角色，甚至操縱各地方之農村金融。其貸款往來之金融圈也跨越鄰近數堡，其金融來往戶之範圍相當廣大。

表九　廣記歷年添購田園店厝地統計表（1843～1869）

單位：佛銀元

年　次	買田金額	買園金額	買店厝地金額	合　計	備　考
	元	元	元	元	
道光23年		12		12	添購之田園店厝地均缺其面積資料。
24年	1,430			1,430	
25年			400	400	
26年	※ 1,540			1,540	
咸豐1年	230			230	
4年	※ 921			921	
7年	1,200			1,200	
9年	600		73	673	
11年			280	280	
同治3年	2,442			2,442	
6年			18	18	
8年	984.48			984.48	
合　計	9,347.48	12	771	10,130.48	

附　　註：(1)有此※記號者為添購田園二項。
資料來源：據道光22年置〈廣記總抄簿〉編製。

以廣記之典胎信借主來說，大筆銀款之借主多是典胎借者，而且都是田園地主小租戶。在農村急需借款使用者不一定是佃人，經營不善之沒落地主小租戶之借銀比佃人較多。當然也有急需款用之佃農，因無不動產可典胎借，告貸無門而無法借得所需銀款。佃人爲耕作所需之小額費用，則屢見由小租戶廣記無利周轉。一般佃人之困難者倒是爲準備一筆不少之磧地銀（大約相當於承贌田園一年之小租穀或園稅），而需要費心周轉銀款；廣記之佃人並且有爲付磧地銀而向廣記借銀充爲磧地銀而付利息者。

清代道咸同年間之利息大體來說，信借高於胎借，胎借之利息亦高於典之利穀。民間高利貸之利率甚少超過月利二分，與當代民間高利貸有月利二分半、三分者比較則並無較高。而月息「二分利」似乎爲清代民間高利貸通行之利率。新貸借之利息銀穀，其利率之變動，則與穀價之漲跌有密切之關係。

總而言之，道光至同治年間，小租戶廣記，以收小租，經營土壠間，銷售米穀，貸放銀款，並經營乾德商行，獲利甚豐。在約三十年之間，廣記之財富成長相當大，小租穀之收入由道光二十四、五年間之二、三百石租，發展爲一千石租。貸款獲利亦達四千六百餘石，又佛銀五百三十餘元。乃得轉投資金佛銀五萬六千九百餘元支援乾德經商，並陸續添購佛銀一萬多元之田園店厝地等不動產，而增加其財富，是清代臺灣農村社會的一個成功經營者。

——原載《臺灣文獻》39卷2期，民國77年

附記： 本文曾於民國75年11月15日，在“臺灣史研究暨史料發掘研討會”宣讀，並刊載於民國75年《臺灣史研究暨史料發掘研討會論文集》，原題目爲〈清代道咸同年間臺灣北部農村金融及穀價初探〉。玆遵照評論人劉石吉教授之建議，改爲〈十九世紀中葉臺灣北部農村金融之研究〉，在本刊轉載，評論時曾承諸多指正，謹此申謝。

附件一

謝振記　庚申年

二月廿九日去起田典價佛銀弍仟員

開為謝答中人鄭辰花紅銀四拾員

又代筆楊綿遠花紅〻弍員

臘月廿对貼張墓起田厝去佛〻拾弍元

壬戌段月初拾日貼林蕭創營去佛壹元

又对起蔡田護厝去佛〻弍拾捌元

甲子元月拾九日還去佛〻弍仟元

又对堂修田厝去佛〻拾陸元

附件二

李萬慶官　己酉年

亥月廿三日李耕趙曲田并借價佛銀捌佰員

壬　十一月十五日借去錢拾伍仟文折佛 10 員

拾柒日对王法背月過去谷銀[illegible]員

又对德乾過去佛銀[illegible]角

言约每拾元與月[illegible]貼息銀

甲寅　臘月拾四日找去根盡田園價佛銀捌拾捌員

李長流 又老 場見禮佛銀肆員

李邦淵先 張[illegible] 為中禮佛銀捌員

王法官禮　佛銀壹員

乙丑　義官字 拾月拾玖日邱氏去[illegible]叁拾元

又李日官去　[illegible]叁元

附件三

參為生寬諒官　甲辰年記　十月廿四日對黃永官來早谷伍拾弍石
十月弍十日胎借去母佛銀捌佰員　完　十二月十一日對黃永官來晚谷伍拾弍石
今中三面議定每佰元全年愿貼利谷
拾叁石外全年計利息谷壹佰零肆石按　丙年閏五月廿五日對黃永官來早谷伍拾弍石
早六晚四对觀佃黃永观收抵其银限
借三年即立來胎借銀字壹紙又來嘉　完　月廿五來宗佛銀弍拾元
慶廿弍年明買過陳賢友武勝灣大
友庄水田契壹紙契面銀壹仟叁佰元　完　拾月廿四對楊老瑞來晚谷伍拾弍石
道光十四年七月稅布字壹紙又來閣
分壹紙又來徐憲補印契尾壹紙共　完　廿日來佛銀柒佰捌拾元
肆紙付执為炤

為中人　鄭為觀　張永觀　去花佛艮肆元

完
拾月廿四贖去契字肆紙

附件四

李萬慶官

丁未年帳

八月十五日对王官愚來早谷陸石

十二月廿三日來園稅佛銀弍拾肆員

廿九日來園稅佛銀拾口員

元月廿四日对楊官端來晚谷肆石

己酉

五月初三日來上年園稅佛銀拾口員

三十日对王官愚來早谷拾柒石叁斗

十月廿六日对王愚田端老來晚谷拾壹石六斗

十二月廿三日來現銷園稅佛銀伍拾員

又還來母佛銀伍佰肆拾員

五月廿四日胎借去母佛銀肆佰員

全中三面言議每佰元全年愿貼利息佛銀拾叁元伍角行計全年共該利息佛銀伍拾四元对現佃李沘謙現每年園稅佛銀四拾四元約六月交一半十月內交清又对現佃王愚現每年納粟拾石早季交納伍石晚季交納伍石共拾石折佛拾元廿、紋扺

己酉

其銀限借伍年為滿即立來胎借銀字一紙又繳來承買印契稅司單一紙又上手鬮書一紙共叁紙付執存炤

為中人張承棠現去禮佛艮弍元

五月初三日对戊戌年陳由德乾借去佛銀壹佰四拾員

全中三面言議每百元全年愿貼利息谷拾叁石伍斗行計对現佃王愚現交納親立借字後為憑

附件五

宮

李為堂官　乙巳年

初四日借去母佛銀拾員

張永官認言約全年十月算

每元逐月息貳厘利息銀弍分行

丙午 初弍日借去母佛銀叁拾員

言約全年十月算每元逐

月息貳厘利息銀弍分利

為中人張榮官

三月廿四日借去加收千林佛ㄟ四元

九月初四日報去加張合林佛ㄟ

丙午九月初四日還來母佛銀肆拾弍員

又來利息佛銀玖員

附件六

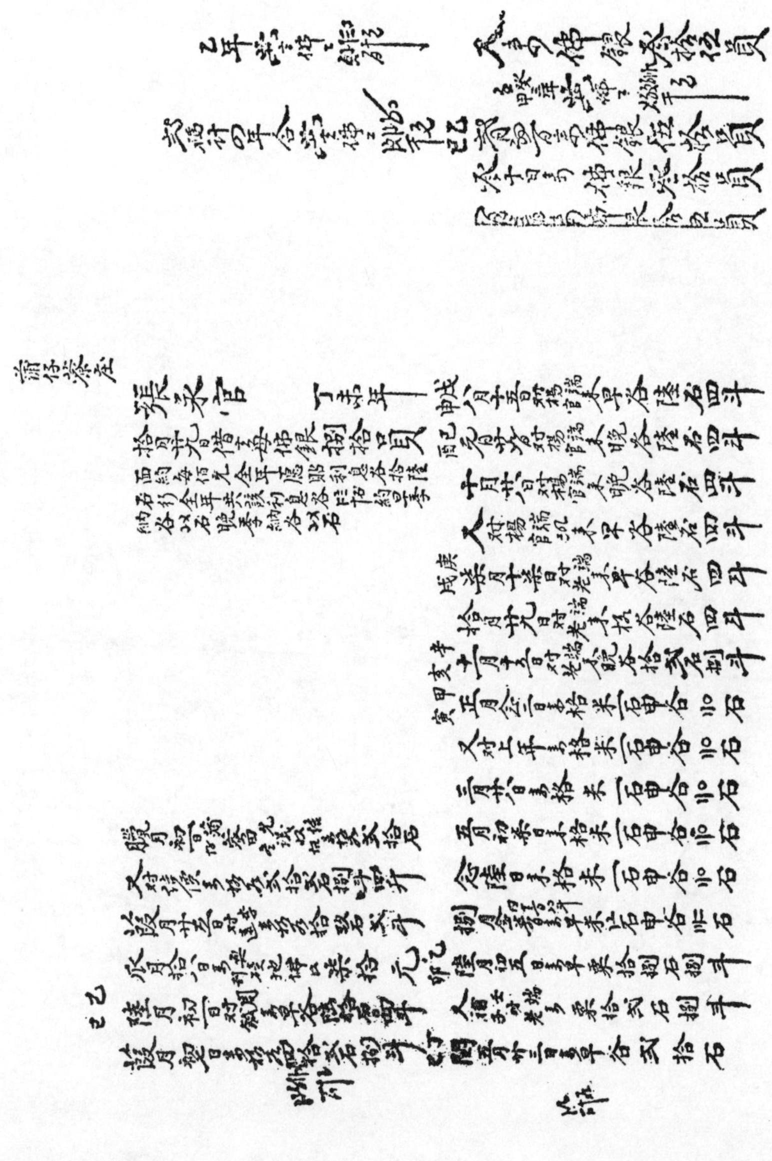

附件七

達友庄

葉祖成官 即景官 甲辰年

承贌去武勝灣達友庄水田壹段配圳水通流灌溉充足自備牛隻種子前来用工力耕不論豐歉全年除代納大租水租暨圳租俟单繳照外應納小租谷柒拾石按早六晚四交納完明田限耕三年五未贌耕字壹紙付執為照

保認人林旺观

正月弍十日來磧地佛銀伍拾員

乙巳 七月初五日对張業官来早谷四拾弍石

十一月初三日对旺湊来磧地佛銀弍拾員

十二月六日对張業官来晚谷弍拾捌石

丙午 閏五月廿五日对楊老瑞来早谷四拾弍石

拾月初八日对楊老瑞来晚谷弍拾捌石

丁未 六月廿四日对楊老瑞来早谷四拾弍石

拾月初八日对楊老瑞来晚谷弍拾捌石

戊申 七月廿三日对林閏官来早谷四拾弍石

己酉 十一月廿五日对林閏官来晚谷弍拾捌石

六月初五日对假英由吉成来早谷四拾弍石

十月廿五日对假英由吉成来晚谷弍拾捌石

庚戌 七月十七日对成吉来早谷四拾石

十月廿九日对葉英吉官由成来早谷叁拾石

辛亥 閏八月廿四日对英吉官由成来早谷叁拾五石

拾月初八日英吉官由成来㧞谷叁拾五石

乙 己 戊 辰 丁 卯

拾月二拾日来格谷弍拾捌石

六月初一日来早谷四拾弍石

拾月初三日来格谷弍拾捌石

五月廿七日来早谷四拾五石弍斗

拾月三日对信侯来格谷弍拾捌石

六月二拾日来早谷口拾弍石

拾月二拾日来格谷叁拾壹石

卯 寅

六月廿六日来早谷四拾弍石

拾月初八日来格谷弍拾捌石

附件八

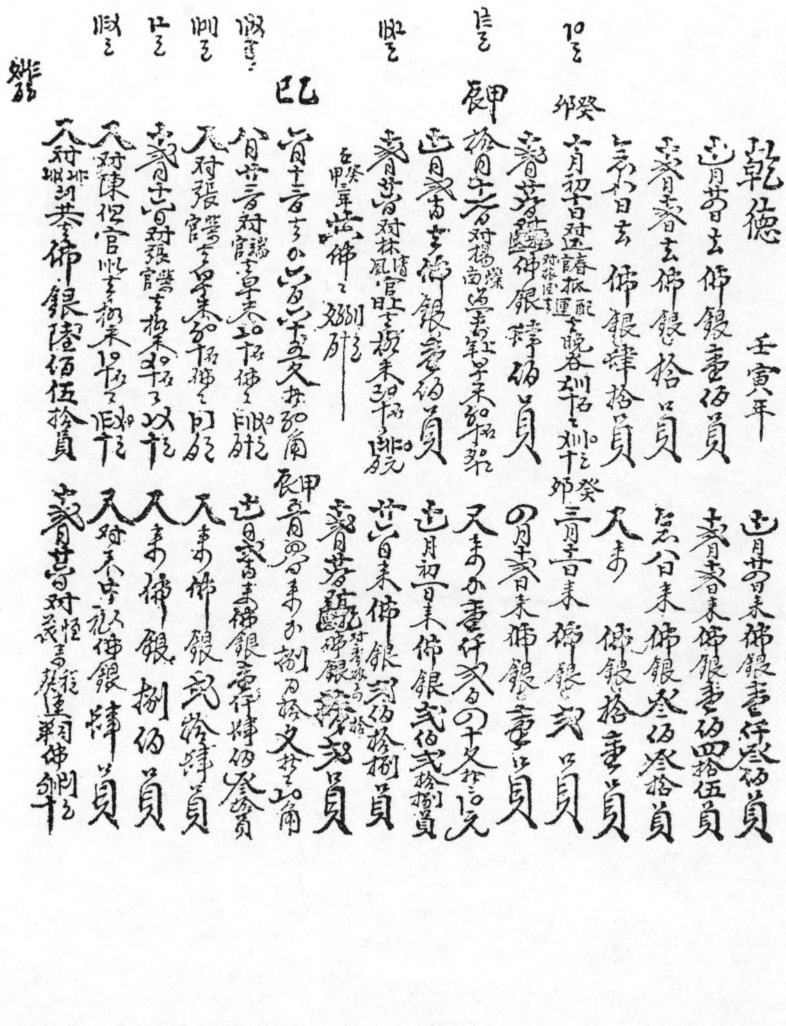

清代臺灣的米價

一、前言

米爲臺灣農產物之第一大宗，既是省民之主食，復爲本省主要外銷物資，國人在臺灣種植米稻開始於明萬曆間，然其爲產業之奠基則於清代。清代臺灣尙在自給自足的農業社會中，而主糧之米穀老早成爲商品，一般生計之豐窘，庶繫於穀價之低昻；就是現在米價仍爲物價指數原基，如是米穀在臺灣爲富有代表性之最主要商品，其價格之變動常爲有心於經濟者所關切。

臺灣米價之統計資料，日據時期與光復後部分堪稱齊全，而清代以前，則各種物價之統計數字都闕，間有之，亦多散失，當時米價頗難窺知。清代之米價，雖然有關資料爲數可觀，目前仍缺統計或綜合的整理。茲姑將管見所及有限的資料加予整理，試探清代臺灣米價之變動情形，固未能細列歷年米價漲落之行情，但或可窺其梗概矣。

文尾附有表，將文中數字列舉以便一覽，且就各數字下明示其出處，故對文中各該當出處不再附註，讀者諒之。

二、市價之變動

康熙二十二年清軍入臺，翌年置一府三縣統治。當在清軍入臺前一年，卽二十一年，臺地大饑，斗米價格曾漲至銀六錢餘。清朝領臺初，一面限制移民赴臺，一面嚴禁糧運出口，加之年年米穀時熟豐登，如康熙二十四、二十七、二十九、三十二年等均大有年①，因此在清領初十年臺郡之米價可說甚爲平穩。然而三十三年後，因米價穩定而糖價見秀，米糖相剋關係乃隨之發生，農民相競種植甘蔗，少種米稻。是故三十四年分巡臺厦兵備道高拱乾，乃頒布〈禁飭揷蔗並力種田〉之諭示，云：“……偶見上年糖價稍長，惟利是趨，舊歲種蔗已三倍於往昔，今歲種蔗竟十倍於舊年，軍民需米正多，……須知競多種蔗，勢必糖多價賤，莫如相勸種田，多收稻穀。”② 越三十五、六年閩省恒苦貧，斗米百錢，民多饑色。而臺郡獨似富庶，市中百物價倍，購者無吝色，傭人計日百錢③。當時臺郡主要產物爲農產物，除米、糖、鹽、燃料以外之織物類及百貨類多自大陸輸入，因此後者當較之閩省昂貴，惟米係臺郡主要產物，因此斗米當也在百錢以下，是則當時傭人每日工資當可換買斗米以上。康熙四十一年至康熙末年，則疊際凶荒，每多遇饑。且每遇青黃不接內地米價高昂時，輙有營哨商艘偷運臺米出口資濟內地④，因此康熙四十七年至四十九年臺屬各地米價高騰。康熙四十九年夏間，每米一石原賣一兩二、三錢者，竟驟騰至二兩三、四錢，較之常時約漲一倍，民心驚惶。五十二年，半線（今彰化）澹水（今淡水）等兵米向皆折市價給與購用，是年半線每石連脚價至九錢，澹水每石連脚價至一兩五錢，按當時半線已開發可就地購用，米價自然較便宜，而澹水則地未開，兵米仍須由中南部供給，運費貴，因此發給

①《續修臺灣府志》卷19，頁96，《鳳山縣志》卷11，頁 423，《諸羅縣志》卷12，頁 994（俱全誌本）。
②周元文《重修臺灣府志》卷10，葉66。
③《合校足本裨海紀遊》葉18。
④周元文《重修臺灣府志》卷10，葉92。

澹水之兵米價較之半線貴六成有餘。五十七年則大旱，米價再騰湧。六十年，復因大風米穀歉收，且是年四月朱一貴起事，臺灣全郡相繼陷落，五月各路徵兵皆集，米價騰貴，市里驚惶，但未幾米價頓平，民人歡慶忘亂。又據康熙五十六年修《諸羅縣志》云，康熙年間穀價最賤之時，每石不下銀三錢，卽每米一石不下銀六錢也。

雍正初，朱一貴事件平後，爲防臺米氾濫糶運米價騰貴，及採買米穀之商船接濟海盜，乃依巡臺御史黄叔璥之議，再令嚴禁臺米糶運，結果素仰食臺米之漳泉人民大形困難，而臺民亦恐囤積廢爲無用，圖賣米換錢，四年准閩浙總督高其倬之奏，放寬臺灣米禁⑤。如是，雍正初因官倉積粟多，米價穩平，乃有輸運兵米眷穀糶穀之舉⑥。雍正十三年起至乾隆五年，臺郡各地收成歉薄，加之閩省各地紛紛赴臺採買米穀，因此雍正十三年後米價騰貴；乾隆五年當收成之際，米價每石尚至一兩五錢左右。翌六年春夏間米價更昂貴，每石米價漲至一兩七、八錢至二兩不等，與從前大相懸殊，小民謀食困難。八年米價漸跌，郡城各邑米價每石銀一兩五、六錢，而北部淡水廳係屬新開之地，爲產米之區而人口稀，因而更覺平減。尋乾隆十三年，內地泉漳米價騰貴，時臺地亦荒旱，米石價與內地同至銀三兩，輿情恟恟。乾隆二十九年《續修臺灣府志》卷二十五載〈買米歌〉云："市米三百錢，嵦嵦才一斗，聚困漁利家，乘此誇其有……官司榜平糶，人趨惟恐後，一丁米三升，鞭扑驚且走……。"按當時銀一兩約換七、八百錢，依此計算則每米一石約價銀四兩，此或指當時之情形歟？乾隆十五年至二十七、八年則豐登有年，米價比較穩定，每石約在一兩四、五錢之譜⑦。乾隆中葉臺米之輸出隆盛，《海東札

⑤連雅堂著《臺灣通史》卷27，頁 441。
⑥《明清史料戊編》第六本，葉 102。
⑦同上註，葉 106。

記》（三十八年前後）曰：“近歲糶價不賤……古蓄藏鮮。”可見當時米價因輸出多而升揚。至乾隆五十一年十一月，即林爽文起事前，據當時月報時價每米一石價銀一兩三錢至一兩五錢六分不等。翌五十二年三、四、五月後，因爽文起事，各縣廳倉糧穀被搶，且農民為避戰禍不能及時耕種，米價昂貴，每石價銀增至二兩二錢至二兩七錢之間。至秋後臺屬各地更激漲，石米均在三兩以外至四兩二、三錢之間。時因米價騰貴，居民日食薯乾以致市價加增，新鮮薯乾每斤貴至二十三、四文（每錢九百文合銀一兩）。五十三年春米價更漲，如淡水廳，二月因大雨雪而饑，斗米漲至千錢。五十三年二月爽文事件平，入六月米價始漸平。五十四年米價守穩，每米一石價銀一兩四錢一分三厘至一兩五錢四分之間。至乾隆六十年三月，復因陳周全等起事，且內地米貴，商船爭集，臺米因而昂貴，石米漲至錢五千文，時約每錢九百文合銀一兩，以此換算則石米約達銀五兩五錢之譜。如此一漲即數倍，北路彰化游民乃聚衆搶奪，幸知府遇昌，曉諭彰鹿有穀之家出糶，市價始平⑧。

越嘉慶元年秋，因大風雨糧價增長，嗣後撥解福建布政使司之庫銀二十萬兩分恤，同時留糧運之穀數三萬四千餘石，以充賑糶⑨。至嘉慶十一年三、五月間，亦因受蔡牽之亂的影響，米價騰貴，時臺灣各廳縣曾價領府倉穀石，照臺地從前賑郵案，每米一石折價銀二兩賑糶，觀此，可知當時市價每石當在銀二兩以上。又時蕃薯每百斤賣錢八十文（時銀一兩折錢九百文），是則約需蕃薯十七斤始能換米一斤。嘉慶十五年新開之噶瑪蘭，則以田土膏腴人稀，米價較賤。

道光元年，噶瑪蘭廳穀價每石售番銀一元，約合紋銀七錢，即每米一石為紋銀一兩四錢。在道光初除噶瑪蘭外（因無需配運

---

⑧《東槎紀略》卷5。

⑨連雅堂著《臺灣通史》卷3，頁48。

兵米眷穀及糶穀）臺郡各地均米貴，一聞雇運，民間米價必一時騰湧⑩。四年因臺地商人運米十四萬石前往天津，是年十一月臺灣上米每倉石價銀二兩四錢至二兩八錢之間，較之常時稍昂。道光五年新穀中平市價每一石價番銀一圓三角，時番銀二圓折合紋銀一兩四錢，以二穀一米計之，則每米一石價約在紋銀一兩八錢。八年起臺屬應運眷穀每石折庫平紋銀一兩，即每米一石折銀二兩，時中穩之年每石米價二千二、三百文，而銀價每兩可易制錢一千二、三百文。九年首夏噶瑪蘭廳下亦因青黃不接，米價驟昂，平糶二千擔後米價始平。十四、五年前後臺灣米糖等貨價值漸昂，利息漸微⑪。如十四年三月，主要產米區之彰化，斗米昂價至銅錢七百餘文，即每米一石價約銀五兩四錢，沿山積穀過糴，縣治數萬戶，幾於有錢而購不出米，民情恟恟。嗣因捐米地瓜以濟貧民，至二十九日人心始定。十六年臺灣府縣各地秋後雨澤愆期，旋復風燥日烈益形亢旱，晚收歉薄，均約收成五、六分，糧價增長，嘉義鳳山二縣紳商曾認糶米數萬石⑫。十七年春，復因上年秋歉而青黃不接，中米市價每石制錢四千二百餘文，即合銀三兩二、三錢（時銀價每兩可易制錢一千二、三百文）。時臺灣縣曾平糶該縣倉穀一萬石，每升比中米市價減錢十文實糶錢三十二文。二十一年起內地各倉兵米穀一律改爲一半折色，仿照眷米每穀一石折色一兩，即每米一石折銀二兩，可見當時石米市價亦在二兩左右。至道光末年內地與南洋之貿易急速發展，南洋米傾銷內地沿海各地，臺米之市場被其取代，臺米滯銷，不問豐歉穀價賤甚。據《海音詩》載，咸豐年間南洋米仍傾入於內地，臺米多賤售。如新竹地方每米一石售一圓七角，新埔售一圓五角，而樹杞林則僅售九角。在同一廳內生產地之樹杞林

⑩《東槎紀略》卷1。
⑪《明清史料》戊編第十本，葉 973。
⑫同上註，第十本，葉 977。

與消費地之新竹既約差一倍， 也可窺見交通不便之往昔， 運輸費占成本之成分頗高。總之咸豐年間之米價均較之道光中葉時便宜。同治元年至三年間，因戴萬生起事，南北兩路隔阻，臺灣縣米價騰昂，石米極貴時賣至銀三・三三兩。同治年間，常時在新竹地方則每米一石價值二圓三角（約合紋銀一兩六錢一分），較之咸豐年間稍昂。

至光緒初年 米價又漸騰昂， 三年每米一石價 制錢三千八百文，約合銀二兩四、五錢。十一年臺灣北部米價又上漲，市場米價比光緒八年至十七年間的任何一年爲高，蓋當因北部城市人口急增，加之歲遇凶作故也。十五年臺灣縣（今臺中）上下忙平均米價每米一石（滿斗）約銀一・六五兩，是年苗栗縣則每米一石爲銀二・二兩，然米產地而人口稀疏的埔里社廳則僅爲價銀一・二兩而已。十六年臺灣縣上忙一石價銀一・六五兩，下忙微漲至一・七五兩，而苗栗縣與埔里社廳則仍在二・二兩與一・二兩左右。十七年臺灣縣之米價仍維持一・七五兩，苗栗縣則降爲銀二兩，埔里社廳仍爲一・一五兩之譜。十八年臺灣縣上忙仍維持原盤價銀一・七五兩， 下忙微升爲價銀一・八兩， 苗栗縣續降爲一・九三兩之譜，而埔里社廳亦降至一・〇六兩。十九年臺灣縣上忙仍爲銀一・八兩，下忙降爲一・七兩，苗栗與埔里社則仍與上年同。二十年早多則受甲午戰役之影響米價昂貴，臺灣縣每石（九三斗）價銀二元四角左右（約合紋銀二兩）。翌二十一年早多， 復因日軍之侵臺米價續升， 臺灣縣每石價在二圓六角左右（約合紋銀二・一七五兩）。晚多再漲，安平縣（今臺南）每石售價銀三・〇六兩。越二十二年則因抗日戰爭之擴大，臺灣縣每石價約售銀三元三角左右（合紋銀二・七五兩）。安平縣則比臺灣縣更貴，同年七月每石竟賣至銀三・七三兩⑬。

⑬《臺灣文獻》8卷1期〈劉銘傳撫臺檔案整輯錄〉及光緒22年（明治29年）《臺南縣公文類纂・內務門・殖產部・永久第十類商工業》。

綜觀上述，在清康熙年間臺郡米價最賤時爲每石售銀六錢，最貴時每石銀二兩三、四錢，常時則每石在銀一兩二、三錢左右。雍正、乾隆年間最賤時仍爲每石銀六錢，最貴時每石達銀五兩五錢，常時每石價銀一兩五錢左右。常時每石比康熙年間騰貴銀二、三錢，按自雍正初至乾隆年間，因輸運兵米眷穀及糶穀至閩省各地，加之商舡定例所帶米穀亦增加，故影響米價之昂漲。嘉慶年間則每石在銀一兩一錢五分至二兩二錢餘，而賑糶之米石亦折價銀二兩。當時制錢之價值亦漸低落，即在乾隆中葉制錢七、八百錢換銀一兩者，至嘉慶中葉時則九百錢始能換銀一兩⑭。道光初中葉，亦因臺米頻年鉅量販濟外省及閩省各地，當時每石也在銀二兩餘，歲遇凶作而最貴時竟達五兩四錢，而制錢之價值亦更貶落，在道光中葉時制錢一千二、三百文始能易銀一兩⑮。道光末年至咸豐年間，則由於南洋米之傾銷內地，臺米滯銷，米價低落，每石價番銀一圓五角（約合紋銀一兩零五分）至七角左右。同治年間，始漸復升揚，每石價番銀二圓（約合紋銀一兩四錢）之譜。光緒年間，最貴時每石價銀三·七三兩，而常時則每石在銀一兩六錢五分至一兩八錢。光緒年間制錢更貶落，紋銀每兩可換制錢一千五百文⑯。

至米價漲跌之原因約可歸納如下：(1)年冬收成之豐歉；(2)糶運輸出之多寡；(3)叛亂兵燹；(4)主要競爭作物，即稻米甘蔗之相剋關係；(5)臺郡制錢之濫鑄價值貶落等。漲跌之幅度甚大，一漲多達二、三倍。而騰漲時期則多在青黃不接之冬春間，尤以二、三、四月爲甚矣。

⑭《明清史料》戊編第五本，葉 409；第六本，葉 557。
⑮同上註，第十本，葉 950。
⑯《臨時臺灣舊慣調查會第二部調查經濟資料報告下卷》，頁 727。

三、官價與市價之比較

清代臺灣米價，除了市上交易之市價外，尚有採買倉穀之政府“採買例價”，拋售之“平糶價格”，租粟之“折徵價格”等，玆將此等綜稱爲官價，而分別加予與市價比較於後。

㈠　政府採買倉穀例價

閩地因山多而戶口殷繁，故每遇豐歉不齊曁青黃不接時，多恒藉臺穀接濟，而爲多備貯倉穀，乃有赴臺採買倉穀之舉[17]。其採買臺米係始於康熙末雍正初，時臺米穀價最賤時每石僅售三錢，因此閩省發買臺穀價格僅定爲三錢至三錢六分（連腳費在內），卽每米一石採買例價僅爲六錢至七錢二分。在康熙雍正間常時之市場米價每石係在一兩二、三錢左右，因此除最賤之年外，實已不足敷用。故乃有乾隆六年書山、張湄等〈條奏臺郡採買穀石定價增加〉一摺，略謂：“內地發買穀價僅得三錢六分或三錢不等，腳費俱從此出，從前穀賤之年原足敷用，今則不免賠累，後請按年歲豐歉酌量增減……查上年臺灣收成之際，米價每石尚至一兩五錢不等，則穀亦在七錢上下，……目下各屬米價自一兩七、八錢至二兩不等，與從前大相懸殊，可知原議之穀價卽不論裝載運費已不抵時值之半，倘仍不議增必致因循歲月互相觀望採買無期，迫之使趨，非縣令受賠償之累，卽閭閻罹價短之苦，小民終歲勤勞，至秋成而賤賣之，旣失皇上愛民重農之意。……伏乞准照督撫所議，按年豐歉酌量價值及時採買，庶於海外地方實有裨益。”[18]然仍飭遵部議，以市有餘粟地方官乘時購買，或市價增長官卽暫行停糴。因採此消極辦法不切實際，採買

⑰《明清史料》戊編第二本，葉 102。
⑱同上註，第九本，葉 812；連雅堂著《臺灣通史》下冊卷27，頁 442。

倉穀年年不能順利進行。故乾隆八年間前督臣那，乃以閩地戶口殷繁積貯緊要，奏請籌辦捐監生穀以備常平或留備糶濟。臺灣一郡初定捐穀五萬石，後續請加捐至四十萬石，每監生一名收穀二百一十六～四十石，每石穀價僅四錢五分（彰化、淡水）或五錢（臺灣、鳳山、諸羅），不抵時值之半，而比採買例價每石尚低銀一錢餘，然而正因所定捐穀價太低，故常常發生拒捐情事⑲。

因情形如此，嗣後乃有調整採買倉穀穀價之舉，即於乾隆十九年前後，經部定議採買臺穀每石定價六錢⑳，即每米一石銀一兩二錢，比康熙末至乾隆初年間之定價三錢或三錢六分約增一倍。但在乾隆二十一年前後，年年穀價雖屬豐登，每石仍須七、八錢不等，新定採買穀價六錢仍不敷用。此次調整採買穀價後，經乾隆中末葉、嘉慶至道光年間，不問市價之昂漲與否仍一直維持此價㉑。而乾隆末至道光中葉間，常時米價每石約在一兩五錢至二兩之間，因此所定採買例價每米一石銀一兩二錢實與常時之米價相差旣多，而與昂貴時之米價比較，則約僅值其四分之一耳。至咸豐、同治年間，採買倉穀事雖已急減，但據《淡水廳志》載，同治九年官莊除正供外，所剩耗餘穀詳定每穀一石以銀六錢二分收購，又彰化縣屬佚官莊餘租穀亦每石定價以六錢三分收購矣。

綜上，清代官府爲確保倉穀所定採買例價，自康熙末至乾隆中葉每石穀價僅銀三錢至三錢六分，自乾隆中葉至道光間則定價爲銀六錢。然而因採買定價與市價大相懸殊，故在辦理採買倉穀當中有發生如下情事：(1)籌辦監生捐穀以補採買倉穀之不足額；(2)地方官挪動別的銀款湊買以免賠累；(3)地方官爲按期如額採買乃向糧戶（地主、農民）強行低價收購。總之，清代閩省採買倉

---

⑲《明清史料》第二本，葉 105。
⑳同上註，第二本，葉 116。
㉑同上註，第六本，葉 553；第十本，葉 954。

穀或監生捐穀均係強行低價收購之政策，故臺郡糧戶之損失頗為鉅大。

㈡ 平糶價格

清代臺郡又設有平糶之制，每遇冬饑米貴時官府乃出倉平糶。自康熙四十七年至四十九年臺屬屢荒，米價高騰，因此每年值青黃不接時，知府周元文乃出倉粟就媽祖宮、府學二處平糶㉒，是為清代臺郡米穀平糶之嚆矢。《諸羅縣志》曰："此地戶多新立，人無蓄聚，官粟既多，稍遇凶歉，平糶蠲賑，不須假借。"亦係當時之情形。嗣後每遇歲歉米價貴時各廳縣均續辦平糶，如雍正十三年鳳山縣歲歉時，縣令方邦基曾發粟平糶，酌戶口定穀數散給。乾隆二年連邑風災，臺灣縣陳鵬南曾買穀平糶。又乾隆六年夏間，臺灣因米價昂貴，曾借撥潮州倉穀六萬石運臺接濟平糶。唯上面所舉平糶均未標明平糶價格矣。至乾隆五十三年三月，受林爽文事件的影響各路米價昂貴，各路乃設廠平糶，按原來閩省辦理折賑每石至二兩，然是年臺屬糧價均在三兩以外，故每石乃以三兩折給㉓。嘉慶元年九月臺灣颱風，糧價增長，乃留糧運之穀數三萬四千餘石賑糶。道光十七年，因上年秋歉，糧價較昂，民食緊要，乃由府倉撥穀一萬石碾米設廠，照中米市價每石制錢四千二百餘文每升減錢十文，實糶錢三十二文，較之市價約低二成四分，所糶錢文隨時易銀提解府庫以便秋後買補。而每遇平糶後市價即平，因此平糶之制收效相當大。然把平糶之價格與官方採買倉穀之定價比較，則平糶價格僅低於市價二成餘，乃超收購倉穀定價之一倍以上，故官府雖舉辦平糶，但其所賺銀款仍相當可觀。

㉒《諸羅縣志》卷12。
㉓《明清史料》戊編第三本，葉 286。

㈢ 租粟之折徵價格

清代既有採買倉穀之制，又有田賦折徵銀錢之制，蓋在米穀豐登而政府已握有鉅量之米穀，或交通不便米穀之輸運困難處，常見實施田賦折徵銀納制。清初臺灣田賦係納本色，《臺海使槎錄》云：“臺灣田賦與中土異者有三，中土俱納米而臺灣止納穀，中土有改折而臺灣止納本色。”至雍正九年，改照同安則例計畝徵銀，但仍代納以粟，而以銀三錢六分折粟一石㉔（一米納二粟，按清代米粟之折率均爲對折，此與現在之折率七二折相差甚大，蓋當因清代稻穀品質不良，且收穫後之調製亦粗雜以致折率低劣矣），即每石粟僅能折合銀三錢六分繳納，此正與採買倉穀之例價相同，僅折爲市價之半而已。乾隆十七、八年提高折價，即依採買定價每粟一石折徵銀六錢。乾隆十九年復改徵本色㉕。旋道光二十三年，正供由穀納制變爲銀納制，穀一石改徵墨西哥銀二元㉖，同時大租與小租亦採銀納制，但當時穀一石的價格爲一圓左右，而正供穀一石，則以二圓之比例徵收，故大租戶的所得幾乎少了一半。

要之，清代政府採買倉穀總以低價收購，而其所定例價常常不值市價之半。又課收田賦，在計畝徵銀而以粟代納時，每輸納穀一石僅折爲銀三錢六分抵繳，即把輸納之米粟低價折算課收。反之田賦由穀納制變爲銀納制時，則把正供稅則穀石高價折算徵收，即在市價穀一石一元時，正供穀一石改以銀二元抵繳，其定例幾乎貴於市價之一倍，蓋此爲政府財政短絀而要掌握鉅量銀圓以充實公庫而出的苛稅，因此而激起地主農民之憤懣，而道光二十四年臺灣縣下郭光侯之糾衆抗官乃爲其代表的反應矣㉗。

——原載《臺灣文獻》9卷4期，民國47年

㉔《續修臺灣府志》卷4，頁 327（全誌本）。
㉕《明清史料》戊編第二本，葉 116。
㉖東嘉生著《臺灣經濟史研究》，頁 270。
㉗伊能嘉矩著《臺灣文化志》上冊，頁 866。

附表　清代臺灣米價表

年次	季月	地區	單位	米價		備考	資料來源
				市價	官價		
康熙21年		臺郡	斗米	銀 6 錢餘		是歲大饑	《諸羅縣志》卷12，《續修臺灣府志》卷19
23～35年		〃				米價平穩，33年後糖價稍長	周元文《重修臺灣府志》卷10
36年			斗米	100錢		傭人工資計日百錢	《裨海紀遊》
47～49年		臺郡				臺屬屢荒，米價高騰	《諸羅縣志》卷12
49年以前		〃	石米	銀 1 兩 2、3 錢		可視爲常時價格	周元文《重修臺灣府志》卷10
49年		〃	〃	銀 2 兩 3、4 錢		因凶荒及輸出過多米價騰湧	〃
52年		半線	〃	銀 9 錢		兵米折給價格澹水折給銀 1 兩 5 錢	《臺海使槎錄》卷 2〈赤崁筆談〉
57年		臺郡				是年大旱，米價騰湧	《續修臺灣府志》卷12

60年		臺　郡				朱一貴起事各路徵兵皆集米價騰貴	《淡水廳志》卷14
末年		〃	石　粟	銀3錢		最賤時之價格，1米折2粟	《諸羅縣志》卷6
雍正初年		臺　郡		銀3錢		最賤時之價格	《臺海使槎錄》卷1〈赤崁筆談〉
9年		〃			正供石粟折銀3錢6分	1米納2粟	《續修臺灣府志》卷4
13年		鳳山縣				歲歉米價貴	《鳳山縣志》卷8
乾隆2年		臺灣縣				風災米貴	《臺灣縣志》卷3
5年	夏秋	臺　郡	石　米	銀1兩5錢	採買倉穀例價3錢～3錢6分	穀在7錢上下，內地發買穀價僅3錢或3錢6分不等	《明清史料》戊編第9本葉812
6年	春夏	臺　郡	〃	銀1兩7、8錢～2兩			《明清史料》戊編第9本葉812
8年		郡城各邑	〃	銀1兩5、6錢		淡水產米之處更較平減	《明清史料》戊編第1本葉75

13年		臺郡	石米	銀3兩		時漳泉米價騰貴，臺地亦荒旱，米石價與內地同	《續修臺灣府志》卷3
17、18年		〃	石粟		租粟折徵銀6錢	租粟照採買定價每石折收銀6錢於19年追徵	《明淸史料》戊編第2本葉116
19年		〃	〃		採買倉穀定價銀6錢		《明淸史料》戊編第2本葉106
20年		淡水 彰化	〃		監穀定價銀4錢5分	臺灣諸羅鳳山三縣定價銀5錢	〃
28年		臺郡	〃		採買例價銀6錢		《明淸史料》戊編第3本葉209
38年		〃				近歲糴價不賤	《海東札記》
51年	11月	〃	石米	銀1兩3錢～1兩6錢5分		11月月報時價	《明淸史料》戊編第4本葉385
52年	3～5月	彰化	〃	銀2兩6錢5分～2兩7錢		北淡水每石市價2兩2錢3分～2兩4錢7分林爽文起事波及全臺	〃
〃	秋冬	臺郡	〃	銀3兩5錢3分5厘			《明淸史料》戊編第5本葉432
〃	秋冬	〃	〃	銀4兩2、3錢		米價昂貴每米1石制錢3千8.9百文是年錢文每錢900文合銀1兩	《明淸史料》戊編第5本葉430、433
53年	2月	淡水	斗米	1,000錢		春大雨雪饑	《淡水廳志》卷14

53年	3月	臺郡	石米	銀3兩餘	平糶價銀3兩		《明清史料》戊編第3本葉286
54年		〃	〃	銀1兩4錢1分～1兩5錢4分		林爽文事件平後	《明清史料》戊編第4本葉349
60年	2月	〃	〃	銀5兩5錢5分		2月內地米貴，商船爭集臺米亦貴石米錢5,000文59年錢價每錢900文合銀1兩	《東槎紀略》卷5
嘉慶元年	秋	臺郡				颱風稻損糧價增長	《臺灣通史》上册卷3
9年		淡水	石粟		1圓5角	淡水廳叛產穀每石折銀1圓5角	《淡水廳志》卷4
11年	3～5月	臺郡	石米	銀2兩	採買定價1兩2錢	採買例價每穀1石發銀6錢，番薯百斤80文	《明清史料》戊編第6本葉553
13年		〃	〃	銀1兩1錢5分～2兩2錢		各廳縣報部糧價，銀1兩折錢900文	《明清史料》戊編第6本葉550
15年		噶瑪蘭				新開噶瑪蘭田土膏腴米價較賤	《噶瑪蘭廳志》卷7
18年		噶瑪蘭				准將穀1石變紋銀6錢	《噶瑪蘭廳志》

道光元年		淡水				穀照餘租例每石變糶番銀1圓	《淡水廳志》卷7
						番銀2圓或1圓8角可折紋銀1兩4錢或2、3錢	《東槎紀略》卷1
4年	11月	臺郡	石米	銀2兩4錢～2兩8錢		臺灣上米每石之價格	《明清史料》戊編第10本葉939
5年		〃	〃	番銀2圓6角（合紋銀1兩8錢2分）		臺地近年米貴新穀易銀按中平市價每石折番銀1圓3角	《東槎紀略》卷1
6年		〃	石粟		租粟1石折徵番銀2圓～1圓8角	臺灣廳縣租穀折收價格合紋銀1兩4錢或2、3錢	〃
7年						各縣省穀每石折價庫平紋銀1兩	《彰化縣志》
8年		臺郡	石米		採買倉穀定價銀1兩2錢	穀採買例價每石折銀6錢	《明清史料》戊編第10本葉954
〃						臺屬應運省穀每石折銀1兩，銀價每兩可易制錢1千2、3百文	《明清史料》戊編第10本葉950
14年	3月	彰化	石米	銀5兩4錢		斗米昂價至銅錢700餘文縣治數萬戶幾於有錢購不出米	《彰化縣志》卷12
15年						近年以來臺灣米糖價值漸昂利息漸微	《明清史料》戊編第10本葉973
16年		臺郡				秋收歉薄糧價增長	《明清史料》戊編第10本葉977

17年	春	臺郡	石	米	銀3兩2、3錢	平糶價銀2兩4分6錢	中米市價每石制錢 4,200餘文，每升減錢10文實糶錢32文	《明清史料》戊編第10本葉980
21年							配運穀額折色穀石每石折價銀1兩14	《淡水廳志》卷4
23年		臺郡	石	米	番銀2圓（合紋銀1兩4錢）		當時穀價1石爲1圓左右而正供穀則1石以墨銀2圓之比例徵收	東嘉生著《臺灣經濟史研究》頁270
末年							南洋米銷內地沿海各地臺米滯銷不問豐歉穀價賤甚	《治臺必告錄》載《斯未信齋存稿》
咸豐初年							南洋米入於中國臺米多賤售	《海音詩》
咸豐年間		新竹	石	米	1圓7角（合紋銀1兩1錢9分）		新埔石米1圓5角樹杞林石米9角	《新竹縣志稿》卷6〈經濟志〉
同治元年～3年		臺灣縣（臺南）	石	米	銀3.33兩		戴萬生起事石米最貴時賣至5圓係日本銀圓5圓，按日本銀圓1.5圓合紋銀1兩。5日圓合紋銀3.33兩。	光緒22年（明治29年）《臺南縣公文類纂・內務門殖產部永久第10類商工業》
同治9年							餘租穀每石定價銀6錢2分～3分	《淡水廳志》
同治年間		新竹	石	米	2圓3角（合紋銀1兩6錢1分）		樹杞林石米1圓2角新埔石米1圓4角	《新竹縣志稿》卷6〈經濟志〉

光緒3年	三月	臺　郡	石　米	銀2兩4、5錢		米4石共棧一十五千 200 文每石約3,800文銀1兩可易制錢1,500文	《東洋學藝雜志》19卷 251號〈中國人於紅頭嶼之歷史〉
11年		臺　北				市場米價較光緒8年～17年中的任何一年爲貴	臺灣銀行編印《臺灣經濟史研究》6集載〈1882～91臺灣淡水海關報告書〉
13年		臺　灣	石　米	1.84圓（合紋銀1.29兩）		清賦直前平均時價	東嘉生著《臺灣經濟史研究》
15年		臺灣縣（臺中）	石　米（滿斗）	銀1.65兩		上下忙平均米價，是年苗栗縣1石爲銀2.2兩，埔里社廳爲1.2兩	《臺灣慣習記事》第2卷第6號〈領臺前5個年間中路之米價〉
16年	上忙	〃	〃	銀1.65兩		苗栗縣1石爲銀2.2兩，埔里社廳爲1.1兩	〃
	下忙	〃	〃	銀1.75兩		苗栗縣1石售銀2.05兩，埔里社廳爲1.15兩	〃
17年	上忙	〃	〃	銀1.75兩		苗栗縣1石售銀2兩，埔里社廳爲1.15兩	〃
	下忙	〃	〃	銀1.75兩		苗栗縣1石售銀2兩，埔里社廳爲1.15兩	〃
18年	上忙	〃	〃	銀1.75兩		苗栗縣1石售銀1.93兩，埔里社廳1.15兩	〃
	下忙	〃	〃	銀1.8兩		苗栗縣1石售銀1.93兩，埔里社廳爲1.06兩	〃

19年	上忙	臺灣縣（臺中）	石　米（滿斗）	銀 1.8 兩			苗栗縣 1 石售銀1.93兩，埔里社廳爲1.15兩	《臺灣慣習記事》第 2 卷第 6 號〈領臺前 5 個年間中路之米價〉
	下忙	〃	〃	銀 1.7 兩			苗栗縣 1 石售銀1.93兩，埔里社廳爲1.06兩	〃
20年		〃	石　米（93斗）	2.4元（合銀 2 兩）			早冬米時番銀 1.2 元約合紋銀 1 兩	《臺灣文獻》8 卷 1 期〈劉銘傳撫臺檔案整輯錄〉
〃	上忙	安平縣（臺南）	石　米	銀2.26兩			安平縣前期中白米零售平均價每石售日本銀 3 圓 4 角合我紋銀2.26兩	光緒22年（明治29年）《臺南縣公文類纂・內務門殖產部永久第10類商工業》
〃	下忙	〃	〃	銀2.13兩			安平縣後期中白米零售平均價每石售日本銀 3 圓 2 角合我紋銀2.13兩	〃
21年	〃	臺灣縣（臺中）	石　米（93斗）	2.6元（合銀2.175兩）			早冬米	《臺灣文獻》8 卷 1 期〈劉銘傳撫臺檔案整輯錄〉
〃	上忙	安平縣（臺南）	石　米	銀 2.4 兩			安平縣前期中白米零售平均價每石售日本銀 3 圓 2 角合我紋銀 2.4 兩	光緒22年（明治29年）《臺南縣公文類纂・內務門殖產部永久第10類商工業》
〃	下忙	〃	〃	銀3.06兩			安平縣後期中白米零售平均價因日軍侵臺米價激漲每石售日本銀 4 圓 6 角合我紋銀3.06兩	〃

清代臺灣的米產與外銷

(內銷—中國)

一、前言

自古敍述臺土沃壤，米產豐饒之文獻頗多。甘迪第斯(Candidius)曰："居民主要的工作，是耕種旱田，而播植旱稻。土地很多，良好而肥沃，故只要耕種，則此七個村莊，再可以養活十萬人。"① 又楊占玆斯特路易士（Jan Jansz Struys）之《見聞錄》曰："臺灣，到處有豐沃的農地，……其地有極多的米……糖……。"② 又《裨海紀遊》云："臺土宜稼，收穫倍蓰，治田千畝，給數萬人，日食有餘。沿海沙岸，實平壤沃土。……然宜種植，凡樹藝芃芃鬱茂，稻米有粒大如豆者，秋成納稼，倍內地，更產糖蔗雜糧，有種必穫，故內地窮黎，襁至輻輳，樂出其市。"又《臺海使槎錄》云："三縣皆稱沃壤，水土各殊，臺縣俱種晚稻，諸羅地廣及鳳山淡水等社近水陂田可種旱稻。然必晚稻豐稔，始稱大有之年。千倉萬箱，不但本郡足食，並可資贍內地"。顧臺灣之拓殖，一貫以稻田蔗園之開墾而發達的農業爲基礎，而稻米實爲其二大農產物之一。

臺灣稻作栽培似開始於山胞，彼等種穀似由南洋引進，供食

---

①中村孝志著，北叟譯，〈荷領時代之臺灣農業及其獎勵〉，載於《臺灣經濟史初集》頁55。

②同註①，頁54。

荷治時期？非來台漢人？
技術來源？
何以有此推估？

用及釀酒。明萬曆後，閩粵沿海人民移居臺灣者漸衆，他們從故鄉帶來種穀，以大陸方法開始種稻③，實爲本省稻米生產開發之始。至臺米之外銷，則遠在荷蘭竊據時即啓其端。中村孝志著《荷領時代之臺灣農業及其獎勵》曰：“在其竊據初，荷人即對臺灣的土地和自然產物，抱有相當高的希望。當時東印度公司中的荷蘭人、土人及船舶中的食糧都是米，東印度公司爲購米頗費苦心。在臺灣開發的初期，米是仰給於外來的。”④因此，荷蘭長官韓斯浦特曼斯 (Hans Putmans) 及約翰梵德爾部耳格 (Johan van dor Burgh)，在臺灣發出獎勵米糖及其他作物的命令，又建立米倉。另一面則獎勵中國人的移殖，當時商人蘇鳴崗(Bencon)曾從中國大陸將農民運送到臺灣，從事於生產米和糖。至一六四〇年後，荷人已報告說：臺灣在最近的將來，似可不要輸入稻米，而或許可有剩餘的米，輸至他處。故其前途亦頗有可觀。據一六五六年調查，僅赤崁附近開墾的稻田，即達六、五一六摩爾貢 (Morgon，約合甲)。稻田較之蔗田約多二·五倍。又連著《臺灣通史》云：“荷人既至，制王田，募民耕之，所產之物，米糖爲巨，以其有贏，販運中國，遠至日本南洋，歲值數十萬金。”惟荷據時期米糖之輸出，係以糖占多，米穀則至後半期始見有輸出，且因米穀要供臺民日食，因此其輸出並不多。永曆十五年鄭成功克臺，因過去屢屢爲軍糧所困，故爲確保軍糧計，乃採屯田政策，故臺灣產糖減少。在鄭氏初期，普通每年產糖皆減低至一百萬斤。楊英撰《從征實錄》記述其初期稻穀豐登之情形曰：“英追隨藩主十四年許矣。扈從歷遍，未有如此處土地膏

---

③江夏英藏著《臺灣米研究》頁3，趙連芳、湯文通著《作物學》下册，頁4。

④又曹永和著〈明代臺灣漁業志略補說〉附第一表臺灣大陸間船隻往還狀況表載：自1636-1638年間大員曾向中國大陸沿岸厦門、烈嶼、安海、福州、銅山、金門等地輸入相當多的米穀，而大員則無輸出米穀。

腴饒沃也。惜乎土民耕種，未得其法，無有人敎之耳。英去年四月間，隨駕蚊港，路經四社，頗知土民風俗。至八月奉旨南社，適登秋收之期。目睹禾稻遍畝，土民逐穗採拔，不識鈎鐮割穫之便。”鄭氏爲深感軍餉的需要，更力求土地的開拓，特向所率軍民發布告諭，勸令開墾。連著《臺灣通史》云：“明末鄭時，既拓地屯田，以足兵民日食，又能以其有餘糶運福建漳泉，爲內地東南沿岸一大倉儲。”至清領初，則因糖價較之米價昂貴，因而蔗園增多。是故，當時分巡臺厦兵備道高拱乾，曾發出〈禁飭插蔗並力種田之諭示〉，云：“舊歲種蔗已三倍於往昔，今歲種蔗竟十倍於舊年。軍民需米正多，須知競多種蔗，勢必糖多價賤，莫如相勸種田，多收稻穀。”蓋一地區產物過剩時，非外銷卽減產，又卽勞力轉向其他產物，後者之例卽可見於此糖米之爭。有清一代，臺米常有外銷；雖然非有一個合理之經濟政策在調節生產，但至少在某種程度可反映米作之情形。

臺灣米產之發達，主要須由開發史——墾地與移民之關係——考察之。但此種研究所需資料甚多未整理，尙待後日再行深究。今先整理其供需關係中之一現象——外銷資料，以試圖作其側面觀。而對米之生產情形，則入題前就有限之資料作簡略之敍述。

二、生產發達——農業移民與開墾

康熙二十二年，臺灣入清版圖。翌年，置一府三縣治理。當清朝得臺初，全郡舊額稻田計有七千五百三十四甲⑤。惟清領初，清朝放棄積極經營臺灣，限制移民赴臺，且不准携眷，農民每於春耕時前往，秋收後回籍⑥。因此，在清領初稻田面積較之

⑤范咸《重修臺灣府志》卷4，葉1。
⑥《明清史料》戊編第二本，葉 107。

明鄭時增加不多。且當時糖價較之米價稍長，農民惟利是趨，徒增蔗園。是故，時之分巡臺厦兵備道高拱乾乃出示〈禁飭插蔗並力種田〉，略曰：

> 為嚴禁申飭插蔗，並力種田，以期足食，以重邦本事：照得臺灣孤懸海外，止此沿邊一線堪以墾耕，地利民力原自有限，而水陸萬軍之糧糈與數萬之民食，惟於冬成稻穀是賴也。雖此地之熯甚於內地，然一年之耕種一次收穫，總因多風少雨，播種插秧每有愆期，故十年難必有五年之穫。加以從前蝗蟲之役，繼以颶風，稻穀歛收。……不謂爾民弗計及此。偶見上年糖價稍長，惟利是趨，舊歲種蔗已三倍於往昔，今歲種蔗竟十倍於舊年。……軍民需米正多，則兩隔大洋，告糴無門，縱向內地舟運，動經數月，誰能懸釜以待。是爾民向以種蔗自利者，不幾以缺穀自禍歟。本道監司茲土愛惜爾民，其足食邦本不得不鰓鰓過慮也。合就出示禁飭為此示，仰屬士民人等知悉，務各詳繹示飭至意，須知競多種蔗，勢必糖多價賤，允無厚利，莫如相勸種田多收稻穀，上完正供，下贍家口，免遇歲歉呼饑稱貸無門尤為有益。除行縣確查，將間過蔗園按畝清查通報起科外，倘敢仍前爭効插蔗，以致將來有悞軍糈，自干提究，噬臍莫及，其凜遵之勿忽。

是故，自康熙二十四年起至雍正十三年止，僅增墾田七千二百三十九甲，連前舊額通府合計田一萬四千七百七十四甲。反之，其間園則自原一萬零九百一十九甲，增墾至三萬八千零八十八甲⑦，較之田約增一倍有餘。自然當時水利已在興修，惟尚未盡其善，亦爲致使園之開墾較之稻田急速的原因之一。據乾隆十一年《重修臺灣府志》載，雍正十三年全郡稻田之分布情形如次：

---

⑦范咸《重修臺灣府志》卷 4，葉 2。

臺灣縣：四、九一〇甲
鳳山縣：三、五七二甲
諸羅縣：一、七三二甲
彰化縣：四、三七二甲
淡水廳：　　二一八甲

此係經開墾報陞之數目，即爲當時可栽植之稻田面積。然而此係人民任意報陞而非經實查者。當時臺地之田賦既數倍於內地，水利亦未興；所有田園缺堤岸之保障，大雨時山洪奔瀉，衝田園爲澗壑，而橫流壅積，熟田亦歸荒廢，若非以多報少則虧缺是在所難免。加之當時有掠奪式經營情形；耗種二三年，力薄寡收，便荒棄二年，然後再耕種⑧。雍正四年御史尹秦之〈臺灣田糧利弊疏〉曰："鄭氏當日分上中下三則取租。開臺之後地方有司即照租徵糧，而業戶以租交糧致無餘粒，勢不得不將成熟之田園以多報少，欺隱之田竟倍於報墾之數。"足徵當時已墾而未報陞之稻田當爲數不少。

先是雍正二年朱一貴事件後，藍鼎元認爲如能使"民生各遂家室，則無輕棄走險之思"，而客莊居民從無眷屬。他主張"凡人民欲赴臺耕種者，必帶有眷口，臺民有家屬在內地者，願搬取渡臺完聚，許具呈給照"(〈論治臺事宜書〉)。福建當局亦感覺過去只許人民隻身去來，"迨後海禁漸嚴一歸不能復往，其立業在臺灣者既不能棄其田園，又不能搬移眷屬"，不是妥善辦法，奏請予以變通。雍正十年，大學士鄂爾泰等亦認爲此數萬粵人，如終年羣居而無家室，則其心不靖，難以久安，因規定凡"有田產生業，平日守分循良之人，情願携臺入籍者，准其搬携入臺"。此對於臺灣田園的拓殖，自有其重大影響⑨。嗣後一禁一弛，惟

⑧《淡水廳志》卷15上，頁 559（全誌本）。
⑨郭廷以著《臺灣史事概說》頁100，《明清史料》戊編第二本，葉107。

稻田之增墾，則以新開之地——淡水廳占多。據《淡水廳志》載，乾隆五十七年止，淡水廳計有稻田五百九十六頃十畝（約五、二七四甲，雍正九年定自七年開墾及自首陞科者，改照同安則例化一甲爲十一畝三分）。較之雍正十三年，約增加五千零五十六甲。整個臺北平原於此殆已墾盡，而乾隆年間開鑿之埤圳，卽有霄裏大圳等十八條之多。此外尙有些官莊田番田爲數也不少。其他各縣則未見顯著增墾。乾隆中葉後携眷入臺墾殖者更衆。嗣並先後相繼施行隘制屯制，於是稻田之開墾更深入民番交界，新墾稻田數目可觀。至乾隆末年全郡僅報墾之稻田卽在二萬一千甲以上（官莊、隘田、屯田、番田等不包括在內）。然而當時全郡米產究竟有多少，時旣無統計，無法察知其產量。惟據乾隆五十三年福建巡撫徐嗣曾臺灣鎭總兵奎林奏〈爲查明叛產入官酌定章程〉云："彰化淡水田皆通溪，一年兩熟，約計每田一甲可產谷四五十石至七八十石不等，豐收之年上田有收至百餘石者，此旱園較水田次之。嘉義鳳山田園距溪較遠，間有單收者，較彰淡次之。臺邑沙地居多，多係單季收成，較嘉鳳又次之。此各路田園歲收之不同也。……又園地之中皆種值（植）地瓜甘蔗雜糧等項，民租向係折交業戶，令（今）若概行買穀完納，佃力惟恐難支。"⑩據此，乾隆末年臺米之產量，報墾稻田以二萬一千甲而每一甲之平均產量以六十石估算，則常年米穀產量當在一百二十萬六千石以上，而豐年則可接近二百萬石之譜（未經報墾陞科之稻田、屯田、隘田及番田等不包括在內。此外園又有種稻者，如埔占、園早、紅穀等種均可種於園）。乾隆二十五年吳士功謂在臺漢人已經超過數十萬，又《明清史料》（戊編二本一二八葉）載："乾隆四十七年臺灣府屬共九十一萬二千九百二十名。"是則當時臺屬四縣倉規定常貯穀四十萬石⑪，而佃農繳納

⑩《明清史料》戊編第四本，葉 336。
⑪同上註，第九本，葉 812。

田賦田園俱定納穀本色，且年年需資向內地例運兵米眷穀、糶穀、偷運米穀等數十萬石，佃農負擔堪稱頗重。

乾隆末至嘉慶初，深入臺地東北噶瑪蘭墾殖田園者漸衆，墾地頗廣。嘉慶十七年正式設噶瑪蘭廳時，即已有墾田二千一百餘甲。嘉慶末至道光初報陞墾田更急增，道光九年通計報陞在額田達四千零七十三甲。至道光末年大小水圳計有十九條，灌溉稻田面積達五千八百餘甲之多⑫。是則噶瑪蘭廳常年歲收，每甲平均產量以六十石計算當在三十五萬石之譜，堪稱爲臺郡主要產米區之一。《噶瑪蘭廳志》云："土壤肥沃不糞種，糞則穗重而仆，種植後聽其自生，不事耕耨，惟享坐穫，加以治埤蓄洩，灌溉盈疇，每畝常數倍於內地。"又云："蘭屬地廣人稠，農有餘粟。"當時噶瑪蘭廳丁口數約十萬⑬，除當地兵民日食外，盈餘穀石頗多。惟蘭地海陸路交通均不便，海港僅可通小舡，因此除由小型商舡疎通米穀外，旣無法容泊大號商船配運官穀，而在蘭地變賣後再赴淡地買穀配運。姚瑩之籌議噶瑪蘭定制云："蘭城運穀至淡交倉，中隔三貂嶐嶐二嶺，山徑崎嶇，牛車脚力均難挑運。若由烏石港配運，港門淺狹，礁山纍纍，各色小船往來出入維難，議請每穀一石變糶庫紋銀六錢，解府發交淡防廳採買。而蘭地潮濕非常，倉廒貯滿，所有供耗支給蘭營兵食外，盈餘之穀日多，無廒可貯，霉變糟朽勢所不免。……請令蘭廳將每年盈餘穀石官爲變糶，每石糶番銀壹圓，携價赴淡，照每年盈餘應運之數各買一年歸補。"⑭如此，因交通不便而未能盡到貨暢其流，疏通米穀，致其霉變糟朽實損至鉅。

道光末年全臺西部及東北部之墾殖殆盡。南北路屯丁隘丁之墾田，再深入番界荒埔地帶。僅水沙連六社可墾田卽有一萬二、

⑫《噶瑪蘭廳志》卷之2上，頁114；卷之2下，頁157（全誌本）。
⑬同上註，卷之2下，頁179（全誌本）。
⑭同上註，卷之7，頁530（全誌本）。

三千甲之多，嘉彰二縣紳衿及該地同知卽認墾九千餘甲，而新竹方面則有金廣福墾殖公司之墾荒 。道光二十六年，閩浙總督劉韻珂福建巡撫鄭祖琛奏，〈爲臺灣水沙連六社生番輸誠內附，並獻給各社輿圖籲請歸官開墾，現飭該管鎭道査看情形妥議籌辦摺奏〉云："臺灣夙號殷阜，近困（因）物力有限戶口頻增，以致地方日形凋弊，開闢則地利較薄，可產米百萬石，他如木料茶葉樟腦藥材等物，爲數更屬不少。"⑮然而其所謂可產米百萬石，似嫌估計太低。蓋當時臺地西部及東北部平原之稻田殆已墾盡，並且深入番界地帶，全臺稻田面積至少在五萬甲左右，是則稻穀年產量至少應有三百萬石之譜，而以二穀折一米計算則年產米應在一百五十萬石以上。至連著《臺灣通史》云：道光末臺地每年產米七、八百萬石則似嫌估計過高。

自道光以還所墾田園概不報陞。光緒十三年，劉銘傳乃辦理清丈田畝，實際田園數倍於報陞數目。當時清丈結果，據光緒十五年十二月劉銘傳〈奏報全臺清丈給單完竣，覈定額徵情形〉一摺云："計基隆、安平、鳳山、嘉義、彰化、淡水、新竹、宜蘭、埔裏社、恒春二廳八縣，除官莊田園外，其民業田園四十三萬三千零八甲。"⑯另雲林、苗栗二縣及臺東直隸州，共田二萬七千八百三十九甲，園四萬零三百七十甲⑰。全臺共計五十萬一千二百一十七甲（臺灣縣及澎湖廳不包括在內；按《澎湖廳志》云："澎無水田，不產米穀。"），其中稻田以四成估算，則至少當在二十萬甲左右。當時產量雖無統計，但光緒二十一年日人侵占本省當年栽植面積計約二十萬餘甲，年糙米產量約爲一百五

⑮《明淸史料》戊編第二本，葉 199。

⑯《文獻專刊》第4卷第1、2期，頁48。

⑰《雲林縣採訪冊》〈斗六堡〉頁1；《苗栗縣志》卷4，葉41；《臺東州採訪修志冊》葉37、40。

十萬日石（一日石約合一·七二臺石）⑱，此當可視爲光緒年間臺灣的米穀產量矣。

三、外銷遭變

清朝得臺當初，一面限制移民，同時立令管制糧運。定例，商船自臺往厦，每船止許帶食米六十石，以防偷越⑲。嚴禁違例，凡有自臺出港船隻，無論營哨商艘，俱聽海防同知查驗，不許夾帶米穀。蓋如前章所述，聚民廣泛拓墾的積極經營，爲當時既定治臺政策所不許，倘不以有限的米產作有限的輸出，則臺地兵民日食勢必有缺乏之虞，因而不得不出於防遏。康熙三十二年多臺郡稻穀豐收，時內地歉收，商人曾採糴臺穀資福興泉漳四郡民食（《諸羅縣志》）。惟嗣後每遇青黃不接，內地米價高昂時，輙有營哨船隻公然夾帶米穀揚帆出港。又有商艘通同奸徒，乘暮夜用小船偷運，大船接濟。乃至內地各營員給發牌照來臺，以運載莊粟食米爲名公然販運等，官民相競透越弊竇多端。加之，臺郡自康熙四十一年至五十年叠際凶荒。康熙四十九年夏間，每米一石原賣一兩二三錢者，竟驟騰至二兩三四錢，以致民心驚惶。於是康熙五十年知府周元文，乃上申〈請嚴禁偷販米穀詳稿〉："力陳不應將鳳諸二邑所產之米聽其一任外販，臺郡米穀販運之禁不容少弛。而請憲臺嚴加示禁，並通飭各協營，凡有營哨船隻自臺出港，務聽海防同知加謹查驗，不許夾帶米穀出港。如有不遵查驗揚航直去，許該廳詳明拏究。"⑳尋經巡撫都院黃批示

---

⑱井出季和太著《臺灣治績志》前編，頁 143，是年臺胞大舉抗日，因此是年栽植產量當比常年較少。另趙連芳、湯文通著《作物學》又記爲年產 270 萬公石（合 150 萬日石）。

⑲范咸《重修臺灣府志》卷 2，葉18；《厦門志》卷 5，葉21。

⑳周元文《重修臺灣府志》卷10，葉92。

"商艘通同奸徒暮夜偷運，准移飭該道府廳嚴禁，並加意查拿重究。營哨船隻夾帶販運，則候移咨提鎭查禁"。據此，可知當時雖有米穀販運之禁，但仍頻有偷運情事發生。而北路笨港及南路打鼓港即爲其主要偷運港口矣。

尋特准在淡設社船四隻㉑，在淡買糴米粟，接濟漳泉民食，是爲日後臺米禁例放寬之啓端。唯淡水社船乃爲漳泉厦與淡水間貿易之需要而設者。即社船在厦販買布帛煙茶器具等貨來淡發賣，而在淡買糴粟回棹接濟漳泉民食，尙屬有限制之糶運。但此舉究竟不能補足漳泉厦之亟需，商船止許帶食米六十石之定例，往往被視等閒，南北路臺米之偷越出口仍有增無減。《福建通志》云："康熙五十六年……又覆准臺灣產米不許私出洋販賣，至漳泉厦門等處，米少價貴，有船從臺灣帶米至該處者，准其照時價糶賣。"凡得偷越至漳泉厦者無加嚴究。康熙六十年朱一貴事件後，爲資臺地之寧息，休養民力，倘任臺米氾濫糶運，恐致臺米騰貴，且採買米穀之商船，恐有接濟海盜之虞。乃依當時巡視臺灣御史黃叔璥之議，斷然再令嚴禁，際其饑歲不得已時特許糶運補給。此前後之情形《臺海使槎錄》載之甚明，云："三縣皆稱沃壤……然必晚稻豐稔，始稱大有之年。千倉萬箱，不但本郡足食，並可資贍內地。居民止知逐利，肩販舟載，不盡不休，所以戶鮮蓋藏。"又："北路米由笨港販運，南路米由打鼓港販運。……雍正癸卯（按元年）浙江饑，運米一萬石（註：以下歷年米穀輸出量參照附錄表一）。甲辰（按二年）補運四萬石。每商船載米五百石，運費每石二錢。未去之船尙有貼費。"雍正二年，厦門亦有商艘往來澎湖及臺灣，小船偷運接盤米穀，名曰"短擺"。時海防同知王作梅，廉知急捕之，並得官弁交通狀竟舉發治其罪，自是接盤之風遂息㉒。

㉑范咸《重修臺灣府志》卷2，葉19，雍正元年增設六隻。

㉒同上註，卷3，葉53。

雍正三年以前，臺屬各縣年征供粟一十四萬餘石。每歲僅支給臺澎兵米動谷七萬餘石，其餘並無撥用，歲有餘剩。雍正三、四年間，已積粟三十餘萬石。先是雍正二年，奉諭，前往臺灣換班之兵丁，所留家口每月着戶給米一斗，以資養贍。內地米少，則動支臺灣所存米石，合計船價僱募運至厦門交與地方官，躬親按戶給發㉓，謂之“眷米”“眷穀”。嗣因閩省福州福寧泉州漳州四府兵多米少，協濟猶不足，半給折色。督標金厦漳鎮銅山雲霄龍嚴南澳諸營，且有全折者。於是雍正三年先後奏請半支本色，以臺灣府屬各縣應徵供粟內撥運，謂之“兵米”“兵穀”。凡商船赴臺貿易者，須領照，準其樑頭，配載米穀。《明清史料》云：“嗣於雍正三年爲始，歲撥存粟碾米五萬石，運赴內地平糶。又歲運供粟二萬一千餘石，爲賞給內地班兵眷口月米。又自雍正五年爲始，歲運供粟二萬四千餘石，爲金厦提鎮兩標兵丁月米。其初原係自臺碾米運交各處出糶給兵。”㉔又《東槎紀略》云：“雍正間先後題請半支本色。於臺灣額徵供粟內撥運。嗣又增給戍臺兵眷米，亦以臺穀運給。於是臺灣歲運內地兵眷穀八萬五千二百九十七石，有閏之年八萬九千五百九十五石。”又《厦門志》卷六〈臺運略〉云：“臺灣內地一大倉儲也。泉漳粵三地民人開墾之，賦其穀曰正供，備內地兵糈。然大海非船不載，商船赴臺貿易者，照樑頭分船之大小，配運內地各廳縣兵穀兵米，曰臺運。”此臺運之由來也。

雍正後移民衆然，地土亦日漸開墾。而自黃叔璥奏請禁止臺米出口後，漳泉之民仰食臺米者大形困難。同四年閩浙總督高其倬，乃奏〈請開臺灣米禁疏，陳撤裁其禁制之四益〉。略謂：

臺灣地廣民稀，所出之米，一年豐收，足供四五年之用。

㉓《噶瑪蘭廳志》卷之2下，頁 192（全誌本）。

㉔《明清史料》戊編第二本，葉 102。

民人用力耕田，固為自身食用，亦圖賣米換錢。一行禁止，則囤積廢為無用，旣不便於臺灣，又不便於泉漳。究竟泉漳之民，勢不得不買，臺灣之民，亦勢不能不賣。查禁雖嚴，不過徒生官役索賄私放之弊。臣查開放臺米其益有四：一、泉漳二府之民有所資籍，不苦乏食；二、臺灣之民旣不苦米積無用，又得賣售之益，則墾田愈多；三、可免泉漳臺灣之民，因米糧出入之故，受脅勒需索之累；四、泉漳之民旣有食米，自不搬買福州之米，福民亦稍免乏少之虞。至開通米禁有須防之處二端，亦不可不加詳慮。其一、於冬成時詳加確查，若臺灣豐熟卽開米禁，倘年成歉薄卽禁止販賣。雖年歲稍豐，而一時偶有米貴情形，亦卽隨時查禁。其一、泉漳之民過臺買米者，俱令於本地方報明欲往臺買米若干，載往某處販賣，取具聯保，詳報臣等衙門，卽飛行臺灣及所賣之府縣兩處稽查。如有不到卽係偷賣，必嚴懲聯保，究出本船主人，盡法重處。如此查防，自不致接濟洋盜矣。㉕

疏入，從之。漳泉之民深以爲德，於是臺米出口日多。又雍正六年，藍鼎元之〈條奏六事〉中經理臺灣項謂：“南北二路，地多閒曠，應飭有司勸民盡力開墾，不應任聽荒蕪，而以贏餘米穀資用閩省內地。”亦可視爲應時之立策。

自雍正三年臺運開始後，年年均有臺米糶運內地。《臺灣志略》載，雍正九年，卽例運福興泉漳四府平糶額粟並兵眷金厦兵米一十六萬六千五百石（內金厦兵米二萬三千九百五十二石，班兵眷米二萬二千二百六十石，福興泉漳四府平糶米十二萬零二百八十七石），又督標兵米折粟一萬五千五百七十石㉖。此爲雍正三年臺運開始後至乾隆五年間之例運數目。當時政府查禁海港甚

㉕連雅堂著《臺灣通史》下册卷27，頁 441。
㉖范咸《重修臺灣府志》卷 4，葉43。

嚴，臺灣僅准鹿耳門一口與厦門對渡。鳳諸彰三縣及淡水廳所產米穀，舉凡官運米谷與民間米穀，均必從城鄉車運至沿海港口，再用膨仔杉板等小舡，由沿邊海面運送至郡治鹿耳門內，方配裝橫洋大舡轉運至厦，所費舡車工運脚頗鉅。雍正七年署督史貽直爲出陳易新計，乃奏請將臺屬碾運內地平糶米及眷米兵米改運穀石歸補內地碾糶給兵。惟當時臺郡統計歲徵正供額粟一十六萬九千二百六十六石，除支給全臺十五營兵米四萬四千八百五十一石（折粟八萬九千七百三十石）外，再撥運平糶粟兵眷穀兵米及督標兵米計一十八萬餘石。於是臺郡徵收粟數不敷起運，故每年將運糶四府粟價發臺分給臺鳳諸彰四縣糴補足額。且臺運穀石須橫渡大洋，以當時海運舡隻之陋小亦感困難頗多，因此年年有積壓現象發生。

雍正十三年起至乾隆三年，臺灣收成歉薄，未完人丁正雜錢糧稅銀共二千二百餘兩，未完供粟約四萬四千石。政府頒諭乾隆三年以前之積欠正供悉爲蠲免，而乾隆四、五、六年之正供亦俱緩徵收，六年春米價昂貴，小民謀食艱難。因此曾借撥潮州倉穀六萬石，運臺接濟平糶[27]。但時閩省水陸提督及金門鎮等，仍紛紛赴臺採買兵米。據監察御史張湄估計，當時臺米之輸出年總額共計不下八九十萬石。乾隆六年巡視臺灣刑科給事中書山監察御史張湄，乃〈奏臺郡採買穀石定價增加一摺〉，云：

> 穀價以豐歉為低昂，採買視歲時為損益。臺灣雖素稱產米之區。而生齒日繁，地不加廣，兼之比歲收成歉薄，地之所出每歲止有此數而流民日多。復有兵米眷米及撥運福興泉漳平糶之穀，以及商舡定例所帶之米，通計不下八九十萬石。此卽歲歲豐收，亦難望如從前之價值平減也。近今閩省督撫二臣議覆科道楊二酉等條奏，亦以臺倉積貯不充

[27]《明清史料》戊編第八本，葉 701。

則內地之轉輸易竭，海外設有緩急，他處難以接濟。但督撫所議令，臺灣四縣貯粟四十萬石，恐一時買足為數太多，為期太迫，應定三年之限照數購買等因，部臣以採買倉穀定例，年歲豐稔應盡數採買並無預限三年之期議覆。臣等思，臺灣上年收成實止七分，旣非豐稔，似不得盡數採買。部議旣准其本處貯穀，又不寬其限期，未免米價更昂，轉於民食有礙，是不若督撫所請三年之議為得也。再該督撫議覆楊二酉所稱，內地發買穀價僅得三錢六分或三錢不等，脚費俱從此出不免賠累，嗣後請按年歲豐歉酌量增減。部臣以臺灣素稱產米，迥與內地不同，倏增倏減，恐啓浮冒揑飾之端，宜仍循舊例。臣等查上年臺灣收成之際，米價每石尚至一兩五錢不等，則穀亦在七錢上下。續又准閩省水陸提督及金門鎮等，各移咨督撫赴臺採買兵米，俱不下數千餘石。目下各屬米價自一兩七八錢至二兩不等，與從前大相懸殊。可知原議之穀價，卽不論裝載運費已不抵時值之半。倘仍不議增，必致因循歲月互相觀望採買無期，伏祈上天恩准照閩省督撫所請，俾得按年歲豐歉，酌量價值及時採買，庶於海外地方實有裨益。至將來閩省提鎮等採買臺穀，亦勅諭令其預為咨商臺地官員，俟果有盈餘，然後委員赴買。臣等仰體聖心，自必隨時斟酌變通，使中外有無相濟，斷不敢稍存畛域之私，違協恭和衷之道也。㉘

據此，可窺見當時臺米輸出之一般。惟其搬運數字似有估計過多之嫌，按當時例運內地之兵穀眷穀有六萬一千餘石，又例運糶谷十二萬餘石，又臨時派委員來採買者約爲十萬石，合計約二十八萬石。此外商舡定例及私販偷運者估算爲二十萬石，則以五十萬

㉘《明清史料》戊編第九本，葉 812；《續修臺灣府志》下冊卷20，頁 207（全誌本）。

石左右爲當。且當時臺地報墾稻田之米穀產量約僅一百餘萬石，除供數十萬之民食外，尚需支給全臺兵粟約九萬石。如此當時臺米收成既遜，且內地搬運過多。因此乃於同六年奏准，將臺鳳諸彰四縣原運福興泉漳四府平糶十二萬二百八十七石，改運減爲七萬零二百八十七石㉙。乾隆十一年撫臣周學健奏請停運乾隆元年以後壓欠平糶臺粟，而曾於乾隆二十年一度停運。至淡水廳，雖仍爲產米之區，但年征供粟除支放郡內兵餉外向係留倉，未配運兵米眷穀。而於乾隆八年，增添原設社船爲十隻，每年自九月至十二月止，許其來淡一次，回棹聽其帶米出口耳。

尋乾隆十三年，內地泉漳米價騰貴，閩浙總督諭令臺郡，商船於常例外加帶米六十石。時臺地亦荒旱，米石價與內地同至銀三兩，輿情恟恟，於是海防同知方邦基乃斟酌詳情，陰聽每船多帶數十石，泉漳得以接濟，而臺地亦免得搔動㉚。嗣後商舡載米出口更加以放寬，凡鹿耳門出口至厦門舡隻例准載米二百石。並於乾隆三十一年，經閩浙總督昌准部臣查，議定同知衙門，每舡收取番銀三圓，武弁收銅錢二十文至百文，以爲辦公費用，而經戶部奏准施行㉛。但實際上仍常超過定例二百石，且官方還定有額外多帶米石，每百石給管制文武官各番銀六圓，每年共約收陋規銀五萬餘圓，因此有關管制文武官所受陋規銀頗爲可觀。另每年例運兵米兵眷穀等亦常有比原定額超運情形，間又有臨時奏准赴臺買穀及私販偷運者。是故，乾隆年間臺米之輸出，正如閩督喀爾吉善之摺奏所云："臺郡土沃，產饒，內地兵糧民食積儲，歲多取給於臺產米谷，輓運轉輸之事殆無虛日。"㉜眞可謂盛極一時。至此北路嘉義彰化所墾稻田既廣，而產穀尤多，並有接

㉙范咸《重修臺灣府志》卷4，葉44。
㉚《續修臺灣府志》上册卷3，頁 235（全誌本）。
㉛《明清史料》戊編第四本，葉 317。
㉜同上註，第二本，葉 102。

濟泉漳二府。僅准鹿耳門一港輸運之規定頓感不便。乃如閩浙總督覺羅伍拉納奏〈爲酌籌商艘出入口岸章程，量爲變通，以裕民食，以速兵糈〉摺謂：

> 臺灣府屬地土膏腴，而北路之嘉義彰化二縣產米尤多，泉漳二府民食全資接濟。自滬仔港未經設口以前，廈門向有白底䑸船往來滬仔港販買米谷運回，銷售於商民，頗有利益。嗣因私販多由蚶江偷渡，乾隆四十九年經前任福州將軍永德奏請，臺灣北路滬仔港設口，內地泉州於蚶江設口，議定……其蚶江船隻由蚶江新口掛驗赴滬仔港，如廈門白底䑸船有赴滬仔港貿易者，亦必由蚶江掛驗始准出口（按：五十五年准廈門船隻不需經蚶江掛驗而可逕對渡滬仔港）。㉝

並議定歸理番同知與安平左營守備管理。然而滬仔港自開放後，出入之舡隻也多有多帶米石之陋規，與鹿耳門無異。據當時調查歷年舡隻出入號簿核計，所得陋規約略相等鹿仔港㉞。唯舡隻較少，每年同知約得番銀一萬餘圓。時臺地北部亦殆已墾盡，產米甚多。因此淡水八里坌海口，雖例不准舡隻出入，但也常有私自出入港口，商販圖利順便販運米石出口，亦有陋規。據查每年淡水同知得番銀六七千圓，都司約得番銀四、五千圓，並且相沿甚久，不知起自何年㉟。

乾隆五十一年林爽文事件波及全郡，淡防廳及諸鳳彰三縣被搶糧穀爲數頗鉅。而事件及一年有餘，臺郡多不能及時耕種。且軍務倥偬，舡隻多係裝載征兵及軍裝糧餉。臺米之出口逼不得已停止，縱有載米出口亦甚稀少。當時全閩一帶米價昂貴，而內地奸商以之爲奇貨，囤積而不出售，人民甚恐慌，而由浙江省輸入

㉝《明清史料》戊編第二本，葉 144。
㉞同上註，第四本，葉 317。
㉟同上註。

而始得暫接濟。臺郡糧運之消長與全閩利害關係之緊密，徵之甚明矣。翌年事件結束。五十三年復開淡水廳轄之八里坌口對渡五虎門，斜渡蚶江，自此三口通行。臺灣、鳳山、嘉義、彰化四縣供粟內，應運內地兵米眷穀勻派三口撥配，共計撥配內地各倉兵穀眷穀及兵米合穀八萬六千餘石。內鹿耳門口歲運穀四萬九千餘石，鹿仔港口歲運穀二萬二千餘石，八里坌口歲運穀一萬四千餘石㊱。是年福康安魁麟徐嗣曾等並奏再放寬米禁，云：

> 臺灣回至內地舡隻，每舡止准載米二百石。從前定例原屬因時制宜，但情形今昔不同，內地各郡生齒日繁需米較多。其自厦門蚶江等處來至臺灣舡隻無貨不可販運，而回帆裝載止有糖米二種，舍此更無他物堪以帶售，商民趨利如鶩，勢難禁遏，與其潛滋弊竇，不若明定章程俾商販流通，以臺灣有餘之米各補內地民食之不足。嗣後橫洋舡一隻應准其載米四百石，安邊舡一隻准載米三百石，於印照上註明實數，內地收口照數查驗。如再有例外多帶立予重究，米石入官，將臺灣管口弁查叅議處。其駕往浙粵等省舡隻，仍照舊例准其帶食米六十石，毋許稍有浮溢，各處封禁，隘口亦不准載米出洋，以重海防。㊲

奏准施行。

原來配運臺灣府屬按年撥運內地兵米補倉穀石糶賣粟之船舡，因米穀笨而船小，且需橫渡大洋，故每有在外洋遭風飄失沉沒或衝礁擊碎事發生。船隻貨物人命之損失年年有之，而此等船戶均須經調查而有其實在形跡可驗而取具印結者，方可准其豁免，否則仍着落行保船戶照市價賠補，既爲臺米輸運上之一大阻礙。然自乾隆末年以後至嘉慶年間，更有阻礙臺運之前途者。姚

㊱《厦門志》卷6，葉2。
㊲《明清史料》戊編第四本，葉 318。

瑩之〈籌議商運臺穀〉一文云：

> 臺灣商船，皆漳泉富民所製。乾隆五十九年水災後，二府械門之風大熾。蔡牽騷擾海上，軍興幾二十年。漳泉之民益困，臺灣亦敝，百貨蕭條。海船遭風艱於復製，而泛海之艘日稀。於是臺穀不能時至內地，兵糈孔亟，廳縣皆借展備貯，而倉儲空矣。商船大者，載貨六七千石，小者二三千石。定制樑頭寬二丈以上者，配官穀一百八十石，一丈六尺以上者，配官穀一百三十石，每石給運腳銀六分六厘。初無所苦。既而運穀至倉，官吏多所挑剔，而民貨一石，水腳銀三錢至六錢不等。又商船自臺載貨至寧波上海膠州天津，遠者或至盛京，然後還閩，往返經半年以上。官穀在艙久，懼海氣蒸變，故臺地配穀私皆易銀買貨，其返也亦折色交倉。不可然後買穀以應。官吏挾持為利，久之遂成陋規。㊳

即是也。又《厦門志・臺運略》云："厥後商船獲利稍減，趨避日巧，而運愈不足。"亦即指之。如嘉慶四、八、九、十、十一等年，嘉義縣應運內地各廳縣之兵米眷粟均年年積壓，至嘉慶十三年始運補。《厦門志》云："嘉慶十四年署臺灣府徐汝瀾請按照樑頭配穀之議起，於是船戶取巧規避，揑報樑頭，以大作小，蚶江之船至有樑頭四尺數寸者。造船換照，出口入口，胥吏之挾制，需索更甚。臺運之積壓益多，不得已爲官雇商船委員專運之舉。"如此兵米眷穀之過多積壓，到底無由革除之，乃促成不得不設專運（一稱大運）之情勢。專運係始於嘉慶十六年間，是年閩浙總督汪志尹，以臺灣應運內地兵米眷穀積壓過多，奏明委員赴臺專運。由厦防廳封雇大號商船十隻，每船約裝穀二千石。蚶江廳封雇大船十隻，每船約裝穀一千石，分作三次運回數十萬

㊳《治臺必告錄》卷2，葉86《東溟文集》。

石㊴。又《明清史料》云：

福州興化泉州漳州等營戍兵，每年共支本色眷穀二萬五千八百餘石，在於臺灣府屬各縣應徵供穀內撥運，由管口廳員配交商舡運回支放。從前臺地米穀糖貨價值較賤，商民貿易舡隻來去絡繹，是以配運不致遲悞。近年以來生齒日繁，食物漸貴，商販獲利無多，舡隻較前漸少，穀不能如數配運，以致頻年積壓。自嘉慶十六年至道光五年，屢經奏請專雇商舡委員往運，亦僅能暫時通，不數年間又復積壓如舊。㊵

又《明清史料》載當時米穀積壓之原因頗詳，曰：

欠運之多，由於每年未能照額運足，遂致陳陳相因。而欠運之故則有二，一因商船日少，一因谷數不足。查商船之所以日少者其故亦有二，臺灣所產只有糖米二種，近來粵省產糖充旺紛紛外販，至臺地北販之糖獲利較薄。米谷一項又以生齒日煩（按，繁之誤）其存積不能如昔日之多。上年內地及浙江省歉收米貴，不得不暫弛海禁。臺米旣多外販，致本地價亦增昂，彰（漳）泉一帶船戶赴臺販米者常虞虧本，因而裹足不前。又海上風帆不利，……商船旣壞於風波，商力有疲於折乏，赴臺之船自少，內運之米遂虧，此亦實在情形。㊶

是爲中肯敍論當時米穀積壓原因之最適切者。至道光四年閩浙總督兼署福建巡撫孫爾準奏：

以臺灣海口今昔情形不同，而鹿仔港口門暫被沙淤，港道淺狹，船隻出入頗難。又新開噶瑪蘭僅產米谷，一切器用皆取於外販。內地福州泉州等處商民，載日用貨物前往易

㊴《廈門志》卷6，葉6。
㊵《明清史料》戊編第十本，葉 956。
㊶同上註，第二本，葉 189。

> 米而歸，福泉民食，藉資接濟，兩有俾益。若加裁禁，則商販不通，於民間殊多未便。乃請將海豐（五條港）烏石二港一併增設正口，以疎兵穀，而便商艘。㊷

嗣於同六年奏准開設爲正口。但烏石港則以港門淺狹，入口之船小，蘭民生活日用品皆賴其販運，若累以官差，舟商裹足不前，地方衰頽。因此僅由商艘糶運米穀往江浙販賣，而回棹時輸入民間日用貨品發賣。而仍准免行配運官穀。《噶瑪蘭廳志》云："蘭地郊商船戶，年遇五六月南風盛發之時，欲往江浙販賣米石，名曰上北。其船來自內地，由烏石港蘇澳或鷄籠頭搬運聚儎，必仍回內地各澳沿海而上，……此由蘭入省所謂逕渡五虎是也。"又云："蘭船向止運儎米石……到崇武獺窟而已。近有蚶江祥芝古浮小船來港，即就港內販載米石……運到廣東澳門柘村諸處，回時採買廣貨……名曰南船。"

自嘉慶中葉臺灣府屬每年除運兵米兵穀共有六萬餘石，加以兵眷穀二萬五千餘石外，尙須專運歷年之積壓穀，間又有商艘依例糶運。道光四年天津歲凶，復招募臺灣商民販米十四萬石，運赴天津糶濟民食。結果臺灣米價騰貴，民食爲之被耗。且商船因配運之官穀數目過多而裹足不前。因此當局有司不勘察其弊，乃議請米穀折換價銀支放，以停臺運。奏准臺鳳嘉彰四縣額運內地眷穀二萬五千八百餘石，自道光七年爲始折價解交各縣支放，令兵丁眷口自行買食（每穀一石折庫平紋銀一兩）。但兵米兵穀則仍舊專運。時盧允霞入京師上控，請罷商運，交福建督撫下議。然而臺郡有司均力主商運之不可罷㊸。是年（道光七年）復議定，不計樑頭之丈尺，亦不論船之名目，廈船無論大小配穀一百五十石，蚶船大號配穀一百石，小號八十石。五虎門船與廈船一

㊷同上註，第十本，葉 945。
㊸《治臺必告錄》卷 2，葉87。

例配穀。厦門橫洋大船照舊配穀一百八十石，糖船照舊配穀三百六十石。若載班兵照常減配米穀（一律減半）㊹。惟自此前後鹿耳門口之淤塞漸甚，亦爲臺厦直通之一大障礙，因而糧運顯著頓挫。《厦門志》卷五〈船政〉云：

> 按厦門商船對渡臺灣鹿耳門向來千餘號，配運兵穀、臺廠木料、臺營馬匹、班兵臺餉，往來官員人犯，海外用兵所需尤甚，然皆踴躍從事。近因臺地物產漸昂，又因五口並行，並以鹿耳門沙線改易，往往商船失利，日漸稀少，至爾年渡臺商船僅四五十餘號矣。

又云：

> 商船半傷於道光十一年七月，在浙江之普陀山，颷風沉船七十餘號，計喪資本百餘萬。鹿耳門沙線改易，南風不能泊，多失事。又人心不古，出海昧心，故意沉失，遂致不復重整。又竄避配運兵穀，皆改商爲漁矣。

據此可察其情形，固可謂自然變遷難免之趨勢也。至道光二十一年，臺灣府屬遞年應運澎湖及內地各府廳縣倉兵米兵穀，亦以因夷氛未靖來往商船稀少，撥配不敷。經福建巡撫劉鴻翺會同前督怡良恭摺奏請，將臺運米穀除澎湖南澳二廳仍舊全運本色外，其餘內地各倉自道光二十一年起一律改爲一半折色。仿照眷米折色，每穀一石折色一兩，每米一石折銀二兩，由司籌款給發。旨准之。計自二十一年起至二十七八年繼續七、八年之久。其間改運之兵穀兵米，計有全運澎湖南澳兵穀一萬七千餘石，並內地各倉折半穀二萬餘石，又折半米三千九百餘石㊺。

迨道光末內地與南洋之貿易急速發展，而厦門亦成爲通洋之中心，凡洋船之自閩海遠航至暹羅柴棍等從事貿易者，大有載運

㊹《厦門志》卷６，葉５。
㊺《明清史料》戊編第十本，葉 990。

其地之產米進口，因而臺米之糶運顯著減少，致囤積米穀，價格低落。此見道光末年，分巡臺灣兵備道徐宗幹，向督撫之提議中之一節亦可知悉其情形。曰：

> 昔之官於此者，皆公私綽綽然。加以存項充牣，無慮支絀。故至今無以為臺地之勝於內地，信而有徵。履其地而後始知十年前之不如二十年前也，五年前之不如十年前也，一二年內之不如五六年前也。其故安在？兩言以蔽之，曰銀日少，穀日多。銀何以日少？洋煙愈甚也。穀何以日多？洋米愈賤也。他郡縣猶或可以補救，臺地居海中，既無去路，又無來路。他郡縣不過曰穀賤傷農，與其穀貴而有損於貧民，不如穀賤而有損於富民。臺民則無者十之七，皆仰食於富民，富民貧，貧民益貧，而官亦因之而貧。……夫生財之道，不外開其源，節其流，臺地無源可開，但通其流而源自裕。米穀不流通，日積日多。望豐年乎，賤更甚矣。抑待歉年乎，賤如故也。蓋由內地食洋米而不食臺米也，不食臺米，則臺米無去處。而無內渡之米船，卽無外來之貨船。往年春夏外來洋元數十萬，今則來者寥寥，已數月無厦口商船矣。各廳縣雖有海口，幾成虛設。穀多而銀不缺，銀少而穀易銷，尚可苟延，二者夾攻，其何以堪，且穀已賤或有可貴之日，銀已貴萬不再賤之時，則洋夷之殖本愈厚，而牟利愈巧也。㊻

又咸豐初年成之《海音詩》云：“臺地糖米之利，近濟東南，遠資西北。……暎咭唎販呂宋諸夷米入於中國，臺米亦多賤售。商為虧本而歇業，農爲虧本而賣田，民愈無聊賴矣。”亦指此也。如此頹弱之趨勢，既無可挽回，百餘年來發達之臺米糶運，於此頓挫。

㊻《治臺必告錄》卷 4，葉26〈斯未信齋存稿〉。

然而臺米之糶運並非絕止，總是年年仍有或多或少之臺米出口。同治初年，仍有從打狗輸出大量的米，至同治四年，因清政府以大陸產米受到威脅，予以禁止。二年後解禁，而自一八六九年（同治八年）起加以課稅㊼。

一八八二——一八九一年〈臺灣淡水海關報告書〉㊽云：

> 在過去諸年中，臺灣的米曾有大量的輸出，主要是用民船運載的。……三十年前臺灣北部的可耕地大抵都用於種植稻米，因此總有大量剩餘的米可供出口之用。……迄一八七二年（同治十一年）為止的年分是出口的年分，由外國船運輸出口的數量在一八七〇年（同治九年）是八三、三一七擔，一八七一年是七七、九一八擔，一八七二年是二三、九二六擔。從一八七三（同治十二年）到一八八一年（光緒七年）是靜止時期，在這個時期，就我們的貿易報告所表示的看來，本地的收成剛夠應付本地市場的需要，沒有輸出的餘裕。

然而當時除外國船隻外，尙有很多帆船出入，因此在同治十一年以前，當有更多的臺米出口。

光緒八年後，臺灣北部城市人口急增，加之歲遇凶作，因此北部米穀之生產供不足需，反而年年自內地輸入甚多米穀以補不足。同〈淡水海關報告書〉云：

> 三十年前臺灣北部的可耕地大抵都用於種植稻米，因此總有大量剩餘的米可供出口之用。從那時以後，城市的人口增加，大批茶農占用了高地，每年都有無數批的茶葉揀選者和包裝者到來，並且大量增加，經過若干年的時間，為臺灣出產的全部稻米建立了一個很好的本地市場，到了最

㊼東嘉生著《臺灣經濟史研究》，頁 322。
㊽《臺灣經濟史》六集（臺灣銀行經濟研究室編印）。

> 近幾年，不僅沒有可供出口的餘糧，而且有時發生食糧不足的情形，需要由大陸輸入食米來補足，一八八二年（光緒八年）至一八九一年（光緒十七年）這一段期間，……是輸入的時期（註：見附表二，以下同）。即使在一八八四年和一八八五年——我們的報告書顯示著既無輸入亦無輸出的年分，在封鎖時期（一八八四年十月至一八八五年四月）也一定會有經由民船運入的食米供應。在一八八五年，一定有米輸入，因為市場米價較這十年中的任何其他時期為高。

據此我們可知光緒八年至十七年，爲臺灣北部米穀之輸入時期，自光緒八年輸入六六、〇二八擔起，至光緒十三年爲最多，達六七、七三一擔，光緒十七年仍有四四、六六二擔之輸入。蓋自咸豐十年淡水基隆（同治二年）開港後萬商雲集，尋光緒元年建臺北一府，復於光緒十三年建省，各種建設大興。此間以臺北淡水基隆爲中心之北臺區， 產業開發， 貿易發展， 形成爲新興之都市，人口增加；按清末原淡水縣基隆廳，在道光二十一年人口約爲二十萬㊾，至光緒二十年則增加至五十萬人㊿，在此五十年間人口約增一·五倍，因此成爲一消費市場。然而其間稻田及米產則未如人口之增加至一·五倍，且間又有凶歲，因此北臺乃有輸入大陸米穀之現象發生。

至南部在其間則仍有臺米出口。據一八八二至一八九一年《臺灣臺南海關報告書》(51)云："當時安平打狗二港還輸入包裝大米用之痲袋，以備由帆船輸出。"又云："米和糖是臺灣南部最重要的物產，據估計臺灣一年所產的米足夠全島人口三年的需

㊾《淡水廳志》卷 3，頁 170（全誌本）。

㊿伊能嘉矩著《臺灣文化志》中卷，頁 239。

(51)《臺灣經濟史》六集（臺灣銀行經濟研究室編印）。

要。然而，由於米的貿易完全控制在中國人的手中，並限於本國船隻的運輸，故不使外人感到興趣。”又云：“一年中約有二〇〇條帆船抵達和離開打狗，這些船的積載量爲四〇〇至一、〇〇〇擔不等。……其運出口的貨物主要的是稻米、花生餅、豆餅和藤。”又曰：“每年約有二五〇條船至打狗以南十五哩之東港，自該地有大量的稻米出口。”據此，可知當時稻米仍爲南部臺灣打狗東港的最主要出口貨品矣。

然而當時臺米之生產並非省內不能自給自足，蓋臺灣北部之輸入米石，當以年歲凶作爲其主要原因，並非因年年人口增加過多而生產不足所致。而當時省內交通既不便，因此省內中南部之米石亦不能貨暢其流地疏通至北部，反而將中南部米石輸出大陸，而淡北則再向大陸輸入，蓋當時淡水與外埠已有定期輪船之通航，在輸運上輪船較之帆船方便故也。

至光緒十八年北部臺米又開始輸出，一八八二至一八九一年〈臺灣淡水海關報告書〉云：“在我寫這篇報告的時候，臺灣又已開始輸出其剩餘的米，在一八九二年前半年，出口超過入口的比率，達每年三〇、〇〇〇擔之譜，這種情形究竟是一時暫時的現象，還是表示生產量已經趕上了消費量必須留待將來加以斷定。”然而光緒十八年臺灣晚冬收成歉薄，於是管轄臺地主要產米區之臺灣知府陳文騄，乃於翌十九年元月六日頒布停止臺運之諭示，略云：

> 臺地產米甚多，以本地之米供本地之民，尚有餘販運內地。昨年晚收雖稍歉薄，民食雖無多餘，但又無缺乏。然近來市間之米價日增昂貴，其運鄉民米至市，鋪戶壟斷強買，有欲以轉賣利漁者。本府確加探聞，畢竟富戶居奇，米鋪以囤積漲價病民。爾等務速出糶積存米穀，不許招高價格。出示後尚有敢居奇囤積或奸商之脫運出境及強糴槍奪者，若探知或由告發，即時嚴拿重罰，決不寬貸，各宜

凛遵勿違。[52]

嗣於同年二月三日再訓示，略云：

臺郡產米甚多，……然因昨年之天災，各地收成歉薄，米穀僅足民食，不許輸出販運，前經出示嚴禁。玆在彰屬鹿港番挖王功等各海口，仍有搬載輸出米穀之奸商，米價為之騰貴，探聞致民食艱澁，因告諭沿海各處船戶等，出示後尚有違反之商船，倘有搬載米穀輸出者，探聞或由告發，該米穀全數没收，分給附近貧民。並令縣嚴重提究，各凛遵勿違。[53]

此乃係因時制宜。尋早多收成豐稔後，臺灣知府乃於四月十八日頒發告示，略云：

臺郡產米甚多，以本地之米供本地之民而有餘。昨年因風災管內收成歉薄，米價日日騰貴。因恐民食缺乏，曩告示不許商船搭載米穀輸出。但因本年早稻漸次收成，米穀日益充盛，玆自四月二十五日起准許各商戶任意搬運輸出。[54]

一面泉州知府亦以臺地禁止輸出米穀，泉州南安及安溪各縣米價昂貴，人心惶惑，乃稟上閩浙總督，重念泉郡民食，轉飭臺灣巡撫邵友濂，即時查明該所屬准許輸出，源源販載，不再封口，若奸猾船戶有漁利等事，即依法重懲。光緒十九年五月經邵巡撫訓給臺灣知府後，陳知府乃對之覆申。略云：

本府因昨年臺地晚收歉薄，管下殷戶囤積居奇，又商船販運甚多，致米價日日昂騰，本年正月間卑府乃出告示，命臺彰兩縣禁止輸出米穀。然因早禾收成豐饒，一般已於四月中旬解禁，目下官禁民禁俱弛，米舶出口不少。然米價未平，故商販不踴躍耳，本府未曾再封口。玆奉前訓示，

---

[52]伊能嘉矩著《臺灣文化志》下卷，頁31。
[53]同上註，頁32。
[54]同上註，頁32。

再查明管下船戶有無奸猾漁利，以期各縣無封口等事。[55]

據此，足徵閩南與臺地彼此關係之密切情形[56]，更可察知臺米封禁出口乃係因時制宜之策。

據光緒二十二年，捒東堡總理林振芳等向日據當局呈報，關於當地米穀產銷情形之報告書云：僅臺灣府治下之土葛窟、水裏港、梧棲、新港等各港口，每年出口米穀，豐年各港通共大約在七十餘萬石左右，中下等年多或六十餘萬石、五十餘萬石不等，此當可視爲清季日人據臺前，中部臺灣每年米穀外銷數量矣[57]。

按當時臺省田園未盡開闢，水利設施未盡興建，耕作方法未盡改善，單位面積之生產量未達水準，但臺地之米產並非因當時人口之增加（大約二五〇萬人）而感供不應需，而臺地米產之足裕與否，係以有無天災而凶作或豐收爲主要原因，且當時全省既無統一之糧食政策，奸商居奇囤積擡高米價，省內外交通亦不方便，因此不能將省內之生產與運銷妥加調節，致使清末臺地北部反有輸入米石之現象發生，倘在生產及運銷等措施加以努力，當更有多量的米石可輸出矣。

四、結語

據上所述，可知有清一代，臺米之生產發達，係隨稻田開墾面積之增加而發達，並非因單位面積之產量增加而發達者。蓋當時耕作方法既簡陋，水利稻種肥料等各種設施亦未加予改善，而臺地人口尚屬稀少，未達飽和，是故始終有米穀可外銷。至外銷，就其銷售地域言，則以閩省——尤以漳泉福州爲最多，浙

---

[55]同上註，頁34。

[56]據《臺灣治績志》載日據初期（光緒22年）仍有向我沿海各地輸出38萬7千擔之多。

[57]據〈劉銘傳撫臺檔案整輯錄〉，《臺灣文獻》第8卷第1期。

江、天津、粵省等地次之。蓋因閩省山多米少，且臺郡屬於閩省轄下，而除經請准者外不許外銷他省故矣。又清代臺米之外銷，係僅限於國內，除香港外未曾運銷外國，此亦爲其特色。再就購糧之性質言，則可分爲兵米、眷米、糶米、商販米、走私米等，而前三者則定爲例運，商販米則僅限請准後始可出口（同治、光緒間開放准許自由輸出），而年年之走私出口者亦達相當可觀的數目。按清代臺灣外銷之米穀，實以閩省之軍糧及兵眷米爲其主幹，而經商人交易者爲其副也。在本文雖未能盡善得敘述有清一代整個米穀外銷之確實統計，然或可窺見其盛衰之梗概矣。

——原載《臺灣文獻》9卷1期，民國47年

附錄：表一　清代臺灣米穀輸出表

年次	米穀種別	輸出量	出口地	進口地	備考	資料來源
雍正元年(1723)	糶運米	石 10,000		浙江	因浙江饑，每商船載米 500 石	《臺海使槎錄》《赤嵌筆談》
2年(1724)	〃	40,000		〃	〃	〃
3年(1725)	平糶米	50,000		內地	歲運，以此年爲始	《明清史料》戊編第2本，葉 102
〃	班兵眷口粟	21,000		〃	〃	〃
5年(1727)	提鎮兵丁粟	24,000		金廈	歲運金廈提鎮兩標兵丁月米，以此年爲始	〃
9年(1731)	兵米	23,952		金廈	其中臺灣縣鳳山縣諸羅縣各年運粟 7,984 石 3 斗 2 升	范咸《重修臺灣府志》卷 4
〃	班兵眷米	22,260			其中臺灣縣年運穀 4,909 石 8 升，鳳山縣年運穀 6,153 石 1 斗 1 升，諸羅縣年運穀 7,783 石 9 斗 1 升，彰化縣年運穀 3,413 石 9 斗	〃
〃	平糶粟	120,287		福興泉漳四府	例運福興泉漳四府平糶粟，其中臺灣縣年運粟24,386石 6 斗 7 升，鳳山縣年運粟 32,134石 2 斗 1 升，諸羅縣年運粟41,528石 5 斗 5 升，彰化縣年運粟22,237石 6 斗	〃

9年(1731)	督標兵米折粟	15,570			例運督標兵米折粟，其中臺灣、鳳山，諸羅三縣各年運粟5,190石	范咸《重修臺灣府志》卷4
10年(1732)	督標兵丁粟	15,000			歲運督標四營兵丁月糧以此年爲始	《明清史料》戊編第2本，葉102
乾隆6年(1741)	平糶粟	70,287		福興泉漳四府	原例運四府平糶粟120,287石，本年奏准改運 臺灣縣改運粟14,106石2升 鳳山縣改運粟18,706石5斗1升 諸羅縣改運粟24,242石5升 彰化縣改運粟13,232石4斗4升	《續修臺灣府志》卷4
10年(1745)	兵米粟	14,000		閩安南澳	歲運閩安南澳等營兵丁月糧，以此年爲始	《明清史料》戊編第2本，葉102
〃	穀	100,000			採買穀	《鳳山縣志》卷12上，頁556
11年(1746)		200,000		閩省	是年12月六十七等奏稱撫臣周學健委員赴臺買穀20萬石	《明清史料》戊編第1本，葉81
28年(1763)	督標兵米粟	15,570			臺灣鳳山諸羅三縣年各撥運5,190石，另彰化縣撥運粟1,750石	《續修臺灣府志》卷4 《彰化縣志》卷6
〃	兵米粟	7,984		金廈	臺灣縣是年運額	《續修臺灣府志》卷4
		7,984		〃	鳳山縣是年運額	〃
		8,185		〃	諸羅縣原額7,984石，本年超運	〃
		……		〃	尙有彰化縣年運，但數目不詳	〃

28年（1763）	內地各營兵米粟	2,980		閩安雲霄等營	臺灣縣年運額	《續修臺灣府志》卷四
		……		烽火南澳等營	鳳山縣年運，是年數目不詳	〃
		4,793		閩安銅山等營	諸羅縣年運額	〃
		……		烽火漳鎮等營	彰化縣年運額，是年數目不詳	〃
〃	班兵眷米粟	23,078（按78似是83之誤）			是年臺灣縣運 4,381 石（原年運 4,909 石），鳳山縣運 1,445石(原年運6,153石)，諸羅縣運11,323石（原年運 7,783石），彰化縣運5,928 石（原年運 3,413 石）	〃
36年（1771）	督標兵米	7,785		閩省倉	由臺灣、鳳山、諸羅三縣借動備貯穀石碾米運交省倉	《明清史料》戊編第 2 本，葉 121
〃	兵米、兵眷粟	298,751		內地	臺灣府屬自乾隆31年起至乾隆 35 年止應運補內地、兵米、兵眷粟	《明清史料》戊編第 2 本，葉 121
43年（1778）	穀	85,900		閩省	是年浙省米價較昂由閩省邊海各縣倉穀先行買運赴浙糶賣一面於臺灣府倉撥穀運交歸補	《明清史料》戊編第 9 本，葉 841
44～46年（1779～1781）	兵米眷穀	70,000		閩省	當時每年應運兵米眷穀共 80,107石，但 3 年之內僅添運 7 萬餘石而積壓 160,734 石之多，經諭令限於46年11月後 1 年內運完	〃

47年(1782)	兵米眷穀及歸補糶賣浙商穀	160,734		閩省	臺灣府屬歷年未運內地兵米眷穀及歸補糶賣浙商穀自44年起至乾隆46年止，共積壓額，全部於是年內運完，惟在洋沉失16,800餘石	《明清史料》戊編第9本，葉843
48年(1783)	賠補失水穀	16,822		閩省	47年所運積壓穀在臺洋沉失乃於48年補運	〃
51年(1786)	浙商領買臺穀	43,600		浙省	50年浙西三府夏秋缺雨客米稀少經奏准照乾隆43年例續撥臺灣府屬倉穀100,000石，由浙商何永和領買過43,600石，尚存穀56,400石因浙省糧價漸平乃停運	《明清史料》戊編第9本，葉846
乾隆53年(1788)(三口通行後)	內地各倉兵穀眷穀及兵米合穀	86,000	鹿耳門 鹿仔港 八里坌口	閩省	內兵穀43,740餘石，遇閏加穀1,970餘石，眷穀35,890餘石，遇閏加穀2,100餘石，兵米7,875石，合穀15,750石，又兵米543石，合穀1,087石，其中鹿耳門歲運49,000餘石，鹿仔港歲運22,000餘石，八里坌口歲運14,000餘石，各地撥配數目詳見《廈門志》卷6	《廈門志》卷6
嘉慶11年(1806)		3,000			鳳山縣代買漳泉二府二限採買穀未運被搶	《明清史料》戊編第10本，葉920
〃		6,000			鳳山縣領買臺灣府倉墊運浙商穀未運被搶	〃

13年（1808）		10,567			運補澎湖廳乾隆60年內地各廳縣嘉慶4、8、9、10等年兵米眷粟及嘉慶11年兵米粟	《明清史料》戊編第10本，葉 901
16年（1811）	專運兵米眷穀	100,000			嘉慶16年總督汪志尹以臺灣應運內地兵米眷穀積壓過多奏明委員赴臺專運，厦防廳封雇大號商船10隻每船約裝穀2,000石，蚶江廳封雇大船10隻每船約裝穀1,000石運回	《厦門志》卷 6
〃	倉穀兵米眷穀	1,316			運補嘉慶8、9、12、13、14、15等年內地各府廳縣倉兵米眷穀而在洋沉失部分	《明清史料》戊編第10本，葉 906
20年（1815）	倉穀官穀	8,300		省城	其中福糧倉穀2,000石在晉江縣轄永凝外洋沉失，官穀6,300餘石到城，似於20年後始運到	《明清史料》戊編第 7本，葉 694
23年（1818）	專運兵米眷穀	70,000		閩省	專運積壓穀	《厦門志》卷 6
23～25年（1818～1820）	倉穀	25,000		漳泉二府	嘉慶17年間採買案內奏請發交臺灣代買漳泉二府屬缺額倉穀於此3年先後派撥商船運回	《明清史料》戊編第10本，葉 965
35年（1820）	專運兵米眷穀	……		閩省	復專運積壓穀但數目不詳	《厦門志》卷 6
道光元年（1821）	私販米	665	烏石港	海壇竹嶼	私販運米	《明清史料》戊編第 7本，葉 687

4年(1824)	糶　米	140,000		天　津	福建巡撫孫爾準抵臺募商販米運赴天津以裕民食而平市價，運至天津後糧價平減難以銷售臺南乃請官爲收買米100,000石，後由官收買111,175石，餘米俱在天津糶賣是年實到天津者130,000石，其他因風帆不順收入江蘇上海	《明清史料》戊編第10本，葉930、942
5年(1825)	兵米眷穀	87,712		閩　省	自嘉慶25年至道光4年鹿耳門八里坌鹿港三口之已運澳未配穀另有未運澳穀60,443石，俟明年察看情形再行籌辦，又本年應運穀額有86,000餘石。此係專運，《厦門志》載本年轉運80,000石	《明清史料》戊編第10本，葉939 《厦門志》卷6
10年(1830)	專運兵米眷穀	3,900			厦防廳許源清以疏通積穀詳請將由厦載貨往北之金長美等25船公雇2船赴臺專運，各船應配穀1次	《厦門志》卷6
11年(1831)	〃	4,000			復公雇3船往運向例赴臺之船配穀由臺載貨透北者加倍配穀，由厦往北者不配穀，嗣奉文以各船未能加倍配穀船戶取巧停止	《厦門志》卷6
〃	臺運兵穀	10,000	鹿仔港			〃
〃	〃	14,154	鹿耳門			〃

12年(1832)	倉穀	11,600	鹿耳門 鹿港 八里坌	漳泉二府	嘉慶17年間採買案內尚有未買額35,000石於今年採買此數乃由兵船運澳	《明清史料》戊編第10本，葉 965
13年(1833)	兵穀	70,000		閩省	臺屬各口年運兵穀是年運清數目	《明清史料》戊編，第2本，葉190；第7本，葉681；第10本，葉980
14年(1834)	〃	70,000		〃	〃	〃
15年(1835)	〃	70,000		〃	〃	〃
16年(1836)	〃	70,000		〃	〃	〃
17年(1837)	兵米眷穀	70,000			至道光19年6月尚有15,700餘石未運完	《明清史料》戊編第10本，葉 982
21～24年(1841～1844)	兵穀	17,000		澎湖 南澳	21年起一律改爲一半折色	《明清史料》戊編第10本，葉 990
〃	倉穀	20,000		閩省各倉		〃

21～24年（1841～1844）	兵　米	3,900		閩省各倉		《明清史料》戊編第10本，葉 990
同治 9 年（1870）		擔 83,317			由外國船運輸出口數量	1882～1891年《臺灣淡水海關報告書》（載於《臺灣經濟史》6 集）
10年（1871）		77,918			〃	〃
11年（1872）		23,926			〃	〃
光緒18年（1892）		30,000			係前半年之輸出數量	〃

附註：1.清代撥運臺穀定有〈臺郡撥運事宜章程〉（據《明清史料》）官穀之撥運及經奏准採買之米穀的輸運出口均由當局有司記錄造册，惟已遺失無法可徵，現僅據舊志檔案，海關報告書等就可徵者收錄於此表，因此本表係是個不完全的統計表。
2.運澎湖之兵穀除道光21年者外一概不包括在內。
3.穀與米係二穀折一米。

表二　清季淡水海關米穀輸入表

（單位：擔）

年　　次	輸　　入　　量
光緒8年（1882）	66,028
9年（1883）	198
10年（1884）	……
11年（1885）	……
12年（1886）	1,525
13年（1887）	67,731
14年（1888）	46,164
15年（1889）	16,371
16年（1890）	45,988
17年（1891）	44,662

資料來源：臺灣經濟史六集（臺灣銀行經濟研究室編印）

從清代臺灣農田水利的開發看農村社會關係

一、序說

臺灣之有農田水利，始於明末漢人入殖拓墾①。土著族之原始農業所種作物概不需灌漑，除蘭嶼之雅美族以水芋為農作之大宗而築有灌漑水路以利之外，其未有農田水利之設施殆可斷言。平埔族之有水利設施，是其由漢人採借水稻耕作以後。

永曆十五年（一六六一），明鄭入臺，即官築埤圳，以招佃耕作②。但所開築之埤圳並不多，灌漑區域仍有限，只有官佃之田園盡屬水田；文武官田園皆陸地荒埔，有雨則收，無雨則歉，所招佃丁去留無定③。

康熙二十二年（一六八三）清朝領臺。翌年，設府縣派官治理，並遣水陸官兵萬人防戍。在其領臺當初，也曾經過一段短暫的政治性過渡時期。當時臺灣的社會狀況，因政權交替，明鄭歸誠以後，難民丁去之，閒散丁去之，官屬兵卒又去之。地廣人

①黃叔璥，乾隆元年刊《臺海使槎錄》（臺灣文獻叢刊第4種）卷1〈赤嵌筆談〉頁19。

②陳壽祺重纂，道光9年，《福建通志臺灣府》（臺灣文獻叢刊第84種）第2冊，頁 164-165。

③陳文達，康熙59年，《臺灣縣志》（臺灣文獻叢刊第103種）第2冊，頁 231。

稀，皆棄爲黃茅向葦之區，其民多逋逃之餘，人心不穩。兵則多係漳泉之人，多係投誠之兵，親戚故舊尚在臺灣，故往來絡繹。此輩之來，旣無田產，復無生計，不托身於營盤，而潛踪於草地，似民非民，似兵非兵，里保無從問，坊甲無從查；不入戶，不歸農，始而爲賊，繼而爲盜。因荒村僻野，炊煙星散，或一兩家、四五家，皆倚深篁叢竹而居，難於稽察。而明鄭所留文武產業，則被將軍以下所占取，或托招佃之名，或借墾荒之號，另設管事照舊收租④。

康熙二十三年，清廷雖然制定渡臺令，限制人民渡臺，防範偷渡，又不准携帶家眷，業經渡臺者亦不得招致，並禁不許粵中惠潮之民渡臺。但在此過渡時期，地廣人稀，南北草地一望荒蕪，待人開墾。因此，首任諸羅縣知縣季麒光，曾設法招徠移民。雖時有授廛附籍之人，然重洋間隔，聞多畏阻而不前。卽閩粵人民在此過渡時期，多採取觀望之態度，不敢輕率渡臺。所以季麒光乃條陳招集丁民之宜議。請照昔年奉天四州招民之例，廣勸招募丁民來臺，在貧民有渡海之費，相率而前，到臺之日，按丁授地，並將明鄭遺生牛隻照田給配，按三年起科之令，分則徵收。當時臺灣之農業生產狀況，是水利未興，水田少而旱田多。一郡三縣，產米之地區，只有鳳山、諸羅二邑。臺灣縣土地高燥，只堪種蔗、種菁。其他新開墾之地區，亦復如此。初因地廣人稀，不但是平埔族，就是漢人也所種，或二年、或三年，收穫一輕卽移耕別地，否則委而棄之。故民無常產，多寡廣狹亦無一定之數⑤。卽採取輪耕休耕制度。蔗糖雜糧之生產較多，米穀年

④陳文達，《臺灣縣志》（臺灣文獻叢刊第 103 種）第 2 册，頁227、228、232、233。

⑤陳文達，《臺灣縣志》（臺灣文獻叢刊第 103 種）第 2 册，頁228、231；周元文，康熙51年，《重修臺灣府志》（臺灣文獻叢刊第66種）第 3 册，頁323、324。

只一收，生產尚不豐富。

至康熙三十年代，由於臺灣地氣和煖，無胼手胝足之勞，而禾易長畝；較內地之終歲勤者，其勞逸大異。所需耕具或乏牛種，亦聽民內地採買。地利有餘，又值雨水充足，連年大有。是以臺農足樂。而官府對文教亦有若干設施，臺士亦可足樂。移民能以煖衣飽食，敦詩說禮，安居樂業，漸成爲樂土⑥。於是至康熙五十年之間，閩廣各郡之民，無產業家室者，梯航日衆；綜稽簿籍，每歲以十數萬計。並有無照之人，冒險搭乘商艘，或營哨船隻，每船百餘名或多至二百餘名，偷渡來臺。加以土著之生齒既繁，以致人民聚集日衆。人口急激增加，而埤圳灌溉設施仍不多，一郡三縣，惟有鳳、諸二邑出產米穀。就是歲收豐盈，也僅足以供本地兵民日食，所以當時郡治人民，每皆計日而糴。加之臺郡自康熙四十一年至五十年之間，疊際凶荒；但內地每遇青黃不接，因米價比臺地高昂，故有商艘、營哨船隻，公然夾帶米穀出口販運。致使臺郡米價，由原賣一石一兩二、三錢，驟騰至二兩三、四錢，民心驚惶。因此，知府周元文乃於康熙五十年三月，分別上〈申請嚴禁偷販米穀〉，以足民食；並上〈申禁無照偷渡客民〉，除入籍外，探親友併貿易者，均限期驅回原籍⑦。其間臺灣府海防同知孫元衡、洪一棟，且令商船載米來臺，以資糧食，多者重賞，否則有罰⑧。

此時期雖然閩粵移民漸衆，但以短暫性之移民，即所謂流寓爲多，尤其客莊最多，漳泉次之，興化、福州又次之。土著既

⑥高拱乾，康熙35年，《臺灣府志》（臺灣文獻叢刊第65種）第3冊，頁244。

⑦周元文，康熙51年，《重修臺灣縣志》（臺灣文獻叢刊第66種）第3冊，頁 323-326。

⑧周元文，《重修臺灣府志》（臺灣文獻叢刊第66種）頁 346、349。

鮮，流寓者無朞功強近之親，同鄉井視如骨肉，疾病相扶，死喪相助。而內地各津渡婦女之禁既嚴，當時臺灣之社會男多於女，有邨莊數百人而無一眷口，故娶一婦動費百金，不易置室成家。各莊佣丁、山客十居七、八，靡有室家；漳泉人稱之曰客仔。客稱莊主，曰頭家。頭家始藉其力以墾草地，招而來之，漸乃引類呼朋，頭家不得過而問。田之轉移交兌，頭家拱手以聽，權益出於佃丁。但捨不得花鉅金置室的莊客佃丁，稍有贏餘，乃回大陸故鄉復其邦族⑨。而能認同此移民社會而要定居土著者還不多。故此期可稱爲“能否適應的過渡性移民時期”。

如此，清初康熙末葉閩粵移民湧至，拓墾此地，私開農田水利大行。尤其康熙五十三年到任的諸羅縣知縣周鍾瑄，致力提倡興築陂圳，在其任期六年之中，助民開築陂圳達三十八條之多⑩，對於諸羅縣稻穀之生產貢獻至鉅。臺灣現有之農田水利設施，大多爲清代民間所開築者。清朝統治下二百十二年之間，所開築之埤圳，至少有二百三十八條以上⑪；水田由原明鄭時代之舊額七千五百三十五甲，增爲二十四萬三千五百三十五甲；園由原一萬零九百十九甲，增爲十七萬零七百六十一甲⑫。

清代臺灣之水利，無威特何格爾（Karl A. Wittfogel）所謂“亞洲生產模式”般之中央集權，亦遠不及該模式之“大規

---

⑨周鍾瑄，康熙56年，《諸羅縣志》（臺灣文獻叢刊第141種）第2冊，頁145、148、292。

⑩周鍾瑄，《諸羅縣志》（臺灣文獻叢刊第141種）頁34-41。

⑪徐世大，民國44年，《臺灣省通志稿》卷4〈經濟志水利篇〉頁15-18。另據蔡志展，民國69年，《清代臺灣水利開發研究》，頁201-232之統計，共有450條。

⑫高拱乾，《臺灣府志》（臺灣文獻叢刊第65種）第2冊，頁115；臺灣省行政長官公署統計室，民國35年，《臺灣省五十一年來統計提要》頁516、594。

模"⑬。觀諸清代臺灣埤圳開築之模式，雖已有開鑿灌溉一萬餘甲之八堡圳，但無眞正大規模之水利灌溉設施。就是臺灣最大平原——嘉南平原之灌溉系統嘉南大圳，也至日據時期日本政府始以工程費五千四百餘萬元，費時十年，於民國十九年（日昭和五年）五月開鑿完成，灌溉三年輪作田畝十五萬餘公頃⑭。故清代嘉南平原多陂而少有規模之水圳。咸豐二年，劉家謀撰《海音詩》，詠讚曹謹開築曹公圳之功勞；並說：臺嘉二邑旱田居多，無堤防溝渠之利，爲政者宜亟籌之。但清朝官府從未投資開鑿埤圳，而嘉南平原實非清代民間之力量可開築大圳也。清代臺灣開築埤圳之投資者，都爲移民之拓墾投資者墾戶，從事墾耕之地主、佃人及個人之水利事業企業者。《彰化縣志》規制水利說：凡陂圳開築修理，皆民計田鳩費，不靡公帑焉。間雖有熱心之官員提倡興築水利，政府也對水利之開發、管理有些措施，但政府完全未投資開築埤圳。故清代臺灣之水利開築灌溉制度，並非中央集權的，即由統治支配階級掌握着"亞洲農業之第一要件"灌溉制度，而是全部由民間之圳戶、陂圳長、田甲地主佃戶，公立合約共同維持灌溉制度。

因無"中央集權"之支持，私開埤圳失敗不乏其例。臺灣移民之主流來自閩粵，向來以稻米爲主食，而臺灣之地理位於熱帶、亞熱帶地區，適於栽種水稻。因此，無論官准正式渡臺，或偷渡之所有移民，一到臺灣即以民間自己之力量，一面拓墾荒埔成爲旱園，進而一面投入工本開鑿埤圳灌溉，將園成爲經濟價值

---

⑬Wittfogel, Karl A. 1959 *Die Theorie der Orientalischen Gesellschaft*, Far Eastern and Russian Institute of The University of Washington.

平山勳，昭和9年9月，〈臺灣水利志の一斷章㈠〉，《臺灣の水利》第4卷，第5號，頁 57-61，臺北，臺灣水利協會。

⑭徐世大，《臺灣省通志稿》卷4〈經濟志水利篇〉，頁 200-203。

更高的良田，這是必然的拓墾過程，但其歷程是極艱難而辛苦的。玆舉數例探討其開鑿成敗之實際過程。

(1)淡北海山莊之拓墾與開鑿埤圳：早在雍正二年，鄧旋其買了原淡水保海山莊墾戶陳和議四股中王謨、朱焜侯之股份二股，年徵供粟四十三石四斗七升。但因田地乏水，無力開圳灌溉以致失收，缺欠供粟及公費等項無出，旋其乃於乾隆八年三月，將二股中抽出一股，以三百兩番銀賣與胡詔。並議胡詔應預先行墊出資本開圳以成田園。

乾隆八年十月，股夥議定：將原四股作爲八股，其中北投莊列爲一股，海山、坑仔口二莊爲七股份，年載租粟二千一百石，其中胡詔得五股，鄧旋其得二股。其間鄧氏無力開圳，欠缺典胎借銀利四千餘兩；而胡家也爲開拓海山莊，因開埤圳費用浩大，侵欠公私債項。此時胡詔去世，其子胡思睿、胡思湧爲搬運父柩回大陸故鄉，兼歷年代墊利息，侵欠公私債項，受迫難堪。乃自乾隆十六年起，將七股份莊業胡家所有五股，先後以五千零五十兩陸續賣與墾戶張吳文。乾隆十九年，最後將鄧氏二股，以三千五百兩賣與張吳文。鄧、胡兩家，先後爲拓墾海山莊，均因開鑿水圳費用浩大，終於侵欠公私債項失敗，一切拓墾之業產皆讓渡與張吳文夥記，胡思湧且返回祖居同安烈嶼，鄧旋其又不幸於乾隆二十一年身故。鄧、胡兩家，眞是爲拓墾海山莊及開鑿水圳而家破人亡。鄧、胡先後闢鑿之水圳，卽海山莊福安陂，終由張吳文夥記，於乾隆二十二年十月拆夥以前開鑿成圳⑮。

(2)瑠公圳暨大坪林五莊圳：早在乾隆五年，墾戶首金順興卽郭錫流（又作錫瑠），就到新店溪靑潭口破土鑿埤圳。但因地險"蕃"猛，樹林陰翳，屢次興工損失不安，乃停工。後來延至乾

---

⑮《臺灣公私藏古文書影本》第10輯，編號 10-03-1-532，〈永泰淡水租業契總〉第一至七、九、一〇件，乾隆 8 年至41年合約、典、賣契字。

隆十七年，再行開築，均未得成功。嗣後大坪林五莊之墾戶首金合興即蕭妙興與股夥業主，乃與郭錫流商量，由大坪林五莊提供地界，聽錫流開鑿圳路；而錫流則提供青潭所創陂地，交蕭妙興等開圳續接。

乾隆十八年蕭妙興等續接開圳，先率股夥深入青潭，衆皆說：潭深山高，圳路皆石壁難鑿。妙興則勸衆說：磨杵可以成圭，琢石可以成磚，心堅則愚公可移山。隨即擇日興工，設流壯爲護衞，倩石匠以開鑿。妙興每日親自指揮，“生番”咆哮兇惡，狡計百出，前後夾攻，埋伏截殺，日與“番”血戰。至乾隆二十五年，石匠鍾阿傳等終將最艱難之石壁圳路石腔段貫穿。及乾隆三十八年三月，埤圳始全部開鑿成功⑯。

⑶八堡圳：清代臺灣最大的埤圳八堡圳，係墾戶施鹿門、世榜父子，因墾田乏水，於康熙四十八年，出資募工興築。惟初自二水莊鼻子頭附近，鑿山疏水罔效，圳道難通。相傳嗣有一老叟衣冠古樸，自稱林先生者，獻水利圖說，教以疏鑿之方，導水之法，圳源深入番界濁水莊。於是費時十載，終於康熙五十八年，通濁水，灌溉八十里流域之田園⑰。目前雖無其更詳細之開鑿資料可徵，但據此已可窺知其開鑿之艱巨情形。

⑷宜蘭金泰安圳：開蘭之初 舊鄉勇圍結 首江萬琴 同衆佃友等，曾鳩佃開築水圳，然鳩本不齊開圳未成，所以一直荒蕪。因此，於嘉慶十三年十一月，鳩集佃友合議，請簡利興、陳奠邦等十一人合夥開圳，名金泰安圳。股夥分爲十股，每股初先出本銀三百一十元。但圳開成後奸棍唆佃抗納水租，吳明控討工銀；嘉

---

⑯臨時臺灣土地調查局，明治34年，《臺灣舊慣制度調查一斑》，頁144-147，乾隆38年3月〈公訂水路車路合約字〉。

⑰施鈺著、楊緒賢標訂，〈道光28年《臺灣別錄》卷2〉，《臺灣文獻》28卷2期，頁134，民國66年6月，臺中，臺灣省文獻委員會；八堡圳水利組合，昭和14年，《八堡圳水利組合概要》頁6-9。

慶十七年六月，圳道復被洪水沖塌，變成大溪，投鉅資而無利可收，金泰安股夥無力支持，乃解散，簡利興等夥友八人退出。嘉慶十八年五月，另組股夥十股，改換圳號爲金結安埤，每股先備出工本銀三百六十元，十股共出本銀三千六百元，重新修築埤圳，本銀每股增爲四百一十元。嗣後圳道一再被洪水沖崩，欠債，屢次改組經營⑱。如此宜蘭方面初多由結首衆佃友等自己合築開圳，而因資金不足開圳未成，或失敗後，再請埤圳企業者合夥投資開築水圳。

如此，清代臺灣開築埤圳失敗之情形，或艱難之情形，是相當普遍之現象。導致開圳失敗及開圳困難之原因，有：㈠工本費浩大，資金不足，無法突破困難完成開圳而半途而廢。㈡圳源、圳頭、圳道，往往多遇石壁而開鑿工程困難。㈢圳頭往往需深入內山“番”界，開鑿中需與兇“番”戰鬥，完成後又需防護“番人”破壞圳頭。㈣臺灣年年有颱風暴雨，開鑿中或完成後，圳頭圳道時常被洪水沖壞。

閩粵之移民，爲求在新天地臺灣，獲得傳統上最被重視之財富——土地之所有權，各階層之移民各携帶資銀，冒險橫渡重洋臺灣海峽，到臺灣拓墾，其工本，買開墾權之墾批及開鑿埤圳等費用浩大，尤其開埤圳之費用更浩大，在拓墾之資本所占比率甚高。因開圳需浩大工本，所以資本銀不繼而典胎借負債失敗之情形屢見不鮮。而開築埤圳未成功，無法灌溉，即爲拓墾失敗之主要原因。

其次“番害”，也是開築埤圳工程中最大的人爲阻礙。開圳之遇“番害”，清代臺灣到處可常見。除前所舉大坪林圳青潭口圳頭之開鑿，因“生番”咆哮兇惡，需每日設流壯護衞，每日與

⑱臨時臺灣土地調查局，明治38年，《宜蘭廳管內埤圳調查書》下卷，頁128–137。

“兇番”血戰外；如乾隆四十一年，中部蔴薯舊社圳之開築，在開圳興工之日必撥“隘番”（熟番）守衛，開成後也必用“隘番”把守圳水，並將水份一份灌漑番田，以酬其把守護衛之勞⑲。又東勢角社新舊埤圳二條，其舊陂深入內山，常被“生番”破挖，“番”民均爲受慘。因此公議：修築陂圳，社“番”照舊規同往護衛民番，倘有不測，各安天命，不得挾嫌⑳。又光緒初年，埔里眉溪水圳的圳頭也常被山胞摧毀，後來漢人和平埔族聯合請來媽祖，而大批人簇擁着在眉溪巡繞，山胞就不敢輕易來破壞圳頭㉑。另乾隆四十年間開鑿之田尾順興莊七十二份圳，則議定：圳頭賞“番”，以及通事辛勞……一切諸費等項，照田甲水份七十二份均攤。而各佃所有每年應納內外“番”賞……等項，亦當照舊章，交付吳振聲買物，轉交“生番”通事進山安撫及開發諸務㉒。

至於陂圳之被洪水沖壞，臺地到處時有所聞。《諸羅縣志·賦役志·戶口土田考》說：陂圳之疏築，大者數千金，小亦不下數百；突遇洪流，蕩歸烏有，即陂去，田亦荒矣。又彰化之八堡圳，乾隆七年間，圳頭沖決，曾沖去三十餘莊，損壞人口廬舍無算㉓。此外，淡北與蘭陽地區之各陂圳，多有被洪流沖壞之紀錄。

農田水利之規模不大，則牽涉其興築與利用之地域單位或社會成員可小或少，且牽涉之單位成員之地緣可拉近，故調整關於

---

⑲〈臺灣中部地方文獻資料㈣〉，《臺灣文獻》34卷4期，頁135、136，乾隆41年8月合約字。

⑳《臺灣私法物權編》（臺灣文獻叢刊第150種）第7冊，頁1154-1156，1327-1329。

㉑謝繼昌，民國64年2月，〈水利和社會文化之適應〉，《中央研究院民族學研究所集刊》36期，頁70。

㉒《臺灣私法物權編》（臺灣文獻叢刊第150種）第7冊，頁1261-1264。

㉓施鈺，〈道光28年《臺灣別錄》卷2〉，《臺灣文獻》28卷2期，頁135。

水利設施之互相權利義務較易，從而不需大的集權爲之管束。雖然如此，農田水利之興建需要多數人之投資協同勞動，其投資協同之模式不一。投資協同模式不同，有時對投資協同勞動之成果有甚異之影響。

水利工程動爲跨地緣團體之廣大區域運作，官府有時作首唱者，勸導者，溝通領導各地緣團體之間而助成其事。

水利設施竣工後，投資協同體自有協定，約束成員之權利義務、利用及修護設施，進而有設立其組織。水利組織有預期外之社會功能。

因興築水利設施而結合之此一投資協同關係爲特有的，故不能憑既成之社會關係予以支持或強化，甚至有時爲跨越既成之地緣團體之新關係，雖訂有自律之協約，但時有限界，不得不賴於官府與神祇之他律。

目前所保存流傳的有關清代臺灣水利之古文書約有四百六十餘件㉔，以蘭陽地區爲最多，北部次之，其次爲中部和高屏地區，嘉南地區最少。過去研究清代臺灣水利者，大多利用方志及其他舊志爲主，古文書、古契尚少被引用，故對水利之實際開發情形及水利與農村社會之關係，不易作深入之探討。本文乃擬利用現存的這些古文書、古契，對清代臺灣水利開發之興築投資模式，官府對開發水利之措施，水利組織與其功能，及水利與廟神禮祭等問題，來探討水利的開發與農村社會的關係。

㉔現存之清代臺灣水利古文書、古契四百六十餘件之中，其主要者爲：《宜蘭廳管內埤圳調查書》下卷收錄有一七二件（上卷目前在臺灣地區似乎失傳），《臺灣私法物權編》（臺灣文獻叢刊第150種）收錄有134件，《臺灣公私藏古文書影本》收編有七十八件，《臺灣中部地方文獻資料》（岸裡大社文書）收編有二十五件，《臺灣舊慣制度調查一斑》收錄有十二件，《臺灣社會經濟史全集》收錄有十二件，其他則零星收錄在其他臺灣史籍之中。其中《宜蘭廳管內埤圳調查書》下卷與《臺灣私法物權編》所收錄者有一小部分重複。

二、開鑿埤圳之投資模式

臺灣之田地大多依靠埤圳蔭水灌溉，而清代臺灣之埤圳幾乎係由移民自行投資開鑿，官府頂多由官員捐銀捐穀協助開鑿或撥倉粟借莊民，或撥借庫銀協助開鑿，然後分三年或分五年歸還縣庫。此種情形亦限於南部臺灣，例如康熙五十四年至五十六年之間，諸羅知縣周鍾瑄，曾屢次捐銀、捐穀或撥借倉粟助莊民築陂或修築㉕。又光緒十六年至十九年之間，恆春縣知縣高晉翰與陳文緯，曾撥借庫平銀共二千二百一十兩助民建網紗圳埤外，其所用經費洋銀四千一百二十元，除上項稟借外，餘皆由縣署捐補，借銀分作三年及五年歸還㉖。除此外，沒有完全由政府出資開鑿之官設埤圳。如此，清代臺灣土地之開拓與水利之興築，完全是由先民自己慘淡開發的。

清代臺灣民間投資興築埤圳之模式，大概可分為八種。㈠獨資開鑿者，㈡合夥投資開鑿者，㈢業佃鳩資合築者，㈣全莊衆業佃田甲攤分合築者，㈤衆佃合築者，㈥官民合築者，㈦漢人與平埔族合作開築者，㈧平埔族開鑿者。本文所利用之古文書、古契，其所興築之有關埤圳共有五十九條，玆按照其開築投資模式之類別分述其興築情形於後。

㈠　獨資開鑿者

此類埤圳共有十二條，又可再分為三種：1.為業戶獨資開鑿者，2.為佃戶獨資開鑿者，3.為水利企業者獨資開鑿者。清代臺灣各地業戶拓墾土地之後，當然也欲致力開圳灌溉始可耕種收穫，

㉕周鍾瑄，《諸羅縣志》頁34-41。
㉖屠繼善，光緒20年，《恆春縣志》（臺灣文獻叢刊第75種）第2冊，頁268、270。

提高土地之經濟價值。雖然清朝官員也曾勸諭業戶開築埤圳，但拓墾荒埔並開築埤圳之工本費浩大，實非每個業戶所能單獨創業開鑿，因此獨資開鑿之埤圳並不多見。由業戶獨資開鑿者，在古契中可看得到的僅有北部萬安陂（劉厝圳）、中部之施厝圳（八堡圳）、張振萬圳及嘉南地區之溫厝南埤等四條。其中尤以八堡圳之規模最大，爲清代臺灣埤圳之冠。由佃戶獨資開鑿者，則只有中部翁仔社圳一條而已。至於水利企業者獨資開鑿者，則有嘉南地區之田尾順興莊七十二份圳，蘭陽地區之抵美簡圳、金同春圳、柯濟川圳、三十九結圳、金和安圳（又名金佃安圳）及金源和圳等七條，多分布於蘭陽地區。

1. 業戶獨資開鑿者

甲、北部

(1)萬安陂，又名劉厝圳，在海山、興直兩堡。因乾隆十六年任八里坌巡檢之包融，曾諭令各業戶開圳，武勝灣莊業戶劉承纘，乃乘此嘉會向包融具呈開圳，並於乾隆二十六年三月間，經發給示開築水圳。劉承纘卽率衆數百人開築，自擺接堡古亭莊（卽秙柃腳）經海山堡潭底莊至興直堡頭前莊之大圳，係業主劉和林（承纘之父）出工本興築，惟投資之工本費額不詳㉗。因其工本費用寡，不能開透至加里珍莊，後來業主卽招衆佃人相議，備出佛銀二千六百大員，開築成圳，直至洲仔尾止。竣工後，業佃於乾隆二十八年十一月，立灌溉食水合約字。全圳水份計共二百六十甲，普通一甲之水份量約可灌溉田地五甲。又嘉慶八年四月，業主（圳戶）劉建昌與佃戶再立水租合約字，每甲水頭納水租粟四石，水尾納水租粟三石，以貼業主開圳損壞自己田園及購

㉗與開鑿加里珍莊一段卽用銀二千六百大員相比，當在一萬員以上。

地買他人圳地，並開鑿工費等款之資㉘。

乙、中部

⑴施厝圳，一名濁水圳，在彰化，以灌溉彰化縣轄十三堡半之東螺東堡、武東堡、武西堡、燕霧上堡、燕霧下堡、線東堡、馬芝堡及二林上堡共八堡五十六莊，故又名八堡圳。康熙四十八年，施世榜（原鳳山縣拔貢，歷任縣學教諭，兵馬司副指揮），戶名長齡，得允投資募工興築。初鑿山疏水罔效，後有一老叟稱林先生者袖圖來見，曰：聞公欲興水利，功德孰大，吾當爲公成之。因授以圖說，世榜如其法疏鑿，遂於康熙五十八年完成，通濁水於田，流行八十里，自番界濁水莊而達於海。投資五十萬元㉙，灌溉面積達一萬餘甲，年收租穀近四萬五千餘石，爲清代臺灣最大之水利工程。歷年生產稻穀，不但對於國課民生有裨益，亦可兼資內地民食㉚。因此可以說：康熙五十八年八堡圳開成後，臺灣中部水稻生產急激增加，臺灣米穀始有大量剩餘可輸出中國大陸。

⑵張振萬圳在神岡、豐原地區，在雍正十年以前，由業戶張振萬自已出工本開築，但開築之工本費不詳。係引大甲溪水鑿圳

㉘張福祿藏《永泰淡水租業契總》（收編於《臺灣公私藏古文書影本》第10輯 10-03-1-532）抄錄水圳原由便覽第一件乾隆26年業戶張必榮狀，第二件乾隆26年佃戶劉此萬告狀，第三件乾隆29年分府夏堂訊讞語。臨時臺灣土地調查局，明治34年《臺灣舊慣制度調查一斑》，頁142-144，乾隆28年與嘉慶 8 年合約字、及Okamatsu Santaro, 1900, *Laws and Customs in the Island of Formosa*. 參照文頁 16，乾隆 40 年合約字。

㉙一說投資九十九萬餘元，《臺灣省通志稿·水利篇》則僅作出資二千三百兩，當非數千兩之數目可興築完成。

㉚施鈺，〈道光 28 年《臺灣別錄》卷 2〉，《臺灣文獻》28 卷 2 期，頁134、135，民國 66 年 6 月，臺灣省文獻委員會。八堡圳水利組合，昭和14年，《八堡圳水利組合概要》頁 3-8。及王崧興，〈1973濁大流域民族學研究〉，《中央研究院民族學研究所集刊》36期，頁 5。

灌溉岸裡、阿里史等社。但初期開築埤圳之位水源不足，因此後來東勢南勢之旱埔地，另請六館業戶出工本開築大圳㉛。

丙、嘉南地區

⑴溫厝南埤，在他里霧堡溫厝角莊。在光緒九年以前，由大租業主王德興管築，徵收水穀，興築費用不詳㉜。

2. 佃戶獨資開鑿者

甲、中部

⑴翁仔社圳，在捒東堡翁仔社。乾隆三十四年，管英華（即管華麟）用銀五十元，向岸裡社番業戶敦仔，贌出翁仔社荒埔三處，築埤開圳，墾闢成田。續於三十八年乏水灌溉，又僱工開鑿，至四十二年工竣，前後用工本銀三千餘圓，約定年納租穀一百六十八石五斗。嘉慶七年，管英華歿故，管、潘兩家爲贌耕年限發生糾紛互控㉝。

3. 水利企業者獨資開鑿者

甲、嘉南地區

⑴田尾順興莊七十二份圳，該莊原置有圳灌溉課田，因被洪水沖崩，乾隆四十年間，該地得浮復，衆佃無力築埤開圳，懇求該莊管事邱文琳，自備銀兩爲工本，開鑿新圳，得以流通灌溉。並議定圳頭賞番，以及通事辛勞，隘口圳路租穀，水甲辛勞，一切諸費等項，照田甲七十二份均攤。至光緒元年二月，以六八平佛銀六百大元，賣與郡垣吳享記，邱家始退辦㉞。

㉛《臺灣私法物權編》（臺灣文獻叢刊第 150 種）第 7 冊，頁1283。
㉜《臺灣私法物權編》（臺灣文獻叢刊第 150 種）第 7 冊，頁1298。
㉝臺中縣政府，《中縣文獻㈠·開闢資料篇》頁 113-120，翁仔社管潘兩家贌墾糾紛互控案卷。
㉞《臺灣私法物權編》（臺灣文獻叢刊第150種）第 7 冊，頁1261-1264。

乙、蘭陽地區

⑴抵美簡圳，在頭圍堡。先是嘉慶十年，衆佃捐銀起築民壯埔腳港陂，無奈洪水漂流。後再鳩佃捐銀，屢作三兩次，更不能完竣，工本費多。每遇一二不收，是以國課無措，民食無依。因此，黃初等衆佃乃公議，僉請劉諧老出首承作，明議陂長自備工本開築埤圳，每佃每年每甲田願貼水租穀三石。於嘉慶二十五年十月竣工灌溉，立水租約字以便遵守㉟。

⑵金同春圳，即吳惠山圳，在四圍堡。嘉慶十六年四月，四圍辛仔罕等莊墾戶吳化，結首賴岳同衆佃人等，因乏水灌蔭，難以墾築成田耕種，但憲示限開透供課，乃公議請出吳惠山等出首爲圳戶頭家，自備資本鑿築大圳。至嘉慶十六年九月十八日，改爲懇請吳惠山個人出資開鑿圳道，於嘉慶十八年十月竣工。圳水疏通，約定各佃田畝，逐年每甲完納水租穀四石二斗。並由噶瑪蘭撫民理番海防糧捕分府翟發給執照遵照。灌溉面積約二百七十甲㊱。

⑶柯濟川圳，在東勢紅水溝順安莊。嘉慶二十二年五月，因國課迫輸，奈陂圳未築，乏水灌漑，不能栽種禾苗。起初衆議欲各自鳩工畚築，因工費浩大，各佃貧苦，人力不齊，難以成就。乃衆議請到前總理結首，即現充番佃首之柯濟川充爲圳主，備出費資，傭工開築大圳。至於小圳，則由衆佃各自開鑿。衆佃每甲遞年納圳戶水租穀一石五斗㊲。

⑷三十九結圳，在四圍堡三十九結莊。該莊共有田四十三份，原由柴城仔陂開圳引水灌漑。至嘉慶末道光初，洪水不定，以致崩塌。但衆心難一，人力不齊，無法修築。乃鳩衆公議，請

㉟《宜蘭廳管內埤圳調查書》下卷，頁 195、196。

㊱《宜蘭廳管內埤圳調查書》下卷，頁 277-280。《臺灣私法物權編》（臺灣文獻叢刊第 150 種）第 7 冊，頁 1191-1193。

㊲《臺灣私法物權編》（臺灣文獻叢刊第150種）第 7 冊，頁1188-1190。

結首吳佔出首爲圳長，自備工本修築。道光二年築竣，乃訂立修圳管埤約字，衆佃每份逐年應納水租穀一石二斗。灌溉面積約五十餘甲㊳。

(5)金和安圳，一名金佃安圳，或名五間圳，又名充公圳，在四圍堡。係道光初年楊石頭之祖先開築。後來圳破無力修築，被佃人控告，經旨斷改爲佃圳。光緒年間，楊石頭携帶以前之斷諭再訴於臺北衙門，乃經裁斷充公爲仰山書院所有，故稱充公圳。其每年所收水租四百石中，一百五十石歸書院，二百石歸佃人充爲修築費，二十石爲管理人之辛勞資，三十石爲圳底租歸楊家。灌溉面積約二百二十甲。其始末原擬勒碑建於圳頭，因割臺未及實現㊴。

(6)金源和圳，在員山堡大礁溪等莊，爲兇番出沒處所。欲墾闢成田，乏水可灌，栽種地瓜又少有收成，淸丈陞科，納課甚屢維難。於是職員周家麟，族正吳道中及佃戶等，乃請監生黃溫和自備工本開鑿圳道，明議每甲逐年願貼水租穀四石。黃溫和即於光緒十六年二月初三日，稟請宜蘭縣正堂准諭令黃溫和自備資本開圳，並於是年閏二月二十九日，發給圳照給圳戶金源和即黃溫和開圳。灌溉面積約九十甲㊵。

(二) 合夥投資開鑿者

此類埤圳共有十八條， 也可再分爲三種： 1.爲業戶合夥投資開築者二條， 2.爲一方提供土地一方提供資金或勞力合築者三條， 3.爲水利企業者合夥開鑿者十三條，大多在蘭陽地區。

1. 業戶合夥投資開鑿者

㊳《宜蘭廳管內埤圳調查書》下卷，頁 230-232。
㊴《宜蘭廳管內埤圳調查書》下卷，頁 296-298。
㊵《宜蘭廳管內埤圳調查書》下卷，頁 6-8。

甲、北部

(1)大坪林圳，又稱大坪林合興寮石腔頂圳，在拳山堡大坪林五莊。先前乾隆五年，就有墾戶首金順興，即郭錫流，到青潭口破土鑿圳，屢次興工，但均未成功。於是乾隆十八年，大坪林五莊墾戶首金合興，即蕭妙興，率股夥業主朱舉、曾鎭、王綸、簡書、陳朝誇、吳德昌、江游龍、林棟材等與郭錫流相商，以大坪林地界聽錫流開鑿圳路，併指獅山邊大潭設立陂地，付錫流防築；錫流亦將青潭所創圳頭陂地交妙興等續接，以便開圳。

蕭妙興爲合衆人之力，並將墾首金順興改爲金合興，擇日興工，向官稟請告示牌照，給定圳路。自乾隆十八年續接開圳，倩石匠鍾阿傳等開鑿，於乾隆二十五年鑿穿石腔圳路，即將乾隆二十五年，刻字泐石於圳傍，以垂萬世不朽。乾隆三十八年，並公訂水路車路合約字，以資遵守。歷年每甲定圳租三石，灌溉面積有水份四百六十甲㊶。

乙、嘉南地區

(1)柳樹腳莊大埤，在打猫北堡，清季業主許傳炎、陳阿晉等之祖父開築。從柳樹腳莊尾溪引水通流，至蘆竹角莊頭大汴爲止，分下流灌溉大埤頭、上鎭平、海豐舊莊田面穀物，灌溉面積三百零五甲。光緒二十七年出贌㊷。

2. 一方提供土地另一方提供資金或勞力合築者

甲、北部

(1)霧裏薛圳㊸，一名內湖陂，又名七股圳，在拳山堡。約在

㊶Okamatsu Santaro, 1900, *Laws and Customs in the Island of Formosa*; 《臺灣舊慣制度調查一斑》，頁 144-147。

㊷《臺灣私法物權編》（臺灣文獻叢刊第150種）第7冊，頁1299-1303。

㊸按霧裡薛爲社名、莊名，又爲溪名。據嘉慶20年8月，高鍾勇等立分管田園約字，霧裡薛即爲今深坑鄉萬順寮一帶。霧裡薛圳係在木柵內湖之溝子口築陂引霧裡薛溪流灌溉，故名。

乾隆三十年前後，由陳元利提供霧裏薛陂圳地一所，邀周和軒合修工本出首督築霧裏薛圳陂岸，創造扉門，俾陂圳水道流灌。而諸佃戶一概按田甲付抽收水費，遞年每甲訂納佛番銀一兩二錢㊹，田計五百八十九甲，分作七股均收，衆佃各向陂圳主陳元利、周和軒交納完足。嘉慶十三年七月，因扉門被洪水沖流崩壞，宜再修築，惜乏用費，兼欠掌理，乃招出周和記出佛銀三百六十大員掌理修築，逐年七股願撥出壹股八十餘甲，付周和記永遠歷收。用費作七股攤出，完納公項亦是照七股均輸㊺。

⑵永安陂，又名張厝圳，或名沛世陂，在海山堡。海山莊在乾隆八年，鄧旋其、胡詔兩家購得業主權後即投資開圳（即福安陂），但費用浩多均未成功。至乾隆三十年，由業戶張必榮提供土地，張沛世提供資金一萬八千五百兩，另開築永安陂，從三塊厝引水開鑿大圳，先完成海山莊段，灌溉海山保潭底、圳岸腳、西盛、柑仔林、海山頭、新莊一帶田六百餘甲。至乾隆三十年十月，武勝灣通事瑪珯等又與張廣惠合作，買水主張廣惠水源，開鑿海山大圳，灌溉新莊街草店尾起至二、三重埔田畝，至乾隆三十七年全部完成。嘉慶二十三年七月，大水圳崩壞，張豐順即張次准向張沛世承買圳權改築㊻。

乙、蘭陽地區

⑴馬塞莊圳，在蘇澳。原有大圳水通流灌溉。道光十四、五年，遭洪水沖失，田地抛荒，賠累課租。衆佃戶乃於道光十八年

㊹按臺灣之水租一般都收米穀，收水租銀者比較少見。當時穀一石官價之採買例價約爲銀六錢，故一兩二錢約合二石粟。

㊺平山勳，昭和9年《臺灣社會經濟史全集》第6冊，頁 112，第7冊，頁 95-97。

㊻《永泰淡水租業契總水圳原由便覽》，第四件乾隆30年12月劉承傳水圳案和息稿，第五件乾隆30年12月張源仁遵諭，第十一件乾隆39年3月葉坤山繳退約字；張福壽，昭和13年，《樹林鄉土誌》，頁91、94、95。

二月，請地主謝玉榮提供溪墘陞科田地，付榮同衆佃等開築圳路，引水耕田，每甲遞年納謝玉榮圳路稅穀二石㊼。

3. 水利企業者合夥開鑿者

甲、北部

(1)萃豐莊圳，在新竹。原有水圳，昔年被洪水沖崩，埤圳損壞，三莊變成旱園，稍遇凶旱之年，十無一收，佃人難食。衆業主曾國興等，乃於同治八年十二月，僉請縣城舖戶鄭恆記，即鄭渭賓二股，鄭冰如一股，合夥自備工本，創建埤圳及石壆。完竣之日，每甲按貼圳底銀六元二，業戶按貼圳底銀，就通盤開費總計若干，每百元貼銀三十元，每年每甲按貼水租穀四石四斗，付水租戶鄭恆記量收㊽。

乙、中部

(1)南烘坑口新圳，在埔里社。早在道光年間，有土番在溪底堆石作埤，開一小圳，俗稱南烘圳。因圳道不長，僅灌溉南偶田百餘甲。光緒十四年三月，埔里社通判吳本杰，以爲若開一大新圳可灌溉數百甲田地，召匠秤地估工，約需工銀三千兩左右，乃諭勸五城堡總理陳水泉約股二十八份，每份先出銀壹百元，組織合興號，即羅義興、陳水泉等，經出示曉諭，試辦開鑿新圳。竣工通流灌溉後，光緒十五年五月，因大雨埤圳崩陷，無力修理，合興號衆股份乃以工本銀一千大元，讓售予新順源號掌管修築收租㊾。

丙、蘭陽地區

㊼臨時臺灣舊慣調查會，大正5年，《契字及書簡文類集》，頁 9-11。

㊽《臺灣私法物權編》(臺灣文獻叢刊第150種)，第7冊，頁1250-1252、1287-1289。

㊾《臺灣私法物權編》(臺灣文獻叢刊第150種)，第7冊，頁1144-1145、1257-1259、1325-1327。

(1)金大成圳，在員山堡。開蘭之初嘉慶二年，義首吳沙奉何、李式分憲堵禦洋匪，鄉勇首劉光疕等多人同行，並就地墾闢以資糧食。經有開成田園，先築小圳，灌溉不敷，又被洪水沖崩，無人修築，以致田園荒蕪。迨嘉慶十二年正月，鄉勇首劉光疕等邀衆酌議立約，請張閣、吳日、林文彪、劉光疕等出首，自備工本開築大圳。張閣等隨即備出資本，分為四股，張閣、吳日、劉光疕、林文彪各一股。自嘉慶十二年正月興工開鑿大圳，至嘉慶十六年正月，共用費銀四千八百六十七元，作四股均攤，每股各該攤出銀一千二百十六元七毫五釐。惟劉光疕一股無可照數攤出，故杜賣與張閣頂額。但張閣居住下港[50]，阻隔遠涉，各事照料不週，即招張元官合夥，張閣抽出一股轉賣與張元官承坐，頂額價銀一千二百十六元七毫五釐，張元照數交張閣收訖。乃於嘉慶十六年十一月同立合約字，歷年所獲之利及開用諸費，俱作四大股均分。水租則先年有開築小圳者，每甲每年納水租穀二石，餘者每甲每年納水租穀四石。灌田甲數約一千甲[51]。

(2)泰山口圳，又名太山口圳，在員山堡。嘉慶七年間五圍埔地初開，原未有水灌溉田畝。於是五圍各結衆佃戶鳩集自用工本，協力經開圳路。自一結起，透至員山仔、大三鬮頂，築埤引水灌溉田畝。因圳路微小，欲再修理築圳路、埤頭，按年鳩工不齊，難以疏通圳路。至嘉慶十二年間，各結衆佃人等公議，僉請圳戶簡勇、游日、陳奠邦、吳順、張坎、劉朝、鄭喜、林妙、簡茂生、郭媽援、邸岩、沈開成等十二人，招夥十二股半，備出工本，再鑿築埤頭廣大圳路，其股份為十二人各人一股，另半股份為游日、簡勇二人共有。初約五圍之五份六佃，逐年貼工本租穀

[50]按下港即指臺灣中南部，北部臺灣則稱為頂港。

[51]《宜蘭廳管內埤圳調查書》下卷，頁68、69、179。《臺灣私法物權編》（臺灣文獻叢刊第150種），第7冊，頁 1156-1158。平山勳，《臺灣社會經濟史全集》第2冊，頁 101-103。

一石二斗，至嘉慶十三年，民壯圍下圳金泰安從本圳引水灌溉有貼納圳路租穀，乃改爲六斗，五圍原約界外之田，則每甲逐年納水租穀三石三斗，總計水租穀若干，作十二股半攤配均收。每年定八月初一日齊到算賬。灌田甲數約五百三十七甲[52]。

(3)金結安圳，初稱金泰安陂，在民壯圍堡。舊鄉勇圍所分埔地犂份，計有百餘張。起初亦鳩佃開鑿水圳，然而鳩本不齊，未成，其地仍爲荒蕪。因此嘉慶十三年十月，結首江萬琴、陳尚奕、林明錢、李義純等，乃鳩集衆佃友合議，欲引五圍陂圳水利，會同請五圍結首李培園、郭媽援、林儀、林妙、林膽、鄭喜、簡茂生、陳奠邦、張坎、吳順、簡利興、沈開成併衆佃友等爲陂圳主，特議定五圍諸結首董理陂圳等，仍備工本，廣開陂圳，引水灌溉鄉勇圍額內埔地，鄉勇圍衆佃友每甲每年願納水租粟四石二斗。

於是嘉慶十三年十一月，五圍陳奠邦、張坎、沈開成、林儀、林妙、吳順、簡利興、李培園、鄭喜、郭媽援、簡扶成等十一人乃合夥分爲十股，每股先鳩出本銀三百一十元，合夥開鑿陂圳，灌溉鄉勇圍之田。其股份爲簡利興三股，簡扶成一股，李培園一股，吳順一股，張坎一股，陳奠邦半股，沈開成半股，林妙半股，鄭辨、鄭向及鄭帶三人半股，〔□□□……八分〕，林族二分。初名金泰安埤頭水圳，收取水租。

嗣因奸棍唆佃抗納水租。嘉慶十七年六月間，復被洪水沖塌水圳，欲就股夥再鳩銀本買地更開圳道，一、二夥記甘願退出。嘉慶十八年六月，乃改組由李裕、藍文、鄭喜、張坎、林妙、林治、林族、李愷、簡書友、簡振成等十人合夥，赴楊府憲臺前認充圳戶，股份共十股，改換圳號爲金結安埤，圳份每股本銀四百

---

[52]《宜蘭廳管內埤圳調查書》下卷，頁 97-100、112-113。《臺灣私法物權編》（臺灣文獻叢刊第 150 種）第 7 冊，頁 1170-1172。

一十元， 林妙一股內沈開成出本銀四十一元， 係一股內十分之一。灌溉田甲約三百八十甲[53]。

⑷金新安圳，在民壯圍堡。嘉慶二年，義首吳沙奉何、李二分憲，募招鄉勇陳尚奕、江萬琴、李義純等，並曾募傭工人徐春富開築新安埤水圳，灌溉茭荖林、奇立板土田。嗣後嘉慶九年，因閩粵分類械鬥不能完竣，衆結首、佃人等亦無力修築。迨嘉慶十六年三月，奇立板、新興莊結首黃添同衆佃等，乃鳩集衆佃友公堂酌議，請義首吳光裔（吳沙之子）、夥記吳裱、廖禮參、蕭流、陳體、張石成、林三易、吳瑞田等八人合夥，整頓工本，自備伙食、工資、器具，倩工修築埤圳。股份初作十大股，即吳瑞田辛勞一股，抽出義首吳光裔一股，其餘光裔加股均攤出本銀，廖禮參一股，公蔭辛金銀一百元外其餘該份銀均公攤，林三易、張石成合一股， 蕭流、 陳體合三股（蕭流二股、 陳體一股），吳裱三股，合夥工本銀一千六百一十元七角，每股本銀二百二十五元。水租穀每年每甲早多納水租粟二石，晚多納水租粟一石二斗。灌溉田甲約一百三十甲[54]。

⑸金大安埤圳，在員山堡大湖莊。初大湖圍總結首江日高暨衆佃，思未有鼎力之人前來築埤圳，因此鳩集衆佃立約，傭工人古玉振等出頭理辦，開築成圳。不虞水氾沖壞徹底無存。嗣經員主公判取回約字。於嘉慶十七年三月，另行僉舉正直之人張輿、徐番、林致等爲圳首，自備工資、伙食、器具，仍照舊基開挖陂圳，以道灌溉。各佃遵郡例每甲按年納水租穀二石五斗。股份初分十一股，即張輿（又名張伯亨）四股半，徐番四股半，江日高（即江權）一股，另林治（即林致）蔭分一股。嘉慶十七年十二

---

[53]《宜蘭廳管內埤圳調查書》下卷，頁 128–132。
[54]《宜蘭廳管內埤圳調查書》下卷，頁 177–183。

月，林治退出，乃變爲十股。灌溉面積約一百七十二甲[55]。

⑹邱吳成圳，在東勢。初漳籍結首陳音、楊全生、楊茂、吳招等，公請邱德賢出首，購買番界番田以爲圳道，並備料本開鑿水圳。本來邱德賢願將圳按作十股，但各佃無力鳩工幫鑿圳道。邱德賢因獨力難支，乃於嘉慶十七年三月，招出舖戶吳國珍前來合夥，公立圳戶名邱吳成。開圳一切內外費用，二人對半均攤，逐年所收租穀，亦對半均分。衆佃每甲年納水租穀三石二斗[56]。

⑺東勢埤圳，東勢莊一、二、三、四、五等結。衆佃戶林華、魏建安、簡桃、林青、林儀，同五結內人等，以開田必先開水，乃於嘉慶十六年三月間，自行開築水圳，但溪頭圳路綿長，不能成圳出水。費用工本浩大，衆戶衆人力不齊，財本不敷。是以衆佃等會議，請長慶源號，卽簡懷苑、陳奠邦、賴陽、王臘等出首合夥，充當東勢埤圳主，掌管清水溝溪頭開築水圳，灌蔭一、二、三、四、五結等田畝。開築水圳，不論何人田畝，任從埤圳主開築。其工本銀浩大，動用銀元計以數千，所以作十股均開，陳奠邦、賴陽、王臘出六，簡懷苑出四。大圳出水告竣，衆佃遞年每甲納水租粟三石正，所收水租穀亦按照十股均分量收。所出本銀，應照約內股份均出，如失約，應得所出本銀若干，俟三年後股夥淸還本銀，將股份扣銷，不得異言。其佃人，一結林儀等佃人五十名，二結簡桃等佃人共三十四名，三結魏建安等佃人共四十四名，四結林青、林華等佃人共三十八名，五結賴濕等佃人共七名。並議定嘉慶十七年早季田畝，不論有開墾成田，或未成田，願先納圳主工本粟一石，免致圳主工本受虧。自嘉慶十

---

[55]《宜蘭廳管內埤圳調査書》下卷，頁 19-23、30。《臺灣私法物權編》（臺灣文獻叢刊第 150 種）第 7 冊，頁 1195-1198。

[56]《臺灣私法物權編》（臺灣文獻叢刊 150 種）第 7 冊，頁 1160-1161。

八年，逐年每甲田納工本粟三石[57]。

(8)萬長春圳，在東勢。在嘉慶十九年以前，經漳籍各結佃人僉請萬長春，即陳奠邦、邱德賢、金興號等承當圳戶，大費工本，築埤開圳，接引大溪水源流通灌溉。圳戶稱爲萬長春，分爲二十股，工本額爲銀二千六百元，一年水租總額爲二千九百二十七石，每股一年分配水租穀一百四十六石。

至嘉慶十九年十月，東勢泉籍總理翁清和，佃人周旺、游鳳等結內佃人，又在其圳尾自開小圳接灌田畝，每甲田遞年永遠貼納埤圳主工本水租穀三石六斗[58]。

(9)金慶安圳，在四圍堡。初由衆結佃友備料鳩工，備圳地築圳，但圳首高浮，水未上，圳埤傾頽，無策可施。欲再鳩築，恐工本浩大，成敗難卜。嘉慶二十一年，衆佃結友商議，請藍登峯承當埤圳戶，大費工本備築。圳水通流灌田，全年每甲納水租粟連巡圳工粟三石六斗。股份分爲二十一股，即藍登峯二十股，林昭順一股。嗣後藍登峯之子藍高才因乏力築堤，乃於嘉慶二十五年十二月，請吳肇基合力共築埤擋，並議定將埤圳分爲六股，即藍高才承當五股，吳肇基承當一股；又六股內分爲二十一股，將二十一股內抽出一份水租粟付與林昭順收入，其餘水租粟照六股攤收。灌溉田甲約二百二十甲[59]。

(10)金源春圳，在四圍堡。原由衆佃將辛仔罕之大溝，自行鑿築埤圳，通流灌溉。迨至嘉慶二十三年，被水沖崩，兼埤頭低下，灌溉不週。衆佃欲鳩集填築，奈力不齊，缺乏工本，恐致田地抛荒，上悞國課，下乏民食。衆佃乃商議，僉請吳惠山出首爲

---

[57]《臺灣私法物權編》（臺灣文獻叢刊第150種）第7冊，頁1159-1160、1175-1177。

[58]《臺灣私法物權編》（臺灣文獻叢刊第150種）第7冊，頁1179-1180。《宜蘭廳管內埤圳調查書》下卷，頁 317。

[59]《宜蘭廳管內埤圳調查書》下卷，頁 304-306。

圳主。至二十五年，開築未成，不幸惠山身故，其子年幼不能任事作埤圳。道光元年二月，衆佃再商議，僉請周士房、周天喜同出首，自備本銀七十大員，向惠山之子吳福成，買出埤圳底木料石頭，並自備本工力器具，改移埤頭，接引舊圳通流灌溉。每甲逐年納水租粟二石四斗，另巡水圳岸，每甲逐年納粟二斗，每甲合共納水租粟二石六斗。灌溉古亭笨，新發二莊田甲約二百五十甲⑥⓪。

⑴⑴金長源圳，又名匏靴崙圳，在四圍堡匏靴崙莊。道光十四年八月，匏靴崙、二結等處結首吳福、黃漢及衆佃等，以開圳砌築碼頭，動用工本浩大，衆佃力薄，難以備應。乃議請金長源爲圳戶，先備出資本，興工鑿挖圳道。及至完竣流灌成田之日，各佃人等按甲備貼圳戶圳底番銀十大元以補其先出本利，仍須遞年每甲納水租穀四石，立約呈官立案。但開鑿後，因該地俱係沙石，圳道涉漏，年久仍未能告竣成功。欲行修築，獨力難支。所以道光二十七年七月，圳戶金長源即林兩協，再招出該莊佃人陳由、吳港等爲首，鳩集衆佃相幫，合爲股夥，按作三股均攤。每股先出銀二百元，林兩協即將原圳底估作價二百元，陳由等一股出現銀二百元，吳港等一股該出現銀二百，以便採枋料、工資、日食等事，倘現銀四百元用盡不敷，應作三股整出現銀費用，至告竣成功。每年所收水租粟及越莊圳底銀，作三股均分。灌溉田甲約三十甲⑥①。

㈢ 業佃鳩資合築者

此類埤圳本來不少，但存有古契者並不多，只有三條。其投資之比率，依例大多爲業三佃七。北部者埤圳開成灌溉後，業戶

---

⑥⓪《宜蘭廳管內埤圳調查書》下卷，頁 218、219。
⑥①《宜蘭廳管內埤圳調查書》下卷，頁 204-206。

仍向引灌之田甲收水租穀，每甲每年二至四石，蓋北部者係全圳路之土地屬於同一業戶所有，即業主除負擔三份開圳工本費外，又提供全圳路之土地；而高屛地區者則由莊內之衆業佃鳩資購買圳地，或由衆田主提供圳路之土地，故不由業主、田主收水租粟，而公舉水甲爲全莊業佃收水租公管。

甲、北部

⑴瑠公圳，又名靑潭大圳，在拳山、大加臘兩堡。先是乾隆五年，墾戶首金順興即郭錫流(又名錫瑠)，到靑潭口破土開鑿埤圳，無如地險番猛，樹林陰翳，屢次興工損失不安。因而遲至悠久，延至乾隆十七年再行開築，均未得成功。此時大坪林五莊墾戶首金合興即蕭妙興，乃率業主與郭錫流相商，願將大坪林地界聽錫流開鑿圳路，通流灌溉外莊，併指獅山邊大潭設立陂地，付錫流防築，以補元前作事謀始之奇功。錫流則將靑潭所創陂地交妙興等續接。議成蕭妙興即將墾戶首金順興改爲金合興，於乾隆十八年續接興工開築。至乾隆二十五年，最艱難之工程圳路石腔段挖鑿穿過(62)。郭錫流前後投資二萬餘元，因財力不支，乃鳩佃出資開築。並造寬七尺長三十丈之大木梘，跨越霧裏薛溪（今景美溪），引水貫流溪仔口。到公館街後內埔分爲三條，一通林口莊、古亭莊，一通大灣莊（今大安區）、朱厝崙，一通六張犂、三張犂至上搭搭悠。大約於乾隆三十年以前完成，灌漑大加蚋保田段千有餘甲(63)。

⑵暗坑圳，在擺接保暗坑莊。暗坑仔外五張五十六份，赤塗

(62)Okamatsu Santaro 書；《臺灣舊慣制度調查一斑》，頁144-147。

(63)《臺灣公私藏古文書影本》第2輯02-04-02-129，乾隆42年9月奉憲給批；第1輯02-01-28-043，嘉慶10年9月杜賣盡根契。臨時臺灣土地調查局，明治34年，《臺灣舊慣制度調查一斑》，頁157。陳培桂，同治10年，《淡水廳志》（臺灣文獻叢刊第172種）第1冊，頁76。臺北市瑠公農田水利會，〔民國71年〕《飲水思源》（瑠公沿革），頁3。

崁併溪洲等處，業主林登選（林成祖之孫），衆佃人林運、林瑱、王鑾振、蘇西、王桃、沈都、吳發、范廷輝、范元生、王國助、廖再等，因暗坑莊昔年有向番潤福給出埔地開墾成園，雖然乾隆十八年林成祖已開一條水圳，但乏水灌漑不能成田，十作九荒。因此衆佃友等乃於乾隆六十年相商，托工首張仲裔引佃人林運等同到擺接堡，向林頭家登選，懇請依照永豐莊之例，業三佃七，鳩出工本銀募工，就登選先祖父林成祖，於乾隆十八年遺存之故圳青潭口原圳地，再行開築埤圳。由赤塗崁外五張至九甲三直至溪洲等處。並公議請工首張仲裔包理開圳一切事務，工資銀七百元，業出佛銀二百一十元，衆佃攤出四百九十元，圳成之日撥出水份十八甲付林運等灌蔭，每甲每年納林登選水租粟三石，照例挑運到館。全圳於乾隆六十年底竣工(64)。

乙、高屏地區

(1)海豐科科莊橫圳，海豐莊原已於乾隆十七年前後，開築有一條舊圳灌漑，但被洪水崩壞。道光十年，業佃乃計畝鳩集銀兩，置買圳地開築橫圳一條，灌漑二番、三番田畝，舊圳則灌漑頭番水田。開圳所費銀元向來做十份均攤，業主出三份，佃人出七份。田甲所食之水，皆貼粟貼錢公平議定，歸公掌理。灌漑田畝一百餘甲(65)。

㈣　全庄衆田主田甲攤分合築者

此類係由全莊田甲之衆田主，按田甲之多寡攤分資金合築

(64)《臺灣公私藏古文書影本》第1輯 09-03-01-545，乾隆60年9月請約字，09-03-02-546，乾隆60年11月請約字。

(65)《臺灣公私藏古文書影本》第5輯 08-03-1-557，咸豐元年老田洋業佃鳩集開鑿科科莊橫圳序，08-03-2-558 咸豐元年新開科科莊橫圳二條記事；第6輯 09-01-1-475，道光21年海豐莊管田與現耕人公議引水灌田合約字。

者，以南部臺灣之嘉南地區與高屏地區爲多，共有六條。

甲、嘉南地區

⑴鹿場圳，在西螺保。在道光十二年以前已開築，但自溪頭至三塊厝大路三十餘里，水道不能盡通。因此莿桐巷莊武生林國清、林和恰等稟請出示曉諭，准開鹿場莊、東和厝莊西中道至湳仔莊，抬高寮莊等處十餘里之水圳，田畝約五十餘甲，工本銀約需一千五百餘元，公議由全莊業佃田甲，每甲配水圳租六石，以抵先需工本，並逐年僱倩巡埤之資。彰化縣正堂朱，乃於光緒八年正月諭示，准如所稟開圳辦理(66)。

⑵林仔埤，在嘉義。乾隆年間，由全莊埤甲，甲首曁衆田甲等，置四、六分合築。原舊水穀一千零二十石，作四、六分均攤，每甲加田底穀二石，逐年共加水穀田底穀一千三百四十石。後來六分在二重溝，設築新埤，南北互控，釀禍荒廢五、六冬，光緒十四年調處，至光緒十五年三月和議成。合衆田甲黃彩等，請嘉義城內張震聲爲埤長，備資修築經管，限滿不欲築，照約將全大埤交還田甲(67)。

⑶北勢埤，在臺灣縣廣儲東、保大東里。原爲廣儲東里吳明等十一人份與保大東里翁保等十人份協力開築。雍正元年八月，因埤岸破壞，衆人商議埤岸塡築之事，而大穆降林文協同商議，以前大穆降里林文等未有塡築之力，此次林文等十三人份出爲收築。以後則爲三里合作收築，埤水照約均分(68)。

乙、高屏地區

⑴曹公圳，分爲舊圳、新圳兩圳，舊圳之灌漑區域爲小竹上里、小竹下里、大竹里、鳳山上里、鳳山下里；新圳之灌漑區域爲赤山里、觀音外里、半屏里、興隆內里、興隆外里，故兩圳俱

(66)《臺灣私法物權編》（臺灣文獻叢刊第150種）第7冊，頁1136-1138。
(67)《臺灣私法物權編》（臺灣文獻叢刊第150種）第7冊，頁1294-1297。
(68)《臺灣私法物權編》（臺灣文獻叢刊第150種）第7冊，頁1270-1271。

又名五里圳。

道光十四年，熊一本就任臺灣府知府，當時南部臺灣適被旱之百餘里，熊知府乃勸興水利。道光十七年春，曹謹接任鳳山縣知縣，熊知府接見之初，即言及興水利。曹謹到任後立即諭勸開水利。玆將新舊二圳分述於後。

舊圳：於道光十七年興工，順從地形之高低，設計各段圳道，各段各舉負責人，日夜督工或捐款，開圳費用係對灌溉田地二千五百四十九甲五分，按田甲攤課負擔，每甲田約分攤二十五元，故總工程費約六萬三千七百三十七元五角。不足額由豪紳義捐。道光十八年竣工後，舉奮勉督工者三十五人爲甲首，管理各段灌溉區域之田甲，並由各甲首及地主舉熟習圳務者一人爲總理，掌理圳務一切事宜。圳底權屬於甲首及地主。圳路分爲四十四條，圳長一百八十二里。十九年，熊一本命名爲曹公圳。

新圳：舊圳開成後四年，即道光二十二年，又大旱，苗秧枯。曹謹又命歲貢生鄭蘭，附生鄭宣治及諭示地主開築。先是宣治率衆開鑿大圳，自九曲塘起，迄下草潭止。因積勞成疾，病卒時囑其弟增生宣孝踵而成之。越二年即二十四年告成，名曰曹公新圳。凡四十六條，計灌田二千零五十三甲，圳長一百二十七里。開圳工本費每甲攤課二十五元，總工程費約五萬一千三百二十五元。竣工後舉甲首十五人處理圳務，又舉總理一人綜理圳務，圳底權屬於地主。

新舊兩圳田畝，每甲每年納修築工費銀二元五角，起工前先納者爲首期，每甲減納三角，即納二元二角；田稻收穫後繳納者爲三期，每甲加納三角，即納二元八角(69)。

(2)港東中里新圳，因里內之八甲頭莊洋、田墘厝莊洋、塭尾

(69)花岡伊之作，明治34年8月，〈曹公圳起原〉，《臺灣慣習記事》第1卷第8號，頁 25-32。盧德嘉，光緒20年，《鳳山縣采訪冊》（臺灣文獻叢刊第73種）第1冊，頁 71-86。

莊洋等水田九十餘甲，乏水灌溉，衆田主乃於道光二十一年議開新圳，定由衆田主築圳，就甲攤銀，高田每田攤銀十三圓五角，下田每甲攤銀九圓八角(70)。

(3)南陂埤，在港西上里搭樓莊。自古昔年卽鳩集田甲，建造南陂埤。後來圳路擁塞埤岸崩壞，衆田甲人乃於咸豐七年，相商集議重築，所開支銀兩皆就田甲均攤。至咸豐八年正月，竣工謝土。設立埤長巡顧埤岸，每甲田每年定貼出穀三斗，給埤長做辛勞穀(71)。

(五)　衆佃合築者

此類埤圳僅有二條，係由莊內衆佃共同投資興築，共同管理，俱在蘭陽地區。

(1)李寶興圳，一名十六結圳，在四圍堡十六結莊。自嘉慶年間，楊府憲給墾陞科，卽由衆佃自築埤圳，共計六十四份半水份，灌溉田畝約一百甲。至道光十九年十月，因圳底砂石地漏，衆佃太多，難以鳩集修築，乃公議僉請李元峯自備工本舖修，若修築成功圳水充足，永遠由李家執掌，若不能成功，埤頭、圳底及原圳一盡送還衆佃掌管(72)。

(2)元帥爺圳，在宜蘭八寶莊。在嘉慶十九年十一月以前，已由莊內衆佃戶開築灌溉，由莊內一百三十五佃共管。至嘉慶二十二年三月，中興、太和二莊衆佃同來立約，埤圳水包伊灌蔭二莊屬之田畝，並貼水租。後因水不敷蔭，加造埤圳，但前開圳之人任傳不齊，佃戶吳雲漢等傳齊再議，將二莊之水租公除一百石爲

(70)《臺灣私法物權編》（臺灣文獻叢刊第150種）第7冊，頁1152-1154。

(71)《臺灣公私藏古文書影本》第6輯 09-01-2-476，咸豐8年南陂埤公約字。

(72)《宜蘭廳管內埤圳調查書》下卷，頁 241-243。

元帥爺香祀外，概作本莊一百三十五佃均分(73)。

㈥ 官民合築者

此類埤圳只有網紗圳埤一條，初爲由恒春縣縣庫借撥庫平銀並捐補助民興築，借撥庫平銀定分年攤還縣庫，後來因遇凶作及臺灣割讓日本未及收回，爲清代臺灣唯一官民合築之埤圳。

(1)網紗圳埤，左右分圳二道；左曰網紗圳，灌溉宣化里田二千五百三十餘畝，園一千一百四十餘畝。右曰龎仔圳，灌溉仁壽里田一千四百三十餘畝，內除有水井者五百二十餘畝，實灌溉田九百一十畝，園一千二百六十餘畝。

有官開之大圳及業戶幫開之大圳，分水小圳則由佃業各戶開築。光緒十六年九月至十八年七月，恆春知縣高晉翰於其任內撥借庫平銀一千兩開築， 分作五年歸還。光緒十八年七月， 新任知縣陳文緯到任後，又借撥庫平銀一千二百一十兩繼續開築，准自光緒二十一年起分作三年歸還。開築費用計洋銀四千一百二十元，除稟借二千二百一十二兩外，餘皆由縣捐補，光緒十九年竣工。水租照章什一收，以中稔之年計算，每田一畝獲稻二石（一甲約收二十二石六斗），照章什一收水租穀二斗，園則減半，一年兩稔約可收水租一千八百餘石（水租粟水田每甲每年約爲四石五斗二升， 園減半）。設置管事三人， 專司稽查各業戶田園賣買，造具租册收租，並收賣租穀及一切銀錢、工程賬目等項。另置埤長二人，巡顧圳流。

第一次借撥之庫平銀一千兩，因連年災歉，俯念民艱寬免歸還。第二次借撥之庫平銀一千二百一十兩，則准自光緒二十一年夏收起歸還三分之一，但未繳解卽遇割臺未及收回，此圳可說是清代臺灣唯一官民合築之水圳(74)。

---

(73)《臺灣私法物權編》（臺灣文獻叢刊第150種）第7册，頁1163-1165。

(七) 漢人與平埔族合作開築者

此類埤圳共有九條，其投資合作開築之方式，又有多種。有漢人出資平埔族提供圳路地者，有完全委請漢人出資募工開築者，有業四佃六分攤工本者，有割地換水者，有貼平埔族圳底銀者。

甲、北部

(1)海山大圳，在興直堡。乾隆二十八年，萬安陂即劉厝圳完成後，武勝灣番業主君納與通事瑪珯所有二重埔一帶之田園，係向萬安陂圳主劉承傳買水份六十二份灌蔭，年納水租穀二百四十八石，但水份不充足，無法灌溉三重埔之田園。因此乾隆三十年十月，通事瑪珯、番業主君納，乃與永安陂圳主張廣惠、張源仁合作開鑿海山大圳，引永安陂之水流灌溉二、三重埔番業田園，圳道自新莊街草店尾起至二重埔。乾隆三十四年底，復開築延長至三重埔。新開之海山大圳，係由水主張廣惠、張源仁等出銀，業主君納提供圳路，而由通事瑪珯出名開築。二重埔段每甲每年貼納水租穀四石給張源仁，三重埔佃人則除開築時出血本銀十六員外，每甲年納水主張廣惠水穀三石。另海山大圳需架築浮圳水梘在劉承傳界內圳上，原來劉厝圳又引水自永安陂，年需納張源仁水租穀六百石，而海山大圳需架築浮圳水梘在劉承傳界內圳上，因此劉承傳又要瑪珯貼納三百五十二石水穀，連同六十二份之水租穀二百四十八石，合共六百石，代承傳向張源仁抵納其應納之水租穀[75]。

---

[74]屠繼善，光緒20年，《恆春縣志》（臺灣文獻叢刊第75種）第2冊，頁268-271。

[75]《永泰淡水租業契總水圳原由便覽》，第四件乾隆30年11月劉承傳水圳案和息稿，第五件乾隆30年12月張源仁具遵依，第六件乾隆30年12月劉承傳具遵依，第十件乾隆34年11月業主君納三重埔莊佃葉燕等求水灌田合約字。

⑵十三添圳，在海山堡三角湧。乾隆五十三年間，龜崙、南崁、坑仔三社屯丁天生等五十名，承授海山堡三角湧十三添之未墾荒埔五十七甲三分，自耕養贍，併設隘防禦兇番。但離社六、七十里，經幾三十載悉聽荒蕪。屯弁，通土乃妥議，將地贌與番親文開開墾守隘，每年按甲納租。經文開拓墾，但要引水灌溉非再數千金不能墾闢成田，屯弁通土乃再議，於嘉慶二十一年十二月，敦聘毗連田鄰陳謂川出為水主，請其出資募工開築埤圳，引水灌溉，每甲田願納水租粟八石，並立請水約字遵照(76)。

⑶永豐莊大灣埤圳。乾隆三十八年三月，霄、崙二社業主蕭文華、通事鳳生、土目武朗與楊業省、邱自遠等相議，開築大灣、中灣等處埤圳灌溉莊田。並立約請工包築，共議工資伙食銀二千大員，業四佃六勻捐，該二社通土、業主應捐八百員。因無法就現捐貼，乃託楊業省、張自回、邱自遠、徐永創、廖遜光、鍾京瑚、葉道盛等七人七股內，每股份代墊出業主應出之銀一百十四員三毫，願將社轄河東大灣、中灣、巡司灣等處，承灌之田共九十五甲餘，按每甲抽出大租粟二石以貼代墊銀項利息。並限二社業主自乾隆三十八年起至四十七年止，十年內備還墊銀八百員，如至期無銀備還，仍照原約照抽抵利息。水租面議八股均收，楊業省等七人該收七股，餘一股水租係衆夥願貼羅漢輝、江祿生等二人，支理諸務辛勞之費。後來水圳疊被洪水沖崩，道光九年八股又代二社墊出修築費銀四百大元，併前代墊之銀共一千二百大元，兩社無可措還代墊之銀，因此二社通土乃再立約，每甲之水租穀二石永付八股管收(77)。

---

(76)《臺灣公私藏古文書影本》第1輯 09-01-2-541，嘉慶21年12月請水約字。

(77)《臺灣公私藏古文書影本》第3輯 08-03-001-689 乾隆38年3月築埤合約，08-02-001-681 嘉慶25年12月給收對定水租字，08-02-002-682 道光9年12月付永收水租約字。

⑷霄裏溪埤圳，在新埔。新埔田心仔，吧哩嘓一帶田業，均帶霄裡溪陂圳水通流灌溉，及后埔地加墾田多水少。因此衆佃戶范唐貴等，乃於嘉慶十三年十一月，與竹塹社番業主衞福星商議，由業主抽出圳路一條，提供衆佃戶開築陂圳，引接大坑陂圳水，灌溉田心仔等處之田，衆佃戶每年貼出圳路穀十石納番業主衞福星。至嘉慶十九年加伸圳路，加納圳路水租穀八石，合前共納十八石[78]。

乙、中部

⑴樸仔籬口大埤圳，一名上埤，又名猫霧捒圳，即葫蘆墩圳。康熙五十四年，岸裡等社經招撫歸化[79]。康熙五十五年十一月初九日，土官阿莫請墾埔地。諸羅知縣周幪番耕種無地，乃將校栗埔、大姑婆等處壙地，賞給岸裡社土番阿穆等耕鑿。嗣後又准將岸裡西南勢草地，撮東至大山，西至沙轆大山頂交界，南至大姑婆，北至大甲溪，東南至阿里史，西南至捒加頭猫霧捒交界，批賞岸番耕作[80]。

雍正三年，張達京任岸裡大社通事後，並設墾戶張振萬（即張達京墾號）拓墾中部草地，開鑿張圳灌溉，但水源不足。而岸裡等社番無法自力開鑿水圳，其東西南勢之旱埔地，歷年播種五穀未有全收。因此衆番請通事張達京與岸裡、搜捒、烏牛欄、舊社等四社番相議，於雍正十年十一月，請六館業戶，張振萬、陳周文、秦廷鑑（又作秦廷監）、廖朝孔、江又金、姚德心，出工

---

[78]《臺灣公私藏古文書影本》第3輯 08-03-002-690，嘉慶13年11月合約開鑿圳路字。

[79]〈臺灣中部地方文獻資料㈡〉所載康熙54年11月1日諸羅縣知縣周頒給岸裡社大土官阿莫信牌，《臺灣文獻》第34卷第2期，頁 103，民國72年6月，臺中，臺灣省文獻委員會。

[80]〈臺灣中部地方文獻資料㈠〉所載康熙55年11月9日諸羅縣正堂周曉諭，《臺灣文獻》第34卷第1期，頁98，民國72年3月。《中縣文獻㈠・開闢資料篇》頁 110，雍正11年5月13日彰化縣正堂陳給示。

本募工，再開築樸仔籬口大埤，均分灌溉水田。四社番敦仔等願將東南勢之旱埔地，酌工本付與六館業主抵開水銀本，招佃開墾，永遠爲業。六館業戶乃出本銀六千六百兩開築大埤圳，其水份定作十四分，每館配水二分，留二分歸番灌溉番田。另六館業戶衆佃應納敦社粟六百石（每館一百石）。卽四社番等以割地換水，六館則出本銀開圳換地，合作拓墾築圳(81)。

⑵岸裡等社西南勢下埤。雍正十年，通事張達京與岸裡大社土目敦仔等，剿平大甲西社逆番有功。雍正十一年准旨，張承祖（卽張達京）帶番晉京面君，雍正帝嘉其功，賜蟒袍一領，又賜草地一所，歸業戶張承祖，岸裡等六社。因岸裡等社界內俱屬旱埔，播種五穀，無水灌溉，歷年失收。衆番相議，請通事張達京請人出工本，募工鑿圳，灌溉水田。雍正十一年三月，張達京乃以業戶張振萬（卽張達京墾號）之名義，與岸裡、搜拺、烏牛欄、舊社等四社土官潘敦仔立合約，約定由業戶張振萬出本銀九千三百兩，開圳分水與番灌溉，圳水定作十分，內八分歸張振萬灌溉自己田地，留二分歸番灌溉番田，其阿河巴之旱地，照原踏四至界內付振萬開墾，以抵開水銀本，永爲已業。卽番願割地換水，振萬願出銀開水分番灌溉換地，兩相甘願合作開築埤圳(82)。

又同十一年間，復以業戶張承祖（卽張達京業戶名）之名義，另與岸裡、搜拺、阿里史、猫霧拺、烏牛欄、舊社等立合約字，出工本爲六社開築水圳，灌溉田畝。其合作開圳之條件爲：岸裡等六社衆番，願將六社界內之地西南勢阿河巴、朥轄甲、霧林（頭家厝）、百里樂好四宗草地，定作十分，張承祖應得八

---

(81)《臺灣私法物權編》（臺灣文獻叢刊第150種）第 7 册，頁1283-1285。

(82)陳炎正，民國72年，《豐原市志初稿》，頁 56-57，雍正11年 3 月立合約。按明治37年伊能嘉矩著《臺灣蕃政志》，頁 438-440，載有雍正元年10月通事張達京、業戶張振萬、土官潘敦仔等公同立出合約字，其內容略同，惟立約年月互異，存疑。

分，番應得二分。卽將四宗草地之八分，酌賞銀主張承祖抵開水本銀， 招佃開墾， 永爲已業。張承祖則出本銀九千三百兩開水圳，分水與番灌漑。其水又作十分，內八分歸張承祖，留二分歸番灌漑番田。此外，業戶張承祖每年願貼社穀五百二十石，又加備出番銀三千二百兩給衆番，備購車、牛、食穀、器具等耕種用具。六社界內未墾餘埔、曠地等盡行歸承祖掌管[83]。

(3)蔴薯舊社圳。舊社番業主所有社后界地荒埔，於乾隆二十五年遵例報陞。番業主大由仁同衆佃，並於乾隆二十八年十月十六日，請准給示募工開築陂圳。但引大安溪水，圳路傍山高脊多石，非用銀數萬難予開鑿，業佃缺乏銀兩，以致廢弛。至乾隆四十一年八月，業佃議請圳主薛文珩出工本銀開築陂圳，約要用銀三萬餘兩，每千兩主四佃六分。地主大由仁應出四分，計銀一萬餘兩，由薛文珩墊出。因大由仁不能照數清還，乃公議開圳出水之日，仁依臺例每張犂分田五甲，逐年佃納大租粟四十石中，仁願收回二十石外，其餘二十石願割付與薛文珩貼爲水租掌管，永爲已業。佃應勻出六分開圳銀，每一張犂分田五甲，該出開出銀一百二十元，俟出水之日一個月內照數清還圳主。又議定衙門要用費銀兩，定十股作二八勻出，文珩出八，仁出二。並定於乾隆四十一年內至次年三月終興工。業佃並於乾隆四十一年十一月二十三日，稟請再行淡防廳給示，以便興工開築[84]。

(4)東勢角圳，乾隆四十九年，臺屬界外埔地准給漢人承墾陞科。岸裡社同朴仔籬社通土潘明慈，首報東勢角水底寮等處堪墾

---

[83]陳炎正，民國72年，《豐原市志初稿》，頁 58-60，雍正11年土官敦仔阿打歪，業戶張承祖，通事張達京等同立合約字。

[84]〈臺灣中部地方文獻資料(四)〉所載，乾隆 28 年 10 月16日臺灣北路淡防總捕分府給示，乾隆41年 8 月地主大由仁圳主薛文珩合約字暨再立合約字，圳主薛文珩莊佃張振嘉等合約開圳字， 及乾隆 41年 11月 23日稟，《臺灣文獻》第34卷第 4 期，頁 135-138。民國72年12月。

田園，因社番不暗耕鑿供課，招墾戶曾安榮爲佃首，除陞科供課外，按給生番熟番口糧。曾安榮等乃招佃開墾，用費工本銀九千餘元鑿成水圳，募佃墾成水田。並約按年納岸裡社，朴仔籬社番租七百石，又供給屋鰲十三社生番口糧飯食三百石。乾隆五十一年八月，彰化縣主劉給曾安榮等戳記。當時已墾民耕田園有二百七十八甲，其餘丈溢田園卽番耕田園二百五十甲[85]。

至嘉慶八年間，因舊陂圳深入內山，常被生番破損，兼之水源長遠，難以流通，農忙缺水，番民均受其苦。東勢角民番爭開新水圳。莊民林時猷等先經稟明縣主，經批示，飭該通土協力興工修築，如新圳要由番田開築，按一甲應補番之損田大小租粟一十六石。至於有番田在新圳之上，未得接灌新陂圳水者，莊民應卽協同社番，共築原有民番舊築陂圳以滋灌漑。並約議新舊兩處陂圳爲民番共築，照汴流灌，每年一體修理，陂匠辛勞穀，人番一體按照舊水甲均派[86]。

丙、蘭陽地區

(1)東勢歪歪社圳。歪歪社番原有舊圳一條，嘉慶十七年正月，東勢漢人糧埤主長慶源欲開築水圳，要經過番地，雙方酌議，願貼社番圳底銀三百三十大元，卽踏明圳路付圳主開築，新圳接引社番舊圳透通灌漑。凡社番之田，新圳所能灌及者，亦一體灌漑足用，無納水租[87]。

㈧ 平埔族開鑿者

此類埤圳共有八條，其開鑿之方式，有通事、社主、番業主

[85]《中縣文獻㈠開闢資料篇》，頁29-31，及〈臺灣中部地方文獻資料㈣〉所載，東勢土地開墾紀錄報陞事案，《臺灣文獻》第34卷第4期，頁106-108。

[86]《臺灣私法物權編》（臺灣文獻叢刊第150種）第7冊，頁1154-1156、1327-1329。

[87]《臺灣私法物權編》（臺灣文獻叢刊第150種）第7冊，頁1142。

出資開鑿者，又有社主、土目與衆社番鳩資合築者。

甲、北部

(1)圭柔社舊水圳，在淡水。雍正十三年八月，圭柔社土官達傑等，賣圭柔社界內大屯仔山腳荒地一所時說："其地有高崙之處併有舊水圳，係番修理耕種營業。"㊣88 可見在雍正十三年以前，圭柔社番已修築有水圳灌溉耕作。

(2)北勢社番仔埤，在武勝灣。乾隆三十四年十一月，業主君納三重埔莊佃葉燕等求水灌田合約云：海山大圳水分欲與三重埔莊灌溉，開築圳路應就各佃園頭橫過，上流下接，任從開築。並批明：所墾之小圳路，係由番仔埤經過。但埤口原有消水溝乃鄧謀觀引灌己田之圳[89]。又乾隆三十九年三月，葉坤山繳退約字說："前年三重埔莊衆，向就海山莊原築武勝灣永安埤水主張廣惠圳中給買水源，分撥灌溉三重埔旱園成田，圳路必由武勝灣北勢社邊埤田經過，並欄拾埤底田中水尾在圳，屢被社番阻塞，莊衆無奈，前來央山向社番煥章等買願永勿阻塞，得以圳水長流通莊，田夥各皆欣悅。"[90] 由此可知在乾隆三十四年以前，武勝灣北勢社番，已有自築的番仔埤，灌溉田園。

乙、中部

(1)樸仔籬小米餉田舊圳。係乾隆二十六年至三十三年，敦仔任通事時開築之私業。至乾隆四十三年初，各社番丁生齒日繁，口糧無資。衆番公議將翁仔社崎仔腳烏牛欄一帶埔園，就舊圳開水築田，以資各番守隘口糧。但舊圳崩壞應募多工開築，共應費銀三千二百十八元，衆番窮乏銀無所出。乃於乾隆四十三年二月

[88]平山勳，昭和九年，《臺灣社會經濟史全集》第6冊，頁 95-96。

[89]《永泰淡水租業契總水圳原由便覽》第十件，乾隆34年11月業主君納三重埔莊佃葉燕等合約字。

[90]《永泰淡水租業契總水圳原由便覽》第十一件，乾隆39年3月盡繳退約字。

二日公議，請社主潘士萬出頭備出銀三千二百大元，持交第三任通事潘光輝料理，其水租粟每張水分年納萬三十石，永付社主潘士萬子孫永遠管收。至乾隆五十五年十二月初五日，第四任通事潘明慈誣控潘士興（士萬之弟）霸收公租。乾隆五十六年三月二十日，臺灣北路理番分府金乃出示，照舊聽潘士興管收⑼。

⑵大埤頭鴛鴦汴水圳，在葫蘆墩莊。係乾隆四十年代前後，潘萬興公記（卽潘士萬、潘士興兄弟之公記）所開築。迨嘉慶末至道光初所有圳租由潘進文、春文兄弟每年輪辦。並請陳林妹、廖世都等辦理圳務，每張犂份收辛勞粟三石五斗作修築工資⑽。

⑶藨薯園舊水圳，因衆番各自分管定額之埔園脊薄，有種無收，嘉慶二年底，潘士興同衆番鳩出資本開水圳，成田亦係各自出本經營⑾。

丙、高屏地區

⑴四重溪方和莊圳， 在恒春縣四重河 。 係加芝來社主潘沙岳，在道光年間開築。咸豐五年，典與賴富麟、賴貴麟兄弟，由佃潘家親家黃登秀包租掌管。後來光緒五年兩方互控，賴家控訴抗租霸占水圳，黃家控訴清還典銀卻不交還典字。恒春縣正堂乃審斷，水圳非兩造所有，俱係霸來之業，斷歸保力莊三山國王王爺廟⑿。

丁、蘭陽地區

⑼〈臺灣中部地方文獻資料㈣〉所載乾隆43年2月2日請約字，乾隆56年3月20日臺灣府北路理番分府金出示，《臺灣文獻》第34卷第4期頁100-101、103。及〈臺灣中部地方文獻資料㈠〉所載乾隆50年4月4日臺灣北路理番分府唐示諭，《臺灣文獻》第34卷第1期，頁100-101。

⑽〈臺灣中部地方文獻資料㈠〉所載道光4年12月18日彰化縣正堂李示諭，《臺灣文獻》第34卷第1期，頁113。

⑾《中縣文獻㈠開闢資料篇》，頁122。

⑿《臺灣慣習記事》第1卷第7號，頁59-64，光緒五年保力莊民水圳訴狀、口供、名單，明治34年7月，臺北，臺灣慣習研究會。

(1)辛永安圳，在四圍堡。係辛仔罕社番土目龜劉武禮及衆社番，於嘉慶年間開蘭時，協力同心，各將社番田地，浩用工本，開鑿二條水圳。一條自梅洲圍莊起至辛仔罕莊，又一條自梅洲圍莊起至新店辛仔罕莊，並有自墾番水田。至咸豐初年，大半付與漢佃爲永耕，並立永配水圳合約字，灌田一百餘甲。後來水圳一度交漢佃黃纘緒掌管，纘緒故後，光緒二十一年二月，復交還土目管理。初未收水租，黃纘緒管理後，每年踏出圳租壹拾石，付土目分給社番。黃纘緒則每甲每年收水租穀一石八斗，付圳長工穀一斗五升，設圳長二名，番一名，漢人一名，巡視圳水㊿。

(2)番仔圳，又名三鬮二圳，在員山堡三鬮二莊。土名番仔圳，原當爲平埔族所開築。引叭哩沙溪支流，灌溉田甲約六十甲。不收水租。光緒十九年，由衆佃僉舉林宜爲圳長，專責巡圳，傭工顧守，衆佃各份田逐年應出工資粟四斗，付宜收爲工資[96]。

三、探討開築埤圳投資模式之若干問題

(一) 水利企業者開築埤圳之探討

清代臺灣之水利企業者，可分爲獨資與合夥兩類。獨資企業者開鑿之埤圳，有嘉南地區之七十份圳，蘭陽地區有抵美簡圳、金同春圳、柯濟川圳、三十九結圳、金源和圳等六條。合夥企業者開築之埤圳，則有北部之新竹萃豐莊圳，中部之南烘坑口新圳，蘭陽地區最多，有金大成圳、金大安圳、泰山口圳、金結安圳、金新安圳、金長源圳、金源春圳、金慶安圳、東勢埤圳、邱

[95]《宜蘭廳管內埤圳調查書》下卷，頁 254-258。
[96]《宜蘭廳管內埤圳調查書》下卷，頁53、56。

吳成圳、萬長春圳等十一條。

按嘉慶初年，吳沙招漳、泉、粵三籍移民入蘭，開闢之初，爲防番乃議設鄉勇，採取結首制從事拓墾，由結首領導佃友分別拓墾蘭陽地區各地荒埔。這些結首佃戶大多係壯勇，在從事拓墾荒埔成園後，多也試圖開鑿埤圳以利耕作，提高土地經濟價值，但大多只有工力而缺乏開圳之資本銀而未能成功。因此多由水利企業者獨資或合夥開鑿水圳。這些水利企業者也有一小部分是開蘭之總結首，或結首，或當地之總理，但大多來自西部的資本家，甚至有居住南部臺灣而投資噶瑪蘭之開圳事業者。如嘉慶十二年，開鑿金大成之四股東之一張閣，初係占二股出資二千四百三十二元，因居住下港，阻隔遠涉，各事照料不週，乃抽出一股轉讓張元⑨⑦。在嘉慶年間，臺灣西部之移民已擁有資本者，以拓墾西部之經驗，以爲埤圳之開鑿值得投資。所以開蘭當初，有不少水利企業者到蘭地投資開築水圳。由這些水利企業者獨資或合夥開鑿之埤圳已達十七條之多，占蘭陽地區埤圳之多數。而大多冠“金”字，表示係合夥開築之圳戶（間有獨資之圳戶也冠“金”字者），是爲蘭陽地區開築埤圳之特色。其中金大成圳，至同治元年，股夥六股再立合約以杜弊端時，已稱圳戶股夥爲“公司”。約定應收分之水租粟，除公司應用工費外，所剩各石另按股均分，各不得增加減少⑨⑧。是爲清代臺灣農田水利界“公司制”之最早組織。

然而這些獨資或合夥開鑿之企業性埤圳，因蘭陽地區颱風暴雨多，常被濁水溪之洪流沖壞，不堪負擔其修築費用，後來也多一再轉讓他人，最後多讓售與蘭陽當地之總理（如陳奠邦、楊德昭、鄭山）、舉人（如李望洋、楊士芳、黃纘緒）、生員（如

---

⑨⑦同註㊿、㊿①。

⑨⑧《宜蘭廳管內埤圳調查書》下卷，頁73。

林瑞圭）等地方頭人領導階層人士掌管經營，或出贌他人管理經營(99)。

㈡　漢人與平埔族合作開圳之探討

清代臺灣平埔族雖擁有不少屯田、養贍埔地，或番業主自己之埔地，可是大多贌給漢佃拓墾，但也有平埔族自己墾耕之所謂“番田”。爲開墾成良田則必需開鑿埤圳灌溉。在雍正、乾隆年間，一部分平埔族雖已由漢人習得耕作之農技及開鑿埤圳之技術，但仍限於開築小規模之埤圳，其規模較大者，則除岸裡大社潘敦仔一家擁有開築埤圳之資本外，其餘之平埔族則幾乎沒有開築埤圳之資金，於是有漢人與平埔族合作開築埤圳之舉。

漢人與平埔族之合作開鑿埤圳，有⑴由平埔族提供圳地，委漢人出資開鑿者，如海山大圳、十三添圳是。⑵又有依例“番業主四，漢佃六”勻捐開圳工本費，而番業主無本銀乃請漢人代墊工本銀開鑿者，如永豐莊大灣中灣埤圳，蔴薯舊社圳是。但後來兩圳之番業主，因無力清還代墊之開圳工本銀，而由代墊本銀之漢人從番業主所收之大租粟中抽收水租粟以抵其墊銀。⑶爲割地換水者，如六館樸仔籬口大埤圳和下埤即是。此二條埤圳之開鑿，係分別由六館提供開圳資金六千六百兩，及張承祖（即張達京）提供資金九千三百兩開圳，而由岸裡等四社提供其廣大之東西南勢旱埔地給六館，及由岸裡等六社提供西南勢之廣大草地，酌賞銀主張承祖，以割地換取水份二份。⑷由漢佃首招佃拓墾開圳而納番租及口糧，如東勢角圳即是。

在漢人與平埔族合作開鑿埤圳之過程中，漢人與平埔族自然也合作防護“生番”之破壞圳頭圳路。通常照規都由熟番負責把守圳頭，以防止“生番”之破壞及侵害。

---

(99)《宜蘭廳管內埤圳調查書》下卷，頁 106、137、159、161-163、166、233、234、256、257。

㈢ 平埔族自己開築埤圳之探討

在漢人未移入墾殖以前，濁大流域之平埔族除漁撈和狩獵之外，其耕作方式已轉爲輪耕休田制。漢人未入墾以前是以旱田或蔗園爲主[100]。迨漢人移民入臺後，平埔族亦學漢人築圳，從內山開掘，疏引溪流，以資灌溉，片隅寸土，盡成膏腴[101]。《諸羅縣志·番俗圖》，亦已載有插秧、穫稻、登場等珍貴之水稻播種收穫圖。

如前所述，早在雍正十三年八月，淡水圭柔社之賣荒地契，已載有:“舊水圳係番修理耕種營業。”可見當時圭柔社平埔族，已由漢人習得修築水圳灌溉耕作之技術。在北部尚有武勝灣番業主君納等，又在乾隆三十四年之前已在北勢社開鑿有番仔埤番田耕種稻田。至於平埔族自己開築之水圳，其規模較大者當爲中部岸裡社通事敦仔，在乾隆二十六年至三十三年任通事時，所開鑿之樸仔籬小米餉田舊圳。敦仔等因在雍正十年，協助官軍剿平大甲西社番有功，承賜岸裡社附近一帶草地，招佃拓墾，擁有私有土地財富。至乾隆四十三年初，衆番公議將翁仔社、崎仔腳、烏牛欄一帶埔園，就舊圳開水築田，以資口糧。但衆番乏銀無所出，乃請社主潘士萬出銀三千二百大元，交通事潘光輝，募工就崩壞之舊圳修築，並續鑿新圳引水灌溉，每張犂分年納士萬水租三十石，子孫永遠管收。此外潘萬興公記，在乾隆四十年代前後，又在葫蘆墩莊開鑿有大埤頭鴛鴦汴水圳。

其他在蘭陽地區則有嘉慶年間，辛仔罕社平埔族自己所開築之辛永安圳。恒春地區則有道光年間，加芝來社主潘沙岳開鑿之

---

[100]王崧興，〈濁大流域的民族學研究〉，《中央研究院民族學研究所集刊》第36期頁5，民國64年2月。

[101]伊能嘉矩，明治37年，《臺灣蕃政志》，頁520，臺北，臺灣總督府民政部殖產局。

四重溪方和莊圳。

平埔族雖然擁有不少埔地，也由漢人學了拓墾、開圳、耕種之農業技術，但他們之土地大多出贌招漢佃墾耕，平埔族自己拓墾開圳灌溉之番田園並不多。其原因安在?

(1)平埔族之土地爲全社衆番共有，所收番大租（又稱公口糧租）等，除輸納公課及頭目、土目多分配一點外，其餘平均攤配給衆番，或充作番社祭儀會飲等公費，如岸裡社潘敦仔等少數擁有部分私有土地係爲例外。其餘大多沒有私有土地，故不能激發其競爭奮發力耕之精神。

(2)平埔族原來之生產方式，以原始漁獵及輪耕休田爲其耕作方式，並以旱田耕種小米、陸稻、地瓜等雜糧爲主食，不以水稻爲主糧，故不如漢人重視水利。

(3)開築埤圳除土木工程之技術外，工本浩大，需要一筆很大的資金，各社番往往連公課餉銀都無法按期完納，那有一筆巨額之開圳資金? 如十三添屯埔贌給平埔族番親文開，但開水圳經費浩大，文開雖拓墾荒埔爲園，但無法開圳，乃另請漢人陳渭川出資爲其開圳引灌。又乾隆二十二年六月，勘丈岸裡東勢沿山一帶草地及私墾田園供情等由，抄諭說：“沙歷巴來積積原係祖遺埔地，小番稟請開墾已蒙批准，只因無力開圳，尚未墾成。”(102) 如岸裡社潘敦仔等能自己投資開圳甚爲少見。

(4)清代臺灣官府爲控制臺灣之治安，設屯制、隘制，南自下淡水社，北至三貂社，全臺共設四大屯、八小屯，利用平埔族各社屯丁、隘勇，“以番制漢”及“以番制番”，協助政府維持治安。例如乾隆十一年十一月，圭柔社衆乏銀完餉賣契說：“地原欲番留自耕，玆因近年差從浩繁，其地那里氏（土目）等耕種不及。”(103) 雖然嘉慶十五年，政府又出示：將民人侵墾番地所收官

---

(102)《中縣文獻(一)開闢資料篇》，頁39、40。

(103)平山勳，昭和9年，《臺灣社會經濟史全集》第6册，頁 100。

租，除支給隘丁口糧、屯弁屯丁番銀外，剩餘之五千九百七十一圓，令各縣廳收貯，以備興修水利，紅白賞邺一切屯務之用[104]。但社番壯丁總是無暇顧及墾耕。

四、官府對開發水利之措施

清代渡臺之移民，或由墾戶（又稱墾首、或稱業戶）請得墾照、墾單招佃墾耕，或向平埔族贌墾贌耕，業佃均靠自力拓墾荒埔，開築埤圳灌溉田園。政府殆未出資撥款，協助移民拓墾築陂開圳。

然而清代臺灣政府之最主要稅收爲田賦，且清廷在臺之宿兵不少，歲糜餉至鉅。拓墾埔地，築陂開圳灌溉田園之成功與否，不但與民生有密切關係，並且與賦課稅收、治安息息相關。加之，清初臺地賦稅，雖比明鄭時代減輕，但比內地甚重。季麒光說：內地重者如蘇松等府，每畝輸納一斗五、六升至二斗止。臺灣田園一甲計十畝，徵粟七石八石，折米計之，每畝四斗，三斗五、六升矣。民力幾何？堪此重徵乎？並將此列爲臺灣三大患之一[105]。又陳夢林也說：內地最重者田十一畝三分一厘（即合臺地一甲），不過徵銀一兩二錢二分。而臺灣之田上則每甲每年徵粟八石八斗，卽以穀價最賤時每石銀三錢計算，凡徵本色二兩六錢四分，不止加倍於內地[106]。至咸豐初年，臺地賦稅有增無減，竟十數倍於內地[107]。如非良田豐收，除各色費用外，實不足以供賦。官府雖無法也不肯積極撥款協助移民拓墾，或興築水利；但

---

[104]《中縣文獻(一)開闢資料篇》，頁16、17。
[105]陳文達，《臺灣縣志》（臺灣文獻叢刊第103種）第2冊，頁230、231。
[106]周鍾瑄《諸羅縣志》（臺灣文獻叢刊第141種）第1冊，頁87。
[107]劉家謀，咸豐2年，《海音詩》葉 4、5。民國42年，臺北，臺灣省文獻委員會。

田之賦稅爲園之加倍，故爲賦課、民生、治安計，有心之官員只好奏請興水利，或勸諭移民開築埤圳以興水利。

清代臺灣官府對開發水利之措施，計有：㈠奏請興築水利與諭勸、捐助開築埤圳，㈡開築埤圳之許可、報備及發給示諭、圳照、戳記，㈢貸穀貸款助民開築埤圳，㈣水利糾紛械鬥訴訟之處理審斷，㈤制定農田水利犯法之刑罰等項。

㈠ 奏請興築水利與諭勸捐助開築埤圳

清朝領臺當初卽康熙二十年代，臺灣水田少而旱田多，砂鹵之地，其力淺薄，小民所種，或二年，或三年，收穫一輕，卽移耕別地，否則委而棄之。故民無常產。除明鄭時代所留官佃之田園盡屬爲水田，每歲一甲可收粟五十餘石外，明鄭之文武官田園則皆陸地荒埔，有雨則收，無雨則歉。所招佃丁去留無定。臺灣一縣則地土高燥，僅堪種蔗、種菁。而南北草地尙爲一望荒蕪，待人開墾⑩⑧。

清代初期最熱心積極規畫興築水利之官員，首推第十一任諸羅知縣周鍾瑄。當時諸羅新闢，土曠人稀，遺利頗多。他在康熙五十三年到任後，留心咨訪，規畫興築轄內陂圳，迄康熙末年諸羅縣已築陂圳七十五條之中，在其任內六年之間倡築者共三十八條，凡數百餘里，超過全縣陂圳之一半以上。其中私捐穀石助民修築者二十五條（內三條修復），捐穀共一千八百七十石，捐俸銀助民修築者七條，捐俸銀共一百兩。邑民得以富庶⑩⑨。

嗣後至乾隆十三年五月，有福州將軍新柱奏〈請興臺灣水

(108)陳文達，《臺灣縣志》（臺灣文獻叢刊第103種）第2冊，頁228、231。周元文，《重修臺灣府志》（臺灣文獻叢刊第66種）第3冊，頁323、324。

(109)周鍾瑄，《諸羅縣志》（臺灣文獻叢刊第141種）第1冊，頁34-39。余文儀，《續修臺灣府志》（臺灣文獻叢刊第121種）第2冊，頁189。

利〉一摺，經閩浙總督喀爾吉善等議覆，略云：

查臺灣全邑及鳳山縣治北境，諸羅縣治南境，地既高亢，無泉可引，水田甚少，間有一、二處可開圳引流者，俱已修築。又鳳山縣治南境，凡可興之水利無不盡開。今勘得諸羅縣北境果毅後莊一處；又勘得彰化南大肚社旱園一片，登臺莊旱埔一所；大排棚一派旱園，引流灌溉，均可改水田。又淡防廳屬貓裏、新港二社園地，竹塹保旱地一區，開圳築埤，亦可改旱地為水田。以上各水利，業戶自願出資，佃出工力，官為經理興修，應如所奏試行。並得旨，如所議，實力妥行之。(110)

至乾隆十六年，淡防廳八里坌巡檢包融，愛民如赤，屢次疊諭各業戶開圳(111)。在海山、興直二堡之萬安陂（劉厝圳），即業戶劉和林響應包融之論勸而開鑿者。

迨道光十四年，熊一本就任臺灣府知府。十六年秋，臺、鳳、嘉三縣接壤之區被旱百有餘里，閭閻待哺，宵小跳梁。而治臺之法，惟在弭盜。與民食、治安有密切關係。而臺地水稻如有充足之水源引灌，且可期一歲再收。熊一本鑒及於此，乃勸興水利，教以鑿陂開塘之法，而民狃於積習，官亦無力助民，不能奮然行之。十七年春，曹謹到臺就任鳳山知縣，熊一本接見曹謹之初，又言及此。曹謹雖頷之而不輕諾。但視事後即勸督縣內業佃士紳開築陂圳，迅速於道光十七年至二十四年之間，開築完成高屏地區規模最大之著名曹公圳新舊圳兩條，大小分圳九十條，灌溉田畝達四千六百餘甲(112)。而僅舊圳所灌溉之田甲，即歲可加收

---

(110)《清高宗實錄選輯》（臺灣文獻叢刊 186 種）第 1 冊，頁65、66。

(111)《永泰淡水租業契總水圳原由便覽》，第一件乾隆26年 2 月張必榮告狀及第二件乾隆26年 2 月劉此萬告狀。

(112)盧德嘉，光緒20年，《鳳山縣采訪冊》（臺灣文獻叢刊第73種）第 1 冊，頁 71-86。

早稻十五萬六千六百餘石。因此，咸豐二年臺灣府學教諭劉家謀，乃詠詩曰：“誰與水利濟瀛東，旱潦應資蓄洩功，溉徧陂田三萬畝，至今遺圳說曹公。”其註腳並說：臺嘉二邑仍旱田居多，無隄防溝渠之利，勸爲政者宜亟籌之⑬。

如此整個清代臺灣，官府與那麼多的官員當中，提倡與積極參與興修水利之官員實寥寥無幾。其最有顯著業績者，爲清初康熙末年之諸羅知縣周鍾瑄。他在任六年之間，平均每年助民興築陂圳六條，每月捐二十六石助民修築埤圳。另一位爲道光中葉之鳳山知縣曹謹，在職四年半，先是於道光十八年開築曹公舊圳一條，分支小圳四十四條，計灌田二千五百四十九甲。道光二十一年七月一日卸任時，復命貢生鄭蘭、附生鄭宣治率衆續開曹公新圳一條，分支小圳凡四十六條，計灌田二千零五十三甲。

而此二位興築臺灣水利有功之官員，也各在臺灣農田水利史上均有畫時代之貢獻。前者周鍾瑄係在清初康熙末年策畫擴展興築埤圳，奠定諸羅縣農田水利及稻穀生產之根基。將康熙二、三十年代，耕種或二年或三年，收穫一輕卽移耕、棄耕之耕作不定的方式轉移爲定耕方式。促進增產米穀，充足臺灣郡城之民食與全臺兵糧，民得以富庶。

按清領當初，臺郡爲初闢之區，地廣人稀，粟穀有餘，原稱產米之區。至康熙末葉，數十年來，土著生齒既繁，閩粵之梯航日衆，每歲以十數萬計。一郡三邑，出產僅足以供本地兵民日食。而三縣之中惟有鳳山、諸羅二邑出產米穀，臺灣一縣，因地土高燥，僅堪種蔗種菁，以故郡治人民，每皆計日而糴。當時大陸沿岸各省以臺灣爲產米之區，鳳山、諸羅二邑所產之米已有外販，自臺出港。營哨船隻、商艘，因內地米價高昂，公然有夾帶米穀販運內地，而在康熙中末葉三十年之間，臺灣人口急增，拓

⑬劉家謀，《海音詩》葉22、23。

墾與水利之興築尚有限，農民競種蔗，又疊際凶荒，糧米不豐，致使臺灣當局乃申請嚴禁偷販米穀，嚴禁商艘、營哨船隻夾帶米穀販運⑭。故周鍾瑄之適時興築水利，增產米穀，充足兵糧民食有極大之貢獻。

後者曹謹興築曹公舊圳後，因水源充足，不但將旱田變爲良田，且將原來歲收一多之稻作，改爲一歲收成早晚兩多，歲加收早稻十五萬六千六百餘石。而盜亦絕其往來⑮。道光二十一年七月，曹謹調升淡水廳同知，曾探得大姑嵌後山湳仔莊之水源，卽今石門水庫，擬開水圳，引流灌漑中壢數千甲田園，計議舉行，苦於發源處生番出沒，遂中止。後來開墾漸廣，生番遠匿，旣無滋擾患。惟大姑嵌爲漳人所居，而中壢亦多粵人，欲引漳人之水，以灌粵人之田，非民所能自辦；故一直未及實現⑯。

至於諭勸開築埤圳之所謂愛民之少數官員，也不過有心而力不足。諭勸後只任各地業戶佃民，艱苦自力興築埤圳灌漑水田，而享愛民之美名，坐收高額之田賦而已。

㈡ 開築埤圳之許可、報備及發給示諭、圳照、戳記

清代臺灣開築埤圳，官府似未硬性規定需先稟請開築埤圳，但圳戶爲期開圳能順利進行，及開圳後保護其埤圳之權益，故仍多循例稟請官府出示曉諭，發給圳照、圳戶、陂長等戳記，以維護圳戶、陂長、佃戶之權益。稟請亦可分爲開圳前稟請，與開圳

⑭周元文，《重修臺灣府志》（臺灣文獻叢刊第66種）第3冊，頁323、324。

⑮盧德嘉，《鳳山縣采訪冊》（臺灣文獻叢刊第73種）第1冊，頁85。劉家謀，《海音詩》，葉22、23。陳培桂，同治10年，《淡水廳志》（臺灣文獻叢刊第172種）第2冊，頁 261。

⑯陳培桂，《淡水廳志》（臺灣文獻叢刊第172種）第1冊，頁80、81。

完成後報備，及埤圳買賣圳戶變更之報備、圳照遺失之補照等三種，但大多為在開圳前稟請出示曉諭周知。

1. 事前稟請開圳頒發告示牌照

甲、北部

在開圳前請得給示准照有案可稽者有三條。

(1)大坪林圳：係乾隆十七、八年之間，墾戶首金合興即蕭妙興等，向官稟請告示牌照，給定圳路。自乾隆十八年續接郭錫流所開築未成之青潭圳頭，至二十五年圳路穿過石腔，開圳成功。開成後蕭妙興憂圳路兩邊岸界未定，復稟官定界，經淡防廳憲李批准，派清丈田賦秋、胡二委員親臨指界畫地分管[117]。後來在光緒年間，曾承淡水分府陳發給"給拳山保大坪林五莊陂長金同順戳記"使用[118]。

(2)萬安陂（劉厝圳）：乾隆二十六年三月間，業戶劉承纘請得給示開築[119]。

(3)永安陂（張厝圳）：乾隆三十年，業戶張必榮等奉福建分巡臺灣道奇寵格、淡防廳同知李俊原示諭開築[120]。

乙、中部

(1)蔴薯舊社圳：社主大由仁，為延圳匠開圳，但恐地保里役藉端滋擾，乃於乾隆二十八年九月二十八日，呈請淡防廳同知夏湖，循例賜示，俾得開築。二十八年十月十六日，給示准予開築。惟缺乏銀兩無法開築。嗣於乾隆四十一年八月，請得銀主薛

---

[117]〈公訂水路車路合約字〉，《臺灣舊慣制度調查一斑》，頁 144-147。

[118]《臺灣公私藏古文書影本》第三輯，編號 08-02-005-685，光緒 7 年食水工資粟完單執照。

[119]《永泰淡水租業契總水圳原由便覽》，第三件乾隆29年 2 月分府夏堂訊讞語。

[120]張福壽，昭和13年，《樹林鄉土誌》，頁94、95。

文珩墊出工本銀三萬餘兩開築。因停工日久，恐地棍差保藉端滋擾，再於乾隆四十一年十一月二十三日入稟，呈請淡防分府併理番分府，懇請照案再行給示，得以募工開築。又恐兩衙門俱要用費，銀兩多寡，議定拾股作貳捌勻出，即珩出捌，仁出貳。其開圳工本係照前約註明⑫1。

(2)樸仔籬 小米餉田舊圳：舊圳 原爲潘士萬之父 潘敦仔所開築。乾隆四十三年，公請地主潘士萬出本銀三千二百元，交通事潘光輝料理開圳，乃具呈赴理番分府朱、彰化縣主馬，稟請給示並允准出示募工開築⑫2。

(3)埔里南烘口圳：合興公等請開南烘口圳，經埔里社撫民分府吳批准出示曉諭在案。光緒十四年正月，復出示曉諭，即將圳路揷簽興工開挖，倘有土豪惡棍藉端阻撓，定即拿案詳辦⑫3。

丙、蘭陽地區

蘭陽地區之埤圳多在嘉慶年間開蘭之初，或未久即開鑿，有的在設治之前，有的在設治伊始，故甚少事前稟請給示開圳，而大多係埤圳開成後，再稟請給示諭併頒發圳戶戳記，因此其間所發生之水利糾紛亦比較多。事前稟請開圳有案可稽者有下列二圳戶。

(1)金同春圳：圳戶吳惠山，嘉慶十六年四月，由吳化、吳惠山等出爲圳戶頭家出本開圳。九月十八日立約呈官，乃給照飭吳惠山趕緊興工報竣，並飭差勘復。嘉慶十八年，稟報開圳完成，噶瑪蘭撫民理番海防糧捕分府翟，乃發給執照給圳戶吳惠山管理⑫4。

---

⑫1〈臺灣中部地方文獻資料(四)〉,《臺灣文獻》第34卷第4期，頁135-138。
⑫2〈臺灣中部地方文獻資料(一)、(四)〉，《臺灣文獻》第34卷第1期，頁100、101，第34卷第4期，頁 103。
⑫3《臺灣私法物權編》(臺灣文獻叢刊第150種）第7冊，頁1144、1145。
⑫4《宜蘭廳管內埤圳調查書》下卷，頁 278、279。《臺灣私法物權編》(臺灣文獻叢刊第 150 種）第7冊，頁1332、1333。

⑵金源和圳；莊民等請監生黃溫和出本開鑿，恐有土棍斷絕圳頭水源，或有奸狡佃人抗納水租，或藉端霸占，乃請給示諭，宜蘭縣正堂沈，乃於光緒十六年二月十一日，給諭趕緊雇工開圳。並於光緒十六年閏二月二十九日，頒給圳照及戳記(125)。

2. 開圳完成後報備發給示諭戳記

甲、蘭陽地區

⑴金泰安圳：嘉慶十三年十一月，由簡利興、張坎等十股組織開圳，原約定各佃每甲年納水租四石，但埤圳開成後佃戶執二石成例。因此嘉慶十六、七年間，埤長金泰安卽簡勇，乃呈請前臺灣府正堂楊，發給示諭照約收水租(126)。

⑵金結安圳：金泰安圳於嘉慶十八年五月改組為金結安號。嗣後圳戶生員林瑞圭等，於道光二十三年間，不惜重貲，再在圳道沖塌處，建大埤一口。並於道光二十九年五月十六日，呈請給照，以杜混爭，而利農田。噶瑪蘭管理民番糧捕海防分府楊，乃於道光二十九年五月十八日給照圳戶金結安(127)。

噶瑪蘭廳（宜蘭縣）轄內之埤圳，以在開圳完成後報備請發示諭戳記者為多。此外，請領圳戶長行戳記者，計有金源和、金大安、金大成、泰山口、金結安、李寶興（原李四榮）、辛永安等圳戶，先後於嘉慶、道光年間稟請發給諭戳，以便蓋用串單收取水租工資等事項。噶瑪蘭廳改縣後，所有前領廳頒戳記，乃於光緒六年十月，由宜蘭縣正堂馬換給諭戳(128)。

---

(125)《宜蘭廳管內埤圳調查書》下卷，頁 6-8；《臺灣私法物權編》（臺灣文獻叢刊第 150 種）第 7 冊，頁1334、1335。
(126)《宜蘭廳管內埤圳調查書》下卷，頁136、137。
(127)《宜蘭廳管內埤圳調查書》下卷，頁 135-137。
(128)《宜蘭廳管內埤圳調查書》下卷，頁137、138。

3. 圳戶買賣改組變更之請領給照及遺失補照

圳戶圳底之買賣，股夥之改組，圳號之變更、典胎、出贌情形，除高屏地區比較少見以外，清代臺灣西部及蘭陽地區均有此情形，尤以蘭陽地區股夥制之圳戶特別多，並且颱風洪水災多，埤圳常被沖壞，經營不易，故常見圳戶圳底之買賣，股夥之改組及出贌情形。玆舉數例於後。

(1)埤戶金大安圳：初請工人古玉振開圳未成。嗣於嘉慶十七年，蒙員公斷換人開圳。咸豐十一年八月二十七日，再請得埤戶金大安之執照，保護其權益。光緒十九年十一月，圳戶周家芳（即周振三）等，以佛面銀貳仟四百元承買該埤圳股份十股中之九股。係分二次買賣投稅，每次以佛面銀一千二百元折紋銀八百二十八兩（折率爲百分之六十九）各買其四股半，每次投納稅銀二十四兩八錢四分（稅率百分之三）。同時另以價銀六百四十大員，折紋銀四百四十一兩六錢，買該埤藔田一段，投納稅銀十三兩二錢四分八厘。乃於光緒二十年十二月，由宜蘭縣正堂兼辦撫墾局稽查腦竈事務汪給諭圳戶周家芳照辦[129]。

(2)金泰安圳：嘉慶十三年開築，因佃人抗納水租穀，又被洪水沖塌，股夥乃於嘉慶十八年六月改組，更改圳道加以修築，並赴楊府憲臺前認充圳戶，改換圳號爲金結安，承辦金泰安埤。於嘉慶十八年五月，重新訂立合約，一紙呈官立案[130]。

(3)圳戶李寶興圳：原爲圳戶李元峰即圳戶李四榮，曾於道光十九年稟官請求戳記。光緒初，改廳爲縣後，換給戳記李元峰即李四榮。光緒十三年二月，圳底以價銀一千二百大元折紋銀八百二十八兩賣給李及西，赴戶房投稅二十四兩八錢四分。光緒十三

---

[129]《宜蘭廳管內埤圳調查書》下卷，頁19、28-30、39-42。
[130]《宜蘭廳管內埤圳調查書》下卷，頁132、133、135、136。

年四月十三日，宜蘭縣正堂林給示，由圳戶李寶興接管，同時頒給戳記一顆(131)。

⑷辛永安圳：原爲“番仔圳”，配水田一百餘甲，至光緒十四年清丈，始納課。因洪水爲災，光緒十九年四月，由黃纘緒備本移鑿水圳，宜蘭縣正堂汪乃給示，圳戶立爲金永安。纘緒去世，又還平埔族經營管理(132)。

⑸羅東二皂堡月眉圳：嘉慶年間設治後，盧永昌自己開築，完圳後經翟廳憲發給印照。嗣後因風雨災印照被埋沒，乃於光緒十年閏五月二十一日，稟請准再給印照執掌(133)。

㈢　貸穀貸款助民開築埤圳

諸羅知縣周鍾瑄，除捐穀捐銀助民興築陂圳外，並於康熙五十四年，另發倉粟借給莊民合築諸羅山大陂、烏樹林大陂，又另撥借倉粟八百餘石修築哆囉嘓大陂，爲清代臺灣官府撥出倉粟貸穀助民興修水利之創舉。其後歷經一百七十年未見有其例。一直到光緒十六年九月至十八年七月，恒春縣知縣高晉翰始於其任內，撥借庫平銀一千兩興築網紗圳，分作五年歸還。光緒十八年繼任知縣陳文緯，復撥借庫平銀一千二百一十兩繼續開築，准自光緒二十一年起分作三年歸還。開築費用計洋銀四千一百二十元，除稟借二千二百一十二兩外，餘皆由縣捐補。這是清代臺灣唯一的官府撥庫銀助民興築埤圳之措施。其撥借之庫平銀均未償還即遇割臺。可算是清代臺灣唯一之官築埤圳(134)。

㈣　水利糾紛械鬥訴訟之處理審斷

水利之興修，可增產米糧，民生衣食無慮，減少盜賊，有利

(131)《宜蘭廳管內埤圳調查書》下卷，頁 245-274。
(132)《宜蘭廳管內埤圳調查書》下卷，頁 254-257。
(133)《臺灣私法物權編》（臺灣文獻叢刊第 150 種）第 7 册，頁1331。
(134)屠繼光，《恆春縣志》第 2 册，頁 268-271。

於治安，清代臺灣之官員，且以弭盜爲治臺之法。但利之所在，就難免發生糾紛，因此清代臺灣各地之水利糾紛、械鬥、訴訟也常見之。水利糾紛之原因甚多，概括之，有：⑴侵占田園土地充爲圳路，⑵爭圳權，⑶霸占水圳，⑷爭水源，⑸爭水分，⑹水圳過境之爭執，⑺抗納水租穀，⑻水租糾紛，⑼霸占水租穀，⑽欠開圳工本銀，⑾管圳負債侵公款，⑿挖開埤圳爲害墳墓等，玆舉數例於後。

⑴張必榮具控萬安陂主劉承纘案：乾隆二十六年，武勝灣莊業戶劉承纘，占用海山莊業戶張必榮之佃民所崩壞田屋田腳，開鑿萬安陂圳頭水路，兩方互毆，張必榮向八里坌巡檢司具稟控告。乾隆二十九年二月經淡防分府夏堂審讞語：劉承纘開掘水圳，輙於張貢生田中藉取水道。但圳已開成，非獨承纘一人引灌己田；爲衆人取給，實爲一鄉水利，若令塡塞，殊屬可惜。乃令劉承纘向張貢生年完納水租每甲二石，率約可灌三百甲，年納六百石，雙方和息。後劉承纘將此應納之六百石粟，轉嫁由引其水份圳路之圳尾番業戶君納、通事瑪珯等，向張貢生代納六百石水租粟[135]。

⑵四重溪方和莊埤圳權爭執控告案：光緒五年，賴桂三控告謂：其父由加芝來社主潘沙岳手典之埤圳一所，由包租兼佃之黃姑三強霸埤圳滯納水租穀。黃姑三具狀反訴云：圳爲其先父開築，潘沙岳與其父結爲親家，而其父之圳契典與賴家借銀五十元，黃姑三備出銀五十七元穀十石贖回，賴桂三收取贖回銀穀，卻不交還典契。證人供：圳是社主潘沙岳所有，黃姑三確備出銀五十元向賴桂三贖回，但典家不肯交出，證人叫黃姑三再出二十元補賴桂三，兩人均不肯，求公斷。恆春縣正堂乃公斷：潘沙岳

---

[135]《永泰淡水租業契總水圳原由便覽》，第一件乾隆26年2月張必榮告狀，第二件乾隆26年2月劉此萬告狀，第三件乾隆29年2月分府夏堂訊讞語，及第四件劉承纘水圳案和息稿。

典銀早已還，不然爲何埤圳流落黃姑三之手，業有十餘年不收租者乎？黃姑三亦非己業，皆係霸來之業。故將水圳斷歸保力莊三山國王產業，選可靠之人輪流司事[136]。

⑶宜蘭充公圳案：道光初年，楊石頭之祖先所開築之金和安圳，被洪水沖壞後無法給水，佃人要求修築，但圳主乏力。控官後，堂斷爲佃圳，但每年納圳主圳底租五十六石，並改名金佃安圳。但佃人卻不納圳底租。楊石頭乃於光緒初年，携堂斷諭示控訴於臺北衙門，要求水租穀。臺北衙門乃堂斷，將本圳充公，歸仰山書院。所有水租穀年四百石內，一百五十石歸仰山書院，外二百石歸佃人爲修築費，二十石爲圳長辛勞銀，餘三十石爲圳底租[137]。

⑷埔里社南烘舊圳圳權糾紛案：光緒十四年二月，陳永來呈控余黃連強占南烘圳。經查明該圳向爲豪強者占踞，陳永來亦係占踞巫文生之業。又據業戶羅稱：余黃連倚總理余清源之勢，不修圳強收水租。適官勸陳水泉鳩資興築新圳，工本浩大，乃斷舊圳亦交新圳戶一手經理[138]。

⑸五福圳爭水源案：光緒二十年亢旱，大肚堡人照章引灌朴仔籬三分之水。因二十年前苗栗縣民張等在枋寮地方鑿圳二道横截溪流，致大肚堡水田更益乾涸，紛紛爭控。經臺、苗二縣會勘定斷：以二圳全塡塞有難，墩仔腳等處莊民牲畜皆憂乾渴，斷令四月三日以後，每隔八日引灌一次，以一晝夜爲準。張等須知朴仔籬所決三分水，本屬大肚堡應有之水分。結狀諭示勒碑[139]。

⑹金泰安圳佃戶抗納水租案：嘉慶十三年，金泰安圳開成灌漑莊田後，因奸棍唆佃抗納水租，經圳戶疊控，後經批訊，應照

---

[136]《臺灣慣習記事》第1卷第7號，頁 59-64。

[137]《宜蘭廳管內埤圳調查書》下卷，頁 296。

[138]《臺灣私法物權編》（臺灣文獻叢刊第150種）第7冊，頁1325-1327。

[139]《臺灣私法物權編》（臺灣文獻叢刊第150種）第7冊，頁1118-1121。

約每甲年貼納水租穀四石，以資工本。毋許執二石成例，背約賴欠[140]。

(7)岸裡社通事潘明慈等具告地主潘士興霸收水租一千六百餘石案：經查明翁仔社前屬旱園，後經潘士興與胞兄潘士萬，於乾隆四十三年出資三千餘元築圳成田，衆社立約甘願永納水租，其私業准其照舊管業，另行給示，併行縣註銷控案[141]。

(8)開圳水流沖激莊社田園墳墓公議控告案：乾隆十七年諸羅縣漚汪莊，詹曉亭欲開圳，莊民喊控詹氏肆行開圳，會沖激莊社田園墳廬，乞諭止。經諭批永不許開圳，致礙民居墳廬[142]。

綜觀上述，清代臺灣官府對水利糾紛控告案之處理：如係占地開圳，或爭水源之控告案，多採承認既開圳之事實，以開圳有利於灌溉，裕民利國，予以調解，給被占地之業主補貼水租穀等以償其損失，讓雙方和息，對於圳權不明之互控，則多採充公或歸第三者經營。對於抗納水租者，則查明後令照約貼納水租維護圳戶之權益。圳戶不修築埤圳之有損佃戶灌溉者，則斷其歸爲衆佃公管。開築陂圳之有礙莊社田園民居墳廬者則加以禁止。而此示諭常見勒石立碑永守，以杜爭端。

清代臺灣水利之糾紛控告，多見於圳與他圳間，或不同村莊引取同一水源之情形下所發生。或以未事前呈准開圳給示之蘭陽地區，企業性圳戶與佃戶間所發生者爲多。業佃鳩資合築之埤圳內，其業佃間之控告情形比較少。蓋大多立有合築埤圳灌溉合約可循，而可在圳戶內自己處理解決故也。

(五) 制定農田水利犯法之刑罰

清代規定，民間農田，如有於己業地內費用工力，挑作池塘

[140]《宜蘭廳管內埤圳調査書》下卷，頁133、137。
[141]《中縣文獻(一)開闢資料篇》，頁 9-11。
[142]《臺灣私法物權編》（臺灣文獻叢刊第150種）第 7 册，頁1139-1141。

瀦蓄之水，而他人擅自竊放以灌己田者，按其所灌田畝數，照侵占他人田，一畝以下笞五十；每五畝加一等，罪杖止八十，徒二年；拒捕者，依律以罪人拒捕科斷。如有殺傷仍分謀故鬥毆定。閩省陂塘溝圳，均著遵照成規引灌。如有恃強妄行者，重則三十板；聚衆報械混爭奪者，將首犯枷號二個月，滿日重責四十板；其隨從之犯，不論本家異姓，俱重責四十板。鄉保、族、甲長失察一次，重責二十板，縱容者倍之(143)。惟清代臺灣，有關竊水，恃強引灌，違規灌蔭等行為，在同一灌溉區域內各圳戶都有立約，故大多照圳戶公約自律處罰。

五、水利組織及其功能

清代臺灣在埤圳開築完成通流灌溉時，都由埤主圳戶與灌溉區域內之食水衆業戶、地主、佃人等訂立共同規約，俾便遵守。其合約之內容，大概包括：

(1)埤圳圳戶開鑿者及其開築之經過情形。

(2)埤圳之總理、管事、陂長、圳長、甲首、水甲、巡圳、圳差、工首等之遴選、解雇辦法及辛勞銀粟。

(3)標示埤圳路之深度、寬度，圳岸之寬度。

(4)應納水租額及繳納方法。

(5)埤圳損壞時之修築辦法及修築工銀之分攤辦法及出水之規定。

(6)每冬瀉水清圳，清開圳路之辦法及春頭出水事項。

(7)水份、汴份及灌蔭之規定。

(8)禮祭廟神，演戲申禁水規事項。

(9)算賬及定期取出合約字公炤閱覽、收存事項。

---

(143)《臺灣私法物權編》（臺灣文獻叢刊第150種）第7冊，頁1115、1116。

⑽禁不得掘壞圳路、圳岸、車路；挖汴腳、汴耳；不許照水份外偷水，又不許私賣水份，不許用水車搯水，牽牛蹈害圳路，圳路不許放柴料、火柴等，違者或公罰銀元，或罰銅鑼，或罰酒筵，或罰戲。

⑾水租不得藉端掛欠，否則塞絕水份，封密私汴。

⑿水甲不得私匿水粟銀，否則察出照額充公並罰大銅鑼一面。

⒀莊內當革濁揚清，不許窩藏勾引匪類、閒游、賭博等項。

⒁番民等耕食斯土，務宜一視同仁，守望相助。

⒂修築埤圳，社番照舊規同往護衞民番。

⒃若恃強違規，不願照章程受罰，則呈官究治，花費按水甲均攤[144]。

就其規約之內容觀之，除規定圳戶之食水，衆地主佃人及埤圳長，圳戶之權利義務，公平之灌漑辦法，埤圳之修築維護，申禁罰則，算賬、陂長、水甲、巡圳之職掌辛勞銀等，維護埤圳之設施、經營，與維護農田水利灌溉之秩序，及埤圳組織地區內之宗教信仰活動外，並且負擔維護村莊之安寧及社會秩序、治安，兼防敵人等事項。而其違約違規者，除非不願照章受罰或情節重大者將其呈官究辦外，其他都在規約內聞衆公罰處理，具有高度的自治性。

所以清代臺灣各埤圳之合約組織，可說是無組織團體之名，而有組織之實。爲清代臺灣農村最大、最普遍之農村的唯一經濟性組織，可與商界之行郊組織比擬。在道光年間設總理莊約之制

[144]《臺灣舊慣制度調查一斑》，頁144-147、149-150。《臺灣私法物權編》（臺灣文獻叢刊第150種）第7册，頁 1152-1156、1195-1198、1298-1300。《臺灣慣習記事》第1卷第8號，頁30-31。《臺灣公私藏古文書影本》第6輯，編號 09-01-1-475。《恆春縣志》（臺灣文獻叢刊第75種）第2册，頁 269-271。

度以前，已成爲農村之經濟性及自治性組織，爲維護農田公平有效之灌漑及農村之秩序繁榮發揮其功用。對於基層行政組織薄弱之清代臺灣地方行政亦有極大之幫助。而埤圳之合約組織，也是清代臺灣村莊之擴展，聯莊並促進其繁榮之原動力。

此種清代臺灣埤圳之合約組織，實爲日據時期水利組合及光復後之水利會，奠定良好之基礎。

六、水利與廟神、禮祭

清代臺灣之移民，自康熙年間後，民間建廟祭祝神祇，鳩資建醮、演戲、賽神，備物致祭，敬神之禮極盛[145]。而在農業社會水利問題爲全莊人所關心，當時的土木技術無法保證確實能改善水利實質狀況，於是人們乃求之於超自然，所謂窮則呼天[146]。

與水利灌漑有關之村民、圳戶、地主、佃人，除求神明賜予灌漑順利，農作豐收，並祈求神明守護埤圳免被洪水天災破壞。又除以公約、法律管束所有埤圳之關係者外，並借神明之權威，每年舉行禮祭，或重新訂定規約，或在神前公閱公約，或結算賬項等，以免作弊，以維公正、公道、公平。故清代臺灣埤圳之圳戶、陂長、水甲、業戶、地主、佃人之間，亦各有種種的宗教禮祭活動。

水利之廟神與禮祭，從祭典之日期分之，可分爲慶成與年例祭典二大類。而年例亦可再分爲神誕、春秋二祭祈賽、普渡等祭典。而就其神廟之種類與禮祭之地點，內容分之，則可分爲：㈠禮祭在埤圳者，㈡特設之埤圳土地公，㈢原爲埤圳特設之廟神禮

---

[145]《諸羅縣志》（臺灣文獻叢刊第141種）第2冊，頁147。《安平縣雜記》（臺灣文獻叢刊第52種），頁19。

[146]謝繼昌，民國64年2月，〈水利和社會文化之適應〉，《中央研究院民族學研究所集刊》36期，頁70。

祭而後與地緣團體祭祀融合者，㈣初設即與原來地緣團體之廟神融合者，㈤祭祀開圳有功先賢者。

㈠　禮祭在埤圳者

有設廟與不設廟者，可再分為五種，包括：1.慶成謝土祭典，2.訂約、申禁、違約之禮祭演戲，3.中元普渡與拜溪頭，4.祭祀開圳之死難者或為埤圳殉職者，5.楊泗將軍廟。

1.　慶成禮祭謝土祭典

開築埤圳為大業丕基，當水圳告成時，多舉行慶成禮祭，謝土祭典。例如乾隆三十八年三月，大坪林圳開築完成時，以為皇天庇佑，乃得造此丕基。故業戶首金合興即蕭妙興乃率同夥股、陂長、圳長、五莊衆水甲地主佃人，於三月間舉行慶成禮祭，叩答上帝神祇，公同訂立水路車路合約字，照式行事[147]。又咸豐元年十二月，海豐科科莊橫圳建成時，衆業佃許振源等，曾鳩資舉行謝土祭典[148]。再者咸豐八年正月，港西上里搭樓莊南陂埤重修完成時，四大股人鄭元奎、蔡陶林、業主藍氏等，曾與衆佃水甲舉行謝土祭典[149]。此種祭典係為感謝上帝神祇之庇佑慶成及能順利運營而舉行者。

2.　訂約、申禁、違約之禮祭演戲

清代臺灣埤圳之圳戶，衆佃人等，為維護埤圳灌溉之秩序，大多訂有公約，俾使衆人遵守合約照行。而公訂合約時，或每年申禁水規時，或者有人違約被罰戲時，均在神前禮祭演戲。按此係藉衆人敬神畏神之心理，借神力約束衆人，維護農田水利之公

---

[147]《臺灣舊慣制度調查一班》，頁 145-147。
[148]《臺灣公私藏古文書影本》第 5 輯，編號 08-03-3、5-557、559。
[149]《臺灣公私藏古文書影本》第 6 輯，編號 09-01-2-476。

平灌溉及農村之秩序。

例如大坪林圳於乾隆三十八年季春三月，慶成開圳公訂水路合約字時，即明訂大坪林五莊，每莊各設圳長，均照汴分流灌溉，每年訂於三月間，五莊公設禁水戲全檯，以杜攔截汴面，偷漏汴腳情弊，如違例禁，聞衆公罰⑮⓪。歷久照行。後來因水源不足，強者有水，弱者無水，不得不重整條規。乃於光緒十六年二月，由合興館、陂長金同順、約首、衆業主、佃戶等，同堂商議，演戲聞衆、設筵，重新立嚴禁合約字。仍禁不許挖汴腳、掘汴腳、攔汴面、削汴口，違者拏得罰官音全檯，酒筵五桌。又禁圳內不許用水車擠水，及圳路圳岸不准牽牛經過踏害及偷漏橫圳，拏得罰戲全檯⑮①。

又東勢角民番新舊圳，於嘉慶九年正月所立合約字，也議定：民番每年演戲，申禁水規，社番原約幫出戲金錢四千五百文，折佛銀五元，務宜至演戲日期一足交淸，不得拖欠推諉⑮②。他如頂蔴園莊番仔陂，於光緒六年三月所立請帖約字⑮③，林仔埤，在光緒十五年三月所立合約字⑮④，打猫北堡柳樹腳莊尾溪圳，於光緒二十七年一月所立保贌埤字⑮⑤，均規定照汴通流灌溉，違禁經捉獲者皆罰戲一檯。

3. 中元普渡與拜溪頭

清代臺灣埤圳之圳戶衆田甲地主佃人，或爲禮祭開築埤圳之死難者，或爲祈求水利灌溉之順利，故有舉行中元普渡，或稱拜

⑮⓪《臺灣舊慣制度調查一斑》，頁 146。
⑮①《臺灣舊慣制度調查一斑》，頁149、150。
⑮②《臺灣私法物權編》（臺灣文獻叢刊第 150 種）第 7 冊，頁1156。
⑮③《臺灣私法物權編》（臺灣文獻叢刊第 150 種）第 7 冊，頁1286。
⑮④《臺灣私法物權編》（臺灣文獻叢刊第 150 種）第 7 冊，頁1296。
⑮⑤《臺灣私法物權編》（臺灣文獻叢刊第 150 種）第 7 冊，頁1302。

溪頭，或稱圳頭普，或稱圳頭祭。除禮祭爲開圳損失之難民外，清代臺灣之埤圳，常被颱風洪流沖壞圳頭、圳路，而民間亦有認爲這種情形之發生乃是厲鬼所爲，因此於舊曆七月拜溪頭，即舉行圳頭普(156)。

例如大坪林圳，自乾隆三十八年三月立約規定，以後於每年舊曆七月十五日，由大坪林五莊圳戶衆地主佃人，禮祭被番損失難民，買金銀紙佛銀六元，照行(157)。中部臺灣之慶豐圳、大義圳、義和圳，則每年於舊曆七月十五日，由圳戶衆地主佃人在溪湖舉行圳頭祭，禮祭水神。至日據時期仍由“水利組合”主辦祭典，除供豬、山羊奉祭外，並演布袋戲奉獻(158)。埔里藍城和內底林兩莊，則至民國初年以後始舉行“拜溪頭”，每年於舊曆七月二十九日，所謂關鬼門之日的下午，由使用各溪圳之人到被沖壞之溪頭或圳頭祭拜(159)。

由此可見農民對水利問題之關心與重視。按清代臺灣與日據時期，舊曆七月除十五日各家庭同時分別舉行普渡祭典外，各街莊各角頭又在七月中不同之日舉行普渡祭典。此外尙有各行業另在不同之日舉行普渡祭典，如市場普、港口、渡頭普、圳頭普等。這種行業別之普渡祭典，至日據末期戰爭中及光復後漸次式微，甚至廢止。

4. 祭祀開圳之死難者或爲埤圳殉職者

瑠公圳之新店圳頭有“萬善同歸”墓碑，係爲開圳死難者合葬處。瑠公農田水利會，於每年十一月上旬舉行祭祀，以示不忘

---

(156)謝繼昌，民國64年2月，〈水利和社會文化之適應〉，《中央研究院民族學研究所集刊》36期，頁70、71。
(157)《臺灣舊慣制度調查一斑》，頁 146。
(158)《八堡圳水利組合概要》，頁19。
(159)同註(156)。

先民之功績(160)。

在海山堡永安陂（張厝圳）之圳頭田中，則有該埤圳之設計者兼開築埤圳工頭劉彰之墓碑。據口碑劉彰於埤圳開成後，仍任顧圳，後在任中因開水門水汴不愼落水殉職，而無後裔，故遵照其遺言埋葬於圳頭附近，由歷任埤圳管理人予以祭祀。至民國十八年（日昭和四年）二月二十五日，由後村水利組合長新莊郡守，改建紀念碑代替原來之墓碑(161)。

5. 恆春網紗圳祭祀楊泗將軍廟

光緒十九年所開築之網紗圳，其章程載：埤圳有楊泗將軍廟一座，計石牆瓦屋三間，中堂供奉神牌，左右兩間各住埤長一人。該埤長務須常年居住，兼司神前香火、灑掃、春秋祈賽之事(162)。惟楊泗將軍爲何種神明，及其祭典日期俱不詳。

㈡ 特設之埤圳土地公

土地公旣爲農民田頭田尾及村莊之守護神，亦爲埤圳圳戶、陂長、用水之衆地主佃人所奉祀之神明。因此，埤圳大多有奉祀圳頭圳尾之福德正神。或抽水租粟，或抽佛銀元，充爲福德爺之油香、香燈費，或祭祀辦酒會，或祭祀福德爺千秋。並齊到當年處算賬，庶不致有弊，以及取出合約字等公炤。除祈求福運，感謝水利灌漑之順利外，藉神前算賬，以免作弊，以維公正公道公平。

例如宜蘭五圍泰山口埤圳夥記簡勇、張坎、簡茂生、沈開成等十二股半，於嘉慶十八年十二月所立合約字，規定：⑴總計水

---

(160)臺北市瑠公農田水利會，民國73年，《瑠公創業 243 週年紀特刊》，頁7。

(161)《樹林鄉土誌》，頁94。

(162)《恆春縣志》（臺灣文獻叢刊第75種）第2冊，頁 270。

租穀若干，作十二股半攤配均收。⑵逐年輪流奉祀圳頭圳尾福神，定於八月初一日，在當年處齊到算賬，庶不致有弊。⑶逐年輪流祭祀福德爺：一鬮簡勇、陳奠邦、游日、吳順；二鬮張坎、鄭喜、劉朝、林妙；三鬮簡茂生、邱嚴、郭媽援、沈開成。自甲戌年（嘉慶十九年）起，周而復始。⑷沈開成每年出粟四石，配圳寮內福德爺千秋，於八月初一日應用。⑸民壯圍圳戶金結安結約三紙，五圍結首郭媽援收一紙，金結安圳戶收一紙，泰山口埤夥記收一紙，係簡勇收存。每年定於八月初一日祀福神之日取出公炤，閱後仍歸簡勇收存，庶不致年湮失落[163]。

他如宜蘭大湖圍金大安圳，總結首江日高，陂長張興同衆佃，於嘉慶十七年三月所立合約字，約定每年陂長貼出福德爺油香銀四大元。又嘉慶十八年十一月所立合約字：約定每年陂長要出埤稅銀四元正，觔作四過分納，每過魚五斤，爲福爺作牲儀之用[164]。又道光十四年八月，宜蘭太山口圳戶即林妙同佃友等，與珍仔滿力福德爺首事陳體同衆佃所立合約稅水溝圳字，又議定：林妙同衆佃友等，逐年甘願永納福德爺埤稅穀五石，以爲香祀之資[165]。另屏東海豐莊新圳管田與現耕人，於道光二十一年十二月，所立引水灌田合約字議定：陂圳所收貼水粟銀，早冬必先扣十二大元，付水甲祭福德爺，並辦酒會。晚冬各耕人，照舊出錢一百七十文，以付祭祀辦酒會[166]。以上俱爲埤圳圳戶，衆地主佃戶等祭祀埤圳特設之福德正神之紀錄。

---

[163]《宜蘭廳管內埤圳調查書》下卷，頁 97-99。《臺灣私法物權編》（臺灣文獻叢刊第 150 種）第 7 册，頁 1170-1172。

[164]《宜蘭廳管內埤圳調查書》下卷，頁 19-22。

[165]《宜蘭廳管內埤圳調查書》下卷，頁 115。

[166]《臺灣公私藏古文書影本》第 6 輯，編號 09-01-1-475。

㈢ 原為埤圳特設之廟神禮祭而後與地緣團體祭祀融合者

1. 大坪林圳十月十五日下元水官誕禮祭皇天神祇

清初雍正乾隆之初大坪林開莊，在大坪林圳未開成之前，衆莊民與木石居，與鹿逐遊，斬以蓬蒿犂簟，而共處之，極其困苦艱難。而乾隆三十八年三月，水圳告成後，先前草創寮地，乃翻建，革故鼎新，師美其地。千斯倉，萬斯箱，大家共慶年豐，莊民食住改善良多。因此，大坪林五莊墾戶首、股夥、衆地主佃人，爲感謝皇天庇佑，乃立約，批明歷年舊曆十月十五日，卽下元水官誕，禮祭皇天神祇，公訂牲豬全付，買金紙佛銀四員祭拜[167]。自乾隆三十八年（西元一七七三年）至今歷二百多年，不但成爲大坪林五莊，卽七張莊、十二張莊、十四張莊、二十張莊、寶斗厝莊等五莊，全莊民之年例祭典，又稱爲年尾戲，其祭祀圈且擴及梘尾（今景美）、木柵地區。此祭典係大坪林五莊莊民，爲感謝皇天庇佑水圳開成，共慶年豐，移民生活食住獲得重大之改善而所舉行者，可說是清代臺灣北部有關埤圳水利之較大規模的祭典。但現在一般市民大多已不知此盛大之祭典，係起源於慶祝感謝皇天庇佑大坪林圳之開成與農作之豐收。

2. 埔里籃城村東螺圳之媽祖紀念日

籃城村東邊住民，因眉溪水源不足和溪底滲水厲害，水稻無法收成。因此光緒八年舊曆九月上旬，該村平埔族與漢人住民乃恭迎南門媽（彰化南瑤宮媽祖）來村巡境，以後每年成爲年例都去請媽祖，而請來媽祖巡境以後，溪底圳地就不再滲漏，灌漑順

---

[167]《臺灣舊慣制度調查一斑》，頁146、147。

利。其實過去係山胞常把圳頭摧毀，所以水流不足灌漑，但自平埔族漢人聯合請來媽祖大批人巡繞溪頭水圳後，山胞就不敢輕易來破壞圳頭。每年舊曆九月十四日，鑑城村民恭迎媽祖，演戲宴客，稱爲“媽祖紀念日”。次日清晨全村以公豬一隻祭天公還願。但一般人已不知其起源和水利有密切的關係⑯⑧。

3. 海豐莊新圳祭祀王爺

道光二十一年十二月，海豐莊管田與現耕人所立引水灌田合約字，規定食水之田皆貼粟貼錢，所收貼粟貼錢或多或少，歸納王爺香資，特請妥人掌理⑯⑨。是以海豐莊新圳，除早晚多祭祀福德正神外，並禮祭王爺，且以全部所收貼粟貼錢歸爲王爺香資。

4. 宜蘭八寶莊元帥爺圳戶祭祀趙元帥

嘉慶二十二年三月，八寶莊佃戶吳雲漢等，因中興莊與太和莊衆佃，欲引元帥爺圳戶圳水灌溉二莊所屬田甲，願貼水租。所以元帥爺圳戶佃戶吳雲漢等公議：將二莊之水租公除一百石爲元帥爺香祀外，概作本莊一百三十五佃均分⑰⓪。按元帥爺卽趙元帥爺，於道光初年創建廟宇奉祀，名曰保安宮，在今冬山鄉丸山村九十四號。俗傳趙元帥因畏寒，故又稱寒丹爺。是於上元夜遊巡境內，民衆大燃鞭炮，爲其暖身。民間信其富有，以武財神祀之⑰①。

(四) 初設卽與原來地緣團體之廟神融合者

1. 埔里南烘口圳祭祀城隍爺、照忠祠

---

⑯⑧謝繼昌，〈水利和社會文化之適應〉，《民族所集刊》36期，頁70。
⑯⑨《臺灣公私藏古文書影本》第6輯，編號09-01-1-475。
⑰⓪《臺灣私法物權編》(臺灣文獻叢刊第150種) 第7册，頁1164、1165。
⑰①宜蘭縣政府，民國68年10月，《宜蘭縣寺廟專輯》，頁 49、167。

光緒十五年七月，南烘口圳原圳戶合興號衆股份二十五人總共三十二份，以一千大元讓售與新順源號時，批明三十二份中城隍爺應得四份，照忠祠應得一份，抽出留存，以爲城隍爺、照忠祠香祀[172]。可見南烘圳圳戶曾祭祀城隍爺和照忠祠。

2. **曹公圳兼祭水仙宮**

咸豐十年創建曹公祠後，曹公新舊圳田甲衆地主佃人，除舊曆八月十五日恭祭曹公外，並由所收水租撥出祭祀費，另禮祭水仙宮大禹王[173]。清代臺灣埤圳戶，除曹公圳外，祭祀大禹之埤圳似甚少見。

(五) 祭祀開圳有功先賢者

此種祠廟有兩座，一爲林先生廟，一爲曹公祠，俱爲紀念興築清代臺灣偉大之水利工程八堡圳及曹公圳有功人士而創建。

1. **林先生廟**

在彰化二水鼻仔頭，爲奉祀開築八堡圳時獻水利圖指導開圳成功之恩人林先生，曁八堡圳開築者施長齡及十五莊圳開築倡導者黃仕卿三公之英靈而建，創建於清代，日期不詳。廟之中央奉祀林先生之神位，左爲黃仕卿神牌，右爲施長齡祿位。爲欽仰三公之遺德，祭祀其英靈及祈願水利灌漑之順利，每年於舊曆七月二十日，在林先生廟，由圳戶曁用水衆地主佃人舉行禮祭，並舉行圳頭祭，除供奉豬羊等牲禮祭拜外，並演布袋戲奉獻。日據時期仍由“八堡圳水利組合”主辦祭典[174]。

---

[172]《臺灣私法物權編》(臺灣文獻叢刊第150種) 第 7 冊，頁1257、1258。
[173]花岡伊之作，明治34年 8 月，《臺灣慣習記事》第 1 卷 8 號，頁28、29。
[174]《八堡圳水利組合概要》，頁19。李添春，昭和 8 年 1 月〈埤圳の神に詣でて〉，《臺灣の水利》第 3 卷第 1 號，頁 123-125。

2. 曹公祠

在高雄縣鳳山，咸豐十年，闔邑士民，爲紀念開築曹公圳有功之知縣曹瑾，創建於鳳儀書院頭門內左畔，屋四間，神位曰“前任鳳山縣知縣丁卯解元懷樸曹公諱瑾祿位”⑰。每年舊曆八月十五日，由總理引率業戶甲首地主等，到圳頭察看堤防情況後，回曹公祠，演戲禮祭曹公，並公議修築事項。祭祀費由曹公圳所收水租項下開支⑱。

綜觀上述清代臺灣有關水利之廟神與禮祭，係爲慶成埤圳之艱鉅工程之開成竣功，舉行禮祭上帝神祇與謝土祭典，或藉神明之赫威舉行訂約、申禁、違約之禮祭，或祭祀爲開圳損失之難民或厲鬼及爲埤圳殉職者，或爲祈求水利灌溉營運之順利祭祀圳頭圳尾之福德正神，或爲禮祭水官、水神大禹、媽祖或其他各地埤圳特設之廟神；或與原來地緣團體廟神融合之各地特殊廟神，或祭祀開築埤圳造福莊民有功之先賢等，形成水利埤圳之廟神祭祀圈，進而或擴大爲全莊或數莊之聯合祭典，以期幫助水利灌溉之順利公平，農作物之豐收及維護村莊之秩序安寧。而此種埤圳有關之祭典，因水利組織由原來具有高度自治性之合約組織，演變爲現代化之水利組合、水利會，及社會文化之變遷，政府之提倡拜拜統一化、簡化，以及農村社會都市化而使原有埤圳功能退化，或雖其祭典之起源與水利有關，但擴及爲全莊或數莊之祭典而歷久後，一般住民信徒乃不知其祭典之起源於水利，除爲紀念開築埤圳有功先賢之林先生廟和曹公祠之祭典及一部分之圳頭祭拜溪頭外，其餘水利埤圳之禮祭已失清代水利祭典之面目。

---

⑰《鳳山縣采訪冊》（臺灣文獻叢刊第73種）第2冊，頁189。李添春〈埤圳の神に詣でて〉，《臺灣の水利》第3卷第1號，頁121-123。

⑱花岡伊之作〈曹公圳起原〉，《臺灣慣習記事》第1卷第8號，頁28-30。

七、結語

有關清代臺灣水利之研究，已往大多偏向於利用史籍的資料，故對開築埤圳之各種投資模式，埤圳開築之實際經過成敗情形，無法作深入之探討。而對於農田水利的開發與農村社會的關係，諸如水利合約組織及其功能，水利與廟神禮祭等問題亦少有全般性之研討。本文乃利用現存古契約、古文書作一次全面性的試探。除前文各節所論述者外，尚有幾點需要補述。

(1)清代臺灣由農田水利埤圳之興築，促進土地之改良，提高土地經濟價值；以改變旱園爲水田，增加農業生產，尤其是主糧米穀之產量，因灌溉面積之擴大而激增。因此清代臺灣農業耕作之生產方式，亦隨水利之開發而有所改變。即由康熙領臺初之移耕、棄耕方式，變爲定耕，進而改年一收爲兩收。一般平均一甲每年兩冬之稻穀產量約爲四、五十石，上則可收六、七十石，下則僅收三、四十石[177]。農田水利埤圳之興築，可說是臺灣農業土地之第一次重要改革，大幅提高土地經濟價值。但因未改良水稻之品種及深耕施肥，故單位面積之生產量並不高。

(2)因農田水利埤圳之開發成功，水田之農作收成倍於旱園，稻米增產，民食充足富裕，進而外銷大陸沿海各省。政府賦課稅收增加，原已比大陸各地高一倍有餘之賦課，因旱園變良田而賦課亦加倍增加。

(3)隨水利埤圳之開發田莊擴大，人口之收容量增加，擴大村落，村莊快速增加，米穀之增產，成爲農村社會繁榮，維護治安安定社會之原動力。

---

[177]《臺灣縣志》（臺灣文獻叢刊第103種）第2冊，頁231。《諸羅縣志》（臺灣文獻叢刊第141種）第1冊，頁87。《恆春縣志》（臺灣文獻叢刊第75種）第2冊，頁269。

⑷清代臺灣中北部之水利埤圳建設，雖晚於南部臺灣、鳳山、諸羅（嘉義）三縣，但乾隆以後中北部之拓墾與開築水圳之業績都超過南部之旱田地區，如鳳山至道光中葉曹公圳開成後，始有年收水稻兩熟，但中北部則拓墾開圳並進，大多墾成後即可收成早晚兩冬稻穀。促進生產，人口增加，村莊快速擴展繁榮，文風漸盛，奠定清末臺灣政治經濟中心北移之基礎。

⑸就與築農田水利埤圳之圳戶圳主而言，對引灌埤圳水之水田，雖因埤圳投資方式之不同，其水租之收取情形亦不同，每甲每年之水租爲一石至八石，相差顯殊，但大多收水租穀二至四石，約爲對生產稻穀什抽一之比例，官府定例則爲二石或二石五斗。

以嘉慶十年，臺北大灣莊水田一甲一分六厘（按一甲田地主年約可收三十餘石租粟，官租上田收三十二石），賣價銀一千五百大員⑱；與嘉慶二十三年，大加臘內埔仔莊瑠公水圳收水租五百五十三石，以紋銀四千零三十兩（約合銀六千一百零六員）出售相比⑲；及嘉慶十六年，海山莊水田一甲二分之價格爲銀七百大員⑳，而嘉慶二十三年，以番銀四百大員可典得擺接堡𡍼蕉腳莊水租五十一石三升㉑，兩者互相比較，則表面上水利投資似乎優於土地投資。但埤圳所收水租，年年尚需開支圳長等辛勞銀及埤圳修護費用，需開支經營管理修護費。加之臺灣年年有颱風、洪水災，埤圳之圳頭、圳路常被沖壞，有時甚至需重新修築，工本浩大。故埤圳之經營除需專業技術外，經營管理費用及風險性

---

⑱王世慶，民國68年6月，〈臺北安泰堂之家譜與古文書〉，《臺北文獻》直字第47、48期合刊，頁43、44。

⑲《臺灣舊慣制度調查一斑》，頁156、157。

⑳《臺灣公私藏古文書影本》第1輯編號 02-01-32-047，嘉慶16年杜賣田契。

㉑《臺灣舊慣制度調查一斑》，頁159、160。

遠比土地投資較大，而田園土地之漲價率亦比埤圳之漲價率大。另一方面土地田園容易爲所有權者控制經營管理，埤圳則開成後利害關係涉及全圳所有引水之衆地主、佃人，牽涉面廣，圳底爲圳戶所有，但圳路、圳岸、圳水容易成爲公共所有之性質，所有權不如土地單純。尤其蘭陽地區企業性投資之埤圳，最後大多無法獲利而失敗，圳戶一再易手轉售經營。而中北部之埤圳開築，圳戶歸局亦大多轉售與他人經營。雖說富不過三代，但清代臺灣埤圳之開築經營，顯爲非優利之事業，故可說創辦開圳者，對臺灣水利之開發及土地改良之貢獻大於其獲利。

關於埤圳開築之投資與埤圳之運營管理，水租之收取情形，水利事業之投資與圳主圳戶之得失，水份、圳權、圳底之買賣移轉課稅等問題，亦可利用古契約古文書作進一步之探討研究，因牽涉之範圍廣泛，擬容後另作專題研究。

——原載《臺灣文獻》36卷2期，民國74年

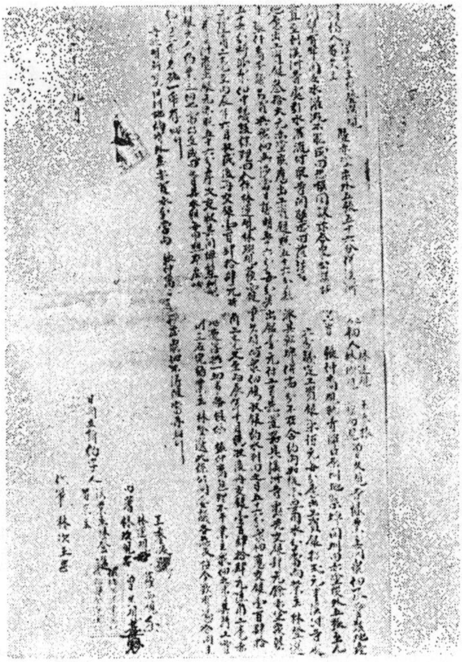

圖一　乾隆六十年九月淡水廳暗坑圳業佃請約字

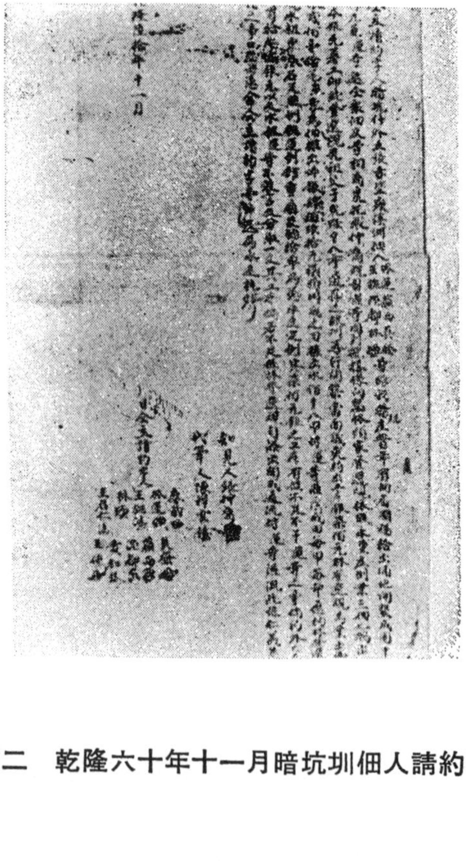

圖二　乾隆六十年十一月暗坑圳佃人請約字

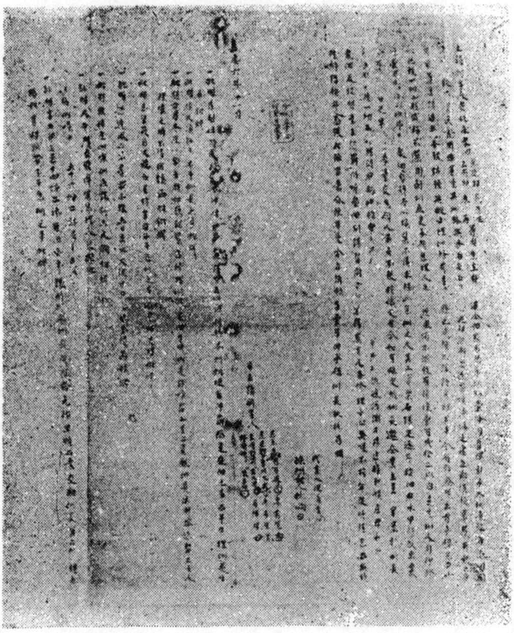

圖三　嘉慶六年暗坑圳業佃圳長請約字

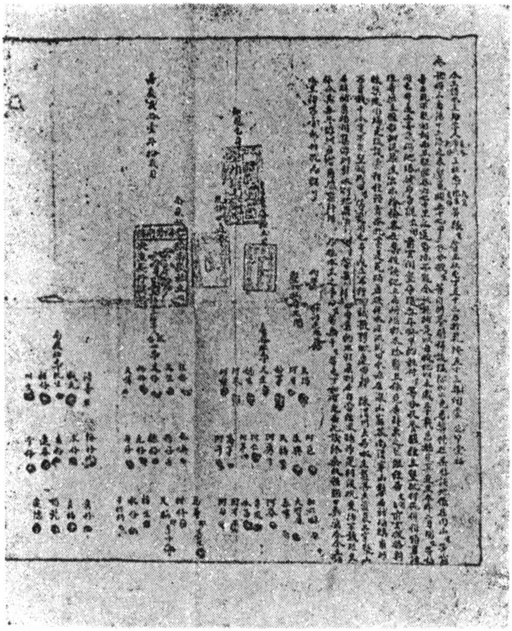

圖四　嘉慶二十一年淡水廳十三添圳番業佃請水主約字

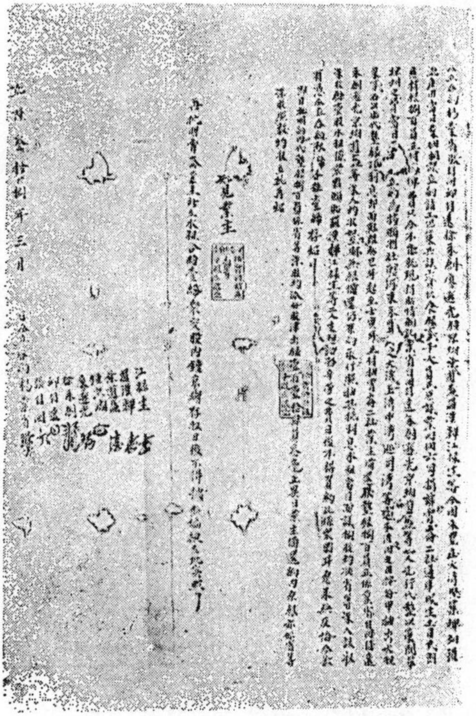

圖五　乾隆三十八年淡水廳永豐莊大灣埤圳番業
主託漢人楊業省等代墊開圳工資合夥合約

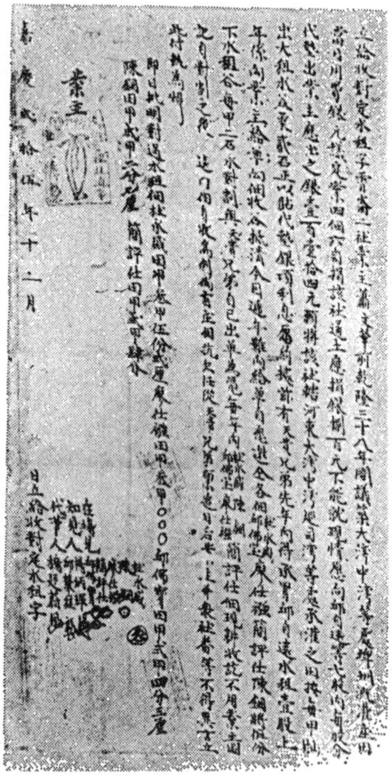

圖六　嘉慶二十五年大灣埤圳給收對定水租字

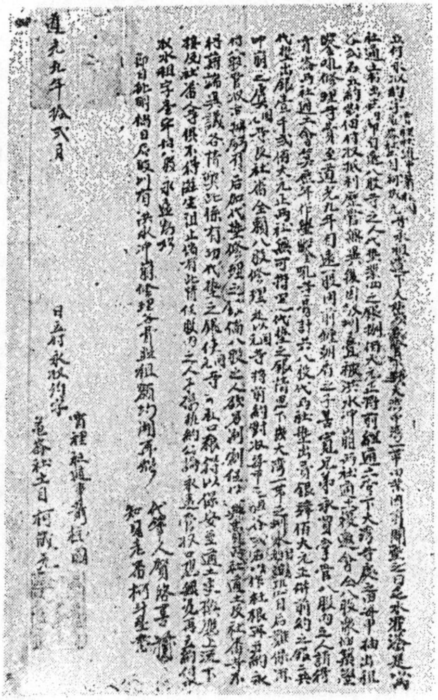
道光九年拾弍月

圖七　道光九年大灣埤圳永收租穀抵開圳墊款利息約字

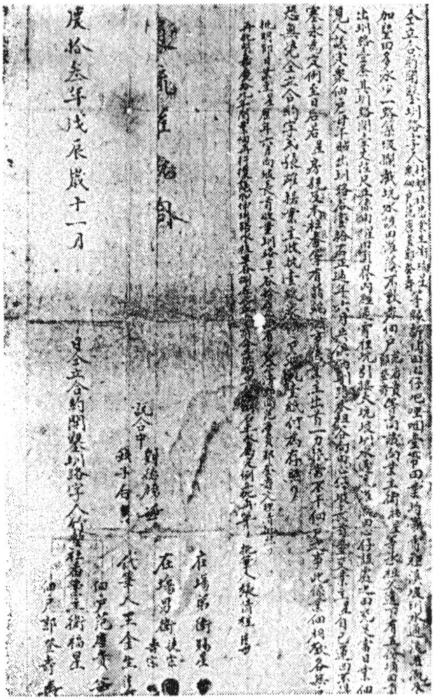

圖八　嘉慶十三年淡水廳霄裡溪埤圳
　　　番業主漢佃立合約開鑿圳路字

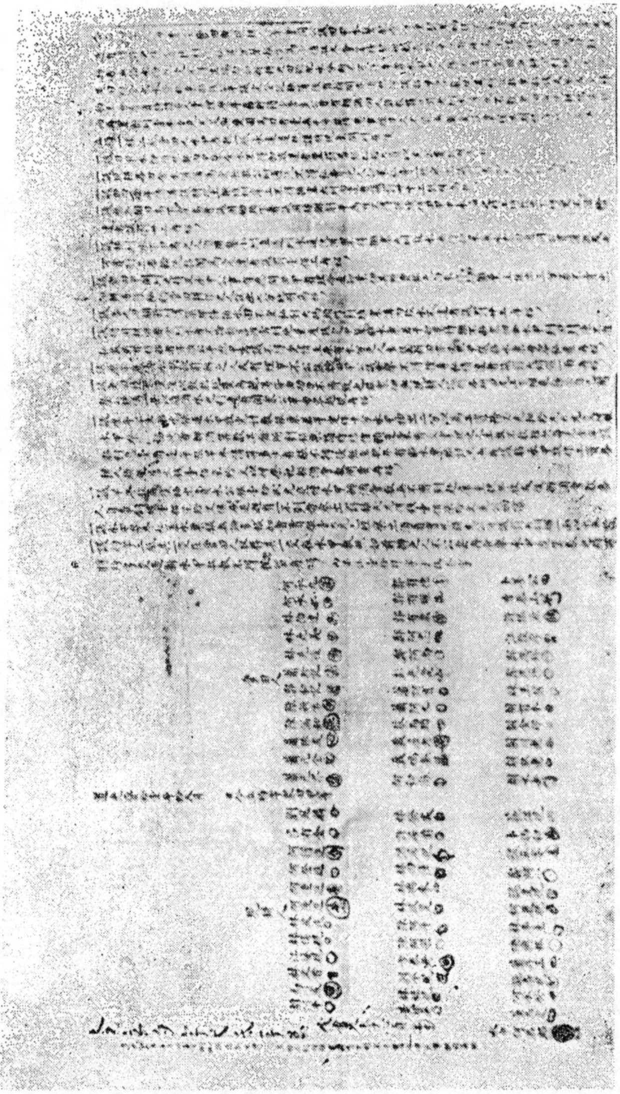

圖九　道光二十一年鳳山縣海豐莊管田與現耕人公議水份配食約字

圖十 咸豐元年海豐科科莊橫圳衆田甲建置圳路併謝土費用條目

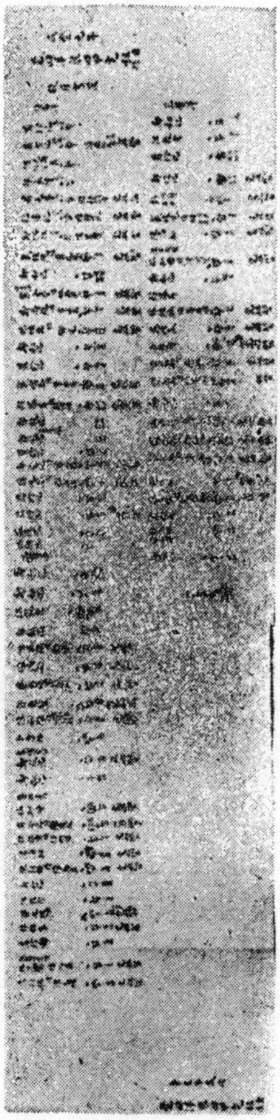

圖十一　咸豐元年海豐莊老田洋衆田甲完水租條目

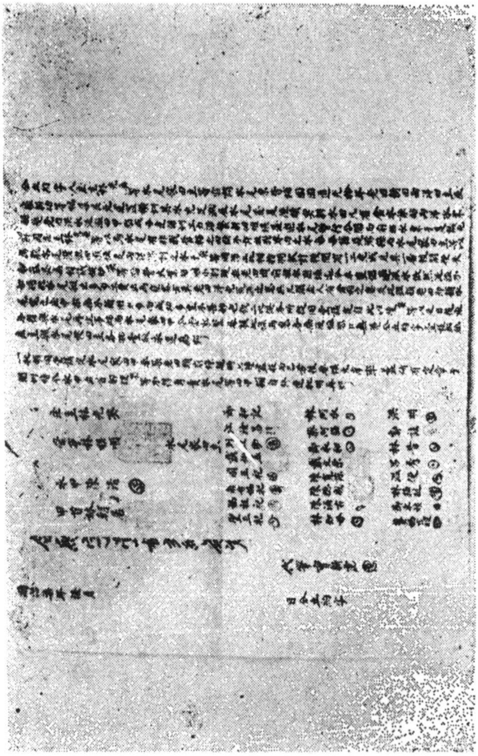

圖十二　同治七年海豐莊老田新田兩洋莊主横圳水尾衆田主合約字

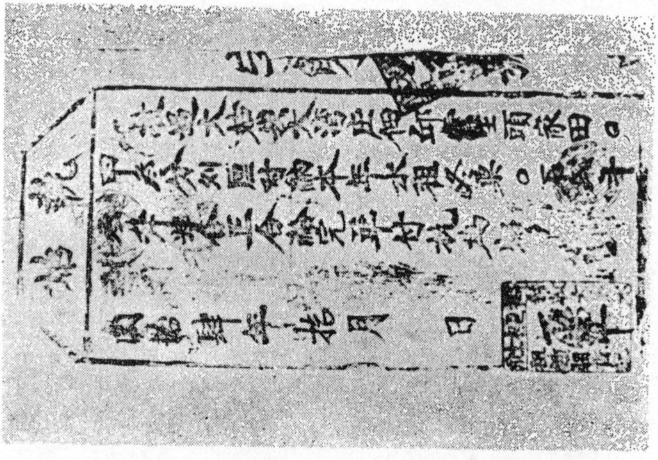

圖十三　同治四年淡水廳大姑崁大嵙庄水租執照

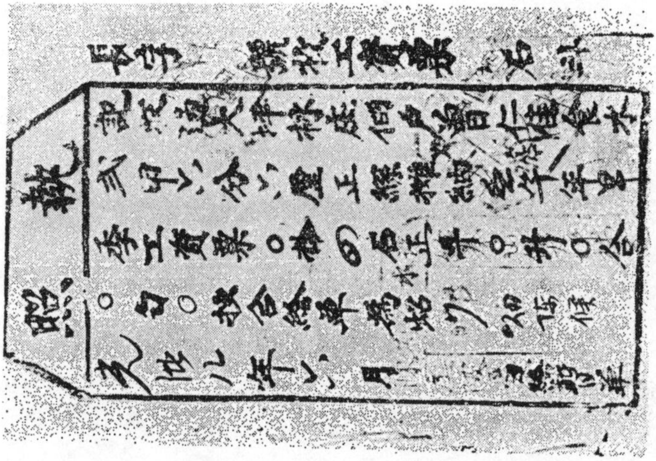

圖十四　光緒八年淡水大坪林圳食水工資粟執照

談清代臺灣蘭陽地區之農田水利開發史料

一、前言

漢人之移臺拓墾開築埤圳雖始於明末，但大規模之全面的拓墾及農田水利之開發則啓於清初，至清末光緒初開山撫番之前，平原、丘陵及邊際地帶之開墾，埤圳之興築，殆已接近完成的階段。

水稻是臺灣之主要農作物，來自閩粤之移住民的主流皆以稻米爲主食。移民在辛勤地拓墾原野荒埔，變爲旱園、水田的過程中，埤圳開鑿之成功與否，爲決定拓墾成敗之關鍵所在；也即開築埤圳完成灌漑系統，拓墾始可說全面完成。開墾原野埔地爲旱園，而無法開鑿埤圳灌漑，則旱園只能栽種地瓜、蔴、荳、雜物，無地利之收；若天旱則全無收成，上誤國課，空累租賦，下荒埔地，民食爲難。

清代臺灣移民之拓墾，因所開墾之田園乏水，又無力支持開圳灌漑，以致失敗者不乏其例。如雍正二年，淡北海山莊，鄧旋其購得墾戶陳和議四股中之二股，從事開墾，但因墾成之土地乏水，又無力開圳灌漑以致失收，缺乏供粟及公費等項無出，欠缺典胎借銀利四千餘兩。鄧旋其乃抽出二股中之一股賣與胡詔，議請胡詔先行墊出資本開圳以成田園。但胡詔也爲拓墾海山莊，因開圳費用浩大，侵欠公私債項，終於去世。其子胡思睿、思湧兄弟，因歷年代墊利息侵欠公私債項，受迫難堪，弟思湧乃携眷搬運父柩回大陸故鄉同安烈嶼居住。鄧、胡兩家拓墾之產業，終因欠缺公租私債失敗，乃於乾隆十六年至十九年間，先後以銀八千五百五十兩賣與墾戶張吳文夥記。鄧旋其亦於乾隆二十一年身故。鄧、胡兩家，眞是爲拓墾海山莊及開鑿水圳而家破人亡①。

臺灣之農田水利設施、埤圳，大多爲清代民間所開築者，在清朝統治下二百十二年之間，所開築之埤圳，至少有二百三十八條以上②。水田由清康熙二十三年之舊額七千五百三十五甲，增爲二十四萬三千五百三十五甲，園由舊額一萬零九百十九甲，增爲十七萬零七百六十一甲③。田增加32.3倍，園增加15.5倍。清康熙二十三年田園面積之比例爲41比59，清末田園面積之比例則爲59比41。

就蘭陽地區而言，雖遲至乾隆末嘉慶初，漢人吳沙等始入墾④。但至嘉慶十五年四月收入版圖，在一、二十年之間，已墾田二千一百四十三甲、園三百甲，合計二千四百四十三甲餘。至道光二年，約三十年之間，東西勢報陞新舊田園已達五千七百四十三甲，內田四千三百零二甲，園一千四百四十一甲⑤。開鑿之水

①《臺灣公私藏古文書影本》第10輯編號 10-03-1-532，《永泰淡水租業契總》第 1-7、9、10 件，乾隆 8 年至41年合約，典、賣契字。詳請參照拙作〈從清代臺灣農田水利的開發看農村社會關係〉，《臺灣文獻》36卷 2 期，臺灣省文獻委員會，民國74年 6 月。

②徐世大，《臺灣省通志稿》卷 4〈經濟志水利篇〉，民國44年，頁 15-18。另據蔡志展，《清代臺灣水利開發研究》，民國69年，頁 201-232之統計共有 450 條。

③高拱乾，康熙35年，《臺灣府志》（臺灣文獻叢刊第65種）第 2 冊，頁115。臺灣省行政長官公署統計室，《臺灣省51年來統計提要》，民國35年，頁516、594。

④陳淑均，咸豐 2 年，《噶瑪蘭廳志》（臺灣文獻叢刊第160種）第 4 冊，頁329、330。

⑤《噶瑪蘭廳志》（臺灣文獻叢刊第 160 種）第 1 冊，頁65、66。

圳多達四十八條⑥。田園面積之比例為75比25，水田灌溉之便，高出於全臺比例很多。先民之拓墾及開築埤圳之成果，眞是輝煌無比。

二、清代蘭陽地區之埤圳開發史料

有關清代臺灣農田水利、埤圳開發之史料，其主要者有三：一為方志，一為古文書古契，另一為石碑。方志中在各府州縣廳志及采訪册都有相當豐富的水利陂圳資料，惟大多只限於記載埤圳之位置、興築者、開築年代、埤圳之大小、長度、灌溉面積等事項。對於埤圳開築投資之情形、開築之經過成敗、興築後之水利組織及運營情形則多不詳。

在古文書古契方面：目前所保存流傳的有關清代臺灣農田水利之古文書古契約有六百件。其主要者為：㈠《宜蘭廳管內埤圳調查書》上、下卷收錄有三百二十八件，㈡《臺灣私法物權編》（臺灣文獻叢刊第150種）第七册收錄有一百三十四件，㈢《臺灣公私藏古文書影本》收編有七十八件，㈣《臺灣中部地方文獻資料》及《中縣文獻㈠》（岸裡大社之文書等）收編有二十五件，㈤《臺北縣下農家經濟調查書》暨《臺灣舊慣制度調查一斑》收錄有十二件，㈥《臺灣社會經濟史全集》收錄有十二件，㈦《淡新檔案》有六件，其他則零星收錄在其他臺灣史籍之中。其中《宜蘭廳管內埤圳調查書》上、下卷與《臺灣私法物權編》所收錄者有一部分重複。就地區來說，蘭陽地區最多，北部次之，其次為中部和高屏地區，嘉南地區最少。

---

⑥《噶瑪蘭廳志》（臺灣文獻叢刊第160種）第1册，頁 36-41。臨時臺灣土地調查局，《宜蘭廳管內埤圳調查書》上、下卷，明治38年。臺灣銀行經濟研究室，《臺灣私法物權編》（臺灣文獻叢刊第150種）第7册，民國52年。

至於水利埤圳之石碑則只有十三件，中部最多有八件，南部四件，北部一件。

清代蘭陽地區之農田水利埤圳史料亦可分爲兩種，一爲廳志所載之史料，《噶瑪蘭廳志》卷二（二）〈規制水利〉所舉列之水圳共有十九條，卷一〈封域山川〉所舉列之埤有八口，其中埤水足資田園灌溉者有二口。《噶瑪蘭廳志》之水利史料有一個特色，就是其卷首〈噶瑪蘭廳志圖〉中，有一幅〈噶瑪蘭廳水利堤堰全圖〉，此爲清代臺灣方志中他志所無。該圖載有水圳四圍圳等十六條，埤有大湖陂等四口，堤有民壯圍堤等四堤。

另一爲古文書古契，大多收錄於光緒三十一年（日明治三十八年）三月，臨時臺灣土地調查局編印之《宜蘭廳管內埤圳調查書》上、下卷，上卷列有宜蘭廳之埤圳十九條(實有二十三條)，下卷列有十八條，共三十七條，並各有附錄埤圳之古文書古契，上卷收錄有古文書古契一百五十六件，下卷收錄有古文書古契一百七十二件，合計三百二十八件。另民國五十二年一月，臺灣銀行經濟研究室編印之《臺灣私法物權編》（臺灣文獻叢刊第 150 種）第七册，收錄有蘭陽地區埤圳之古文書古契四十件，但全部與《宜蘭廳管內埤圳調查書》上、下卷所載古文書古契重複。又平山勳編著之《臺灣社會經濟史全集》第二册，收錄有蘭陽地區之水利古契二件，亦均與《宜蘭廳管內埤圳調查書》及《臺灣私法物權編》第七册所收錄者重複。

蘭陽地區之水利古文書有諭告、執照、契尾、丈單及稟發戳記等五種。民間之水利埤圳古契則有：㈠開築合約，㈡修築合約，㈢合夥招夥合約，㈣退股約字，㈤掌管歸管契字，㈥借圳、借水源合約，㈦買圳地租圳地出圳地合約，㈧圳水分配合約，㈨鬮分合約，㈩灌蔭水租合約，(十一)陂圳長合約，(十二)巡圳傭工合約，(十三)收圖記約字，(十四)業佃協約，(十五)贌圳退圳合約，(十六)埤圳買賣合約，(十七)洗找契，(十八)埤圳胎借銀字，(十九)失認合約，(二十)紛爭開費合約等。其年代自嘉慶十二年起至光緒二十七年(含日明治年間者)。另有政府發給之圳戶戳記及圳戶自刻之圳戶公印。

清代蘭陽地區農田水利灌溉之普遍爲全臺之冠，此徵之其田園面積之比例爲3比1卽可知。其清代農田水利埤圳之古文書古契亦保存最多。埤圳五十三條（含平埔族開築者）之中，保存有古文書古契者有三十八條，保存最多之埤圳爲金結安圳，一圳就保存有三十八件。所保存之古文書古契不重複者共有三百二十八件，約占現存清代全臺古文書古契之55%，爲研究清代臺灣農田水利埤圳開發之寶貴資料。

玆將清代蘭陽地區埤圳之古文書古契分類統計列表於後。

三、蘭陽地區埤圳開鑿之投資模式及特色

清代蘭陽地區所開築之埤圳都爲民間自行投資開築者，官府未曾投資或捐助開築埤圳。蘭陽地區民間投資興築埤圳之模式，可分爲㈠獨資開鑿者，㈡合夥投資開築者，㈢衆佃（或業佃）合築者，㈣平埔族開鑿者四大類。其中㈠獨資開鑿者亦可分爲1.水利企業者獨資開鑿者，2.地主（業主）獨資開鑿者二類。㈡合夥投資開築者，亦可分爲1.水利企業者合夥投資開築者，2.爲一方提供土地另一方提供資金或勞力合築者二類。玆據現存之古文書、古契，將其三十八條之水圳，按照其開築投資模式之類別分述其興築之情形於後。

㈠ 獨資開鑿者

1. 水利企業者獨資開鑿者

⑴抵美簡圳；在頭圍堡。先是嘉慶十年，衆佃捐銀起築民壯埔腳港陂，無奈洪水漂流。後再鳩佃捐銀，屢作三兩次，更不能

清代蘭陽地區埤圳之

編號	圳名	圳戶戳記	圳戶公印	古文書古契合計	古文書					古					
					諭告	執照	契尾	文單	稟發戳記	開築合約	修築合約	合夥合約	退股約字	掌管歸管字	借圳借水源字
1	金長順圳（阿里史莊佃圳）			2						1					
2	金復興圳			18	1		(4)					4	2		1
3	金瑞安佃圳（月眉圳）			5		1				1	1			1	
4	武煙圳			2								1			
5	三堵圳			3											
6	八仙佃圳			2							1				
7	金榮發埤圳			8		1	(2)	1				1			
8	金豐滿圳（馬塞圳）	1		29	3		(3)			1		2		1	
9	金漳成圳		1	2						1		1			
10	邱吳成圳			6						3					
11	長慶源圳（東勢新圳）			3						2					
12	萬長春圳	1		18	4		(6)			1	4	1			
13	鼎鐓社圳（林德春圳）			7		1	(2)	2						2	
14	金長安埤圳（順安莊圳）			4	2		(1)			1					
15	八寶圳（元帥爺圳）			25	1		(4)					1			1
16	火燒圍圳（林吉記圳）			7											
17	林寶春圳	2		11	1		(1)		1			1			
18	沙仔港陡門圳（金合成圳）	1		4	2						2				
19	金源和圳	1		4	2	1									
20	金大安埤圳	1		22	1					1		3	1	2	
21	鼻仔頭圳			1											

古文書古契分類統計表

契														年代							備考
出圳地合約 買圳地租圳地	圳水分配合約	鬮分合約	灌漑水租合約	埤圳長合約	巡圳僱工合約	收圖記約字	業佃協約	贌圳退圳合約	埤圳買賣合約	洗找契	埤圳胎借銀字	失訟合約	紛爭開費合約	嘉慶	道光	咸豐	同治	光緒	明治	不詳	
				1											1				1		
						1			8		1			7	4		7				
							1							2				2	1		
								1									1		1		
		3															1	2			
	1																		2		
			1						4					1		2	1	3	1		
2			2					1	12	5				4	10	5	1	7	2		
																		2			
1			2											6							
1														3							
			1					1	6					2	2	2	8	3	1		
									2					1	3	1		2			
									1					1				3			
1			3						18					10	14	1					
1									4	1			1	3	3		1				
2	1		3					1	1					1	1		5	4			
															1		2		1		
			1															3	1		
			1	2			1	2	8					4	8	1	2	7			
1																		1			

（續）清代蘭陽地區埤圳之

編號	圳名	圳戶戳記	圳戶公印	古文書古契合計	古文書 諭告	執照	契尾	丈單	稟發戳記	古 開築合約	修築合約	合夥合約	退股約字	掌管歸管字	借圳借水源字
22	番仔圳（三鬮二圳）			2											1
23	金大成圳	1	1	16			(3)					6			
24	太山口圳（泰山口圳）	1	1	20								5		4	1
25	金結安圳		1	38	4	1	(1)			1		5		7	
26	金新安圳	1		11	1		(2)					1			
27	抵美簡圳			4										1	
28	金長源圳			3						1		1			
29	金源春圳（林源春圳）			9						1		3		1	
30	三十九結圳			5							1				
31	李寶興圳（十六結圳）	1		5	2		(1)	1			1				
32	辛永安圳	1		8	1						1	1			1
33	金同春圳（吳惠山圳）			13		1	(1)			1	2	1	1	1	
34	充公圳（金和安圳）			1							1				
35	金慶安圳			10			(1)			1		1		2	
36	東勢歪仔歪社舊圳			(1)											
37	奇武荖社圳			(1)											
38	奇武荖莊社腳圳			(1)											
合計		12	4	328	25	6	(32)	4	1	17	14	39	4	22	5

說明：(1)本表係據《宜蘭廳管內埤圳調查書》上、下卷及《臺灣私法物權編》第七册之古文書、古契編成。

(2)契尾係附聯於埤圳杜賣契，故其（　）內之數字，不列於合計數字，以免重複計算。

古文書古契分類統計表

契														年代							備考
買圳地租圳地 出圳地合約	圳水分配合約	鬮分合約	灌漑水租合約	埤圳長合約	巡圳傭工合約	收圖記約字	業佃協約	贌圳退圳合約	埤圳買賣合約	洗找契	埤圳胎借銀字	失訟合約	紛爭開費合約	嘉慶	道光	咸豐	同治	光緒	明治	不詳	
					1													1	1		
			1						9					3	2		3	7	1		
			2						7		1			5	5	2	5	3			
				1				2	13	1	3			4	12	8	9	4	1		
			1						8					6	3	1	1				
			1						2					1			1	2			
								1							2				1		
								2	2						3	2		4			
			1						2	1					1		3		1		
									1						1			4			
			2					1	1							1		3	3	1	
			3					1	2					3		2		6	2		
																			1		
		1						1	1	1	1	1		2	4	2	1		1		
(1)														(1)							
									(1)					(1)							
									(1)						(1)						
9	2	4	25	4	1	1	2	14	112	9	6	1	1	69	80	30	52	73	23	1	

(3)36東勢歪仔歪社舊圳之古契係與11長慶源圳之契中之一契在同一契內；37奇武荖社圳之古契係與16火燒圍圳第二件古契同一契；38奇武荖莊社腳圳之古契係與16火燒圍圳古契第六件同一契，故其（　）內之數字不列於合計之數字，以免重複計算。

完竣，工本費多 。每遇一、二不收，是以國課無措，民食無依。因此，黃初等衆佃乃公議，簽請劉諧老出首承作，明議陂長自備工本開築埤圳，每佃每年每甲田願貼水租穀三石。於嘉慶二十五年十月竣工，通流灌漑，立水租約字以便遵守⑦ 。

⑵火燒圍圳：在紅水溝堡南興莊，又名武荖坑圳，或名林吉記圳。嘉慶十二年十月，地主李穆生、謝江三等，請詹阿闕前來承買圳地並浩用工本開圳收租。又是年再承買奇武荖社化番哮懋黨等小水圳地一條開圳。二十三年冬，將水圳水份賣過林國寶另開一圳道，水源各半各掌。道光二十年十一月，再買竹篙滿社番籠爻界將等圳道一道，自用工本開圳。灌漑南興莊、民壯城莊、火燒城莊、阿兼城莊、里腦仔莊、奇武荖莊田業。同治二年十一月，其侄孫以銀一百三十元將下圳路一條賣與業戶林吉記收水租掌管⑧ 。

⑶金同春圳：即原吳惠山圳，在四圍堡。嘉慶十六年四月，四圍辛仔罕等莊墾戶吳化，結首賴岳同衆佃人等，因乏水灌漑，難以墾築成田耕種，乃公議請出吳惠山等出首爲圳戶頭家，自備資本鑿築大圳。至嘉慶十六年九月十八日，改爲懇請吳惠山個人出資開鑿圳道，於嘉慶十八年十月竣工，圳水疏通，約定各佃田畝，逐年每甲完納水租穀四石二斗。並由噶瑪蘭撫民理番海防糧捕分府翟發給執照遵照。灌漑面積約二百七十甲⑨。

⑷鼎鍬社圳：又名林德春圳，在茅仔寮堡鼎鍬社。婆羅辛仔宛社原有埤一口，灌漑該社番田，因屢被漢人掘毀，土目馬搖那罔等乃托張致遠代出工本修築，除灌漑番田外，並聽張致遠灌漑該圳戶名下佃人田園，於嘉慶十九年十二月，承噶瑪蘭撫民理番糧捕海防分府翟發給圳戶執照。即張致遠於嘉慶十九年十二月之

⑦《宜蘭廳管內埤圳調查書》下卷，頁195、196。
⑧《宜蘭廳管內埤圳調查書》上卷，頁 337-342。
⑨同註⑦書，頁 277-280。

前修築鼎𨥈社埤，並開築鼎𨥈社圳，佃戶每年每甲納水租穀四石。此水圳埤地於道光二十四年，由張致遠之子張春臺以佛銀三百二十大元（合銀二百二十兩零八錢）賣給漳源美號。至咸豐六年，再轉賣與業戶林清池⑩。

⑸金榮發埤圳：在利澤簡堡猴猴莊，泉籍人承撥拓墾婆羅辛仔宛、加禮遠、奇武荖等處番埔，因乏水灌漑，經總理翁清和等，請張致遠爲埤戶開築埤圳。開成後，嘉慶十九年十二月十七日，由噶瑪蘭分府翟發照給張致遠收執。至咸豐元年正月，張致遠之子張春臺，因欲携眷回唐，乃將此埤圳及水田三段，以佛面銀一千大員賣給開油舖之新榮發號林權等掌管收租納課，並改圳戶名爲金榮發。灌漑面積約一百六、七十甲⑪。

⑹金長安埤圳：在東勢紅水溝堡順安莊，又名順安莊圳，或名柯濟川圳。嘉慶二十二年五月，因國課迫輸，奈埤圳未築，乏水灌漑，不能栽種禾苗。起初衆議欲各自鳩工畚築，因工費浩大，各佃貧苦，人力不齊，難以成就。乃衆議請到前總理結首，即現充番佃首之柯濟川充爲圳主，備出費資，傭工開築大圳。至於小圳則由衆佃各自開鑿。衆佃每甲遞年納圳戶水租穀一石五斗⑫。

⑺三十九結圳：在四圍堡三十九結莊，該莊共有田四十三份，原由柴城仔埤開圳引水灌漑。至嘉慶末道光初，洪水不定，以致崩塌。但衆心難一，人力不齊，無法修築。乃鳩衆公議，請結首吳佔出首爲圳長，自備工本修築。道光二年築竣，乃訂立修圳管埤約字，衆佃每份逐年應納水租穀一石二斗。灌漑面積約五十餘甲⑬。

---

⑩同註⑧書，頁 263-268。
⑪同註⑧書，頁 159-161。
⑫同註⑧書，頁 274、275。
⑬同註⑦書，頁 230-232。

(8)金長順圳：在溪洲堡大湖、阿里史等莊。道光初年大湖等莊衆佃人葉果然等開墾荒埔草地，缺水源灌溉，衆佃人公議，鳩集人衆築開圳道，但水源遙遠，缺欠工本，乏力不能創置。乃於道光六年七月相議，請張閣官出首自備工本，開築圳道。水源通流灌漑付足，其開圳費用之資本並雜費，衆佃定限於丁亥（七年）六月終，每佃人照額母利銀清還銀主。如果過期無還，每甲每年配納水租粟三石。其開圳費用銀員五股中，蔗廍應貼一股。後改稱阿里史莊佃圳。灌漑面積約二百七十甲⑭。

(9)金和安圳：一名金佃安圳，或名五間圳，又名充公圳，在四圍堡。係道光初年，楊石頭之祖先所開築。後來圳破，無力修築，被佃人控告，經旨斷改爲佃圳。光緒年間，楊石頭携帶以前之斷諭再訴於臺北衙門，乃經裁斷充公爲仰山書院所有，故稱充公圳。其每年所收水租四百石中，一百五十石歸書院，二百石歸佃人充爲修築費，二十石爲管理人之辛勞資，三十石爲圳底租歸楊家。灌漑面積約二百二十甲。其始末原擬勒碑建於圳頭，因割臺未及實現⑮。

(10)三堵圳：在羅東堡三堵莊。係咸豐年間陳再旺等之祖父開築，灌漑面積九十二甲，每年每甲收水租穀二石，計收水租穀一百八十五石五斗⑯。

(11)金源和圳：在員山堡大礁溪等莊。衆人欲開墾成田，乏水可灌，栽種地瓜又少有收成，淸丈陞科，納課甚屢維難。於是職員周家麟，族正吳道中及佃戶等，乃請監生黃溫和自備工本開築圳道，明議每甲逐年願貼水租穀四石。黃溫和即於光緒十六年二月三日，稟請宜蘭縣正堂准諭令黃溫和自備資本開圳，並於是年閏二月二十九日，發給圳照給圳戶金源和即黃溫和開圳。灌漑面

⑭《宜蘭廳管內埤圳調查書》上卷，頁 71-74。
⑮同上書，下卷，頁 296-298。
⑯同上書，上卷，頁 119、120、124-128。

積約九十甲⑰。

2. 地主獨資開鑿者

⑴鼻仔頭圳：在員山堡西勢大湖莊。係呂宗翰、呂只恒及大房五房兄弟等，爲灌漑其所承掌之大湖莊田園，向李春波地內鑿圳溝一條，引水灌漑田園，年納圳溝地租穀三十六石。灌漑面積約三十五甲。後呂氏兄弟侵占李氏土地再鑿一圳溝，僥納地租，致控公庭。光緒十五年，經和解，將侵占地段畫丈定界，歸還李氏掌管⑱。

㈡ 合夥投資開築者

1. 水利企業者合夥投資開築者

⑴金大成圳：在員山堡。開蘭之初嘉慶二年，義首吳沙奉何、李二分憲堵禦洋匪，鄉勇首劉光疵等多人同行，並就地墾闢以資糧食。經有開成田園，先築小圳，灌漑不敷，又被洪水沖崩，無人修築，以致田園荒蕪。迨嘉慶十二年正月，鄉勇首劉光疵等邀衆酌議立約，請張閣、吳日、林文彪，劉光疵等出首，自備工本開築大圳。張閣等隨卽備出資本，分爲四股，張閣、吳日、劉光疵、林文彪各一股。自嘉慶十二年正月，興工開鑿大圳，至嘉慶十六年正月，共用費銀四千八百六十七元，作四股均攤，每股各該攤出銀一千二百十六元七毫五釐。惟劉光疵一股無可照數攤出，故杜賣與張閣頂額。但張閣居住下港⑲，阻隔遠涉，各事照料不週，卽招張元官合夥，張閣抽出一股轉賣與張元官承坐，頂額價銀一千二百十六元七毫五釐，張元照數交張閣收

---

⑰同上書，下卷，頁 6-8。

⑱同上書，頁 48、49。

⑲按下港卽指臺灣中南部，北部臺灣則稱爲頂港。

訖。乃於嘉慶十六年十一月間同立同約字，歷年所獲之利及開用諸費，俱作四大股均分。水租則先年有開築小圳者，每甲每年納水租穀二石，餘者每甲每年納水租穀四石。灌溉面積約一千甲⑳。

⑵泰山口圳：又名太山口圳，在員山堡。嘉慶七年間五圍埔地初開，原未有水灌溉田畝。於是五圍各結衆佃戶鳩集自用工本，協力經開圳路。自一結起，透至員山仔、大三鬮頂，築埤圳引水灌溉田畝。因圳路微小，欲再修理築圳路、埤頭，按年鳩工不齊，難以疏通圳路。至嘉慶十二年間，各結衆佃人等公議，簽請圳戶簡勇、游日、陳奠邦、吳順、張坎、劉朝、鄭喜、林妙、簡茂生、郭媽援、邱岩、沈開成等十二人，招夥十二股半，備出工本，再鑿築埤頭，擴大圳路，其股份爲十二人各人一股，另半股份爲游日、簡勇二人共有。初約五圍之五份六佃，逐年貼工本租穀一石二斗，至嘉慶十三年，民壯圍下圳金泰安從本圳引水灌落，有貼納圳路租穀，乃改爲六斗；五圍原約界外之田，則每甲逐年納水租穀三石三斗，總計水租穀若干，作十二股半攤配均收。每年定八月初一日齊到算賬。灌田甲數約五百三十七甲㉑。

⑶金復興圳：在溪洲堡溪洲莊。嘉慶十二年冬，溪洲義首高培助及衆結首等立約，每甲願納水租粟四石，公請張閣等大出資本開築埤圳，導水灌溉溪洲上下田業。張閣等乃公立圳戶爲金源興號，分作六股，合出工本銀元。原約爲許守仁一股，鄭聰選一股，高鍾祖一股，張閣三股。十三年春，再邀林招、陳覺二人爲股夥，其股份改爲張閣一股，鄭頂成一股，林招半股，許守仁（淡水廳拳山堡興福莊總理）一股，高鍾祖一股半（內高派文半股）、陳覺一股。在十四、十五、十六年三月會算，通計先後共

⑳《宜蘭廳管內埤圳調查書》下卷，頁 68、69、179。
㉑同上書，頁 97-100、112、113。

費本銀一千九百八十大元，每股開銀三百三十大元。十五年起通流灌溉，收水租。但因衆佃僥約瞞減抗納水租，經調處每甲讓減一石，即收佃人每甲田水租粟三石。嘉慶十六年三月，張閣等股夥乃立合約字，以便股夥遵守。其間股夥因全部爲西部人只張閣一人駐噶瑪蘭主持掌管，故曾爲開費、收水租事項互控。因此，二十年股夥再立合約，並改圳名爲金復興。噶瑪蘭分府翟也諭示衆佃凛遵㉒。

⑷金結安圳：初稱金泰安埤，在民壯圍堡。舊鄉勇圍所分埔地犂份，計有百餘張。起初亦鳩佃開鑿水圳，然而鳩本不齊，未成，其地仍爲荒蕪。因此，嘉慶十三年十月，結首江萬琴、陳尚奕、林明錢、李義純等，乃鳩集衆佃友合議，欲引五圍埤圳水利，會同請五圍結首李培園、郭媽援、林儀、林妙、林膽、鄭喜、簡茂生、陳奠邦、張坎、吳順、簡利興、沈開成併衆佃友等爲陂圳主，特議定五圍諸結首董理埤圳等，仍備工本，廣開陂圳，引水灌溉鄉勇圍額內埔地，鄉勇圍衆佃友每甲每年願納水租粟四石二斗。

於是嘉慶十三年十一月，五圍陳奠邦、張坎、沈開成、林養、林妙、吳順、簡利興、李培園、鄭喜、郭媽援、簡扶成等十一人乃合夥分爲十股，每股先鳩出本銀三百一十元，合夥開鑿埤圳，灌溉鄉勇圍之田。其股份爲簡利興三股，簡扶成一股，李培園一股，吳順一股，張坎一股，陳奠邦半股，沈開成半股，林妙半股，鄭辨、鄭向及鄭帶三人半股（□□□……八分），林族二分。初名金泰安埤頭水圳，收取水租。

嗣因奸棍唆佃抗納水租。嘉慶十七年六月間，復被洪水沖塌水圳，欲就股夥再鳩銀本買地更開圳道，一、二夥記甘願退出。嘉慶十八年六月，乃改組由李裕、藍文、鄭喜、張坎、林妙、林

㉒同上書，上卷，頁 83-88。

治、林族、李愷、簡書友、簡振成等十人合夥，赴楊府憲臺前認充圳戶， 股份共十股， 改換圳號爲金結安埤， 圳份每股本銀四百一十元，林妙一股內沈開成出本銀四十一元，係一股內十分之一。灌溉田甲約三百八十甲㉓。

⑸金新安圳：在民壯圍堡。嘉慶二年，義首吳沙奉何、李二分憲，募招鄉勇陳尙奕、江萬琴、李義純等，並曾募傭工人徐春富開築新安埤水圳，灌溉茭荖林、奇立板土田。嗣後嘉慶九年，因閩粵分類械鬥不能完竣，衆結首、佃人等亦無力修築。嗣後奇立板、新興莊結首黃添同衆佃等，乃鳩集衆佃友，公堂酌議，請義首吳光裔（吳沙之子），夥記吳裱、廖禮參、蕭流、陳體、張石成、林三易、吳瑞田等八人出首合夥，整頓工本，自備伙食、工資、器具、倩工修築埤圳。股份初作十大股，即吳瑞田辛勞一股，抽出義首吳光裔一股，其餘光裔加股均攤出本銀，廖禮參一股，公蔭辛勞銀一百元外其餘該份銀均公攤，林三易、張石成合一股，蕭流、陳體合三股（蕭流二股，陳體一股），吳裱三股，合夥工本銀一千六百一十元七角，每股本銀二百二十五元。至嘉慶十六年三月，開圳成功，通流灌溉，結首、衆佃乃與圳主吳裱觀等同立合約，自辛未（十六）年三月起，每年每甲認納水租粟三石二斗，早冬納水租粟二石，晚冬納水租粟一石二斗。灌溉田甲約一百三十甲㉔。

⑹林寶春圳：在紅水溝堡。開蘭之初，東勢粵界墾地由惠潮嘉作三大結招墾，其西界有埔地一所，係作十三份均分，衆議將十三份內抽出一份作爲圳路。並於圳頭家林國寶、林秀春自備工本，於嘉慶十五年開鑿水圳，灌溉冬瓜山中興莊等處田業，圳道分爲二道，一道引武荖坑溪頭泉源，一道引月眉山腳大埤泉源。

㉓《宜蘭廳管內埤圳調查書》下卷，頁 128-132。
㉔同上書，頁 177-183。

水租穀每年每甲二石。灌漑面積約五百零四甲㉕。

⑺金大安埤圳：在員山堡大湖莊。初大湖圍總結首江日高暨衆佃，思未有鼎力之人前來築埤圳，因此鳩集衆佃立約，傭工人古玉振等出頭理辦，開築成圳。不虞水氾沖壞徹底無存。嗣經員主公判取回約字。於嘉慶十七年三月，另行僉舉正直之人張興、徐番、林致等爲圳首，自備工資、伙食、器具，仍照舊基開挖陂圳，以道灌漑。各佃遵郡例每甲按年納水租穀二石五斗。股份初分十一股，卽張興（又名張伯亨）四股半，徐番四股半，江日高（卽江權）一股，另林治（卽林致）蔭份一股。嘉慶十七年十二月，林治退出，乃變爲十股。灌漑面積約一百七十二甲㉖。

⑻邱吳成圳：在東勢淸水溝堡。初漳籍結首楊全生、陳德音（又作陳音）、楊茂、吳招同衆佃人等，僉請萬泰興開鑿埤圳，但因圳路綿長，萬泰興無力開鑿。乃於嘉慶十六年四月，另行公請邱德賢出首，購買番界番田以爲圳道，並備料本開鑿水圳。本來邱德賢願將圳按作十股，但各佃無力鳩工幫鑿圳道。邱德賢因獨力難支，乃於嘉慶十七年三月，招出舖戶吳國珍前來合夥，公立圳戶名爲邱吳成。開圳一切內外費用，二人對半均攤，逐年所收租穀，亦對半均分。衆佃每甲年納水租穀三石二斗㉗。

⑼長慶源圳：卽東勢埤圳，在東勢淸水溝堡。東勢莊一、二、三、四、五等結，衆佃戶林華、魏建安、簡桃、林青、林儀、同五結內人等，以開田必先開水，乃於嘉慶十六年三月間，自行開築水圳，但溪頭圳路綿長，不能成圳出水。費用工本浩大，衆戶衆人力不齊，財本不敷。是以衆佃等會議，於十六年十月，請長慶源號，卽簡懷苑、陳奐邦、賴陽、王臘等出首合夥，充當東勢埤圳主，掌管淸水溝溪頭開築水圳，灌蔭一、二、三、

㉕同上書，上卷，頁 323-327。
㉖同上書，下卷，頁 19-23、30。
㉗同上書，上卷，頁 229-234。

四、五結等田畝。開築水圳，不論何人田畝，任從埤圳主開鑿。埤圳主長慶源並與歪仔歪社番酌議，以圳底銀三百三十大元，貼社番，經過番地開鑿圳路，接引社番舊圳水源。其工本銀浩大，動用銀元計以數千，所以作十股均開，陳奠邦、賴陽、王臘出六，簡懷苑出四。大圳出水告竣，衆佃遞年每甲納水租粟三石正，所收水租穀亦按照十股均分量收。所出本銀，應照納內股份均出，如失約應得所出本銀若干，俟三年後股夥清還本銀，將股份扣銷，不得異言。其佃人一結林儀等佃人五十名，二結簡桃等佃人共三十四名，三結魏建安等佃人共四十四名，四結林靑、林華等佃人共三十八名，五結賴濕等佃人共七名。並議定嘉慶十七年早季田畝，不論有開墾成田，或未成田，願先納圳主工本粟一石，免致圳主工本受虧。自嘉慶十八年，逐年每甲田納工本粟三石㉘。

⑽萬長春圳：在東勢淸水溝堡。圳戶長慶源，卽林金興、陳奠邦，圳戶邱吳成，卽邱德賢、吳國珍等，因二圳戶所開水圳爲同一圳頭水源，每逢水旱之際，未免有爭競之虞，且一源而分二圳，歷年工資亦覺多倍，因此二圳戶經妥議，於嘉慶十八年十二月十七日共合爲一，公同換立圳號萬長春，分爲二十股，工本額爲銀二千六百元，開費與收水租，不論多少係長慶源與邱吳成對半均分。一年水租總額爲二千九百二十七石，每股一年分配水租穀一百四十六石。

至嘉慶十九年十二月，東勢籍總理翁淸和，佃人周旺、游鳳等結內佃人，又在其圳尾自開小圳接灌田畝，每甲田遞年永遠貼納埤圳主工本水租穀三石三斗。

萬長春圳爲五結圳、三結圳、四結圳等三圳之總稱，五結圳又稱南圳，三結圳、四結圳兩圳合稱爲北圳。灌漑面積跨越淸水

㉘《宜蘭廳管內埤圳調查書》上卷，頁 234-238。

溝、茅仔寮、二結、羅東等四堡，灌漑甲數達一千一百餘甲（南圳五百四十七甲，北圳五百五十七甲），爲蘭陽地區最大之埤圳㉙。

⑾金豐滿圳：卽馬塞圳，在利澤簡堡。馬塞地方土瘠勢高，開闢之初數年間艱苦備嘗，不能墾成田業，況上人催科甚緊，但圳路未開，無水可通灌，故莊民古統、許春、黃賜等，乃於嘉慶十九年正月，合衆僉議，公請結首范秉、古大展等，開圳灌漑田畝，每年每甲供納水租穀二石外，每甲議貼看圳工人辛勞穀三斗。嗣因所派銀元稀少未及竣工。故嘉慶二十一年九月，衆股酌量再酌十二股，內計吳華遠四股，葉輝坎三股半，古大展二股，古松興一股，魏東興一股，范秉半股，各股均派鑿圳穿壠之費。是年十二月，葉輝坎之圳份三股半出兌與吳華遠。至二十二年十月，魏東興之一股面割於黃開伯承頂。又因工費浩大難以津歛，二十二年十一月，復將十二股圳份之外，招得黃總爺添入圳份三股，每股津銀四十元，自戊寅年（二十三年）起，每年所收水租穀作十五股均分。灌漑面積三百七十九甲㉚。

⑿金慶安圳，在四圍堡。初由衆結佃友備料鳩工，備圳地築圳，但圳首高浮，水未上，圳頭傾頹，無策可施。欲再鳩築，恐工本浩大，成敗難卜。嘉慶二十一年，衆佃結友商議，論藍登峯承當埤圳戶，大費工本備築。圳水通流灌田，全年每甲納水租粟連巡圳工粟三石六斗。股份分爲二十一股，卽藍登峯二十股，林昭順一股。嗣後藍登峯之子藍高才因乏力築堤，乃於嘉慶二十五年十二月，請吳肇基合力共築埤擋，並議定將埤圳分爲六股，卽藍高才承當五股，吳肇基承當一股；又六股內分爲二十一股，將二十一股內抽出一份水租粟付與林昭順收入，其餘水租粟照六股

㉙同上書，頁 219-222、238-240 及下卷，頁 317。
㉚同上書，頁 180-183。

攤收。灌漑田甲約二百二十甲㉛。

⒀金源春圳：在四圍堡。原由衆佃將辛仔罕之大溝，自行鑿築埤圳，通流灌漑。迨至嘉慶二十三年，被水沖崩，兼埤頭低下，灌漑不週。衆佃欲鳩集塡築，奈力不齊，缺乏工本，恐致田地拋荒，上悞國課，下乏民食。衆佃乃商議，僉請吳惠山出首爲圳主。至二十五年，開築未成，不幸惠山身故，其子年幼不能任事作埤圳。道光元年二月，衆佃再商議，僉請周士房、周天喜同出首，自備本銀七十大員，向惠山之子吳福成，買出埤圳底木料石頭，並自備本工力器具，改移埤頭，接引舊圳通流灌漑。每甲逐年納水租粟二石四斗，另巡水圳岸，每甲逐年納粟二斗，每甲合共納水租粟二石六斗。灌漑古亭笨、新發二莊田甲約二百五十甲㉜。

⒁金長源圳：又名匏靴崙圳，在四圍堡匏靴崙莊。道光十四年八月，匏靴崙、二結等處結首吳福、黃漢及衆佃等，以開圳砌築碼頭，動用工本浩大，衆佃力薄，難以備應。乃議請金長源爲圳戶，先備出資本，興工鑿挖圳道。及至完竣流灌成田之日，各佃人等按甲備貼圳戶圳底番銀十大元以補其先出本利，仍需遞年每甲納水租穀四石，立約呈官立案。但開鑿後，因該地俱係沙石，圳道滲漏，年久仍未能告竣成功。欲行修築，獨力難支。所以道光二十七年七月，圳戶金長源即林兩協，再招出該莊佃人陳由、吳港等爲首，鳩集衆佃相幫，合爲股夥，按作三股均攤。每股先出銀二百元，林兩協即將原圳底估作價二百元，陳由等一股出現銀二百元，吳港等一股該出現銀二百元，以便採枋料、工資、日食等事，倘現銀四百元用盡不敷，應作三股整出現銀費用，至告竣成功。每年所收水租粟及越莊圳底銀，作三股均分。

㉛《宜蘭廳管內埤圳調查書》下卷，頁 304-306。
㉜同上書，頁 218、219。

灌溉田甲約三十甲㉝。

⒂武煙圳：在羅東堡武煙莊。係咸豐年間由埤圳戶康協和與練四祥合夥協同開築。後以銀二百十大元贌給埤圳長江鼎承（即江周）掌管。遞年水租穀每甲配納二石。灌溉面積約六十多甲㉞。

⒃金漳成圳：在清水溝堡。緣洲仔莊素係瘠土，又兼乏水，所以界內均為埔園。至光緒初稍變勢可耕田，乃於光緒二年十月，按作十一股鳩集工本開圳，僉請陳桂芳陳來馨等出為鼎力募開，股內相商添出二股，以為陳桂芳、陳來馨酧勞之額，計共十三股。田畝配納水租收成之日作十三股均分，若有開費則作陳楝哲等十一股攤出。灌溉面積三十八甲㉟。

2. 一方提供土地另一方提供資金或勞力合築者

⑴月眉埤圳：在羅東堡月眉莊，又名金瑞安佃圳。因初闢埔地，田園未定，乏水灌溉，故結首黃阿妹、佃首林廖基同衆佃人，乃於嘉慶二十二年初邀請業主盧永官先備資本買地，並由衆佃人等共備工力協同開鑿水圳通流灌溉。灌溉面積約一百六十三甲。嗣因修理圳道佃人等多有背約，或退耕別贌、他遷，乃於嘉慶二十四年十月，由業主結首佃首同衆佃人相商，衆佃人願收回工資七十四大元，將水圳一概歸業主盧永官掌管㊱。

㈢ 衆佃（或業佃）合築者

⑴李寶興圳：一名十六結圳，在四圍堡十六結莊。自嘉慶年間，楊府憲給墾陞科，即由衆佃自築埤圳，共計六十四份半水份，灌溉田畝約一百甲。至道光十九年十月，因圳底砂石地漏，

㉝同上書，頁 204-206。
㉞同上書，上卷，頁 119、123、124。
㉟同上書，頁 180-183。
㊱同上書，頁 110-113。

衆佃太多，難以鳩集修築，乃公議僉請李元峯自備工本鋪修，若修築成功圳水充足，永遠由李家執掌，若不能成功，埤頭圳底及原圳一盡送還衆佃掌管。李元峯接辦後，修築成功，衆佃逐年每份納水租穀五石㊲。

⑵八寶圳：即元帥爺圳，在紅水溝堡八寶莊。早在嘉慶十九年十一月以前，已由莊內衆佃戶開築灌溉，由莊內一百三十五佃共管。先是嘉慶十九年十一月，太和莊埔地無水源不能成田，該莊民魏盛來等會衆公議向八寶莊埤圳引埤水圳路通流灌溉，太和莊屬埔地每甲認納水租穀二石六斗，歸八寶莊神祀公取。至嘉慶二十二年三月，中興、太和二莊衆佃同來立約，埤圳水包伊灌蔭二莊屬之田畝，並貼水租。後因水不敷蔭，加造埤圳，但前開圳之人任傳不齊，佃戶吳雲漢等傳齊再議，將二莊之水租穀公除一百石爲元帥爺香祀外，概作本莊一百三十五佃均分㊳。

⑶沙仔港陡門圳：在紅水溝堡。係在東勢開闢之初，由順安莊、打那美莊、八仙、武罕等莊一帶衆業佃，按甲鳩資建築陡門開圳，灌溉田畝一百餘甲。道光二十六年立合約，規定約內之田甲逐年各佃人每甲皆備出圳長穀三斗以爲工資，不在約內之田則每甲定議納水租穀二石，扣除圳長穀外，存爲福德祠香祀及修理陡門之需。同治二年，業佃公請金合成爲圳長，故又名金合成圳㊴。

⑷番仔圳：又稱三鬮二圳，在員山堡三鬮二莊與芭荖鬱莊，由衆佃逐年築堤截水灌田。因恐有堤岸崩壞，又恐被洪水沖崩，光緒十九年十一月，衆佃乃公同妥議，僉舉林宜觀爲圳長，專責巡圳傭工顧守。各份田逐年備出工資粟四斗付林宜爲工資之費㊵。

㊲《宜蘭廳管內埤圳調查書》下卷，頁 241-243。
㊳同上書，上卷，頁 288-298。
㊴同上書，頁 352-354。
㊵同上書，下卷，頁 56。

(5)八仙佃圳：在羅東堡九份莊。係由八仙莊衆佃戶開闢圳道，引金長安圳消水溝之水源，灌溉八仙、武罕二莊田五十餘甲，照上、中、下次序輪流灌溉。免納水租穀。開築年代不詳㊶。

㈣　平埔族開鑿者

(1)辛永安圳：在四圍堡。係辛仔罕社番土目龜劉武禮及衆社番，於嘉慶年間開蘭時，協力同心，各將社番田地，浩用工本，開築二條水圳。一條自梅洲圍莊起至辛仔罕莊，又一條自梅洲圍莊起至新店辛仔罕莊，並有自墾番水田。至咸豐初年，大半付與漢佃爲永耕，並立永配水圳合約字，灌田一百餘甲。後來水圳一度交漢佃黃纘緒掌管，纘緒故後，光緒二十一年二月，復交還土目管理。初未收水租，黃纘緒管理後，每年踏出圳租壹拾石，付土目分給社番。黃纘緒則每甲每年收水租穀一石八斗，付圳長工穀一斗五升，設圳長二名，平埔族一名，漢人一名，巡視圳水㊷。

(2)奇武荖社圳：在紅水溝堡南興莊。在嘉慶十二年之前，奇武荖社化番副土目哮懋鱉·阿孚，已開有小圳一條，濶一尺，長二百餘丈，灌溉番田。至嘉慶十二年十一月，哮懋鱉·阿孚以時價早穀八十石賣與漢人詹阿闕，作開築火燒圍圳之用。至道光十九年八月，哮懋鱉·阿孚之子龜老敏哮阿孚，因乏用復向業主詹阿闕找洗佛銀四十大元㊸。

(3)東勢歪仔歪社舊圳：在清水溝堡。在嘉慶十七年之前，該社番已有開築舊圳一條灌田。至嘉慶十七年正月，漢人埤主長慶源與該社番酌議，經該番地開鑿新圳，接引舊圳流水灌溉田畝㊹。

㊶同上書，上卷，頁 141-143。
㊷同上書，下卷，頁 254-258。
㊸同上書，上卷，頁 337-339。
㊹同上書，頁 237、238。

⑷奇武荖莊社腳圳：在紅水溝堡。在道光二十年之前，竹篙滿社番籠爻界將之父有自築小圳一條，長六十丈，濶一丈，灌溉番田。至道光二十年十一月，因乏銀別創，乃以二十四大員賣與詹闕，管圳收租爲己業㊺。

以上所舉蘭陽地區埤圳三十八條之中，由墾戶、業主、衆佃、平埔族開鑿之埤圳不多，只有十一條。但屬於水利企業者獨資開鑿者就有十一條，水利企業者合夥開鑿者則有十六條，合計多達二十七條。可見清代蘭陽地區之埤圳，多數爲水利企業者所開鑿。此種投資開築埤圳之模式，在西部臺灣甚少見。在西部臺灣之埤圳，大多爲墾戶、業主、業佃、全莊衆地主、佃人所開築，或漢人與平埔族合築者。

按嘉慶初年，吳沙招漳、泉、粵三籍移民入蘭，開闢之初，爲防番乃議設鄉勇，採取結首制從事拓墾，由總結首、結首領導佃友分別拓墾蘭陽地區各地荒埔。這些結首佃戶大多係壯勇，在從事拓墾荒埔成園後，多也試圖開鑿埤圳以利耕作，提高土地經濟價值，但大多只有勞力而缺乏開圳之資本銀而未能成功。因此大多由水利企業者出首獨資或合夥開鑿水圳。此等水利企業者也有一小部分是開蘭之總結首，或當地之總理，但大多來自西部移民的資本家，甚至有居住中南部臺灣而投資噶瑪蘭之開圳事業者。

例如嘉慶十二年正月，興工開鑿金大成圳之四股東張閣，初係占二股，出資二千四百三十二元，後因居住下港，阻隔遠涉，各事照料不週，乃抽出一股轉讓張元㊻。又嘉慶十二年冬、十三年春，張閣復與許守仁（淡水廳拳山堡興福莊總理）、高鍾祖、林招、鄭頂成、陳覺等合夥組織六股，開築溪洲堡溪洲莊大圳，

㊺《宜蘭廳管內埤圳調查書》上卷，頁 340、341。
㊻同上書，下卷，頁 68、69。

圳戶名爲金源興號（後改名金復興圳），共開費銀一千九百八十大元，張閣投資既多，乃由張閣在宜蘭管理，其他股夥林招等五股內之人均住淡疆少到蘭地，而賬未再會，水租又無分，以致互赴蘭、淡道憲爭控㊼。至道光四年至六年之間，淡水廳人林安邦即林平侯圳戶名林安承也曾到宜蘭投資買過八寶圳之股份㊽。

在嘉慶年間，臺灣西部之移住民已擁有資本者，以拓墾西部之經驗，以爲埤圳之開築值得投資，所以開蘭當初，就有水利企業者之移民到蘭地投資開築水圳。由這些水利企業者獨資或合夥開築之埤圳，有古文書古契可查明者達二十七條之多。其中張閣一人即獨資開鑿金長順圳，並合夥投資開築金大成、金復興二圳。又陳奠邦也合夥投資開築泰山口、金結安、長慶源等三圳。投資開築二圳者，則有張致遠、吳惠山、張坎、郭媽援、鄭喜、吳順、林妙、沈開成等。這些合夥開築之埤圳戶大多冠“金”字，表示係合夥開築之圳戶；間亦有獨資開築之圳戶，也冠“金”字者，是爲蘭陽地區開築埤圳之特色。其中金大成圳，至同治元年，股夥六股再立合約以杜弊端時，已稱圳戶股夥爲“公司”，約定應收分之水租粟，除“公司”應用工費外，所剩各石另按股均分，各不得增加減少㊾。是爲清代臺灣農田水利界“公司”制之最早出現。

㊼同上書，上卷，頁 85-88。

㊽同上書，頁 302-304、306-308。

按林平侯，字向邦，但後世之人多將向邦作安邦。該水圳股份字亦以林安邦老爺或圳戶名林安承之名義承買，該圳股份共 135 份全部終由林安邦承購，日據初期圳主已易名爲林本源，並雇圳長巡圳管理收水租。至於圳戶名林安承，是否爲人名則待考。

㊾同上書，下卷，頁 73。

四、結語

清代蘭陽地區之拓墾雖比臺灣西部稍晚，但如前所述埤圳之多，農田水利之發達則為全臺之冠。埤圳開築之投資模式，以水利企業者所投資開築者占多數。然而不論水利企業者所開鑿之埤圳，或業佃所開築之埤圳，因蘭陽地區颱風暴雨多，溪流湍急，土壤多沙質，常被濁水溪等河川之洪流沖壞。雖然圳戶對灌溉之水田，每甲每年有二石至四石之水租粟可收㊿，但其所收水租之利，似多不堪負擔其埤圳之修築維護費，圳戶後來多一再改組或轉讓他人，最後多讓售與蘭陽當地之總理（如陳奠邦、楊德昭、鄭山）、進士（如楊士芳）、舉人（如李望洋、黃纘緒）、生員（如林瑞圭）等地方頭人領導階層人士掌管經營，或出贌熟悉圳務者管理經營㉛。

對埤圳之運營狀況、圳戶股夥之改組及埤圳之買賣轉讓，亦可根據這些古文書古契作進一步之探討，擬容後另作專題研究。

附記： 本文曾在民國74年9月14日，聯合報文化基金會國學文獻館主辦之"臺灣地區開闢史料學術座談會"宣讀。

㊿按據《宜蘭廳管內埤圳調查書》下卷，頁19，金大安埤圳第一件合約字載：郡例水租穀每甲每年定爲二石五斗正，但實際上則依其開圳投資之情形，而其所收水租亦有所不同。

㉛同上書，頁 106、137、159、161-163、166、233、234、256、257；同書上卷，頁 276、277。

清代海山庄之墾戶與公館

一、公館之由來

清代臺灣在開發的過程中，各地常見設有公館。因此至今仍留有一些公館之地名，例如公館莊、公館街、頂公館、公館口、公館後、公館尾就是①。

清代臺灣之公館，有官設者，並有土民公建者，也有墾戶、大租戶所設者。官設或公建之公館，又可分爲二種。一爲政府辦公之廨署，《淡水廳志》卷三〈建置志·廨署〉云：“淡水廳署在竹塹城內。新修通志云：舊公館在彰化縣治。”又引《彰化縣志》云：“乾隆三十一年，鹿港添設理番同知疏稱：‘同知衙署，現有彰化縣淡水同知舊署（卽舊公館），尙屬完整。’”又云：“隆恩息莊公館三座。一在城內武營頭，……一在海山堡彭厝莊，……一在中港街，艋舺營參將設。每年各派一弁駐此，監收租息。”②是也。一爲驛亭，卽官員憩息之處所，兼爲鄉民集會所。《諸羅縣志》卷二〈規制志·衙署〉云：“諸羅縣公館，在府治東安坊。歷任知縣修理。……茅港尾公館，在茅港尾街。

①公館莊在今苗栗縣公館鄉，公館街、頂公館在今臺北市景美區，公館口在今臺北縣新莊市，公館後、公館尾在今臺北縣三峽鎭。

②陳培桂，《淡水廳志》（臺灣文獻叢刊第172種）第1册，頁51、53。

……知縣周鍾瑄建。笨港公館，在笨港街。……土民公建。論曰：公館之設，古之驛亭。……使客之往來於是乎憩，故民居不擾。其無事，則子衿里老朔望會集子弟，即此宣講聖諭，申明條約，又鄉校之遺矣。”③《續修臺灣府志》卷二〈規制・公署〉又云：“鳳山縣公館：在府治寧南坊。……淡水廳：淡水公館，在廳署左。”④又《淡水廳志》卷三〈建置志・廨署〉云：“淡水公館，在廳署左。”卷十五（上）附錄一〈文徵（上）〉乾隆二十八年夏瑚〈淡水公館記〉云：“竹塹居臺北後，乃設官吏。……節使觀察與郡守，不時至止。又守土官吏，秩滿需代，無閒廨居，於公甚不便。……適署左有廢宅，余新之，覺恢恢乎有餘地焉。因顏之曰‘公餘’。”是也⑤。

民間設立之公館，大多爲墾戶、大租戶、圳戶所設之住宅、租館、課館之類，這些建物有的也稱爲公館。例如張方高即墾戶張廣福，在新莊所建之住宅、租館即稱爲張廣福公館，或稱爲新莊公館。而其弟方大即墾戶張必榮，在海山莊所設住宅及租館則稱爲海山莊公館，或稱張公館⑥。但海山莊公館自乾隆二十三年後，兼爲隆恩息莊公館，又自乾隆三十二年經管淡分憲衙門戶糧，因此有官設與民設公館之雙重性質。

二、海山庄之墾戶

淡水西保海山莊之開墾係始於康熙五十二年，初由鄭珍、王

③周鍾瑄，康熙56年，《諸羅縣志》（臺灣文獻叢刊第141種）第1冊，頁27。
④余文儀，乾隆29年，《續修臺灣府志》（臺灣文獻叢刊第121種）第1冊，頁65-68。
⑤陳培桂，《淡水廳志》第1冊，頁53，第3冊，頁374。
⑥張福壽，昭和13年，《樹林鄉土誌》，頁149。

謨、賴科、朱焜侯等四人合墾，同時並合墾坑仔口、北投二處草地，墾戶名稱爲“陳和議”，俱作四股均分。至雍正二年，鄧旋其承買王、朱二股。三處草地年徵供粟四十三石四斗七升。迨乾隆初年，鄧氏因田地乏水，無力開圳灌漑以致失收，缺欠供粟及公費等項。因此乾隆八年三月，鄧旋其乃抽出一股，以三百兩銀賣與胡詔⑦。

此間夥記賴科不幸身故在臺，有子賴維，年幼在內地，兼重洋阻隔不得奔理。乃由在臺之堂叔賴羨，將賴科應得一股，抽出半股賣與徐閩，以爲喪費之資。至乾隆八年十月，賴維同叔伯謙來臺，淸理其父業，繼承八股之一股之業。後來夥記協議，由賴維接管北投莊草地，作抵八股得一之數爲己業，年貼完供粟壹拾伍石。其餘供粟，卽年納四十三石四斗七升，扣減賴維貼完十五石所剩餘之二十八石四斗七升併雜費等項，則由海山、坑仔口二莊七份夥記胡詔、鄧旋其、鄭策、徐閩等承當。各管各業⑧。

乾隆八年之後，海山莊一所內分作七股份，其中之五股係爲胡詔所持有，另夥記鄧旋其得二股，年載租粟二千一百石，墾戶名稱爲“胡同隆”，承繼墾戶“陳和議”。但鄧旋其因無力開圳，歷年由胡詔代墊銀兩四千餘兩。故乃由胡詔胎典鄧家二股田業⑨。

其實不但鄧家自雍正二年，合夥拓墾海山莊後，因無力開圳，田園失收，而缺欠供粟及公費。胡家亦因開圳費用浩多，侵欠公私債項。乾隆十三年之後，胡詔也去世⑩。胡詔之子胡思

---

⑦《永泰淡水租業契總》（張福祿先生藏，以下簡稱《永泰契總》），乾隆8年鄧旋其立賣契。

⑧《永泰契總》，乾隆8年10月，胡詔、賴維等同立合約。

⑨《永泰契總》乾隆19年6月胡思睿、胡思湧立典契，及乾隆18年正月，劉偉近立賣絕契。

⑩《永泰契總》，乾隆19年，胡思睿、胡思湧立典契。

睿、思湧二人，因胡家歷年爲開墾侵欠公私債項，受迫難堪。乃於乾隆十六年八月，由張方大、吳洛、馬紹文（又作詔文）三人合夥，以價銀三千五百兩，購買胡思睿、思湧所繼承之淡水西保海山莊七股份七股內之三股半。此三股半再作七小股，每股出銀五百兩，卽馬氏出銀二千兩得四股，張氏出銀一千兩得二股，吳氏出銀五百兩得一股，墾戶名爲“張吳文”，投稅納糧。翌乾隆十七年，胡思睿等又將所存三股五分，撥出一股賣張氏，撥出五分賣吳氏，俱收入張吳文戶合管。連前作五大股，馬得二股，張得二股，吳得一股。又向胡家買海山莊公館三間並護厝八間、竹圍、曠地、菜園，價銀二百兩。又番埔一所價銀二百兩。俱作五股出銀合買。並重新起蓋粟倉，均作五股費用，以爲公貯公住之所。至乾隆十九年六月，胡思睿、思湧兄弟，又將所胎典之鄧家二股份及海山莊公館左邊茅屋一座，一併以價銀三千五百兩轉典給張吳文，仍作五股合典，每股出銀七百兩，亦歸入張吳文墾戶，作五大股合管公收公辦。所有海山莊之田園、荒埔、館厝、竹圍、水圳一草一木，自乾隆二十年二月以後，總係“張吳文”五股公物。莊中租息，除應輸課項、公項及管事辛勞什費外，照股分收⑪。到了乾隆二十年十一月，胡思睿因債項推急，無以支應，乃托公親向張吳文求情，找絕銀一千兩⑫。而乾隆二十一年十一月，鄧旋其去世，其子鄧光寶，也向張吳文找絕劍銀一百大員，以作喪事費用⑬。

張吳文墾戶自乾隆十六年，合夥拓墾合管六、七年後，至乾隆二十二年十月，乃分股立戶，在拈股份時馬紹文拈得第一、二

---

⑪《永泰契總》乾隆20年2月，張方大、吳洛、馬紹文（又作詔文）同立合約，及乾隆19年6月，胡思睿、胡思湧立典契。

⑫《永泰契總》乾隆20年11月，胡思睿立找絕盡契。

⑬《永泰契總》，乾隆21年12月，鄧光寶立找絕契。

股（即石頭溪、柑園地區），並以紋銀四千零六十三兩賣爲隆恩息業⑭。

按所謂隆恩息業，係雍正八年，總鎭王郡奏准，給發帑銀，就臺郡構置田園、糖廍、魚塭等業，歲收租息，以六分存營，賞給兵丁遊巡及有病革退者，與夫拾骸、扶櫬一切盤費，以四分晝兌藩庫，賞戍兵家屬吉凶事件。此即隆恩莊之始也⑮。張方大拈得第三股與第五股（即潭底、猿仔寮、三角埔及新莊地區），吳洛拈得第四股（即彭厝、山仔脚地區）。張吳仍合夥，曰張吳夥記，仍付洪篤使管理，張沛舍幫辦。至乾隆二十五年十月二十三日，張吳又入呈分戶，吳洛之第四股名吳際盛，張方大之二股，立戶爲張必榮，從此以往張吳亦另辦矣⑯。

至咸豐同治年間，海山莊之拓墾幾乎殆盡。殷戶盛行購置田園業產，除原有墾戶張必榮、吳際盛外，有各地之富戶購置海山莊之田園，而成爲海山莊之業戶，計有枋橋之林本源、艋舺之李勝發、竹塹之林恒茂及張德春、王益興、何大昌、林口泰等⑰。

---

⑭相傳馬紹文家後來只有女兒而無子嗣，故在今三峽鎭隆埔里（即舊隆恩埔）之公路傍有馬氏之姑娘仔廟。其在海山莊公館邊所遺留之田地則稱爲姑娘仔田。

⑮陳培桂，《淡水廳志》第2冊，頁 171。

⑯《永泰契總》乾隆41年2月，玕舍追序合置海山莊分股立戶始末序，乾隆22年10月馬紹文賣地爲隆恩息業契內公約聲明抄藁；及張福壽，《樹林鄉土誌》，頁 150。

⑰見同治6年4月，〈太平橋碑〉所列捐銀衆業戶，碑今仍豎在樹林鎭大同里太平街太平橋邊。按在清末林本源爲全臺首富，也是最大業戶，在枋橋、大嵙崁、桃仔園、大坵園、竹圍、宋屋及宜蘭之頭城、五結等地設有租館，在頭城之租館稱爲大成館，又名蘭西吉記租館。枋橋之租館係由林家在枋橋最初興建之邸宅弼益館改設者。據板橋人林銘勳先生說：老一輩的枋橋人也稱租館弼益館爲公館，但對林本源邸宅（三落大厝、五落大厝及林家花園）並不稱爲公館，而簡稱爲“館內”或稱“大厝內”。

三、海山庄公館

海山莊公館係創設於乾隆八年之後，十六年之前，初係由海山莊之墾戶胡詔（戶名胡同隆）所創設，稱爲海山莊公館，計有公館館厝三間，並兩邊護厝八間及竹圍、曠地、菜園，係爲胡家住宅及貯倉。也就是墾戶胡家之課租館。乾隆十六年八月，胡家將海山莊墾戶股份之一半賣給張吳文，因此同時將海山莊公館館厝三間，護厝八間及竹圍、曠地、菜園，以價銀二百兩賣與張吳文。墾戶張吳文併重新起蓋粟倉，分爲內館與外館，以爲公貯公住之所。公館之事務請洪克篤等公辦。當時海山莊公館所收大租穀年達數千石云⑱。至乾隆二十二年，馬氏之股份賣爲隆恩息業。張吳仍合夥，稱爲張吳夥記，仍請洪篤使管理，張沛舍爲幫辦。二十五年，張吳又分股立戶另辦，吳氏戶名稱吳際盛，張氏戶名曰張必榮。於是海山莊公館之內館乃分爲張公館、吳公館及隆恩館三館，外館則仍屬張公館之一部分，但對外則仍以張必榮爲代表，故俗稱爲張公館。而方大之長兄方高在新莊所設者，則稱爲新莊公館⑲。《淡水廳志》卷三〈建置志·廨署〉載：隆恩息莊公館三座，……一在海山堡彭厝莊，彰化北路協副將設。⑳卽指隆恩館也。

乾隆三十二年閏七月，張方大（必榮）之長子張世廸（卽

---

⑱《永泰契總》乾隆20年2月張吳馬合約，乾隆20年11月，胡思睿找絕盡契；及張福壽，《樹林鄉土誌》，頁149、150。

⑲張福壽，《樹林鄉土誌》，頁 149，按海山莊張公館該誌又稱爲潭底公館。

⑳陳培桂，《淡水廳志》第1冊，頁53。按當時海山莊已設海山堡，海山莊在乾隆中葉後，因拓墾發展而多形成數莊，公館所在地乃屬彭厝莊。

源俊、舉人），以銀三百大員向張德承買淡分憲衙門戶糧淡水西保經管半股，配定承管西保業戶莊人竹塹霄裏南崁等社通事各呈詞，係每年逢單月初一日起至十五日止，上行文移係每年逢單月初一日起至初五日止，竹塹全保稅契淡東各保門牌均係四分之一；併與股夥許進官同管淡塹等處兵米米粟及彰化快官莊等項經管㉑。於此海山莊張公館之內外館，乃由業戶張必榮之住宅、粟倉、租館兼爲經管淡分憲衙門戶糧淡水西保半股之辦事處。

海山莊公館之隆恩息莊館，自乾隆二十二年購置，並自二十三年每歲向莊內佃民收早晚租穀。但從四十三年間，開始設風車行櫃煽後數年，弊端漸起，丁役每車需索一、二斗，一年增於一年，小民不堪苛求。因此，乾隆四十八年，福建臺灣北路中軍都閫府王澁涉海山莊，查悉歷年陋習後，乃在海山莊公館出示申禁陋規，曉諭示知。並立申禁陋規石碑，永遠示知。碑文如後。

此石碑縱 130 公分，橫 56 公分，石碑下部附有石斗，爲清代海山莊公館之唯一珍貴碑碣史料。日據末期黃純青先生，從張宅方大居移置於樹林產業組合農業倉庫內，現仍存於樹林鎮農會後院。惟張家主人及一般人士則大多一直不知其下落。筆者亦最近撰本文借閱省文獻會該石碑拓本，而打聽其下落，始聽吳家憲先生說：該石碑似在樹林鎮農會。乃到樹林鎮農會訪邱秘書，而承告確在該農會，並承引導參觀該石碑，拍攝照片如後㉒。

㉑《永泰契總》，乾隆32年閏7月，張德立退辦字；及尹章義，《臺灣鑑湖張氏族譜》，頁167、173，民國74年，張士箱家族拓展史研纂委員會出版。

㉒據樹林鎮農會邱秘書說：“此石碑日據末期黃純青先生，從張宅方大居移置於樹林產業組合農業倉庫內。”民國42、43年間，臺灣省文獻委員會曾派員到樹林鎮農會摹拓石碑拓本保存。

中禁陋規

特授福建臺灣北路中軍都閫府兼管中營事函　為示禁丁役需索惡習以杜流
弊事[切]弊端每起於因循而奸究恒安於始息本府下車斯土風聞海山[官]庄自四十四年
間佃民運谷赴倉完納始設風車揚煽潔爭頭涵照數入倉二涵付佃持回近年以來庄佃
運納租谷丁役將二涵勒取入己甚將頭涵潔谷亦行需索以肥私囊種種不法大干例禁
本應查究[始]念不教而誅合函出示嚴禁為此示你丁役人等知悉[詞]　毋許額外需索如
敢故違許該庄佃指名稟究　本府以憑[盡]法處治不貸凛之慎之毋違特示又
管理海山庄務[張]奉
都閫府王　示文申禁設立定置以便徵收以便交納事照得　隆恩庄田創造自二十三年
每歲收成早晚谷石由來無異至四十三年間始行櫃煽後數年弊端漸起每車取谷一二
斗詎思人心不古一年增於一年需索無窮小民力作何堪[額外]苛求今歲本府蒞涉斯土
納查歷年陋習不端恐將來取[之]不禁深為民累在衆佃戶勤耕苦力課粒為艱情實可怜
為此合行出示曉諭自今歲為始衆佃戶交納早晚谷石務其乾燥潔淨櫃煽過量繳入倉
[敖]以外毋許取動升合又查歷年交量之際官佃較論斗之大小甚為不便然業有千載官
不一制亦恐月久日甚不若照舊給定石斗以為準繩豎立石碑以存永遠則官徵者易徵
而衆戶亦鼓[舞]交納矣為此特示[遵]行曉諭示知
乾隆肆拾捌年　月　日　立

海山庄公館出示申禁陋規碑，作者攝

到了咸豐三年八月，淡水廳下八甲莊之泉州同安縣人與漳人聯合，和泉州安溪人及三邑人（即晉江、南安、惠安三縣人）械鬥，燬八甲莊；因此也波及海山莊，漳人在竹篙厝築城砦，泉人則以海山莊張公館爲陣營，激戰數月，公館之外館被漳人燒燬。至咸豐九、十年間，新莊、艋舺、枋寮之漳人復聯合粵人與泉人械鬥。又波及海山莊，海山張公館之內館復被漳人燒燬。而漳人之竹篙厝城砦，也在艋舺泉人黃蘭之指揮下被攻陷。械鬥結束後，張家仍在原址重建公館之內外館㉓。

迨光緒二十一年（日明治二十八年）乙未之役，公館之內外館復被日軍燒燬。張家乃於光緒二十八年（日明治三十五年），在內館舊址重建“方大居”。內館之土地在日人土地調查後，被編爲彭福字樹林三二七至三三七番地，外館爲三五七番地㉔。

光復後，方大居於民國三十五年（丙戌年）及四十一年（壬辰年）兩次修建。張必榮之後裔張福祿，在光復後事業大成功，張家中興。至民國七十年，張福祿以方大居房舍陳舊難以整修，乃倡議重建。於是張家族人投鉅資，於是年四月興工，經二年二個月，於民國七十二年六月竣工落成，名曰“張方大紀念堂”，堂高六層，凡七百餘建坪，分設樹林士箱幼稚園，士箱後裔聯誼會，文物陳列所，以緬懷先人秉勵來玆，頂閣敬奉張家列祖靈位，供後代子孫瞻仰禮拜。堂址在樹林鎮樹人里啓智街一〇六號㉕。

——原載《臺灣風物》36卷3期，民國75年

㉓陳培桂，《淡水廳志》（臺灣文獻叢刊第172種）第3冊，頁365、366；張福壽，《樹林鄉土誌》，頁 27、28、150。

㉔張福壽，《樹林鄉土誌》，頁149、150；尹章義，《張士箱家族移民發展史》，卷首挿圖〈張方大紀念堂沿革碑記〉，〈方大居舊額〉，民國72年，樹林，張士箱家族拓展史研纂委員會印行。

㉕尹章義，《張士箱家族移民發展史》，卷首挿圖〈張方大紀念堂沿革碑記〉。按張士箱爲方大之父，爲張家渡臺始祖。

清季及日據初期南部臺灣之牛墟

祇賣牛
也賣相關農產品.

一、前言

墟爲商賈貨物幅湊處，古謂之務，今謂之集，又謂之墟，卽一種定期集合的露天臨時市場，又稱墟市、墟集、墟場，或名市集。在我國西南、華南各省很普遍。墟依照其集市之日期及出售之貨物，可分爲亥墟、趁墟及豬仔墟、玉墟、牛墟等名稱。《嶺南志》載：荆吳俗取寅申巳亥日，集于市，曰亥墟。《南部新書》云：端州以南，三日一市，謂之趁墟。《厦門志》（道光十二年周凱修）卷二〈分域略墟集〉載：豬仔墟在新塡地鬼子潭，每旬以一、六爲期販賣小豬，卽是也。玉墟見於廣州。牛墟則爲出售牛隻之市場，爲臺灣唯一之墟市，都設於本省中南部。

臺灣在淸代已設有牛墟，唐贊袞撰《臺陽見聞錄》云："牛墟，臺南府安嘉大武壠。……同治九年，經郭巡檢秀先稟准設立義塾。嗣因經費難籌，又稟請就灣裡街牛墟每隻納稅一百文，充爲義塾經費。因所取無多，足以杜絕盜竊私宰，有便鄉民，經劉前道批准照辦。"據此，可知在淸同治年間臺灣府轄內灣裡街已設有牛墟。在淸季設有牛墟者，除灣裡街外尙有舊社（今歸仁鄉）、大穆降（今新化）、崇德里（今歸仁鄉武東村）、長興里（今仁德鄉）、新豐里（今關廟鄉）及鳳山等地。日據初期南部臺灣仍沿襲淸制設立牛墟，其名稱仍名牛墟，並用日式名稱稱爲共同牛畜市場。大穆降莊、灣裡街、鹽水港、大糠榔西堡下竹圍莊（朴仔腳）、鐵線橋、嘉義、茅港尾（今下營鄉）、鳳山、楠仔坑等地均先後申請設立牛墟，買賣牛隻。現在雲林縣斗六、北港、土庫等地亦仍設有牛墟。

臺灣自古以來即爲農業地區，牛隻不但是耕作之主要動力，並且爲搬運貨物之牛車主力，尤以廣大之南部平原爲最。據民國五十六年版之《臺灣農業年報》，民國四十九年之統計全省牛隻共有 420,573 頭之多；內水牛 324,516 頭，黃牛及雜種牛93,033頭、乳牛 3,024 頭，爲光復後歷年之冠。民國五十五年則減爲366,978 頭，內水牛 261,599 頭，黃牛及雜種牛 99,656頭、乳牛5,723 頭。其中以臺南縣爲最多，占 46,795 頭，屏東縣次之爲43,571頭，其次爲嘉義縣之38,330頭，再次爲雲林縣37,578頭，可見南部各縣仍爲主要之牛產地。因此牛隻之交易一向甚盛，社會之習俗亦極愛護耕牛；牛墟在南部臺灣之農村社會占有極其重要之地位。自從民國五十年以後臺灣牛隻之產量有漸減之趨勢，民國五十五年較之五十四年減少2.59%。蓋牛隻原爲臺灣農村主要動力，近年來由於農業機械化之日益推廣，而牛之生長期長，繁殖亦慢，致牛隻之生產有漸減少之現象。而臺灣牛墟之介紹研究爲文尚不多見，玆據《清代碑記》及《臺灣總督府臺南縣公文類纂明治三十一年永久保存第一百六十七卷內務門殖產部第十一類銀行會社（即公司）市場》所存調查文件等，敍述當時之牛墟情形，聊補志書之缺。

二、牛墟之設置及其章程

開設牛墟之目的有三，一爲便民買賣、二爲防竊盜、三爲禁屠宰。光緒二十四年（日明治三十一年）一月，臺南縣大穆降街人民總代鍾鏡清、蘇有志（又名蘇志）、李學禮等三人，向臺南縣知事申請設立牛墟之附件〈牛墟要領〉，詳記其設立目的云：

一、便民買賣也。凡牛隻買賣者多不知賣處，大為不便。況大穆降街人煙繁集，商旅往來，若無墟場，大為不宜。故先輩妥議稅地便民買賣，而商務亦因而興也。

二、防竊盜也。凡土匪盜牽牛隻，每在墟場公然販賣，若牽往村莊恐人識出。牛墟設墟長以宰其事；凡買賣者報告姓氏住所，註明大簿，掣單執照。反此便是盜牛，既是盜牛，墟長立將人牛留住，牛聽失主討回，賊別解官究辦。故牛墟一設，而賊子所盜之牛無處變賣，而地方盜竊之風可以少戢矣。

三、禁屠宰也。本島耕田狹，蔗運車全賴牛力，牛價賤則農務必興。而牛灶之人多是無良，不念耕牛之功，戮殺迨盡，致牛價騰昂，為害農務不淺也。牛墟一設仍做舊章，牛灶要殺牛，不得私向人家別買。惟屆墟期，禀明墟長，果屬老牛、病牛始准買去宰殺。而耕牛若有擅殺者解送究治。此不特體好生之德，亦所以維農務也。

此文已明確地指出牛墟之設立目的及其影響。

臺灣在清代已設有牛墟，惟日據初年，因戰亂或停辦，或發生弊害，因此日本政府乃令飭人民重新申請設立。在其初期呈准設立者，計有大穆降、灣裡街、鹽水港、樸仔腳（又作朴仔腳）、鐵線橋、嘉義、茅港尾、鳳山市、楠仔坑等牛墟。玆將各牛墟之沿革暨其設立經過及章程分述於後。

(一)　大穆降牛墟

墟長

大穆降街在清代已設有牛墟，買賣牛隻。人民雖獲方便，但發生種種弊害，因此在清光緒中葉割臺之前曾一度裁撤。日據初年，因人民常感不便，再議設置。於是光緒二十三年（日明治三十年）四月二十六日，大目降街事務主辦人鍾鏡清暨大目降莊事務主辦人王棟如兩人，乃聯名向大目降辨務署長石川才足呈請轉呈臺南縣知事磯貝靜藏准予開設牛墟。其呈文曰：

具稟人大目降莊、街事務主辦人（主辦人原文作係）王棟如、鍾鏡清等，為開設牛墟並選舉墟長以防盜賊事：緣自清國數年前牛墟廢輟，盜賊日興，常有強盜黑夜刼奪耕牛，黨結窩藏，互相牽引，隨處盜賣盜買，私行屠殺。而名目糊混絕無蹤跡可稽，亦無根由足據，以致四處攘奪，無所畏忌，則其貽害於地方農民者，所關非淺鮮也。亟宜及早重修舊制，以絕盜竊根株。王、鍾等生長此莊，熟識人情風俗，而且身當該莊之事務主辦人，其地方之責任攸關，於是懇請恩准於該莊設置牛墟，並就該地擇選品望端正熟識人民者舉為墟長。其所謂墟長者，值有牛隻買賣均宜報明墟長勘驗，登記姓名住所時日，每隻依例應給與二角銀以作墟長開墟之資，每月定有九期，每逢三、六、九之日聽其赴墟買賣，隨手條列在賬簿，使其盜賣者無門可賣，盜屠者無地可屠，倘有敢違公徇私等情，一經察出即當拏獲送官究治重罰，以儆效尤，而靖地方，庶刼奪牛隻之風可以息矣。合瀝情稟乞縣知事大人，電察施行，恩准給發許可開設牛墟證憑，並出示諭，以安農民，以靖地方，仁義兼施，沾感切叩。

其申請之呈文，經大穆降辨務署轉呈臺南縣後，該縣內務課殖產股以事屬初創，乃先會簽請該縣警察課暗中調查其申請之實情，有無弊害及其舊來之慣例如何？又如准其設立是否有適當之位置及當墟長之人物等事項。該縣警察課以事屬殖產股主辦仍退還內務課主政，並令飭關帝廟警察分署調查具報該縣轄內有關牛墟之資料。關帝廟警察分署長警部石橋高奉令後，於光緒二十三年（日明治三十年）五月二日，將其所調查之情形向縣警察部長

豐永高義報告有關牛墟情形。其報告謂:

> 關於大穆降街事務主辦人鍾鏡清等二人，申請再興牛墟稅，准否正在審核一案。查關於牛墟自早不僅大穆降一處，而舊安平縣已設有舊社街、灣裡街及大穆降三處，並自清代時已有慣例及弊害。玆將調查所獲慣例及弊害情形錄后:
>
> 關於牛墟之開市，從前舊社街係定為一、四、七之日，灣裡街定為二、五、八之日，大穆降定為三、六、九之日。臺俗係於此定日開市。在光緒二年，卽二十二年以前則各置有墟長一人。墟長卽在墟內將買賣人之住址、姓名登記於簿册，如賣主不詳時則需立保證人。又買賣牛一頭徵收手續費貳拾文，並由墟長繳納年稅十圓。當時如在墟內之各戶，買賣牛隻者卽令其出錢，若各戶買賣之牛隻後日有斃死等情形時，卽令其退還價款等，弊端盛行，良民卻以有牛墟而感痛苦。於是光緒二年，撫臺（按：係欽差大臣之誤）沈葆楨乃廢止墟長及墟稅云。諒其弊害相當厲害，故當時乃有臺灣府正堂頒布禁令五條，如本轄內關帝廟則將其勒石示遵。又墟內買賣之牛隻如後日發覺係為贓物時，慣例上被盜人亦不能要求歸還，此亦與刑法之附則有所抵觸，謹玆呈報鑒核。

臺南縣接到關帝廟之調查報告後，乃於光緒二十三年（日明治三十年）十二月十一日，召集管轄內之辨務署長等舉行諮問會，討論准否設立牛墟一案，討論情形及其結果如後:

一、內務部長謂：大目降人民申請設置牛墟，經移請警察部調查原來之慣例後，似自清代時卽有種種弊害。本案是否加以限制許可，抑或不准，請各位發表高見。為供各位參考乃朗讀警察署向警察部之報告。

一、林課長：報告本案申請書提出後之處理情形並朗讀申請書。

一、石川犬野署長謂：雖有弊害但希加以限制許可之。

一、石毋田署長謂：蕃薯寮地方並無此慣例。

一、瀨戶署長謂：此事項據聞旣允行云，是否已發指令。

一、林課長謂：軍政時代雖不詳，但民政施行後則似無該項之指令。

一、內務部長謂：稅是否按照清代之制度徵收。

一、各署長謂：希望加以徵稅。

一、內務部長謂：如要徵稅則應定其辦法後予以許可為宜，未知各位之高見如何？

一、各署長：均表示贊成。

辨務署長諮問會開會通過贊成設立牛墟後，內務部再令飭關帝廟署長大野昇馬，調查關帝廟內所立清代臺灣府頒發之有關牛墟禁令石碑抄呈全文具報，以供參考。關帝廟辨務署長大野奉令後，乃於光緒二十四年（日明治三十一年）三月二十九日，以關發一第一一二號抄呈該碑全文具報(詳見三、政府對牛墟之管理及禁令)。

大穆降街人民總代鍾鏡清、蘇志、李學禮等三人，則以申請設立牛墟久無下文，因此復於光緒二十四年（日明治三十一年）一月初，再度聯名向臺南縣知事磯貝靜藏提出設立牛墟之申請書。其文曰：

大目降街人民總代鍾鏡清、蘇志、李學禮。

右者從前本街稅地一所設牛墟便民買賣，所抽徵費充作義塾公費培養人才，因辦理失宜一旦禁止，人民極感不便。故今再議開設墟場，仍舊稅民地一所便民買賣，若防其所由生弊害別在案，一紙附後僉請再准興設，所得益金每買牛一頭金二十錢，一年除開費外約計實金貳百圓，每月末完納辨務署以充黌費，而為人才培養之資。伏乞憲大人速准此案，沾感靡涯，本願(即申請)牛墟，若他日有賦官稅之命，一切遵奉無違，又及。

其附呈之牛墟約款云：

牛墟約款：

第一條：牛墟者，便人民之買賣，且以防屠宰及盜賊為其本旨。

第二條：牛墟者一個月九次三、六、九之日開之於大目降街民有閒地。

第三條：牛墟置墟長，使掌理牛墟一切之事。

第四條：墟長者，牛墟地所屬之街莊長選定之。具其本籍、姓名、年齡及素行等，經辨務署可以申呈於縣廳。

第五條：墟長必主清廉，要無貪污之行，且恪守左列事項，須要與他誓約，其樣式準末尾所載。

不可額外加收；

不可使用小錢；

不可刻減錢尾；

不可誣指盜牛；

不可嚴拏走墟；

不可包看銀項；

第六條：墟長者，人民所買賣，每牛壹頭徵收勞金貳拾錢。

第七條：墟長所受報酬於勞金中備之，其給額經辨務署別定之。

第八條：墟長者，明記買賣牛數並勞金額於賬簿，閉墟後速提出街莊長，街莊長申報之辨務署，可以納了金員。

第九條：墟長若發現盜牛，速停止其買賣，可以告發於所轄警察署。

第十條：墟長善整理墟場，須要不加害於行人。

附：第五條誓約樣式

某當選大穆降街牛墟墟長自今確守約款誠心誠意誓無違

> 執憑證明年號、月日、住所、職名、何某印、何街莊長代名。

大穆降辨務署長石川才足接到人民總代鍾鏡清等之第二次申請書後，於光緒二十四年（日本明治三十一年）一月十五日，以穆發第二十四號簽擬意見轉呈臺南縣知事磯貝靜藏，請惠速准予開設。其呈文曰：

> 查大穆降街在清代曾設有牛墟，相似日本之市場，買賣人民所需要之水牛等。人民雖獲方便，但又發生各種弊害，因此曾一度裁撤。茲因人民常感不便再議設置，並依另紙申請有案。據調查如申請書附件所陳，前項弊害之要點，主要在於牛墟所設墟長，往往徵收所訂以外之超額手續費等情事。故應嚴格遴選墟長，並由手續費內扣支若干給與報酬，令其辦理墟長所屬一切事項，並防其弊害。又責成街莊長嚴格監督，其所徵手續費並由街莊長管理之，並飭令明記每月牛隻頭數及手續費向辨務署長報告，而將其款充為學校費用等由，茲檢呈申請書謹請惠速賜准為禱。

臺南縣知事接到大穆降辨務署長轉呈之申請書，並經研究後，於光緒二十四年（日明治三十一年）四月五日，以指令第一之二號批准大穆降街人民總代鍾鏡清等三人，准予設置牛墟。並令飭大穆降辨務署長除轉飭知照外，希嚴格監督以免踏襲往昔之弊害，及按月報告牛墟情況。於是大穆降牛墟乃正式奉准設置。

㈡　灣裡街牛墟

灣裡街也在清代已設有牛墟。據光緒十七年唐贊衮撰《臺陽見聞錄》載："同治九年，郭巡檢秀先稟准在大武壠設立義塾。嗣因經費難籌，又稟請就灣裡街牛墟每隻納稅一百文，充爲義塾經費。因所取無多，足以杜絕盜竊私宰，有便鄉民，經劉前道批准照辦。"據此，可知在清同治九年前後灣裡街已設有牛墟。日據之初，灣裡街人林青龍曾於光緒二十二年（日明治二十九年）五月，申請在灣裡街南門外開設牛墟，臺南縣知事磯貝靜藏乃於光緒二十二年七月六日，以文警第六號批准其開設。林青龍奉准開設牛墟後，將原來充爲義學經費之牛墟收益金歸爲自己所有。因此灣裡街人蘇源泉等二人，乃於光緒二十四年（日明治三十一年）三月二十二日，另申請設立牛墟，但臺南縣內務部則以牛墟係供爲公共事業費者，應以人民總代之資格呈請，或由街莊社長稟請經准後辦理，而其收支應飭令每月呈報灣裡辨務署。嗣後乃於光緒二十四年三月二十六日，改以灣裡街人民總代鄭玉能及陳式文兩人之名義，向臺南縣知事磯貝靜藏申請設立牛墟。其申請書謂：

> 從來善化里西堡灣裡街南門外牛墟，係准許灣裡街林青龍開設者，該項墟場在清代時，規定將該墟場所收之收益金充為義學經費，現在則歸為一人所有，甚為遺憾。茲擬將該項收益金供為公共事業費，謹請賜准民等開設該墟場為禱。

灣裡辨務署長瀨戶晉接到鄭玉能等之申請書後，於光緒二十四年（日明治三十一年）三月二十六日，以甲第五十九號轉呈臺南縣知事磯貝靜藏。其呈文云：

> 關於善化里西堡灣裡街人民總代鄭玉能等二人申請開設牛墟一案，經查該員等為當時善化里西堡第一區暨第二區之街莊長，如申請書所載彼等對公事並無不當之處，該墟長之收益金在清代係規定充為義學經費，現在則完全歸為原承辦人林青龍一人之利益，對公事毫無裨益，如此則甚為遺憾。因此該員等乃以人民總代之身分提出申請，並言明該收入款擬充為公益金，右兩人之申請至為恰當，如取消前頒許可今後再予以許可當為合宜，謹此呈請鑒核。
>
> 附呈：申請書及前頒許可書（即執照）。

臺南縣內務部收到該項呈文後，於光緒二十四年（日明治三十一年）四月六日，以內殖第一二七號令飭灣裡辨務署長，調查該墟場有關規約及收益金估計額等具報。灣裡街辨務署長瀨戶晉奉令調查後，於光緒二十四年四月二十日，以復一第二十八號呈報灣裡牛墟章程及收益金估計額。其章程及收益金估計額如下：

牛墟章程：

第一條：牛墟設在善化里西堡灣裡街南門外，乃為便人民買賣牛類之處，務要公買公賣，若有買賣不公勒索滋事之弊，查確請官究懲。

第二條：牛墟定每月二、五、八之日開墟。

第三條：牛墟有買賣牛類者，每頭徵收墟費金二十四錢，並牛□（按：原文缺一字，似為款字。卽鑑定買賣牛隻時所付銀幣正否之佣金。清代稱為看銀。）每圓金四厘。

第四條：牛墟設墟長一人，鑑識人三人，以專責成。

第五條：買賣牛類者，務向墟長給領憑單以昭明證。

第六條：牛墟買賣牛類者，須托鑑識人受授銀錢。

第七條：墟長不給薪水，鑑識人每月發給勞金三圓。

第八條：墟長由同夥中公舉，鑑識人墟長選擇之。

第九條：墟長須作收支計算書，每年一月七月兩次集會。

第十條：同夥不時到牛墟查閱賬簿等亦聽其便。

第十一條：牛墟所收應收之益金，每月扣除牛墟各樣費用總捐公益費用。

第十二條：本墟當受辨務署長之監督，每年一月七月兩回須作收支計算書呈閱辨務署長。

以上各條同夥各遵照辦理，莫敢或違，乃各姓名下蓋印以為證。

明治三十一年四月

臺南縣善化里西堡五十二戶　鄭玉能

臺南縣善化里西堡六戶	陳式文
臺南縣善化里西堡十二戶	蘇定邦
臺南縣善化里西堡九戶	林水和
臺南縣善化里西堡十三戶	林　純
臺南縣善化里西堡五十三戶	張萬安

牛墟每年約略收金貳百五拾圓，扣費佣金壹百五拾圓

總　代　　陳式文

臺南縣知事審定其牛墟申請書及章程後，於光緒二十四年（日明治三十一年）四月二十五日以指令第一二七號，核准善化里西堡灣裡街人民總代鄭玉能等二人設置牛墟。並撤銷准許林青龍開設牛墟之“明治二十九年七月六日文警第六號指令”。同時以殖第一六三號令飭灣裡街辨務署長，准許該轄內灣裡街人民總代鄭玉能等二人設置牛墟後，希嚴予監督以免發生弊害，並希每月報告墟市狀況。吊銷林青龍之開設牛墟執照之指令，乃希遞交並取收據。

(三)　樸仔腳牛墟

樸仔腳（今朴子）在清代已有官設牛墟，墟址在大糠榔西堡下竹圍莊。清末時係由灣內莊陳乃涵（一作乃合，又作萬涵）及樸仔腳街吳吉二人輪值主辦其業務。日據後陳乃涵仍向嘉義支廳申請繼續經營。嘉義支廳於緒光二十四年（日明治三十一年）一月七日，以內第十四號未准其開設。其文曰：

> 草諭，大糠榔西堡灣內莊陳乃涵（按：原文作乃舍）知悉。照得現在牛墟章程未定，本衙亟應調查。茲據該民稟請開設，未（按：原文漏「未」字）便准行，仍將原稟卻下，著即知照。此諭。

嗣後乃由堡飭令申請人陳乃涵依舊慣監督。因有利可圖後來

吳吉乃乘陳乃涵臥病時奪利，甚至用武爭奪，並訴之於法院。光緒二十四年二月初，復有樸仔腳人民總代黃煥然等三人提出申請設置牛墟，於是樸仔腳辨務署長田路基胤，乃於光緒二十四年二月十八日，以樸辨內第七十五號轉呈嘉義縣代理知事書記官永田巖，其呈文曰：

本轄內樸仔腳街人民總代黃煥然等三人，如另附件提出申請設置牛墟一案，經查舊慣在前清國政府時，係由灣內莊陳乃涵（按：原文作萬涵）樸仔腳吳吉二人輪值辦其業務。平均一個月可收二百圓（現在約為九十圓左右）以上之巨額，其收入之多少暫且不問，多擅自歸其本人私囊，政府所收者不過八十圓而已。本島入我版圖以還，陳乃涵仍向嘉義支廳申請繼續經營，並經許可暫准經營。但陳氏臥病，吳吉乃乘機奪利，甚至在現場用武等情形，不僅互爭其利，並且向嘉義法院提出訴訟，並請本署調解三次，不但不停止，進而更激烈爭執。倘不加以適當矯正其弊端則必將貽害於後日，謹請撤銷前頒暫時許可證，並請核准本申請案，其收益總用於有關員工之俸給，餘額充為雜費，倘有餘裕則再充用本街全般之衛生，窮民救助，教育及其他公共事業費。其收支必須詳記於簿册。並飭令街長二人直接負監督之責，而本辨務署亦負間接監督之任。如此則一來可斷絕其爭執，二來可漸次興起公益之基礎，實為一舉兩得。謹請賜予審議核准所請為禱。

光緒二十四年（日明治三十一年）六月，調整行政區域，嘉義縣裁撤合併於臺南縣。因此本案乃移交臺南縣辦理。臺南縣接辦本案後，內務部長於光緒二十四年八月十二日，令飭樸仔腳辦務署長須田綱鑑，轉飭申請人黃煥然等三人補送牛墟之規約及收支計算估計書等。並聲明原嘉義支廳並未批准陳乃涵爲墟長，僅由堡責成申請人陳乃涵依舊慣監督而已。

在此前後，復有臺南縣大榛榔西堡樸仔腳管轄內人民總代辨務署參事黃連興、吳澤生、第一區街長黃楷侯、第二區街長劉達材、第三區莊長黃國藩等五人連署，於光緒二十四年八月三日，向臺南縣知事磯貝靜藏呈請准予在下竹圍莊設置牛墟。其申請書及附件牛墟規則原文如下：

申請書：

從來設置大榛榔西堡下竹圍莊牛墟者，在清國時代為官物，其所收利益者納官。迨本島入日本帝國版圖以來沒有關取辦（按：取辦似為取締之意）方法，致現今人民互相爭起，苟且貪利，謀一身一己之利而已。斯不益於社會，如何遺憾。想邇來欲為公共事業與一般人民協議，另別紙規則定制，該照規則收其利充為教育、衛生，其他為公共事業，請將右牛墟場允准稟請。

牛墟規則：

第一條：牛墟設在大榛榔西堡下竹圍莊。

第二條：牛墟是樸仔腳管內公共事業。

第三條：牛墟開場者每月二、五、八之日。

第四條：牛墟設置墟長一名，書記二名及墟丁二名。

第五條：墟長者人民公共選舉，再受辨務署長允准。書記及墟丁者墟長推選，再受辨務署長允准。

第六條：墟長者管理牛墟之事務及監督書記墟丁。書記者掌理金錢出納賬簿及監督墟內。墟丁者巡視墟內防其混雜，監守脫稅。

第七條：牛墟長給與月津貼（按：津貼原文作手當金）　　圓。

書記給與月津貼　　圓。

墟丁給與月津貼　　圓。

但津貼金額人民協議不敢擅定時時欲請辨務署長決裁。

第八條：墟內買賣（按：原文作賣買）牛隻者，牛角必為證據與墟長檢印及號碼（按：原文作番號）燒印。

第九條：墟內買賣者，其為墟費（按：原文作墟料，以下同），每隻牛賣人拾四錢，買人拾六錢完納。

第十條：墟費之管守及墟長以下之月津貼給與方法由辦務署長委囑。

第十一條：牛墟收入者，除墟長以下之月津貼及雜費，其餘充為管內教育衛生，其他為公共事業費。

第十二條：在墟內買賣者必納墟費，若在墟外買賣者懲罰墟費十倍，但右之所行有向墟長通告罰金半額賞與。

樸仔腳辨務署長須田綱鑑接到黃連興等五人連署之申請書及牛墟規約後，於光緒二十四年（日明治三十一年）八月五日，以樸辦一之第三二六號轉呈臺南縣知事磯貝靜藏核奪。其呈文云：

本轄內大槺榔西堡下竹圍莊人民總代黃連興等五人，如另附件申請設置牛墟一案，本係已簽註意見，於本年二月十八日呈報前嘉義縣知事。惟今人民尚在互爭並日益激烈，擬請撤銷前嘉義支廳頒發灣內莊陳乃涵（按：原文作萬涵）之暫用許可證，並請核准本件申請案。如此一來可斷互爭，二來可漸次奠定公益之基礎，為一舉兩得之措施，謹呈詳予審核賜准為禱。並謹請註銷前樸仔腳辨務署長田路基胤呈報嘉義縣知事之前件申請書（按：即黃煥然等之申請書）。

前黃煥然等申請設置牛墟一案，本來似可允准。因此臺南縣內務部乃於光緒二十四年（日明治三十一年）八月十二日，以內殖第三〇一號指令朴仔腳辨務署長轉飭呈報該項規約及預計收支計算書等。惟朴仔腳辨務署長復於光緒二十四年八月五日，以朴辨一之第三二六號轉呈黃連興等五人連署之申請置牛墟一案。臺南縣內務部因接到兩件申請書，取捨甚感困難，因此於光緒二十四年八月十六日，以內殖第五一七號令飭朴仔腳辨務署長，應准予申請人黃煥然等，抑或黃連興，或准予在不同場所開墟，希其詳細具報。樸仔腳辨務署長須田綱鑑奉令後，乃簽擬意見於光緒二十四年八月二十日，以樸辨一之第三四三號呈報臺南縣內務部長鑒核。其呈文曰：

> 內殖第三〇一號暨第五一七號，關於本轄內大槺榔西堡下竹圍莊牛墟案奉悉。前後申請人之名義雖有異，但其實係同一場所，且為由同一協議成立者，兩者之中核准何方亦無妨礙，茲檢呈收支計算估計書及前嘉義支廳發給關係人陳乃涵之諭示抄本，擬請對黃連興等五人之申請，賜准為禱。再者本案作為公共事業一事，灣內莊陳乃涵亦表示贊同，謹禀以供參考。復請鑒核。

本案經臺南縣知事磯貝靜藏審核後，於光緒二十四年八月二十三日，以內第一三五六號批准大槺榔西堡朴仔腳人民總代黃連興等五人設置牛墟。同時臺南縣內務部長並以內殖第五一六號，令飭朴仔腳辨務署長云：人民總代黃連興等五人申請設置牛墟一案已奉准開設，請嚴加監督以免踏襲從來之弊害，並且報告情況及收支計算書等。於是黃連興等乃正式開設朴仔腳牛墟。

㈣　鐵線橋牛墟

鐵線橋在清代已設有牛墟。日據後仍續辦。嗣後爲擴張業務經人民協議，擬改組爲地方公共事業，並推鐵線橋街莊長陳宗禮暨鐵線橋街人民總代蘇榮爲代表，於光緒二十四年（日明治三十一年）九月十八日，向當局申請設立牛墟。其申請書暨規約全文如下：

> 設立牛墟申請書：
>
> 從來鐵線橋堡鐵線橋街，為防止土匪強奪，設有牛墟，經紀買賣水、黃牛，甚能奏效。爾後益感有擴大之必要，乃如附件制定規約，懇請惠准作為鐵線橋街公共事業繼續辦

理。官署各項命令自當遵守奉行。茲檢呈規約，謹請賜准為禱。

鐵線橋堡鐵線橋街莊長（按：街莊長係為第二十三區莊長之誤）陳宗禮

明治三十一年九月十八日

此次經人民一同協議，將鐵線橋堡鐵線橋街之牛墟作為公共事業，並如附件制定規約各自不違背，日後無論發生任何事情亦不訴苦情，茲由各總代人簽名蓋章為證。

明治三十一年九月十八日

鐵線橋堡鐵線橋街總代人陳宗禮

鐵線橋堡鐵線橋街總代人蘇榮

牛墟規約：

第一條：在鐵線橋堡鐵線橋街設立牛馬買賣場，作為鐵線橋街公共事業。每月九次定期一、四、七之日開墟。但雨天則休墟。

第二條：選定包辦人一人，任其自行辦理書記若干人之雇傭、解雇及關於牛墟之一切費用等事項。

第三條：包辦人除負擔納稅之義務外，一年應解繳二十四圓充為公學校費，並須遵守辨務署之指揮命令。

第四條：包辦人之期限定為一年。但如有不正當之行為，或由辨務署命令改選時，則不管期限如何應隨時改選。

第五條：包辦人經紀牛馬之買賣，由買賣雙方各收拾叁錢之酬勞金。又依舊慣承託鑑定銀貨之正否時，每一圓得收四厘以內之謝禮。

第六條：牛馬非有確實之所有主之證明，或所有主自己牽來者不得經紀。如認為不正當之牛馬或聞悉時，留其牛馬主人，並隨時報告辨務署。

第七條：包辦人應設金錢出納簿，詳記收入款支付款及納稅款等，辨務署檢閱時應隨時提出，不得異議。

第八條：經紀之牛馬應詳記其買賣人之住址、姓名、牛馬之種類、牝牡之別、出生年月及買賣年月日，供辨務署檢閱。

第九條：包辦人如貪收第五條酬勞金以外之款項時應退還原主。

違背第五、六、七、八條之規定時，應繳五圓以上十圓以下之違約金。

第十條：違約金由街長保管之，並經公議後處理之。

鹽水港辨務署長岡田信興，接到鐵線橋街莊長陳宗禮等，設立牛墟之申請書後，乃於光緒二十四年（日明治三十一年）九月二十四日，以鹽辨一第一四八號轉呈該申請書，請臺南縣知事磯貝靜藏核奪。惟轉呈後未經迅速批示，在徵收賦課及買賣牛馬等均感困難。因此鹽水港辨務署長岡田，復於光緒二十四年十月一日，以鹽辨一第二一二號致函臺南縣內務部惠速賜准。嗣後十月七日又打電報催請速予指示。光緒二十四年十月八日，臺南縣內務部長乃以第七〇〇號函致鹽水港辨務署長云：“關於陳宗禮等二人申請設立鐵線橋牛墟一案，希準據光緒二十四年（日明治三十一年）臺南縣報第一百十二號所載牛墟章程，重新擬定章程申請審核。”鹽水港辨務署長岡田信興接函後，於光緒二十四年十月十三日，以鹽辨一第二三三號，函復臺南縣內務部長書記官遠藤剛太郎。文曰：

本月十日內殖第七〇〇號，關於鐵線橋街設立牛墟申請書，需準據本縣縣報第一百十二號彙報欄內牛墟章程，再提出申請一案奉悉。查該縣報第一百十二號所載者，係樸仔腳牛墟章程，本署轉呈者為在縣報頒布以前，並且彼此慣例亦有不同，似難認為一定之標準。該牛墟早已編入為公學校預算之財源，現正逢地方稅賦課收期，如要頑固之地方人民另設章程似有困難，擬請特別賜准為禱。倘未能允行，並請暫准開墟至明年九月或四月是所至盼。

臺南縣內務部審閱前項復函後，簽擬意見云："查鐵線橋街牛墟規約係爲承攬組織，與公共組織相比恐弊害較多，諒察當可準照前許可之樸仔腳牛墟章程設立。申請書已退回數次。該牛墟收入金亦令飭編入公學校預算。因目前正逢地方稅徵收期，且因沿襲已久不能期待即時一掃舊慣變更組織。因此仍再轉呈到縣，似非完全無理由，故擬暫准開設至明年九月爲止，並漸次改革其舊來之陋習，到明年再予變更組織，當否謹請核奪。"於是臺南縣知事乃於光緒二十四年（日明治三十一年）十月二十六日，以指令第四四〇號，核准鹽水港辨務署管內第二十三區莊長陳宗禮開設鐵線橋牛墟。開設日期以光緒二十五年（日明治三十二年）九月三十日爲限。臺南縣內務部長並同時照會鹽水港辨務署長云："核准鐵線橋街設立牛墟一案，係實爲不得已之措施，暫准開設至明年九月止。依照其規約該牛墟原來係作爲公共事業，但不外爲包辦事業，難免發生弊害，在公益上甚爲不宜，希監督矯正舊來之弊風，並令飭期滿時改組爲公共組織。"

(五) 鹽水港牛墟

鹽水港也在清代已設有牛墟。日人據臺後仍繼續經營。光緒二十一年(日明治二十八年)十二月，日本派駐鹽水港之駐防隊長曾派李端正爲該街東門外牛墟墟長，並頒布有關牛墟之諭示云：

大日本帝國鹽水港守備隊長大尉木村，為凱切曉諭嚴禁事：照得本官防守斯境，理宜除暴安良。查有向章設立牛墟，原為各莊農耕糖油廍間急用為重，或買賣牛隻均是將牛牽到墟塢，經公酌價售賣，以便民用。禁止匪徒或截途強牽，或乘間偷盜牛隻，殊屬大於律禁，此風斷不可長。本官一面派兵保護，嚴查拘拿懲辦禁止外，合函出示曉諭，仰本街以及各莊諸邑民人等知悉。茲派李端正以為墟長。嗣後如有買賣耕牛者，仍宜立到墟塢，經公訂價採買為是。若有匪徒膽敢違反以上情節，若經我軍兵查明拏獲到案，立斬不宥。本官言出法隨，視民猶子，執令如雷。爾民切勿以身嘗試，各立凛遵毋違。切切特諭。

右諭通知

明治二十八年十二月　　日給

嗣後又與鐵線橋街同樣，爲擴張業務，經人民協議，擬改組爲地方公共事業。乃推鹽水港街總代張梁榮、洪逢時、王九如等三人爲代表，於光緒二十四年（日明治三十一年）九月十四日，向臺南縣申請設立牛墟。其申請書暨規約全文如次：

設立牛墟申請書：

從來為防止土匪之強奪，在鹽水港東門外官有地設有牛墟，經紀水牛黃牛之買賣，甚能奏效。爾後認為有更加擴張之必要，此次乃如附件設立規約，擬作為本鹽水港街公共事業繼續辦理。官廳各種命令當確為遵守奉行。謹此檢呈規約書簽署，懇請賜准為禱。

明治三十一年九月十四日

鹽水港街總代　張梁榮
鹽水港街總代　洪逢時
鹽水港街總代　王九如

臺南縣知事磯貝靜藏先生

此次經街民一同協議，擬在鹽水港街東門外設牛墟作為公共事業。並如附件制定規約，固當各自不違背。後日發生任何事情，亦不訴苦情。茲經總代簽名蓋章為證。

明治三十一年九月十四日

鹽水港街總代　張梁榮
鹽水港街總代　洪逢時

鹽水港街總代　　王九如

牛墟規約：

第一條：在鹽水港街東門外官有地設牛馬買賣場，作為鹽水港街公共事業。每月九次，定期於一、四、七之日開墟。但雨天則不開。

第二條：選定包辦人一人，任其辦理書記若干名之雇傭與解雇，及關於牛費一切費用等事項。

第三條：包辦人除負擔納稅之義務外，一年需繳三十六圓充為公學校經費。並應遵守辨務署之指揮命令。

第四條：包辦人之期限定為一年。

但有不正當之行為，或由辨務署命令改選時，不論其期限如何應隨時改選。

第五條：包辦人經紀牛馬之買賣，並由買賣雙方各收拾叁錢之酬勞金。

又依舊慣承託鑑定銀貨之正否時，每一圓得收四厘以內之謝禮。

第六條：牛馬非有確定之所有主之證明，或所有主親自牽來者不得經紀，如認定為不正當之牛馬，或聞悉時，應留其牛馬及所有主，並隨時報告辨務署。

第七條：包辦人應備金錢出納簿，詳記收入款之支付及納稅等，辨務署檢閱時應隨時提出不得異議。

第八條：經紀之牛馬，應詳記其買賣人之住址、姓名及牛馬種類、牝牡之別、出生年月及買賣年月日，供辨務署檢閱。

第九條：包辦人貪取第五條所定酬勞金以外之銀款時應退還之。

違背第五、六、七、八條之規定時，應繳五圓以上十圓以下之違約金。

第十條：違約金由街長保管，並經公議後處理之。

鹽水港辨務署長岡田信興，接到鹽水港街總代張梁榮等設立牛墟之申請書後，即於光緒二十四年九月十五日，以鹽辨一第一一二號轉呈該申請書，請臺南縣知事磯貝靜藏核奪。其呈文云：

本鹽水港街人民總代，如附件提出設置牛馬買賣場之申請書。查該案以公共事業而言，給與取締人及書記等津貼並扣除其他實費後，以其淨利充為公共事業費實為允當。在此方法之下每次開墟時，如不由本署派員檢查其種類及頭數等，並與其收支，各種賬簿記載事項加以核對，則狡猾之彼等不但混其收支，並立種種名義使買賣人付出不正當之款項。又有名目相反之情形。玆如規約令飭包辦人除負擔各項稅款外，並定一年解繳三十六圓充為公學校經費。此實為目前不得已之措施。謹此呈請賜准為禱。

再者收支預算係由包辦人負擔納稅及其他義務，因而未附呈，謹此併請察照。

本案轉呈後亦未經迅速批示，在徵收賦課及買賣牛馬等均感困難。因此鹽水港辨務署長岡田信興，復於光緒二十四年（日明治三十一年）十月一日，以鹽辨一第二一二號致函臺南縣內務部惠速賜准。內務部則希其依照光緒二十四年臺南縣報第一百十二號所載牛墟章程，重新擬定章程呈請審核。鹽水港辨務署長岡田信興接函後，於光緒二十四年十月十三日，再函復臺南縣內務部長遠藤書記官。其全文如下：

敬啓者：對本縣管轄內申請開設牛墟，令飭依照縣報第一百十二號所載章程重新申請一案奉悉。查該縣報係經申請後始收到，並且該章程係樸仔腳辨務署管內者，似不能完全準據其辦法。其有舊慣者似不宜急激變更，除其有弊害者外以漸次導向建立規律為上策，本轄內之牛墟係以包辦事業而成立者，如要一變其舊慣令其公選墟長給與權限，設置書記墟丁等使其規則井然。雖可於數月之內重新簽署申請，但又靠不住。又如果完成公選而申請書亦整齊並奉准，但依照現況如要檢查其買賣及收支情形亦甚難。如鐵線橋係在數里之外，且尚未設警察派出所。又檢印、戶號之燒印等在此地也不齊，勢必須向臺南鑄造，並須要多日，因此牛隻之買賣中斷已久，牛墟之慣例亦一時歸廢滅，影響所及釀成人民擅行買賣，又無何辦法。本街公學校已以牛墟收入款編為預算，並且又已編為地方稅財源，而今日如令飭以非縣令之他署章程施行則甚感麻煩。而且設章程係遵照縣署之指定而制定，不敢違反則需變更計畫，固然不敢違反主旨，懇請惠准開墟至明年上半期即九月為止，或至本年度明治三十二年三月為止為禱。

於是臺南縣知事乃與鐵線橋申請設立牛墟一案併辦。於光緒二十四年十月二十六日，以指令第四一四號，核准鹽水港街總代張梁榮、洪逢時、王九如等三人開設鹽水港牛墟。開設日期也與鐵線橋街同樣，以光緒二十五年(日明治三十二年)九月三十日爲限。臺南縣內務部長又同時照會鹽水港辨務署長，希與鐵線橋街牛墟同樣，嚴加監督矯正弊風。並令飭期滿時改組爲公共事業。

㈥ 嘉義、茅港尾、鳳山市及楠仔坑牛墟

日據初期臺南縣轄內，除上述灣裡街等五處牛墟外，嘉義、茅港尾又各設有牛墟。嘉義牛墟在光緒二十二年（日明治二十九年）十二月已開墟經營，至光緒二十四年（日明治三十一年）仍續辦。惟其設立經過及章程則未詳。茅港尾牛墟屬麻豆辨務署管轄，也是日據後未久即開墟，至光緒二十四年仍續辦。其設立經過及章程亦未詳。

此外高雄地區亦設有牛墟。在高雄地區設立者有鳳山市及楠仔坑兩處牛墟。據〈臺灣總督府公文類纂明治三十八年永久保存

第二十九卷第五門第四十一件臺南廳告示第二十一號〉鳳山廳爲防止牛疫蔓延，曾頒令暫禁鳳山市及楠仔坑二處牛墟停止開墟。惟其組織及設立沿革資料均闕如，容後調查補正。

三、政府對牛墟之管理及禁令

清季南部臺灣之牛墟，係爲官設而由人民向政府申請贌墟，並由包贌人任墟長，管理墟場事務。惟各地墟長爲貪財常發生弊端，其主要陋習約有四項：㈠爲向在家買賣牛隻之人索費；㈡民間買賣牛隻，墟場分派文武兵役，藉名稽察，索取財物；㈢牛隻倒斃時墟長串差索規；㈣買賣牛隻時包攬看銀、換銀找錢短折銀價錢尾等項。此種弊端在清季盛行於農村，欺負農民。與守城兵丁，抽取進城貨物及牛車錢文；各莊以及街衢路傍，胥役藉屍黨夥吵擾嚇詐；奸民人等在各莊以及街市設斗設糧，私抽規費，刻剝錢文；各莊以及街衢，遇酬神、嫁娶、功德等事，乞丐聚衆吵擾，硬索多錢等項，同列爲清季南部臺灣街莊之主要惡習，民苦不堪言。而此種陋習都爲墟長黨夥之惡劣行爲，因此各地里民紛紛僉請政府頒令嚴禁。清季臺灣官府頒布之嚴禁惡習碑記有關牛墟部分數則，節錄於後：

㈠嚴禁惡習碑記：

特授臺灣府正堂，在任候選道，加三級，隨帶加四級周，為嚴禁事。案奉巡撫部院王札開“……茲據臺郡大東門外仁德里耆民等，……以該里每有……。又有舊社大穆降兩牛墟苛索看銀，在家買牛暨牛死，墟長黨夥，吵索不休。……請與城卒抽費一弁給示勒石，永遠禁革僉呈前來等由，除示禁外，飭府勒石嚴禁”等因。

奉此合亟列款勒石永遠禁革。為此，示仰闔屬軍民人等知悉：自禁之後，爾等務將開列前項惡習革除淨盡；倘敢故智復萌，許被索累者指稟本府及地方官，立卽嚴拿懲辦。決不姑寬，各宜凛遵，毋違；特示。

計開：

一、……

一、嚴禁各牛墟，不准勒索在家買賣牛隻之人需費，以及包攬看銀等項。

一、……光緒元年十月　　日給

㈡嚴禁藉屍嚇詐示告碑記：

特授臺灣府正堂，在任候選道，加三級，隨帶加四級周，為嚴禁事。案據崇德里莊耆黃文捷等赴轅僉稱：以該里仍係耕農為業，……。又有各牛墟勒索在家買賣牛隻需費暨牛死墟長套差黨夥吵索不休，以及包攬看銀，並換銀找錢短折錢尾等項。……請與"城卒抽費"一弁給示勒石，永遠禁革，僉呈前來等情。

據此，查此案先奉撫憲王飭府嚴禁，當經檄縣禁革在案。茲據前情，除批示外，合亟列款永遠禁革。為此，示仰閤屬軍民人等知悉；自示之後，爾等務將開列前項惡習革除淨盡，倘敢故智復萌，許被累者指稟本府及地方官，立卽嚴拏懲辦，決不姑寬。各宜凛遵，毋違！特示。

計開：

一、……

一、嚴禁各牛墟，不准勒索在家買賣牛隻之人需費，暨牛死藉端吵索，以及包攬看銀，換銀找錢短折銀價錢尾等項！

一、……

光緒元年十一月　　日給

㈢嚴禁藉屍嚇詐等事示告碑記：

特授臺灣府正堂，在任候選道，加三級，隨帶加四級周，為援案嚴禁事。案據長興里莊者林陳等赴轅僉稱：以該里乃係耕農為業。……又有各牛墟勒索在家買賣牛隻需費，暨牛死墟長套差黨夥，吵索不休，以及包攬看銀，並換銀找錢短折錢尾等項。……請與"城卒抽費"一弁給示勒石，永遠禁革，僉呈前來等情。

據此，查此案先奉撫憲王飭府嚴禁，當經檄縣禁革在案。茲據前情，除批示外，合亟援照前案，列款勒石，永遠禁革。為此，示仰閤屬軍民人等知悉。自示之後，爾等務將開列前項惡習革除淨盡！倘敢故智復萌，許被累者指稟本府及地方官，立即嚴拏懲辦，決不姑寬。各宜凜遵，毋違！特示。

一、……

一、嚴禁各牛墟，不准勒索在家買賣牛隻之人費用，暨牛死藉端吵索，以及包攬看銀，找錢短折銀價、錢尾等項。

一、……

光緒二年二月日給長興里莊者……林陳……暨各莊者等同立石。

㈣**藉屍嚇詐等事示禁碑記：**

署臺灣府正堂，加十級，紀錄十次孫，為嚴禁事。

案據新豐里莊者盧德和……等赴府呈稱"該里居民，均係耕農為業。……又有各牛墟，藉端勒索；乘里民在家買賣牛隻，及牛已倒斃，串差黨夥，吵索不休；兼包攬看銀，並換銀找錢，短折錢尾等項。……懇乞給示勒石永禁"等情。

據此，查此案先奉撫憲王飭府嚴禁，當經周前府檄縣禁革在案。茲據前情，除批示外，合亟列款永禁。為此，示仰閤屬軍民人等一體知悉：自示之後，爾等務將后開各項惡習革除淨盡！倘敢復萌，許被累者指禀地方官，嚴拏懲辦，決不姑寬。各宜凛遵，毋違！特示。

一、……。

一、嚴禁各牛墟，不准向在家買賣牛隻之人索費！暨牛已倒斃，串差索規；及包攬看銀換銀找錢短折銀價錢尾等項。

一、……。

光緒二年十月二十七日給立石

㈤**禁革牛墟陋規碑記（光緒二年）：**

臺灣縣抄蒙福建臺灣府正堂孫示："照得民間，買賣牛隻，墟長分派；文武兵役，藉名稽察，索取財物。一概陋規，應永禁革，合行出示，分給泐石；倘敢再犯，立提究責！"

據此，可窺見清季臺灣官署對牛墟陋習管禁之一班。

日人據臺後，南部臺灣之牛墟，仍沿襲清代之制，續營墟市。其初期之牛墟除往昔之弊端外，有者因未收年稅，因此墟長多謀一身一己之利益；不但超收規定以外之超額手續費，並且墟場之收入亦飽納私囊歸爲私人之利。而因有利可圖乃相爭申請許可，或乘機奪利，甚至用武，並訴之於法，爭執甚爲激烈，有者則買賣之牛隻後日斃死時，又令賣主退還原價。

但最初日本政府並無統一之管理辦法。如光緒二十一年（日明治二十八年）十二月，鹽水港牛墟係由日軍駐該地之守備隊長許可，指派墟長，告示人民。又光緒二十二年（日明治二十九年）七月設立之灣裡牛墟，則由臺南縣警察課主辦核准。光緒二十四年（日明治三十一年）一月設立之嘉義縣朴仔腳牛墟，則由嘉義支廳暫准其設立。惟多沿襲清代之制爲包辦性質之營業體，而由墟長向政府繳納年稅。至光緒二十四年六月，地方官制修改後，始統一規定，由人民總代之資格申請，或由街莊長禀請，呈經辦務署轉呈臺南縣，由內務部殖產課主辦審核後，呈請縣知事核准設立。而責成各辨務署長負監督之責，報告情況。並由辨務署派員檢查牛墟之交易情形及賬簿。又制定公布牛墟章程準則，刊登於光緒二十四年（日明治三十一年）縣報，付諸施行。牛墟之組織則由原來之包辦制改爲地方公共事業。因此原來所繳年稅，悉撥充爲地方公共事業費及教育費。規定墟長由各該街莊長選定，或由人民推選經辨務署允准後授權管理牛墟事務。

四、各地牛墟之營業情形

日據初期臺灣南部之牛墟，原則上均規定每月經營九天。其經營日期之類型可分爲三類：一爲定每月“一、四、七”之日，卽每月之一、四、七、十一、十四、十七、二十一、二十四、二十七等日（有三十一日時則也開墟），鐵線橋街及鹽水港街二處牛墟屬此類。二爲定每月“二、五、八”之日，卽每月二、五、八、十二、十五、十八、二十二、二十五、二十八等日，灣裡街及樸仔脚（下竹圍莊）二處牛墟屬此類（其中灣裡街牛墟係定爲舊曆二、五、八之日）。三爲定每月“三、六、九”之日，卽每月之三、六、九、十三、十六、十九、二十三、二十六、二十九等日，大穆降牛墟屬之。原則上雖如此規定，但有時也會變更日期。如光緒二十四年（日明治三十一年）五月份灣裡街之牛墟，雖然定爲二、五、八，但五月下旬則開墟於二十一、二十四、二十七等三天。又鐵線橋街牛墟原則上雖定爲一、四、七之日，但光緒二十四年十一、十二兩月分，其牛市係開於二、六、九，一、五、八及二、五、八等日。又雨天則均不開墟。如前所說牛畜既非每日有多數之交易，故需定一日期集中開墟。如此則可節省人力，尤其在農繁期更有此需要。而在農業社會如非定期則不易牢記，因此南部臺灣之牛墟都定爲每旬一、四、七，二、五、八及三、六、九之三種日期開墟，以便記住上市交易。臺灣並無定時之墟市，如亥時、晨市等墟集。僅有定日之墟市，即三日一市，屬於趁墟。蓋牛馬之交易，物體既大價值亦不低，非一時可成交，必須費較長之時間觀察議價，因此乃定日開墟以便買賣。

南部臺灣牛墟之交易市況也有季節性。每年五月前後爲砂糖之製造期及蕃薯之收穫期，農家繁忙，故牛隻之買賣極少。如光緒二十四年（日明治三十一年）五月份灣裡牛墟之交易，全月中交易之水牛僅有12頭、黃牛23頭。至於每年九月至十二月則爲買賣之盛期，如光緒二十四年十二月份樸仔腳牛墟，全月進墟之水牛、黃牛共有1,267頭，成交者有289頭之多。又鐵線橋街及鹽水港街二處牛墟，雖然規定可買賣馬匹，但臺灣馬之產量並不多，故未見其交易。

水、黃牛買賣之價格，在光緒二十四年（日明治三十一年）五月份，灣裡牛墟水牛每隻之平均價格爲二十圓七十錢，黃牛每隻之平均價格爲三十二圓；水牛一隻最低賣十五圓，最高賣二十五圓，黃牛一隻最低賣十九圓，最高賣三十圓。樸仔腳牛墟，在光緒二十四年九月份，水牛每隻之平均價格爲三十圓，黃牛每隻之平均價格爲二十七圓三十錢，黃牛一隻之最高價格爲三十二圓。十月份水牛每隻之平均價格爲二十七圓三十錢，黃牛每隻之平均價格爲二十二圓七十錢。十一月份水牛每隻之平均價格爲二十八圓三十錢，黃牛每隻之平均價格爲二十四圓六十錢，黃牛一隻之最高價格爲三十六圓。十二月份水牛每隻之平均價格爲二十八圓，黃牛每隻之平均價格爲二十三圓六十錢。鐵線橋街牛墟，在光緒二十四年十一月份，水牛每隻之平均價格爲三十六圓，黃牛每隻之平均價格爲二十八圓五十錢，水牛一隻之最低價格爲三十一圓，最高價格達五十三圓，黃牛一隻之最低價格爲二十七圓，最高價格爲三十圓。十二月份水牛每隻之平均價格爲三十二圓二十錢，黃牛每隻之平均價格爲三十三圓，水牛一隻之最低價格爲二十六圓，最高價格爲三十八圓。鹽水港街牛墟，在光緒二十四年十一月份，水牛每隻之平均價格爲三十四圓八十錢，黃牛每隻之平均價格爲二十五圓六十錢。十二月份水牛每隻之平均價格爲三十五圓八十錢，黃牛每隻之平均價格爲三十二圓，黃牛一隻之最低價格爲二十五圓，最高價格爲四十圓。在價格方面水牛比黃牛略高。

依照政府之指令及各地牛墟章程，規定牛墟設立開業後，應將其營業情形呈報各該地辨務署。光緒二十四年（日明治三十一年）十二月七日，臺南縣內務部長又以內殖第五〇三號，通飭大穆降、樸仔脚、鹽水港各辨務署云："爲需要調查牛畜之買賣情形，從今起經縣署許可之牛墟，每月需照附件表格，詳塡開墟月日、進墟、買賣頭數及價格，於次月十日以前具報。"玆將光緒二十四年（日明治三十一年）各辨務署長呈報之各地牛墟營業統計表分別列後。

表一　光緒二十四年（日明治三十一年）五月灣裡牛墟營業統計表

種別／月日	水牛		黃牛	
	買賣頭數	價格	買賣頭數	價格
	頭	圓	頭	圓
5月2日	—	—	1	30.000
5月5日	2	46.000	5	100.500
5月8日	2	44.300	—	—
5月12日	1	25.000	2	44.000
5月15日	3	58.600	7	163.900
5月18日	1	17.000	2	41.200
5月21日	—	—	1	19.000
5月24日	1	21.200	2	56.000
5月27日	1	15.000	3	53.000
計	11	227.100	23	508.000

備考：該墟市係舊歷每月2、5、8之日開市。

表二　光緒二十四年（日明治三十一年）九月樸仔腳牛墟營業統計表

開墟月日	水牛			黃牛			合計	
	進墟頭數	買賣頭數	價格	進墟頭數	買賣頭數	價格	買賣頭數	價格
			圓			圓		圓
9月18日	15	10	299	5	2	53	12	352
9月22日	12	8	250	4	1	32	9	282
9月25日	17	9	239	6	4	118	13	357
9月28日	22	15	472	13	6	152	21	624
合計	66	42	1,260	28	13	355	55	1,615

備考：9月18日核准設立牛墟，自9月18日起開墟

表三　光緒二十四年（日明治三十一年）十月樸仔腳牛墟營業統計表

開墟月日	水牛			黃牛			合計	
	進墟頭數	買賣頭數	價格	進墟頭數	買賣頭數	價格	買賣頭數	價格
			圓			圓		圓
10月2日	32	19	522	7	4	102	23	624
10月5日	17	12	362	5	4	117	16	479
10月8日	12	12	346	9	5	56	17	402
10月12日	19	14	331	5	2	41	16	372
10月15日	22	12	362	6	3	81	15	443
10月18日	17	14	372	5	4	99	18	471
10月22日	27	20	513	7	5	105	25	618
10月25日	17	12	356	8	2	46	14	402
10月28日	21	14	358	9	7	170	21	528
合計	184	129	3,522	61	36	817	165	4,339

表四　光緒二十四年（日明治三十一年）十一月樸仔腳牛墟營業統計表

開墟月日	水牛 進墟頭數	水牛 買賣頭數	水牛 價格	黃牛 進墟頭數	黃牛 買賣頭數	黃牛 價格	合計 買賣頭數	合計 價格
			圓			圓		圓
11月2日	13	9	241	4	3	51	12	292
11月5日	32	26	702	6	3	76	29	778
11月8日	18	16	415	9	6	145	22	560
11月12日	35	26	779	4	1	36	27	815
11月15日	10	4	104	5	3	54	7	158
11月18日	13	11	311	3	3	68	14	379
11月25日	18	13	387	7	2	49	15	436
11月28日	24	17	515	9	4	137	21	652
合計	163	122	3,454	47	25	616	147	4,070

備考：11月22日係休墟。

表五　光緒二十四年（日明治三十一年）十二月樸仔腳牛墟營業統計表

開墟月日	水牛 進墟頭數	水牛 買賣頭數	水牛 價格	黃牛 進墟頭數	黃牛 買賣頭數	黃牛 價格	合計 買賣頭數	合計 價格
			圓			圓		圓
12月2日	59	15	470	18	7	163	22	633
12月5日	78	13	363	—	—	—	13	363
12月8日	117	24	621	12	4	92	28	714
12月12日	102	25	669	40	5	148	30	817
12月15日	97	16	499	28	8	175	24	674
12月18日	104	28	786	94	13	299	41	1,085
12月22日	60	26	678	101	13	321	39	999
12月25日	67	28	872	93	10	249	38	1,119
12月28日	80	33	855	117	21	469	54	1,324
合計	764	208	5,813	503	81	1,915	289	7,728

表六　光緒二十四年（日明治三十一年）十一月鐵線橋街牛墟營業統計表

開墟月日	水牛			黃牛			合計	
	進墟頭數	買賣頭數	價格	進墟頭數	買賣頭數	價格	買賣頭數	價格
			圓			圓		圓
11月2日	20	2	54	15	—	—	2	54
11月6日	15	—	—	20	—	—	—	—
11月9日	15	—	—	20	—	—	—	—
11月12日	20	1	53	20	1	30	2	83
11月16日	20	1	31	15	—	—	1	31
11月19日	15	1	39	20	—	—	1	39
11月22日	20	—	—	20	—	—	—	—
11月26日	20	1	39	20	1	27	2	66
11月29日	—	—	—	—	—	—	—	—
合計	145	6	216	150	2	57	8	273

表七　光緒二十四年（日明治三十一年）十二月鐵線橋街牛墟營業統計表

開墟月日	水牛			黃牛			合計	
	進墟頭數	買賣頭數	價格	進墟頭數	買賣頭數	價格	買賣頭數	價格
			圓			圓		圓
12月2日	20	2	60	20	—	—	2	60
12月6日	25	1	26	20	2	58	3	84
12月9日	25	6	185	25	4	132	10	317
12月12日	20	2	64	25	1	32	3	96
12月15日	25	3	106	25	2	73	5	179
12月18日	30	5	152	20	3	96	8	248
12月21日	20	1	38	25	2	70	3	108
12月25日	25	4	134	25	2	76	6	210
12月28日	25	5	162	25	3	92	8	254
12月31日	25	3	104	20	2	64	5	168
合計	240	32	1,031	230	21	693	53	1,724

表八　光緒二十四年（日明治三十一年）十一月鹽水港街牛墟營業統計表

開墟月日	水牛 進墟頭數	水牛 買賣頭數	水牛 價格	黃牛 進墟頭數	黃牛 買賣頭數	黃牛 價格	合計 買賣頭數	合計 價格
			圓			圓		圓
11月1日	56	3	96.600	20	3	81.600	6	178.200
11月4日	38	3	86.200	24	3	57.200	6	143.400
11月7日	61	5	178.600	25	3	87.000	8	265.600
11月10日	58	6	200.600	22	2	62.400	8	263.000
11月14日	72	8	298.000	16	—	—	8	298.000
11月17日	66	6	212.000	24	2	59.600	8	271.600
11月20日	56	6	226.900	22	2	43.000	8	269.900
11月24日	48	4	130.000	28	3	68.000	7	198.000
11月27日	22	1	30.600	16	1	28.000	2	58.600
合計	477	42	1,459.500	197	19	486.800	61	1,946.300

表九　光緒二十四年（日明治三十一年）十二月鹽水港街牛墟營業統計表

開墟月日	水牛 進墟頭數	水牛 買賣頭數	水牛 價格	黃牛 進墟頭數	黃牛 買賣頭數	黃牛 價格	合計 買賣頭數	合計 價格
			圓			圓		圓
12月1日	48	5	171	12	2	50	7	221
12月5日	64	6	219	14	2	64	8	283
12月8日	42	2	62	24	4	111	6	173
12月11日	52	10	329	26	4	132	14	461
12月14日	50	8	305	19	1	32	9	337
12月17日	56	10	369	18	1	40	11	409
12月20日	49	7	257	26	4	125	11	382
12月23日	56	8	260	26	5	161	13	421
12月26日	60	11	426	29	6	214	17	640
合計	477	67	2,398	194	29	929	96	3,327

五、對牛墟之課稅及收入款之運用

清代地方官署對牛墟曾予以課稅以作地方稅收，充爲義塾之經費或其他用途。同治九年，臺南府郭巡檢秀先稟請設立大武壠義塾。嗣因經費難籌，又稟請就灣裡街牛墟每隻納稅一百文，充爲義塾經費。大穆降牛墟規定買賣一頭徵收手續費二十錢，並向官府繳納年稅拾圓。鹽水港牛墟則規定每年應繳納年稅七十二圓。又樸仔腳牛墟係爲官有，而要贌牛墟者每年需向政府繳納稅金。

日人據臺後，臺胞展開激烈之抗日戰爭，日人未暇顧及徵收牛墟稅。於是地方恃強貪利之人互相徵收牛墟買賣之費，因此大糠榔西堡樸仔腳人民總代黃煥然，巡查劉牛朝，書記林慶全等三人，乃奉諭於光緒二十四年（日明治三十一年）二月十二日，聯名向樸仔腳辨務署長田路基胤（嘉義縣時期）稟請代收牛墟稅金。其稟文曰：

> 起稟者：原因清國時有一款牛墟，本是官有之物，要贌牛墟之人每年必納稅金與清國官吏。及日本官吏到臺大人遂廢牛墟一款，以致該地恃強貪利之人互相爭取牛墟買賣之費，而且二比告訴不休。瞞騙大人以為民物。伏望大人權且出示，委該街總代暫收牛墟稅金，以候後日總督府章程如何？免致現時爭較，貽害地方。不得不瀝情叩乞。

光緒二十四年八月初，樸仔腳辨務署長須田綱鑑，並命樸仔腳設置牛墟申請人黃連興等，調查牛墟收支金額具報。於是樸仔腳辨務署參事黃連興、吳澤三、第一區街長黃楷候、第二區街長劉達材等四人，乃調查後向樸仔腳辨務署長須田綱鑑稟報牛墟收支金額之情況。其稟文曰：

> 為命調查樸仔腳管內牛墟場，立卽如命調查。大約大小月

扯收，每月約收金四十有圓。配墟長一名每月按津貼金五圓，書記二名每月按津貼金八圓，墟丁二名每月按津貼金六圓，記簿紙筆墨硯及什費一月按金一圓，情形如斯，以此禀報。

光緒二十四年八月十一日，臺南縣復以內殖第二九五號，令飭嘉義辨務署長永田嚴，將嘉義四區牛墟之收入金額及保管情形查明具報，其文云：

據前嘉義四區事務主辦人之報告，牛墟收入之金額如附表共八十六圓五十錢，當時由嘉義支廳保管之金額為六拾六圓，相差二拾圓五拾錢，現仍由前事務主辦人保管等由，希查明具報。

牛墟收入金表

牛墟位置	明治二十九年十二月分	明治三十年一月分	明治三十年二月分	明治三十年三月分	小計
嘉義	拾貳圓	拾貳圓	拾四圓	拾四圓	五拾貳圓
朴子腳		拾圓	拾貳圓五拾錢		貳拾貳圓五拾錢
鐵線橋		拾圓			拾圓
茅港尾		貳圓			貳圓
合計	拾貳圓	三拾四圓	二拾六圓五拾錢	拾四圓	八拾六圓五拾錢

嘉義辨務署長永田嚴奉令後，即轉飭嘉義城內四區街莊長林玉崑等禀報該款項收支保管情形。並於光緒二十四年（日明治三十一年）八月十七日，以嘉辨一之第九十六號，將調查情形呈報臺南縣內務部長遠藤剛太郎。其呈文曰：

十一日內殖第二九五號，關於前嘉義四區事務主辦人所保管之牛墟收入金一案奉悉。查該案如附件林玉崑等四人所提出之答辯書，其餘款貳拾圓五拾錢已開銷。謹請亮察為禱。

答辯書：具稟嘉義城內四區街莊長林玉崑等，前奉委辦理四區事務，因公務事煩多，經費支絀，故有請求包贌明治三十年分全屬牛墟稅費。即於是年前後計收金八十六圓五拾錢，納官衙金六十六圓外，尚有餘款貳拾圓五十錢未及繳呈官衙。不意同年五月間被陳章揑詞誣告四區詐欺取財之罪。崑等伏冤四十餘月。其時區內公事孔煩，此款餘金已分作五、六兩月雇局丁貳名陳吉張阿生賃貲，每月每名六圓，計支貳拾四圓，除餘款二十圓五十錢外，尚缺金額叁圓五十錢，係崑等四人墊補支給，合併聲明切叩。

明治三十一年八月十六日　右

林玉崑

林培張

張濟美

陳家駒

前嘉義縣管轄內開設之牛墟所收銀款六十六圓，因光緒二十四年（日明治三十一年）六月調整行政區域，廢嘉義縣後乃移交臺南縣接管。嗣後臺南縣決定撥該款充爲公共事業費。因此臺南縣內務部乃於光緒二十四年九月二十四日，以內殖第三七〇號函，將該款分別送還嘉義、朴仔腳、麻豆、鹽水港等辨務署。其函云：

甲案：

貴轄內嘉義牛墟所收入之銀款，如附件細目迄今仍由本廳保管中，現該款決定撥充為貴署管轄內公共事業費，玆郵滙送還，敬請查收。又使用該款時希將用途詳細具報，函請查照。

年　月　日　內務部長

嘉義辨務署長公鑒

附件:

保管金細目:

一、金叁拾壹圓五十錢整:

係為明治二十九年十二月及三十年一月兩個月份之收入款各拾貳圓,又三十年二月及三十年三月兩月份之收入款各拾四圓,計五十二圓,再減前嘉義四區事務主辦人所開支之貳拾圓五拾錢之餘額。

乙案:

由貴轄內朴仔腳牛墟所收入之銀款, 如附件細目, 迄今仍由本廳保管中,現該款決定撥充為貴署管轄內公共事業費,玆郵滙送還,敬請查收。又使用該款時希將用途詳細具報,函請查照。

年　　月　　日　　內務部長

朴仔腳辨務署長公鑒

附件:

保管金細目

一、金貳拾貳圓五十錢整

係為明治三十年一月份之收入款拾圓,及三十年二月份之收入款拾貳圓五十錢。

丙案:

由貴轄內茅港尾牛墟所收入之銀款,如附件細目迄今仍由本廳保管中,現該款決定撥充為貴署管轄內公共事業費,玆郵滙送還, 敬請查收 。又使用該款時希將用途詳細具報,函請查照。

年　　月　　日　　內務部長

麻豆辨務署長公鑒

附件:

保管金細目

一、金貳圓整

係為明治三十年一月份之收入款。

丁案：

由貴轄內鐵線橋牛墟所收入之銀款，如附件細目迄今仍由本廳保管中，現該款決定撥充為貴署管轄內公共事業費，茲郵滙送還，敬請查收。又使用該款時希將用途詳細具報，函請查照。

年　　月　　日　　內務部長

鹽水港辨務署長公鑒

附件：

保管金細目

一、金拾圓整

係為明治三十年一月份之收入款。

嘉義、朴仔腳、鹽水港辨務署長等收到退還之牛墟收入款後均分別具收據函復。朴仔腳辨務署長須田綱鑑並於光緒二十四年（日明治三十一年）九月二十八日，以樸辨一之第三九九號，函復臺南縣內務部長書記官遠藤剛太郎云：該款決定暫時專充爲學校費，該項金額擬與創設學校捐款之一部分合併，編入爲器具機械購入預備金。

至於鹽水港牛墟稅之處理情形，則光緒二十四年八月二十五日，鹽水港辨務署長岡田信興曾呈請臺南縣知事磯貝靜藏請示處理方法。其呈文曰：

本鹽水港辨務署管內鹽水港宇竹仔街李彭澎（按原諭示作李端正），如附件抄本於明治二十八年十二月，由守備隊長許可任該街東門外牛墟首事人。定每月一、四、七之日開市買賣牛隻，每買賣牛隻一頭由雙方收取十三錢。乃由此款項雇傭三人，每人每日給與三十錢。並援清代之慣例每年繳納七十二圓之稅，由收得之款項抽出加以保管，其餘則預定歸為其所得。而於晴天大概在上記定日開市交易，惟每次開市之日所買賣頭數並無一定，少則四、五頭，多則達十八頭。檢查其賬簿則除支付雇傭人員三人之工資外，尚有餘一百拾玖圓五十錢。由該款項內扣除首事人之給與，不但尚有餘款，且首事人每年不拘所得多寡，如前述在清代須納稅七十二圓。因此其應納款額乃由其本人保管，但未規定其處理辦法，故應如何處理甚感困難。然而此牛墟係公益上為防止土匪強賊盜奪耕牛售賣其贓物之銷路而設者，因此撥其收益金若干充為公共事業是至為恰當，是故至本年九月止所收得之款項，是否可編為道路橋樑修築費或日語分教場費，謹請核示。

鹽水港辨務署長之請示呈文到縣後，臺南縣內務部長遠藤剛太郎乃簽擬意見云："鹽水港牛墟當時係由守備隊長許可並告示人民者，今據署長之請示，並未令飭墟長依照清代之慣例每年繳納七十二圓。因此如要墟長解繳其所屬既往所收銀款似不當。據前內務部長出差時及署長晉縣向課長陳述之事實，則墟長對既往所收銀款每年解繳七十二圓一節並無異議等情，謹請鑒核。"遠藤內務部長簽奉核示後，並於光緒二十四年九月八日，以第五七二號函核復鹽水港辨務署長岡田信興。其文曰：

八月二十五日呈請有關處理牛墟收入款一案誦悉。據明治二十八年當時之守備隊長告示及呈，並未令飭墟長依照清代之慣例繳納七十二圓。至於來廳時所陳墟長對每年繳納七十二圓並無異議一節，查既往之收入款並無需以捐款之名義辦理，希依舊慣充用為貴轄內公共事業費，並希將其收支方法金額等詳細具報。今後該項仍希當作公共事業。並希轉飭該莊長或總代呈報牛墟規約金收支預算金等。特此通知。

又牛墟收入款每年需納七十二圓，除明治二十八年份外，至本年八月止應繳一百九十二圓。據報現在保管金為一百拾玖圓五十錢，當以所收現款充為公共費，惟仍希具報為荷。

鹽水港辨務署長岡田信與接到九月八日內殖第五七二號函後，乃於光緒二十四年（日明治三十一年）九月十五日，以鹽辨一第一一六號，向內務部長遠藤呈報光緒二十二年（日明治二十九年）以後至光緒二十四年九月，鹽水港牛墟收入款之處分情形，其呈文曰：

本月八日以內殖第五七二號通飭之旣往牛墟收入款，如左列預定充為公學校費。謹此呈報。

一、金一百八十三圓整。

但內二十八圓為臺灣銀幣。

詳開：

㈠金二十八圓（臺灣銀幣）為明治二十九年度收入款。係本鹽水港街住民李端正保管之餘額，其他六十二圓充用為公共費，並經當局查明。

㈡金九十圓，為明治三十年度收入款。

㈢金六十五圓，為明治三十一年一月起至九月之收入款。

右金額預定編入公學校基本財產。

光緒二十四年（日明治三十一年）九月二十八日，鹽水港辨務署長岡田信與，爲將牛墟收入款充爲警察派出所修繕費，復以鹽辨一第一六四號呈請核示。其呈文曰：

本署管轄內白須公潭堡各莊從來未行治化，人民概愚昧，不知遵守官令之義務者甚多，往往參與匪賊，行為兇惡，應加嚴密取締之地方。自前嘉義縣時，即計畫在該堡下溪洲莊設立警察派出所，惟因經費無著乃延至今日尚未能設立。然而該堡係為朴仔腳與本鹽水港街之商人暨旅客通行之順路，匪賊往往在下溪洲莊附近原野出沒，使行人抱危懼之念，不予保護不可。故設立派出所實為目前之急務，惟經費無著以致無法實現。因此擬諭示該地人民捐款，但多為貧民無人響應，卻說倘承撥五圓則可由莊民修繕該莊之古廟等由。玆擬以本月內殖第三七〇號退還之鐵線橋牛墟收入款，撥出五圓交付該莊長修繕充為派出所之古廟。又將餘款五圓充為厠所及蓆等設備費。謹請賜准為禱。

本案經審核後，臺南縣知事磯貝靜藏乃於光緒二十四年（日明治三十一年）十二月二十一日，以指令第五四〇號，准鹽水港辨務署長移用牛墟收入款，充爲設立下溪洲莊警察派出所之經費。

六、結語

臺灣牛墟之歷史，只就清季同治九年前後設立灣裡牛墟起算，至今已有一百年之久。在以農業爲經濟基礎之臺灣社會有其特殊之地位。墟市原來即爲農業社會之產物，在我國華南、西南地區設有各種墟市。而臺灣則只有牛墟之存在，並且其分布都在廣大之嘉南平原以南，從未超過臺中以北之地區，因此更具農村社會之意義。在臺灣北部雖然也有牛隻之買賣但未專設牛墟，而係經由牛販零星交易。

臺灣牛墟開墟之日期，自古多定爲“一、四、七”，“二、五、八”及“三、六、九”之日，是定日開墟，即屬於趁墟，並非定時之墟市。在無需每日開墟交易之情形下，如此規定一定之日期開墟，既可節省時間；而以“一、四、七”，“二、五、八”及“三、六、九”之日爲開墟日期更可使農民容易記住。

臺灣牛墟之組織型態，在清季係爲包贌制，包贌人每年向地方政府繳納一定之年稅充爲義塾等費用。日人據臺後，最初仍沿襲清代之制度，而稱爲包辦制，也由包辦人向其地方政府繳納一定之年稅。後來日本政府認爲包辦制弊端多，故乃改爲地方公共事業。規定牛墟之收入款，除墟場之開支外，其餘收入悉撥充爲地方公學校之教育費及衞生等地方公共事業費用。牛墟既爲農業社會一種有利可圖之機構，因此淸季及日據初期都有發生弊端，成爲社會之一種惡習，因此有司都留意監督並銳意予以改善。

本文原來之研究題目爲臺灣牛墟之研究，擬對臺灣之牛墟作一通盤之考察研究，惟因經費無著，不但對目前尚存之各地牛墟無法實地調查，並且對清代及日據時期之牛墟情形亦不能調查補充。因此本文乃暫題爲〈清季及日據初期南部臺灣之牛墟〉，只限於介紹清季及日據初期南部臺灣之牛墟情形，整體之牛墟情形容後調查研究，敬請讀者原諒。

——原載《臺灣文獻》20卷 4 期，民國58年

‧从日語反母語
在文章語言轉換、修改上，受林衡立很大幫忙、

民間信仰在不同祖籍移民的鄉村之歷史

本文係爲美國社會科學研究會（Social Science Research Council）所召開的“中國社會的宗教與禮俗會議”（A Conference on Religion and Ritual in Chinese Society）而作，會議於民國六十年十月十一日至十五日假美國加州阿瑟拉馬太平洋林園（Asilomar, Pacific Grove）舉行，由史丹福大學（Stanford University）教授武雅士博士（Dr. Arthur P. Wolf）籌畫主持，英文本將刊登於該會議論文集《宗教與禮俗在中國》（*Religion and Ritual in China*）一書，定於今秋由史丹福大學出版部（Stanford Press）出版，玆承該會議主持人武雅士教授之同意以中文在本刊發表。本文之撰寫承武雅士博士之指導暨與會諸位學者惠賜高見而成，並承美國社會科學研究會、史丹福大學及亞洲協會中華民國分會（The Asia Foundation Republic of China Office）之資助，赴美參加會議及在史丹福大學研究，謹此一併申謝。

著者謹識

人類學者
教導其田野方法

一、前言

本文的研究地點爲中華民國臺灣省北部鄉村“樹林”，其行政區域屬於臺灣省臺北縣樹林鎮，位於臺北盆地之西南端。

樹林爲一聚落名，狹義之樹林卽指今樹東、樹北、樹西三

里，廣義之樹林則除上列三里外，並包括彭厝、坡內、潭底、猐寮、三多及圳安① 等六里，本文係指廣義之樹林而言。樹林在清代早期爲海山莊之一部分，清代中葉後稱爲風櫃店，又稱樹林，但樹林之名則至一八九五年日本人據臺後始著。

樹林自清康熙末年一七一〇年代起，開始有中國大陸閩南之泉州府同安縣、晉江縣、南安縣、惠安縣② 、安溪縣及漳州府南

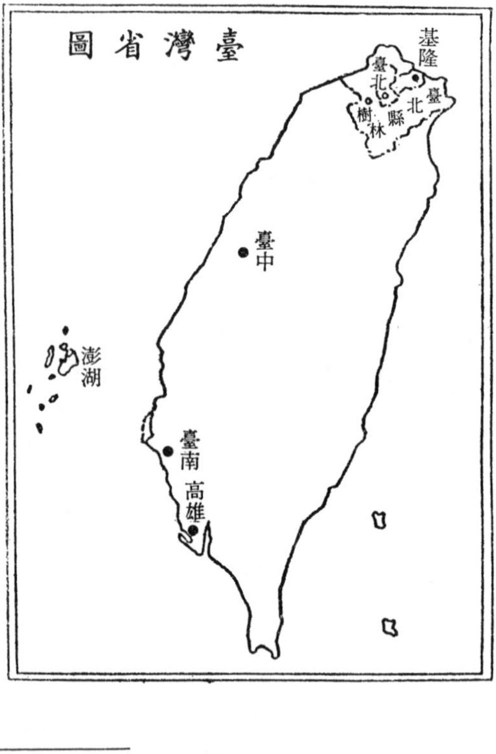

①彭厝里舊名彭厝莊。坡內里舊名坡內坑，或稱坡內。潭底里舊名潭底莊。猐寮里舊名猐仔寮。三多里舊名三角埔。圳安里舊名圳岸腳。

②同安縣者又稱厦郊人。南安、晉江、惠安三縣人，一名三邑人，又稱頂郊人，或稱內縣人，內姓人。

靖縣、平和縣、龍溪縣、永定縣、詔安縣等不同祖籍的移民，携奉不同的神明、香火橫渡重洋臺灣海峽陸續移居，從事墾殖，建立村落，並創建濟安宮，而二百年來融合所有各時代不同籍貫移民之信仰，成爲樹林之傳統的唯一信仰中心。本文乃欲就此不同祖籍移民鄉村的民間信仰，探討其究竟經如何歷史過程而融合發展。尤其注重信仰中心濟安宮與土地公廟、神明會暨祖籍神明信仰的關係，及這些廟宇信仰社區是隨樹林的開發而如何發展演變的兩個問題。

樹林鎮地圖

二、樹林的民間信仰中心濟安宮與各村落土地公廟暨神明會及其祖籍神明之關係

(一) 濟安宮現今之信仰範圍與其組織

從一七八八年以還近二百年來，濟安宮（圖一）保生大帝③一直融合樹林所有各時代不同籍貫移民之信仰，而成為樹林之唯一傳統的民間信仰中心。目前其信仰範圍包括樹林鎮十七里④中之樹東、樹北、樹西、彭厝、坡內、潭底、圳安、獇寮、三多暨東山、西山、樂山等十二里及板橋鎮崑崙里之西沙崙，前九里俗稱樹林，屬樹林警察分駐所之管區，後三里俗稱山子腳，為山佳警察派出所之管區，因此濟安宮之信仰範圍也即為樹林鎮內之樹林、山佳兩警察派出所管區及板橋鎮之西沙崙。其信仰圈已占樹林鎮十七里中之十二里，即超過三分之二，而其經濟上、商業上之活動，除東山、西山、樂山三里係以山子腳街為活動中心外，其餘樹林九里人民之經濟商業活動也都以樹林街為中心，故其宗教、地方行政及經濟、金融、商業活動之社區已略趨一致，各方面均締結有密切關係。而所謂西沙崙，行政區域上雖屬板橋鎮管轄，但其地區毗鄰樹林鎮樹東里，因此其住民之買賣活動以及宗教信仰都與樹林發生密切之關係。此外樹林鎮內屬於柑園警察派出所管轄之東園、西園、南園、北園及柑園五里則傳統上及地形上⑤之關係自古即屬三峽長福巖清水祖師之信仰圈。

---

③保生大帝，一名吳眞人，眞君，又名大道公，或稱花轎公，英惠侯。

④此為1970年9月底之行政區域，1970年10月調整為二十一里。

⑤柑園與三峽俱為安溪縣籍移民所開闢。又樹林與柑園地形上以大漢溪隔絕，往昔無橋，來往不便，而與三峽鄰近，故該地區內之宗教信仰、買賣等活動亦多與三峽發生密切關係。

據一九七〇年九月⑥樹林鎮公所的統計，樹林之面積約有14平方公里，戶數4,985戶，人口28,794人，山子腳之面積約有10平方公里，戶數1,511戶，人口9,072人，其中除基督教暨天主教徒各約一百多人及少數純佛教徒外，多屬民間通俗信仰者，也卽爲濟安宮之信徒。

原來濟安宮之信仰範圍係限於樹林，至一九二七年濟安宮東遷新建廟宇後，始將山子腳編入信仰範圍。現將信仰區域分爲五股輪流當值爐主，主持每年濟安宮保生大帝千秋拜拜等廟務。其五股之區分如下：

第一股：圳安、獇寮及三多三里

第二股：潭底、樹西二里

第三股：樹東、樹北二里

第四股：彭厝、坡內二里

第五股：東山、西山及樂山三里

值年之股要設正、副爐主、頭家仔等主辦各該年三月十五日保生大帝千秋祭典，七月十四日中元普渡及九月九日重陽哪吒太子千秋等三次祭典，負責做三獻、演戲等經費及遊境等有關祭典儀禮事務。爐主係由值年股在九月九日太子爺千秋祭典之日在濟安宮神前擲筶決定，以得筶最多者任爐主，次者爲副爐主，值年之正副爐主負責自三月十五日起，經中元普渡至九月九日太子爺千秋祭典完畢爲止，其任務卽解除，並於九月九日下午在濟安宮神前辦理新舊爐主移交。至於板橋鎮崑崙里西沙崙之住民雖然也是善男信女，但只隸屬樹東、樹北二里之第三股題緣拜拜，並不擔當正副爐主、頭家仔等職務。

濟安宮自從一七八八年創建時以及清代歷次重修時每設有董事主事，而此董事都由提倡建廟之莊內有勢力、財力之大業戶張

⑥係陽曆，本文月日除有附註者外，其餘均爲舊曆。

必榮暨賴永和及其子孫擔任，年例祭典則由莊內各村落輪流選正副爐主辦理祭典事務，平常則雇廟祝看管。在清代倡建廟宇之業戶張氏及賴氏爲廟務之頭人，也即擁有莊內開拓實權之業戶亦握有宗教團體之領導權，一如其以業戶領有力墾戶、佃農而領導一般莊民信徒。但因當時濟安宮尚無財產，故似乎未設管理機構。

至日據時期一九二七年重建廟宇時，也只由庄長黃純靑及大地主王土龍發起倡建，仍未設管理機構。迨一九三三年始選任劉萬登等數人爲管理人，並推劉萬登爲代表，至一九三五年十一月改選王土龍等二十人爲管理人，其中王虌、黃煙春、廖新丁等十二人爲信仰社區內十二保之保正，其餘有第十九保之商人一人，第二十保之地主一人，第二十五保之商人、地主、醫師三人及第二十六保之商人農戶三人，而以當時最爲富豪之地方大地主王土龍爲首席管理人。觀其組織各村落均推選保正代表各該村落爲廟宇之管理人，也即各村落均以濟安宮爲其宗教信仰中心，而管理人係多數集中於樹林街內之商人、地主，管理人二十人之中樹林街內三保即占有十人，即半數，可見此期之廟宇之領導權已由淸代之業戶轉移於地主、商人之手。蓋淸代爲純粹之農村社會，而廟宇也在農村中心村落潭底，故其領導權乃屬於在農村擁有勢力之業戶之手。然而日據時期則樹林轉變爲農民商人之社會，而廟宇亦東遷靠近於商業區之樹林街故也。此時廟宇之祭典廟務都也透過各村落之代表廟宇管理人，即保正，通知聯絡，故此期之宗教社區、經濟社區及地方基層行政區，由於歷史之積深悠久而漸趨一致矣。

一九四五年臺灣光復，仍登記王土龍爲管理人。至一九六一年始重新組織管理委員會，選任趙登等二十一人爲委員，雖未規定按里分配委員，但委員都由信仰社區內各里住民之鎭長、鎭民代表、里長、地方士紳充任，其中樹北里四人、樹西里三人，樹東里、彭厝里、西山里、樂山里等各二人，潭底里、獇寮里、三多里、圳安里、坡內里、東山里等各一人。一九六四年七月十六日（陽曆），始依照寺廟登記規則向臺北縣政府作寺廟登記，管理人爲卸任鎭長鄭水枝，廟祝爲卸任縣議員劉阿蚶。

迨一九六四年十月十五日，爲宣揚保生大帝功德，辦理濟安宮祭祀，敦睦信徒友誼，促進互助，改善民俗，增進社會福利，與辦慈善公益事業，經信徒決議設立“財團法人臺灣省臺北縣樹林濟安宮”，呈請臺北縣政府核備。嗣於一九六五年元月二十七日（陽曆）經臺北縣政府核發設立財團法人許可證書，並於一九六五年十二月十六日（陽曆）經臺北地方法院核發財團法人登記證書。財團法人之組織係依規定先成立信徒代表會，由信仰社區內之各里里長推選信徒代表共四十五人組織信徒大會。各里選出之信徒代表人數如下：樹東里謝木井等七人、樹西里趙登等五人、樹北里林四相等七人、潭底里洪輝等四人、獇寮里劉阿蚶等二人、三多里鄭藍喜等二人、圳安里劉海濱等二人、彭厝里洪大戇等四人、坡內里林金來等三人、東山里廖淇竹等三人、西山里林興旺等三人、樂山里廖丁旺等三人。其組織分子都爲各里之里長、鎭民代表、鎭長及地方士紳。依其職業別分類則有農業十八人、商業十二人、鑛業四人、交通業一人、公務員三人、醫生一人、自由業一人、道士一人、無職業者四人。並同時由信徒大會選任鄭水枝等十五人爲董事、謝石城等三人爲監事，暨選任鄭水枝爲董事長（鎭長）。其各里選出之董監事如下：樹東里王木生等四人、樹西里鄭水枝等三人、樹北里黃振裕等三人、潭底里劉金福一人、獇寮里劉阿蚶一人、圳安里劉海濱一人、彭厝里賴春諒一人、東山里廖淇竹一人、樂山里廖丁旺一人，臺北（原爲樹北里人）王振南等二人。仍多由里長鎭長等充任，但三多、坡內及西山三里則無人當選爲董監事。

可是濟安宮之廟務在傳統上既爲信仰社區內之各村落推選代表參與其事，故嗣後乃將組織章程有關選舉董監事之條文加以修正，即將董事十五人增爲三十一人、監事三人增爲七人，並將第十五條原文：“董事、監事由信徒大會就熱心公益之信徒及讚同本宮宗旨而有特別貢獻者中選任之。”修改，加但語曰：“但每里應有一人以上當選爲董事或監事。”因此，一九六九年選出第二屆現任董事三十一人、監事七人時，已照新章程每里有選出董事一人以上參與廟務。各里所選出之董監事，計有樹東里王木生等五人、樹西里趙登等六人、樹北里王得喜等三人、潭底里王漢章等三人、猐寮里劉阿蚶等二人、三多里劉欽辛一人、圳安里王泳通等二人、彭厝里洪大戇等二人、坡內里簡南田等二人、東山里王益一人、西山里簡傳福等二人、樂山里廖丁旺等五人、臺北張福祿等四人（原皆爲樹林人）。而身分爲鎭長、里長、鎭民代表等共十七人，其職業則商人有十九人，已占半數，農民次之有八人，其餘十一人爲工鑛業者及公務員。即參與廟務之人員已由原來占多數之農民，改由多數之商人及握有地方行政權力之公務員取代其領導權。

成立財團法人後之濟安宮，雖然依法受臺北縣政府與臺北地方法院之監督，但仍爲一個純粹自治的宗教團體，舉凡廟宇之祭祀及其他廟務依然由信仰社區內之信徒推選代表選任董監事以自治方式推行。在臺灣之廟宇不如基督教或天主教教堂受其上層教區、中會及總會之統率指揮監督，而個個廟宇均各自獨立自治其廟務。

㈡ 各村落土地公廟之組織、信仰及與濟安宮之關係

現在的樹林九里之中，除樹北里因與樹東里同爲構成一個市街，故乃共同奉祀一個土地公廟外，其餘七里均有各里之土地公廟及小村落暨鄰級之土地公廟。各土地公廟平常並無正式組織，而都由各該里長或里內熱心公益、宗教之人士充爲管理人或頭

人。如遇重修廟宇則設董事或委員會，或里長及頭人等數人爲發起人處理其事。至於年例祭典則多設有爐主制度辦理祭祀。

各土地公廟與濟安宮之關係，因約二百年來濟安宮成爲樹林之傳統信仰中心，爲鎭守樹林地區之神明。其與樹林所有土地公廟之關係，如在神明界來說並沒有如土地公廟與縣城隍廟有神界行政上之隸屬關係，但由於住民之視濟安宮保生大帝爲地方鎭守神，故樹林九里內之土地公廟又視濟安宮保生大帝爲神界之“直隸上司”而認其作主。樹林九里內大小土地公廟共有三十座，各土地公廟各形成其信仰社區，各土地公廟就其與濟安宮所發生關係之情形，可分爲：㈠關係密切，㈡關係不大密切及㈢鮮少關係等三種。

屬於第一類關係密切者計有：樹東里之樹德宮、樹西里福德宮、潭底里福德宮、潭德宮、德安宮暨潭底里第一鄰土地公廟、獇寮里福興宮及圳安里福安宮等八座。屬於第二類關係不大密切者計有：彭厝里重興宮、福安宮，坡內里永興宮、福德宮暨第三鄰土地公廟，三多里福德宮及獇寮里福德宮等七座。屬於第三類鮮少關係者計有：樹東里村德宮，獇寮里第二鄰土地公、第五鄰土地公、第六鄰坑仔內土地公、第七鄰坑仔口、坑仔內暨尖涷山土地公、第八鄰坑仔內土地公、第十一鄰獅頭山頂、獅頭山後土地公、三多里第六鄰坑仔內土地公、第七鄰山仔頂土地公、第二鄰藍厝土地公、第三鄰楊家土地公及第五鄰鍾厝土地公等十五座。

其關係密切者：諸如土地公合祀於濟安宮而其財產亦被合併，新建或重建土地公廟時請保生大帝作主扶乩擇地，並請爲建廟監工，過火安座，落成入廟，年例祭典，或祈平安、謝平安，壓火災也請保生大帝光臨看戲，或消災解厄，降賜福祥，保佑境內平安，或參加濟安宮年例祭典之遊境，又如發爐時也請保生大帝來問究竟有何事，而濟安宮做三獻或做醮而“投廟”時也到土地公廟投廟。其所以關係較爲密切的理由爲：㈠各該土地公信仰

①地域 ②人事 ③財產
④祭祀活動 ⑤信徒

社區與濟安宮較靠近，信徒篤信保生大帝；㈡爲各該土地公廟之管理人爲濟安宮之熱心董監事，而里內人士當選濟安宮董監事者較多，故關係較密切；㈢土地公與保生大帝合祀，財產亦被合併；㈣創建土地公廟者爲大道公會會員；㈤土地公廟之歷史較悠久而有土地公神像，迎請參加祭典較爲方便；㈥里內住民較富有土地公廟之年例祭典較爲隆盛。

其關係不大密切者，只在入廟或祭典時請保生大帝光臨看戲，祈平安、謝平安時雖然也請保生大帝，但不列爲首位神明。建廟也請其他神明扶乩擇地。其所以關係不大密切之理由爲：㈠土地公廟未設管理人，也無爐主制度，沒有人倡導；㈡村內比較赤貧沒有年例祭典，或祭典較簡單；㈢土地公之信仰社區距濟安宮較遠；㈣土地公信仰社區在樹林邊界距濟安宮較遠，而傳統上與鄰近之他鄉鎮村莊構成另一信仰社區，與其他神明之關係較爲密切；㈤屬於鄰級土地公廟之信仰社區較小，沒有公共年例祭典，故與濟安宮之關係不大密切。

其鮮少關係者，可說幾乎與濟安宮沒有發生關係。其理由爲：多屬鄰級，或數戶，或宗族私設之土地公廟，多在田頭，或山頂，土地公廟之建造簡陋，並無公共之年例祭典，信仰社區極小，或尚未構成信仰社區，無其信仰之勢力範圍，而也多距濟安宮較遠，故與濟安宮鮮少發生關係也。玆將其各類土地公廟之組織、信仰概況暨與濟安宮之關係及其理由分述於後。

1. 與濟安宮關係密切之土地公廟

(1)樹東里樹德宮（圖二）：樹德宮現爲樹東、樹北二里之樹林街商人、一般住民暨潭底里之一部分住民及西沙崙（屬板橋鎮）住民所信仰之土地公廟。因歷史悠久而位於樹林街內，爲樹林最大並且爲最代表的土地公廟，故同時亦爲樹林其他各里民所信仰，香火鼎盛，爲樹林土地公廟之冠，也可說爲樹林九里之總土地公廟。其組織設有管理人，由前任里長謝木井充任，實務則由其次子現任里長謝石城擔任。重建時則另推選董事主事，都由鎮長、里長地方紳士充任。至於年例祭典則另設有爐主主辦，並訂有“爐主注意事項”，規定正副爐主由樹東、樹北兩里商戶擲筶決定。據一九七〇年名册所列商戶共有195家，一般住戶則只題緣不參加擲爐主。

樹德宮爲與濟安宮關係最密切之土地公廟，重建時係因就舊址重建故並未請保生大帝扶乩卜地，但諸如入廟，年例祭典，謝平安則必恭請保生大帝光臨，又發爐（香爐之香腳火燒）時也請問大道公究竟有何事，而濟安宮三月十五日年例祭典也參加遊境出巡，而且樹德宮也演戲慶祝，當濟安宮做三獻或做醮而“投廟”時也只到樹德宮投廟。

蓋濟安宮與樹德宮爲在樹林街上，地理上位置最近，濟安宮既爲樹林地區信仰之中心，而樹德宮亦爲樹林最代表的土地公廟，歷史悠久，自古卽有土地公神像，並且樹德宮之管理人及街上里長、頭人等亦多爲濟安宮之董事，各種關係密切，是以濟安宮與樹德宮之關係自當最爲密切也。自濟安宮東遷街上後，原濟安宮在潭底舊廟時代之與潭底福德宮之密切關係，已爲樹德宮取而代之。又樹德宮因位近溪洲上帝公廟，其信徒西沙崙住民亦爲樹德宮之信徒，而溪洲人之商業活動也多在樹林街上，故樹德宮每有祭典時也請溪洲上帝公及他們所信仰之清水祖師光臨，爲樹林土地公廟中唯一與溪洲上帝公發生關係之廟宇也。

(2)樹西里福德宮（圖三、四）：福德宮爲樹西里之土地公廟，信徒爲里內一般住民、工商廠戶及農民，管理人爲里長，年例祭典則另設正副爐主及頭家仔主辦祭祀。樹西亦爲樹林街上之一部分，因廟址靠近濟安宮，並且濟安宮之董事長及董監事多位住於里內，故與濟安宮之關係甚爲密切。除年例祭典或演戲壓火災時均請保生大帝光臨看戲外，建廟時也請保生大帝觀童乩(熟童)，爲土地公廟擇定廟址坐向，入廟時也請保生大帝觀戲。

(3)潭底里福德宮暨潭德宮（圖五、六、七）：福德宮爲潭底里之舊土地公廟，潭德宮爲新土地公廟，信徒爲全里內之農家、一般住民及工商廠戶。舊廟福德宮因建新廟後未拆除，故附近住民仍另裝土地公神像奉祀。新廟潭德宮現由倡建人鎭民代表王漢章任管理人，年例祭典則分五股設正副爐主辦理。舊廟已無管理人，亦無年例祭典，故也不設爐主。

福德宮爲樹林最古老之土地公廟，而自清代至日據時期中葉濟安宮之舊廟也在潭底，兩廟靠近，同在樹林之廟宇發祥地，里民篤信保生大帝，故自古以來潭底土地公廟與濟安宮之關係最爲密切。年例祭典必請保生大帝光臨看戲，清代並由福德宮和濟安宮共同建設戲館供演戲人住宿。至一八九三年並將潭底福德宮福德正神合祀於濟安宮，而其財產水田約八分地也被合併於濟安宮，潭底住民乃另裝土地公神像奉祀於福德宮。一部分莊民曾反對其財產被合併告於法院，後來每年由濟安宮撥回十石粟供福德宮充爲祭典費用。重建新廟潭德宮時也請保生大帝在福德宮扶乩（生乩），一直觀三晝夜始扶生乩爲土地公廟擇定現在新廟址，建廟時並請保生大帝監工，入廟時也請保生大帝觀戲。如此，其關係甚爲密切。

(4)潭底里德安宮（圖八）：爲潭底里第九鄰住民所祀之土地公廟，信徒都爲農民。管理人爲賴火錬。倡建人賴氏爲前潭底賴姓大道公會會員，故與濟安宮之關係也甚爲密切。建廟時曾恭請保生大帝擲筶決定廟址，入廟時也請保生大帝“過火”爲土地公安坐。

(5)潭底里第一鄰土地公廟（圖九）：係爲潭底里第一鄰卽狗蹄山附近住民所奉祀之土地公廟，信徒除第一鄰住民外尙有樹西里文化街之鐵路局宿舍約二百戶之住民，以客人爲多。管理人爲提倡建廟之「先生媽」之丈夫簡南容。年例祭典時則另設正副爐主及頭家仔主辦。因提倡建廟者爲極信神之「先生媽」，而且廟址接近保生大帝廟，故與濟安宮保生大帝之關係甚爲密切。建廟時曾請保生大帝擇日、擇坐向，何日開工破土，何日入廟，坐向如何等，均請保生大帝到廟地請問，僅位置由土地公自已決定。入廟年例祭典也必請保生大帝光臨觀戲。雖爲鄰級土地公，但與濟安宮之關係也至爲密切。

(6)犺寮里福興宮（圖十）：福興宮爲犺寮里之土地公廟，信徒爲全里民，多爲農民。管理人爲里長劉阿蚶，重建廟宇時曾設重修籌備委員會，設置委員三十二人，由劉里長任主任委員，年例祭典則另設有爐主及頭家仔主辦。犺寮鄰近潭底濟安宮舊廟址，而且管理人里長劉阿蚶爲濟安宮熱心的董事，里民篤信保生大帝，故福興宮與濟安宮之關係甚爲密切。重建廟宇時曾請保生大帝扶乩（生乩）擇今廟址坐向，入廟時與年例祭典也都請保生大帝光臨觀戲。

(7)圳安里福安宮（圖十一）：福安宮爲圳安里之土地公廟，信徒爲全里住民，多爲農家，倡建廟宇的前任里長爲管理人，年例祭典另設正副爐主及頭家仔主辦祭祀。圳安里靠近濟安宮，里內里長頭人亦爲濟安宮之熱心董事，故福安宮與濟安宮之關係至爲密切。創建廟宇時曾恭請保生大帝在該里扶乩（生乩）擇地，並決定坐向方位。落成入廟及年例祈平安、謝平安時均請保生大帝奉敬除厄降福觀戲。

2. 與濟安宮關係不大密切之土地公廟

(1)彭厝里重興宮（圖十二、十三）：重興宮爲彭厝里之土地公廟，信徒爲全里住民，多爲農家，但焚香籤則只由廟宇附近輪流上香而已。未設管理人，因無年例祭典故也未設爐主制度，遇有重修等情事，則由里長等頭人提議辦理。因距濟安宮稍遠，也未設管理人和爐主，缺管理領導人，故與濟安宮之關係不大密切。重建廟宇時曾請其里內神明會“荆府王爺”觀乩（熟乩）擇廟址坐向，入廟時也請保生大帝觀戲。

(2)彭厝里太平橋福安宮（圖十四）：福安宮係彭厝里太平橋洪家有病人問神明時，承上帝公之指示私建後獻公者。信徒爲彭厝里太平橋附近住民及樹東、樹西二里南區之一部分住民。太平橋附近之信徒原也往重興宮拜拜，福安宮創建後乃就近拜拜，但重興宮爲全里之土地公廟，故仍有題緣。本宮未設管理人及爐主，遇有祭典時由里鄰長出面題緣辦理。廟址係由柑園私人奉祀之上帝公指點創建者，但配祀之媽祖則也由濟安宮配祀之媽祖割香奉祀，遇有祭典時也請濟安宮保生大帝及媽祖觀戲。

(3)坡內里永興宮、福德宮及第三鄰土地公（圖十五、十六、十七）：永興宮和福德宮爲坡內全里之土地公廟，信徒爲全里住民，管理人爲里長，第三鄰土地公之信徒爲該鄰之耕山農夫及潭底里南寮人。年例祭典時則三座土地公廟合併舉行，並設有爐主及頭家仔等主辦。增建新廟時雖僅由地理師主庚，未請保生大帝扶乩擇地，但年例祭典和祈平安、謝平安時均請保生大帝觀戲，並消厄除災，降賜福祥。

(4)三多里福德宮（圖十八）：爲三多里全里之土地公廟，信徒爲全里民，管理人爲里長，現因無年例祭典故未設爐主。因最遠距濟安宮，而且沒有年例祭典，里人頭人與濟安宮之關係也不甚密切，故福德宮與濟安宮之關係並不大密切。重建新廟時也只向土地公擲筶決定，未請保生大帝扶乩擇地。祈平安、謝平安時雖也請保生大帝光臨，放兵保佑境內平安，息災除厄，降賜福祥，但因該里自古以來卽與竹林寺壽山巖之觀音佛祖關係較爲密切，故所請之神也首列觀音佛祖，次爲顯應祖師，其次才爲保生大帝，是以其與觀音佛祖之關係較保生大帝爲密切。

(5)猴寮里福德宮（圖十九）：福德宮俗名下土地公，爲猴寮第一鄰住民之土地公廟，信徒原爲耕種“下角”水田之農戶，現則亦有第二鄰暨三多里第八鄰之住民及附近工廠工人前來拜拜。管理人爲提議建廟之陳專定及楊玉崑，因無年例祭典故未設爐主。創建新廟時係就舊土地公由地理師擇地坐向興建，未請保生大帝扶乩擇地，但入廟時則請保生大帝觀戲。爲鄰級土地公廟，而且無年例祭典故與濟安宮之關係不大密切。

3. 與濟安宮鮮有關係之土地公廟

樹東里水源街之村德宮（圖二十）、菝寮里第二鄰土地公、第五鄰土地公（圖二十一）、第六鄰坑仔內土地公、第七鄰坑仔口、坑仔內、尖凍山頂土地公廟（圖二十二）第八鄰坑仔內土地公、第十一鄰獅頭山頂、獅頭山後土地公及三多里第六鄰尖山腳坑仔內土地公（圖二十三）、第七鄰山子頂土地公暨第二鄰藍厝土地公廟（圖二十四）、第三鄰楊家土地公廟、第五鄰鍾厝土地公廟（圖二十五）等十五座均爲小型土地公廟，或以石板建造，都爲鄰內，或數戶，或宗族內所信仰之土地公廟。或在田頭，或在山頂，距濟安宮旣遠，而且亦無年例祭典，故其拜拜祭儀都屬個人、或宗族、或鄰內吃福會之行爲。因此旣無機會請保生大帝觀戲參與祭典，並且建造廟宇時也比較簡單，故未請保生大帝扶乩擇地。也即其信仰社區極小，或尚未構成信仰社區，無其信仰之勢力範圍，所以都與濟安宮鮮少發生關係。

㈢ 各神明會暨祖籍神明之信仰組織及與濟安宮之關係

各種神明會暨祖籍神明之信仰與濟安宮之關係，也同樣可分爲：㈠關係較爲密切；㈡關係不大密切；㈢無關係者三類。屬於第一類關係較爲密切者計有：潭底賴姓大道公會、樹西大道公會、樹林媽祖會、祈安社媽祖會、王爺公會、花燈會、四股媽、十八手觀音、清水祖師、開漳聖王等十種神明會及祖籍神明。

屬於第二類關係不大密切者計有：彭厝潭底三官大帝⑦、獇寮三官大帝、三角埔三界公、獇寮媽祖會、圳安媽祖會、三角埔股十八手觀音及觀音佛祖會等七種神明會及祖籍神明。屬於第三類無關係者有文炳社。

其關係較爲密切者：諸如爲濟安宮保生大帝演戲慶祝千秋，神像開眼時請保生大帝老大帝主持開眼，參加保生大帝千秋拜拜遊境，奉獻濟安宮神桌，或擲爐主，拜拜祭典、演戲均假濟安宮舉行，或將神明奉祀於濟安宮內，每遇祭典並請保生大帝觀戲等。其所以關係較爲密切的理由爲：㈠都設有神像可請參加祭典，㈡有的同屬爲大道公，㈢神明會及祖籍神明信仰社區較靠近於濟安宮，㈣神明會暨祖籍信仰之神明均屬較爲高位之神，而因社區內土地公不參加濟安宮遊境乃請其較高位之神明會神明參加遊境，㈤或其所信仰之神像已配祀於濟安宮。

其關係不大密切者，則只在祭典時請保生大帝光臨觀戲而已。其所以不大密切之理由爲：㈠神明會多只設香爐而無神像，㈡距濟安宮較遠，而鄰接於別的信仰區，自古卽與別的信仰社區之往來較爲密切，㈢又如三官大帝雖爲地緣社區之神明會，但三界公在漳州人之信仰拜拜較爲篤深，故與濟安宮之關係比較不大密切。

其無關係者，則因文炳社雖爲神明團體，但屬於儒教之神明會，故與屬於道教系統之濟安宮完全不發生關係。

玆將各類神明會暨祖籍神明與濟安宮之關係分述於後。

1. 與濟安宮關係較爲密切之神明會暨祖籍神明

⑴潭底賴姓大道公會：潭底賴姓爲漳州南靖縣人，康熙末年從其故鄉携奉保生大帝分靈移居潭底從事開墾，嗣後由賴姓宗族

---

⑦三官大帝俗稱三界公。

組織大道公會。後來大帝顯靈，莊民創建濟安宮奉祀，賴姓宗族仍保持大道公會奉祀，定每年三月十六日由賴氏祭祀公業撥田租吃會並假濟安宮演戲慶祝大帝千秋，爲濟安宮保生大帝之原奉祀宗族，故與濟安宮之關係至爲密切。

⑵樹西大道公會：爲樹西簡烏獅所發起，組織分子爲其同業火車站苦力結拜十人。裝有保生大帝三大帝神像奉祀，雕塑神像時曾請濟安宮老大帝至樹林大凍山上爲新神像主持扶身開眼。因與濟安宮同爲奉祀大道公，故關係至爲密切。

⑶樹林媽祖會：每年定於三月十八日刣一隻豬公假濟安宮廟庭拜拜，並爲媽祖及保生大帝演戲奉敬慶祝其千秋。組織分子共有三十二份，因多由樹林街上住民所組織，鄰近濟安宮，其祭典都假濟安宮舉行，同時也演戲慶祝保生大帝千秋，故關係甚爲密切。

⑷祈安社媽祖會：原爲移居竹篙厝之漳州南靖縣人簡姓所奉祀之神明會，後則有樹林街上之他姓商人加入，每年定於三月十七日假濟安宮演戲慶祝保生大帝千秋。三月二十三日在坡內拜拜演戲奉敬媽祖時，也請保生大帝光臨觀戲。祈安社媽祖會爲樹林歷史最悠久之神明會之一，後來並且有街上商人參加爲會員，鄰近濟安宮，而該媽祖會會員爲表示其對莊內信仰中心濟安宮之敬意及神明會之能力，乃也演戲爲保生大帝慶祝千秋，是以其關係至爲密切。

⑸王爺公會：原爲移居彭厝林姓所奉祀之神明，後來變爲彭厝一部分住民共同奉祀之神明會。三月十五日濟安宮保生大帝年例祭典時均參加遊境出巡，莊內八月二十三日王爺公年例祭典時也請保生大帝光臨看戲，關係至爲密切。蓋彭厝土地公廟原只有福德正神石碑，無神像，故其莊民乃另請其莊內較高位之神明王爺公代表該莊參加遊境，雖位於與別莊交界之處，距濟安宮比較遠，但仍有密切關係，構成一個篤信的信仰社區。

⑹花燈會：爲上元花燈會之組織，會員共有二十七份，曾奉獻濟安宮所奉祀之土地公神桌等，並於上元假濟安宮演戲奉敬，與濟安宮之關係相當密切。惟今已廢。

⑺樹林股四股媽： 四股媽卽觀音佛祖爲樹林南區，卽樹林街、彭厝、坡內暨溪洲（板橋鎭）及柑園、頂埔、媽祖田之頂郊人所奉祀之祖籍神明，定於正月初五日刣豬公拜拜奉敬，樹林股輪值之年，諸如擲筶決定正副爐主、拜拜、做三獻、演戲均假濟安宮舉行，觀音佛祖亦請在濟安宮。蓋樹林街上頂郊人最多，多爲創建或重修濟安宮之倡導人，而且靠近於濟安宮，故一切祭典均假濟安宮舉行，關係至爲密切。

⑻十八手觀音西盛股：十八手觀音爲樹林北區，卽潭底、獇寮、圳安及新莊鎭西盛全部住民所奉祀之神明，原爲該區內頂郊人（又稱內縣人）所奉祀之祖籍神明，定於九月十五日刣豬公拜拜奉敬。西盛股輪值之年與四股媽同様，諸如擲筶決定正副爐主、拜拜、演戲均假濟安宮舉行，觀音佛像也請在濟安宮。西盛股包括新莊鎭之西盛，樹林鎭之潭底、獇寮、圳安三里及板橋鎭之沙崙、三抱竹之頂郊人，信徒之大部分在樹林鎭三里，鄰近濟安宮，故其祭典均在濟安宮舉行，關係至爲密切。

⑼清水祖師：清水祖師爲樹林之安溪人及彭厝、樹西二里住民所信仰之祖籍神佛。濟安宮三月十五日年例祭典時參加保生大帝遊境出巡境內，彭厝、樹西二里民亦於三月十五日合併拜拜，而三峽清水祖師年例祭典時也請保生大帝看戲。按彭厝里民靠近清水祖師信仰社區而篤信清水祖師，而且前因土地公無神像可參加保生大帝祭典，乃請清水祖師及王爺公參加保生大帝遊境，故關係相當密切。

⑽開漳聖王：開漳聖王爲樹林漳州籍陳姓及所有陳姓所奉祀之祖籍神明兼血緣神明。樹林之陳姓者於每年二月十六日假濟安宮做三獻或演戲奉敬，因早已配祀於濟安宮，祭典亦假濟安宮舉

行，故其與保生大帝之關係也甚爲密切。

2. 與濟安宮關係不大密切之神明會曁祖籍神明

(1)彭厝、潭底三界公會：爲彭厝、潭底全莊民所奉祀之神明，每年定於八月中十五日以前輪値設爐主共同刣豬公拜拜奉敬，僅於年例祭典時請保生大帝光臨看戲。因無設神像，而且爲於中秋與土地公合祀拜拜慶秋收，而三界公一向多爲漳州人所敬拜，故與濟安宮保生大帝關係不大密切。今已廢。

(2)猐寮三界公會：爲猐寮全里民所奉敬之神明，每年於八月十五日設爐主舉行拜拜，只於年例祭典時請保生大帝光臨看戲，與濟安宮之關係不大密切。蓋猐寮三界公也只設香爐無神像，也於中秋時與土地公合併拜拜慶秋收，而三界公向爲漳州人所敬拜故也。

(3)三角埔三界公會：爲三角埔與桃園縣龜山鄉塔寮坑人共同奉祀之神明，定於每年八月中十五日以前設爐主拜拜，也僅年例祭典時請保生大帝光臨看戲而已。又因只設香爐無神像，而且三角埔位於樹林鎭內邊界距濟安宮較遠，其信仰社區與鄰近之新莊鎭坡角及龜山鄉塔寮坑另形成一個信仰社區，故與濟安宮之關係不大密切。

(4)猐寮媽祖會：會員爲猐寮全里民。無一定之年例祭日，以前規定每年於二月或三月間由莊民集體奉媽祖神像到北港天后宮進香並割香，回來後舉行拜拜演戲奉敬，而僅於是日舉行祭典時請保生大帝光臨看戲而已。其祭典之主要目的在到北港割香，故與保生大帝關係不大密切。統一拜拜後與濟安宮年例祭典合併於三月十五日舉行，現已不集體到北港割香。

(5)圳安媽祖會：會員爲全圳安里民農戶，共四十二份。也無一定之年例祭日，以前也規定於每年二、三月間由村民集體奉媽祖神像到北港天后宮進香並割香，回來後拜拜演戲奉敬，而僅於是日舉行祭典時請保生大帝光臨看戲。其祭典之主要目的也在到北港刣香，故與保生大帝之關係不大密切。現已不集體到北港刣香，也不演戲。

(6)三角埔股十八手觀音及觀音佛祖會：三角埔股十八手觀音係與新莊鎮坡角及龜山鄉塔寮坑連合於輪值之年在九月十五日刣豬公演戲奉敬，原爲內縣人祖籍神明，其祭典係請觀音佛祖在塔寮坑廻龍寺奉祀拜拜，僅於祭典時請保生大帝看戲而已。三角埔如前所述位於樹林鎮邊界，與新莊鎮坡角及龜山鄉塔寮坑接近，故自成信仰社區和竹林寺、壽山巖及廻龍寺之關係較爲密切也。觀音佛祖會亦同。

3. 與濟安宮無關係之神明會

文炳社：奉祀倉頡經聖，會員十八人。以前每年假潭底“聖蹟”惜字亭前舉行祭典（圖二十六），因屬於儒教故與濟安宮完全無關係。今已廢。

綜觀土地公與濟安宮及神明會暨祖籍神明團體與濟安宮的關係，各有其異同的地方，其共同類似者爲：㈠信仰社區接近濟安宮之土地公及神明會暨祖籍神明團體均與濟安宮關係較爲密切。㈡三多里（卽三角埔）因位於樹林鎮邊界，在傳統上與其鄰近之他鄉鎮村里另構成一個較爲密切的信仰社區，故其轄內之土地公及神明會暨祖籍神明團體與濟安宮之關係均不大密切。㈢土地公廟、神明會及祖籍神明信仰社區內之里長頭人等參與濟安宮董監事的人物較多而較熱心於濟安宮廟務者，其與濟安宮之關係也自然較爲密切。㈣有神像與祭典較爲隆盛之土地公廟、神明會及祖籍神明都與濟安宮關係較爲密切，而無神像之土地公廟及神明會多與濟安宮關係不大密切。蓋有神像者遇有祭典而要迎請時比較方便，而祭典較爲隆盛者比較有機會來往，故互相較有機會來往參與祭典也。其異處爲：㈠神明會暨祖籍神明之神的地位較高，而且多有神像與保生大帝之來往較土地公爲多，關係密切者有十單位、不大密切者七單位、無關係者僅一單位。土地公則神之地位較低，而且以前多無神像，祭典時來往較爲不方便，其與濟安宮關係密切者有八座、不大密切者七座、無關係者達十五座。㈡神明會暨祖籍神明多由同鄉或血緣團體之比較篤信者所組織，祭典規模較盛大，爲表示其團結能力而獻戲奉敬保生大帝；土地公則爲新的地緣組織，其團結力及祭典規模較小者占多，故關係不大密切者較多。㈢神明會暨祖籍神明都無廟宇，故祭典多假濟安宮舉行，其關係自然較爲密切。

至於地緣土地公暨神明會及血緣土地公暨神明會與濟安宮的關係，則地緣土地公暨神明會之信仰社區較大，而多以社區內全民爲其信徒，祭典比較盛大，並代表各該村里而視濟安宮保生大帝爲上司之神明，而且其村里之里長頭人等多擔任濟安宮董監事等，故與濟安宮之關係較爲密切。而血緣土地公暨神明會，除潭底賴姓大道公會因原爲携奉濟安宮保生大帝來臺之賴姓所組織，故其關係自較密切外，其餘則其信仰社區較小，多限於其宗族範圍內，財力不厚，祭典之規模較小，故與濟安宮之關係較疏。

三、早期不同祖籍移民携奉之諸神明及其信仰情形

㈠ 早期樹林之移民與開拓

樹林地方古屬海山莊，其移民之定居開拓始於一七一七年左右。最早開拓樹林地方者，名胡詔，係泉州同安縣人。先是一七一三年鄭珍、王謨、賴科及朱焜侯等四人業戶，請墾淡水堡海山莊、北投莊及坑仔口莊等三處草地，當時戶名稱爲“陳和議”，墾地均分爲四股分別從事開墾。至一七二四年鄧旋承購王、朱二

股份，惟因地缺水，亦無力開墾埤圳灌漑，收成減少，滯納田賦，因此鄧旋乃抽出其中一股賣給胡詔。胡詔所承購之土地即爲海山莊，而樹林地區不過爲其一部分而已。胡詔購買後出資開設埤圳以便灌漑，因此從來委爲荒蕪之土地乃變爲良田。一七一七年周鍾瑄主修之《諸羅縣志》記其情形云："擺接⑧附近，內山野番所出沒，東由海山出霄裏，通鳳山崎大路。海山舊爲人所不到，地平曠；近始有漢人耕作，而內港之路通矣。"

胡詔購買海山莊之土地後將其分爲七股，至一七五一年胡詔之子胡思睿、胡思湧將其父業之三股半以價銀三千五百兩賣給張方大（即必榮）、吳洛、馬詔文等三人，俱爲泉州晉江縣人。張等三人購得後再將其分爲七股，張氏得二股、馬氏四股、吳氏一股，戶名稱爲"張吳文"而合營。一七五二年張吳兩家復以價銀一千五百兩購買業戶胡家之一股半。乃加強其夥記組織，將原來的持分改爲五大股，即張氏馬氏各二股、吳氏一股。並以價銀四百兩向胡家購得公館三間埔園一所，新築粟倉以供公儲公住。一七五四年胡詔逝世，其子思睿復將剩餘之二股份業地以價銀三千五百兩典與"張吳文"夥記，同時也向胡家購買有關擺接番人之爭界和議契字共同管理之。一七五五年胡氏兄弟分戶，弟思湧率眷屬返中國大陸祖籍同安烈嶼。其兄思睿留臺整理家務，因債權者討債甚急，乃由張吳文夥記提出前所典得之業地賣渡杜絕金價銀一千大員與胡家斷絕關係。

至一七五六年"張吳文"夥記再對鄧旋之子鄧光寶墊交充爲上年經胡家之手再典與張吳文之業地二股份之賣渡杜絕金劍銀一百大員以作其父鄧旋之葬費（按胡家典與張吳文之二股份係由鄧家典得後再出典與張吳文者，故張吳文乃再給鄧家杜絕金）。於是海山莊大部分歸張吳文夥記五大股共業。張家管理今樹林鎭石

---

⑧擺接即今臺北縣土城鄉及板橋鎭一帶。

頭溪之一部分暨潭底、猐仔寮、三角埔及其以北張厝圳之灌溉區域新莊、三重埔、三重埔一帶之廣大區域。吳家經管今樹林鎭彭厝、山子脚方面。馬家則經管石頭溪、柑園方面。嗣後合管六、七年。然而至一七五七年張吳文夥記解散，先是馬氏抽出第一、二股賣渡隆恩，張氏抽出第三、五股，吳氏則抽出第四股合營爲張吳共同管理。至一七六〇年十月張吳兩氏再分開，吳氏抽出第四股，戶名稱吳際盛，張氏二大股之戶名則稱張必榮、張方大。爾後張吳兩家完全分開各自管理經營。

嗣後各業戶互見榮枯盛衰，其中業戶張必榮管下之開墾建設更加一層之進展，除大租權外，並且獲有該地方之小租權及水權，如此幾掌握海山莊大部分之拓殖實權。夥記解散後張必榮更擴大其大租權，如清丈山脚方面佃人㒓墾之土地，購買戶糧房經營權，經管海山、興直、桃澗、霄裡、南崁等莊，並設公館監收租息。張氏後裔現居住之處，尙存有一七八三年所立公館申禁陋規石碑。又與桃園龜崙社番分定山嶺境界，東自今樹林鎭横坑仔、坡內坑內，西自今桃園縣龜山鄉癲哥坑南畔，南自樹頭皮寮，北自今龜山鄉塔寮坑內尖山脚一帶悉歸張家，並由張氏遞交銀一百五十大員給該社頭目有明，甲頭着加魯，白番大也兵等議定境界，一切皆以嶺頂爲境界。而在一七六二年至一七八二年之間，張必榮也收購今樹林潭底、猐仔寮及三角埔等土地二十數甲之小租權。

在此開拓初期除業戶晋江人張吳文夥記外，尙有業戶漳州人劉坤山及業戶漳州南靖暨平和縣人賴姓，彼等招徠泉漳移民力墾海山莊。早期之移民入墾潭底方面者有泉州同安縣人及南安縣人之王姓，泉州同安縣人鍾氏，漳州南靖、平和縣人賴姓，龍溪縣人劉姓、林姓。入墾彭厝者有客家彭姓及泉州人廖、張、王、洪、林姓，南安縣人周姓、陳姓，以及漳州平和縣人賴姓等。入墾竹篙厝坡內者大部分爲漳州南靖縣人簡姓及陳姓、李姓等。入墾猿寮者有漳州人劉、賴、李、余、沈姓及泉州人張、陳、楊、林姓。入墾三角埔者有泉州同安縣人鍾姓，南安縣人藍、鄭、陳姓及漳州人李、簡、吳姓。入墾圳岸腳者有頂郊人陳姓，同安縣人暨安溪縣人王姓，南安縣人藍、周、黃姓及漳州南靖縣人劉姓等。早期移民之定居樹林地方者，大體言之，以頂郊人為最多，次為漳州南靖、平和縣人，其次為同安縣人，再其次為安溪人。

㈡　早期不同祖籍移民信仰之移入樹林的情形

當閩粵移民欲渡臺謀生之初，他們首先的難題是如何平安地越過重洋臺灣海峽之風險，而且其時臺灣尚未開闢，為瘴癘之地，又要防土著先住民之襲擊，彼等為祈求神佛庇佑平安、幸運，避免一切災禍，乃多從其故鄉寺廟祈求香火或携奉神像來臺，其所携奉之神像香火，雖依籍貫而也有所不同，但最普遍者為媽祖、觀音、廣澤尊王、保生大帝、清水祖師、開漳聖王、王爺及三山國王等。

移民到臺灣後首先要找墾首給付土地從事開墾，清初入墾海山莊即今樹林的移民，他們所携奉的神像香火有保生大帝、天上聖母、邢府王爺、清水祖師等，其所携奉之情形如下：

⑴保生大帝：相傳一七二二年當海山莊之開拓方開始時，緣有賴姓家族為保安息災由同安縣白礁奉戴保生大帝分靈渡臺，定居潭底莊從事開墾，並築蓋茅屋奉祀⑨。

⑵天上聖母：清乾隆初年移居海山莊竹篙厝及坡內從事開墾

⑨一說賴氏移居潭底從事養鴨，並將所携奉之保生大帝香火安置於空罐內奉祀，倘小孩玩之則肚子會痛，但奉拜之即癒，因此香火乃漸興盛云。按相傳保生大帝為同安縣白礁人，因此尤為同安縣人所尊崇敬奉，被視為同安縣人之祖籍神明，當然其信徒不限於同安縣人。現居住於潭底之賴姓後裔均為漳州南靖縣及平和縣人，而相傳大帝香火係由南靖縣人賴姓從同安縣白礁携奉而來云。

之漳州南靖縣人簡姓，由其大陸故鄉携奉媽祖神像來臺，而由其族人奉祀。

又移居彭厝之頂郊人洪氏，又由其故鄉携奉媽祖神像奉祀。

⑶邢府王爺：清代移居於彭厝之泉州人林姓，曾由其故鄉携奉邢府王爺神像來臺奉祀。

⑷清水祖師：清乾隆初期移居三角埔之泉州南安縣人藍家，由其唐山故鄉携奉老祖清水祖師神像來臺奉祀。

當然那時之其他移民也有人携奉上列諸神，或其他諸神明之神或香火奉祀者。當移居之初大多爲男人，因禁婦女來臺故甚少有家眷者，他們乃在原野中散居蓋簡陋的田寮從事開墾，那時他們需要防止惡疫、猛獸、毒蛇之侵襲，甚至與土著先住民鬥爭。一七一七年纂修之《諸羅縣志》記其情形曰：“男多於女，有邨莊數百人而無一眷口者。蓋內地各津渡婦女之禁旣嚴，娶一婦動費百金；故莊客佃丁稍有贏餘，復其邦族矣。或無家可歸，乃於此置室，大半皆再醮、遣妾、出婢也。”又曰：“北淡水均屬瘴鄉。……蓋陰氣過盛，山嵐海霧鬱葱中之也深。或睡起醉眠，感風而發，故治多不起。”他們日出而作，日入而息，朝夕必向所奉神像、香火上香祈求平安，每日的生活一日也不忘神佛。此時他們的村落社會尚未構成安定，宗教信仰社區亦未構成，各人只祈求信仰自己所携奉之神像香火，其信仰圈限於自己的家族內，也卽只有信仰的點，而未構成信仰圈之線或面，更談不上建立廟宇。其信仰圈圖示如下。而其拜拜也。如藍厝之清水祖師，只於每年正月初六日在其族內舉行清水祖師之“走過火”，以淨化神像維持發揚其靈驗而已。

㈢ 移民與其祖籍地之信仰關係

早在明末已經有大批的中國大陸移民冒著危險的臺灣海峽到臺灣開闢草萊，而這些移民大多是福建省泉州、漳州之閩族暨廣東省潮州、惠州及嘉應州之粵族。依據一九二六年的調查統計，全臺灣有漢族 375 萬人，占總人口的88.4%，其中閩南的泉州及漳州人就有 300 萬人，占80%，內泉州人 168 萬 1,000 人，占漢人總人口的 44.8 %，漳州人 131 萬 9,000 人，占 35.2 %，福建省系人口有 312 萬人，占漢族人口的 83.1 %，粵族有58萬6,000人，占 15.6 %，其他漢人僅有 5 萬人，占 1.3% 而已。

大體而言，往昔以其鄉村所奉祀之神明，即可判斷其祖籍。即㈠漳州人部落多奉祀開漳聖王；㈡泉州之晉江、南安及惠安三邑人多奉祀觀音佛祖；㈢泉州之同安縣人多奉祀保生大帝；㈣泉州之安溪縣人多奉祀清水祖師；㈤客家人則多奉祀三山國王。

就樹林及其附近地區而言，所謂泉州三邑人較多之樹林、彭厝、潭底、圳岸腳、三角埔及柑園的居民多奉祀觀音佛祖，彭厝山子腳、橫坑仔、柑園、三峽及板橋鎮之頂下溪洲方面之安溪人

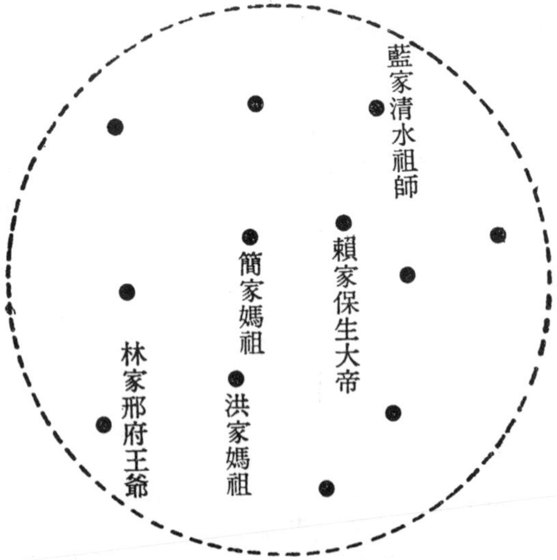

樹林早期移民之信仰圈圖

則多奉祀清水祖師，漳州人較多之坡內、竹篙厝、猴寮及樹林之一部分則多奉祀開漳聖王，而同安縣人較多之潭底及樹林則多奉祀保生大帝。

四、村落成立，信仰融合與信仰中心之建立

㈠ 村落之成立與土地公廟暨神明會之創建

自康熙末年一七一七年前後王謨、朱焜侯等請墾海山莊後，至乾隆中葉一七六〇年約四、五十年間，可說是海山樹林地方開拓之搖籃時期。在乾隆初年仍以海山莊概括言之，至乾隆中葉則除海山莊外尚有潭底莊、鍾厝莊、三角埔、彭厝莊等村落分別成立，至乾隆末年及嘉慶年間則更有風櫃店、竹篙厝、坡內、猴寮、圳岸腳、藍厝等村落成立。且有開鑿永安圳、福安圳、張厝圳及劉厝圳等，灌溉面積達一千餘甲。並有築造風櫃店至南靖厝路、風櫃店至圳岸腳路、風櫃店至彭厝路、風櫃店至三角埔路等共約三十多華里，各部落之間可交通往來。

由於開拓就緒，隨開拓的發展成立村落，而村民多爲從事開拓之農民，因此他們首先乃共同創建鎭守土地之神兼爲農業守護神之土地公廟，以祈五穀豐登，人畜平安，並賜財福。此時他們開拓事業已有基礎，住有定居，三餐可以飽食，因此其信仰活動也逐漸展開，除土地公廟外也組織各種神明會，祈禱風調雨順，人畜平安，五穀豐穰，拜以演戲以慶。玆將開拓當初成立之地緣、血緣部落所創建之土地公廟及神明會分述於後。

1. 地緣部落之成立與土地公廟之創建

(1)潭底莊創建福德宮及吃福會：潭底莊在清乾隆初年尙爲海山莊之一部分，爲樹林最早開拓地區之一，也是早期海山莊對外

交通之要衝。乾隆中葉墾戶張必榮招徠移民泉州南安縣人鍾姓、王姓，同安縣人王姓暨漳州龍溪縣人劉、林姓等移居開墾。同時也有漳州南靖、平和兩縣人之賴姓業戶及佃民移居墾殖。其中多數爲漳州籍賴姓及同安縣人王姓。爲漳泉雜居之地緣部落。

本莊因早在乾隆中葉已形成部落，故也即在乾隆中葉的一七六五年以前 已由莊民 共同創建土地公廟 於潭底山麓， 命名福德宮，其地稱土地公埔，並由莊民捐款題緣購買田地八分餘地爲廟產，其水田出租佃農每年收租穀四十八石充爲年例祭典費用。設有爐主，每年定於八月初至十五日前擇一日拜拜演戲以慶。

此外並設有“吃福會”，另設有爐主，由莊內農民參加，每年於二月二日及八月十五日舉辦二次，爐主由會員輪值。

⑵三角埔創建福德宮及吃福會：乾隆年間業戶張必榮及劉坤山招佃泉州同安縣人鍾姓，南安縣人鄭、藍姓，頂郊人陳姓及漳州人李、 簡、 吳姓等定居開墾。 嗣後則有艋舺大業戶李勝發入墾。也是漳、泉雜居之地緣部落。

乾隆中葉以後村落已形成，莊民乃自潭底土地公廟福德宮割香創建土地公廟，又名福德宮。爲全莊民信仰之中心，逢年過節均辦牲醴拜拜，偶爾演戲以慶。

莊內又設有“吃福會”，由耕作莊內四、五十甲地之農戶參加，共分十六份，鄭厝一份、鍾厝二份、地主李氏二份、曾厝一份、簡姓祭祀公業一份、簡姓一份、陳厝一份、張姓一份、陳姓一份、李姓一份、又陳姓一份、江姓一份、又李姓一份。一年辦四次吃福會，首次在二月二日土地公生，第二次在四月二十六日五穀先帝生日，第三次在八月十五日中秋，第四次在冬至，每次辦二桌，設有爐主，由十六份照輪。凡承繼耕作此十六份土地之農家不論是自耕農或佃農都必須參加爲此吃福會會員。此吃福會只有藍厝不參加，曰“自己藍”，又自己另建有一土地公廟，在信仰上獨樹一幟。

⑶猐仔寮創建福興宮暨多座田頭山頂土地公及吃福會：乾隆年間業戶張必榮招佃劉姓、鍾姓、張姓等開墾。同時並有業戶劉坤山移居開墾。劉家乃在猐仔寮建“頂瓦厝”“下瓦厝”定居，相傳瓦厝蓋在”蝦仔穴”，家運極一時之興盛。劉家開墾之地區從猐仔寮至三角埔、坡角、新莊等廣大地區，後來劉家敗，惟其規模相當大之祖墓今仍遺存在猐寮水田中。早期移民爲漳州人劉、賴、李、余、沈等姓及泉州人張、陳、楊、林等姓，但大多爲漳州人。

乾隆年間移住開墾之漳州人爲祈求五穀豐穰乃自三角埔土地公廟割香以石料創建一座小土地公廟奉祀福德正神木牌，廟地相傳爲劉坤山所捐獻。設有爐主，每年也於八月中十五日前連合三界公舉行祭典，演戲以慶。

此外猐寮因耕種山林之移民亦不少，故田頭及山頂茶園之土地公特多，共有十座，多以四塊石板建設於大樹下，只置土地公香爐而無神像，信徒都限於耕種同一地區之水田或山林之農戶，少的四、五戶，多則十數戶。

也設有“吃福會”，莊內按所耕作之田園、山林地區，分爲五組，吃福會設有五支福籤，每年於二月二日及八月二日辦二次，福頭（爐主）由會員照輪。

⑷彭厝莊建重興宮及吃福會：在清代乾隆初年爲海山莊之一部分，彭厝莊名至乾隆中葉始見於舊志，因粵籍彭姓最早移居此地建厝開墾故名。當時所稱彭厝莊相當廣濶，包括今樹林街在內。乾隆初期泉州晉江縣人張必榮、吳洛、馬詔文等業戶籍居樹林，並組織“張吳文”夥記開墾，曾在乾隆中葉建立彭厝公舘，通稱“張公舘”，監收租息。此外又有泉州人廖、張、王姓，南安人周、陳姓及漳州平和縣人賴姓等移居開墾。一八五三及一八五九年漳泉械鬥，一八六一年漳泉拼平，媾和後認爲係客人從中煽動，粵籍客人乃被逐出他遷。今莊內尙存粵人墳墓與公業地。

彭厝莊爲樹林早期開發地區之一，但村莊土地公廟之建立則比較遲晚，及至一八六一年漳泉械鬥平後，彭厝莊墾戶泉州籍廖姓及漳州籍賴姓纔提議創建土地公廟奉祀，名曰重興宮，相傳係自獇寮福興宮割香而來，初建時係用石料建造，只有福德正神石牌及香爐，尚無神像。提倡建廟之廖、賴兩家並共同購買水田一甲作爲拜土地公之祭祀公業，其剩餘租穀則由廖賴兩家均分。彭厝莊開拓甚早，惟在一八六一年以前是否已建土地公廟則未詳，倘見其名曰重興宮則或許在其以前已建有土地公廟亦未可知。

也設有吃福會，由莊內農民參加，年辦六次，爲正月二日、正月十五日、二月二日、八月十五日、多至、尾牙，其中一次爲吃本地土地公之福，又一次爲吃祖廟獇寮土地公之福，爲吃福次數最多之一個組織。

⑸坡內坑創建永興宮及吃福會：清代乾隆初年爲海山莊之一部分，乾隆年間已有漳州南靖縣人簡姓及陳、侯、張、李、嚴等姓移居開墾，種田耕山，早期居民80％爲漳州人簡姓。

乾隆年間移民陳天才倡議奉祀福德正神，祈求莊內農作物豐穰，人畜平安。初僅以石料建小土地公廟安奉福德正神石牌奉祀，至道光年間莊民始捐款百元建立廟宇，並購置財產山林原野0.29甲、旱0.16甲、建物地基0.03甲，以收其租息供爲祭典費用，並訂於每年八月中，十五日以前擇一日爲年例祭日。

另坡內坑山頂也有一座小土地公廟，也創建於清代乾隆年間，以石板建造，僅安奉石頭神像及香爐，信徒爲附近陳、侯、嚴、劉、賴姓耕山農戶，年例祭典與永興宮合併舉行。也有吃福會，每年定於二月二日辦一次，設有爐主輪流舉辦。

⑹風櫃店莊創建樹德宮及吃福會：清代乾隆初期爲海山莊之一部分，乾隆中葉則爲彭厝莊之一部分，嘉慶年間始稱爲風櫃店，意卽打鐵店，蓋在開墾之初店舖之形成始自打鐵店，故名。乾隆年間泉州晉江人業戶張必榮及其族人張沛世等移居開墾。此

外也有南安縣人王、黄等姓及安溪縣人謝姓等遷入開墾，爲今樹林最早形成店舖之地區。

早在一七六六年張沛世等移居開墾並築張厝圳以供灌漑時，爲祈求庇佑地方之平安降賜財福乃奉祀福德正神爲莊內之共同祭神。初建宮係用石板幾塊合成，奉祀之福德正神係爲石頭公，形似土地公。每年定二月二日及八月十五日爲年例祭日。

也有吃福會，設有爐主，每年於二月二日及八月十五日辦二次，爲今樹林唯一最早由農民及商人連合之吃福會。

(7)圳岸腳莊創設吃福會：清代乾隆中葉開鑿永安陂時移民在圳岸之兩側定居，從事開墾耕作，故名。當時最早之移民爲乾隆初期移居之泉州頂郊人陳姓四房。

旋業戶張必榮也招徠同安縣人暨安溪縣人王姓，南安縣人周、黄、藍姓及漳州南靖縣人劉姓等移居開墾，爲泉漳人雜居地區，但泉人略多，亦爲地緣村落之一。

圳岸腳自清代開拓初期起一直至日據時期爲樹林地方唯一無土地公廟之村莊，只設有吃福會，奉祀土地公香爐，無神像。其吃福會也設於清代中葉，由耕作莊內一百二十餘甲之農民分爲四十二份組織。設有爐主，爐主由頂圳岸腳及下圳岸腳會員隔年輪流擔任。每年定於二月二日吃福一次。由爐主辦牲醴拜土地公後，中午辦四桌宴請會員，經費全部由爐主負擔。

各村莊創建土地公廟後都有莊神的公祭，每年春秋定於正月十五日，或二月二日，及八月十五日，或八月初至十五日之間舉行年例祭典。定於正月十五日舉行者稱祈平安，二月二日舉行者都稱慶祝福德正神千秋，八月十五日或八月初至十五日之間舉行者都稱慶祝中秋佳節或稱謝平安，均由同一莊內居民共同題緣，並擲筶輪值爐主、或副爐主、頭家仔等主辦各該年祭典，除公供牲醴拜拜外，或演戲或做三獻慶祝。他們主辦年例祭典都定有公約共同遵行，題緣及收支均設有賬簿並公告以資徵信。此外如猪寮、潭底、風櫃店、彭厝、坡內等各莊，平時都設有“焚香籤”寫“福德正神”之木牌，每月朝夕由莊內各戶輪流上香、敬茶並清潔廟宇內外。

除年例公祭外，逢年過節，或農家之起工、完工，甚至賣大豬或生豬仔囝，或山林收成時，家家戶戶也都分別辦牲醴奉敬，祈求或感謝土地公之庇佑賜福。

至於“吃福”也都由同一莊內之農民或商人參加，有的將莊內耕種之水田分爲幾份組織吃福會，硬性規定凡耕種該地區之農戶必須參加，有的則由莊內農家自由參加。他們也都設置有土地公爐或福籤及爐主（或稱福頭）主辦吃福。每次於上午由爐主拜土地公，中午設宴吃福。會後有的討論農事水利等問題，或規定於是日共同清掃修築山路或水溝。有冠婚喪葬時則互通慶弔幫忙。而此莊廟公祭，吃福會都由爐主或莊內頭人主持。此期他們之宗教信仰社區顯然建立於同一莊內之開拓農耕地區內，在地方行政組織、政令尚未充分普及至村莊的那時候，這種地緣村莊的宗教信仰團體都充分發揮自治的精神管理莊內公事。

2. 地緣村落創設之神明會

這些地緣村莊創建土地公廟爲莊廟後，進而並創設各種神明會，加強祈求人畜平安五穀豐登。此神明會或設於同一莊內，或聯合二莊、三莊創設，於是在同一社會又構成比莊廟土地公信仰社區較大之宗教信仰社區，也是其宗教活動漸次擴展的次一步驟。此期創設之神明會有三界公會、媽祖會、觀音佛祖會、文炳社等，玆分述於後。

(1)猴寮、三角埔三界公會：主神爲三官大帝(俗稱三界公)，沒有神像，只設三官大帝錫爐。清乾隆年間開拓初期莊內之業戶劉坤山等爲鎮守地方主倡猴寮、三角埔兩莊連合創設三界公會奉祀三官大帝，祈禱風調雨順，設有爐主，每年由兩莊居民隔年輪值奉祀於爐主之宅。並於正月十五日由爐主、頭家仔及莊內頭人在神前舉行祈禱典禮，祈求莊內人畜平安，五穀豐穰。又於八月二日至十五日之間擇一日舉行年例秋祭演戲慶祝，並由不同祖籍之全莊民辦牲醴奉敬。猴寮莊則與福興宮土地公合併祭典，三界公與土地公爲同一爐主。當創設三界公會之初，倡導者業戶劉坤山曾捐獻猴寮莊內之土地水田一分九厘（分爲二筆）作爲三界公之財產，收其租息充爲祭典費用。

⑵彭厝潭底、下山仔腳三界公會：清嘉慶年間彭厝、潭底及下山仔腳三莊頭人，爲鎭守地方主倡連合三莊創設三界公會奉祀三官大帝，祈禱風調雨順，五穀豐登，人畜平安。沒有神像，只設六角形三界公錫爐。分爲彭厝、潭底、下山仔腳三股輪值，於每年八月中十五日以前擇一日舉行年例祭典，各股設有爐主主辦，信徒多爲農民。彭厝股輪值之年演大戲二臺半（演二天，一半是排仙）並共同刣二隻半之豬公（一半以豬頭代替）拜拜，費用共同負擔，拜完後大家分配宴請客人。潭底股也在八月中十五日以前與潭底福德宮土地公合祀拜拜，並演戲二天慶祝（一天爲三界公，一天爲土地公），但土地公與三界公各設有爐主。潭底莊之信徒相傳當三界公之爐主者要吃“白糕”（卽家人會亡故），因此大家不喜歡當爐主，當爐主者則都將香爐寄放於福德宮或濟安宮。

按三界公之敬拜原多屬漳州人，當設三界公會之初乃爲漳州籍頭人之倡導，但漳泉雜居之地緣村莊信徒則此時已漸次融合爲同一民間信仰社區矣。

⑶猴寮媽祖會：猴寮莊民除創建土地公廟、三界公會外，並於清代創設媽祖會，設有神像及香爐，會員仍爲猴寮全體莊民。於二、三月中舉行拜拜及演戲奉敬，並舉行求龜。也設有爐主及頭家仔，經費於每年祭典時由莊民題緣充之。

⑷風櫃店媽祖會：創設於清代，會員爲風櫃店之一部分莊

民，共有三十二份，定於每年三月十八日刣一隻豬公拜拜及演戲奉敬，並有吃會，設爐主輪值。

⑸圳岸腳媽祖會：創設於清代，會員與圳岸腳“吃福會”同樣，共有四十二份，均爲圳岸腳農戶，設有媽祖爐及爐主，設有神像，定於三月二十三日媽祖生日演戲慶祝並舉行吃會。

⑹三角埔觀音佛祖會：創設於清代，主神爲觀音佛祖，會員爲三角埔之一部分莊民，設有爐主。

⑺文炳社：一八七二年莊民簡煉爲挽救漸次頹廢之世風，倡導儒敎，乃鳩資百餘元建“惜字亭”於潭底山麓福德宮旁，題曰：“聖蹟”，檢拾被遺棄之字紙燒燬之。

至一八七五年樹林塾師生員王作霖（板橋頂溪洲人）乃集同志十八人創設文炳社（一名字紙亭會）奉祀倉頡經聖，並集資基金若干，以其利息充爲祭典費用，每年假亭前舉行祭典倡導尊儒道。

3. 血緣村落（或團體）創設之土地公廟及神明會

⑴藍厝之土地公廟及淸水祖師會：藍厝在三角埔，其祖籍爲泉州南安縣，清乾隆年間藍氏四房携奉藍家之老祖“淸水祖師”神像遷臺，移居三角埔墾殖，自成一地區，名稱藍厝。藍家開墾定居後，乃於乾隆中葉自已創建土地公廟一座，奉祀“福德正神”石牌及香爐。爲血緣村落之土地公廟。除每日朝夕上香敬拜祈求平安外，並於頭牙（正月二日）、二月二日、八月十五日、尾牙（十二月十五日），年節及起工、完工時備辦牲醴拜拜奉敬，祈求或感謝人畜平安，五穀豐登。

又每年定於正月六日敬拜藍家老祖“淸水祖師”並舉行“過火”，也請藍厝土地公光臨，藍家各戶均備辦牲醴拜拜，然後宴客，有時候也演布袋戲以慶。“過火”意卽使其神明更光輝燦爛，洗淨而使其更有靈驗。也設有爐主、副爐主輪值主辦，並舉行吃會，費用由各房攤分二石粟，不足時由正副爐主負擔。

藍厝各戶雖然也參加三角埔土地公廟之公共祭典，但不參加“吃福會”，故有“自己藍”之稱呼。

⑵鍾厝土地公廟：鍾厝也在三角埔，一七六七年重修之《臺灣府志》在潭底莊之鄰近已見有鍾厝莊之地名，鍾家爲泉州同安縣人，清代移居墾殖後卽創建小土地公廟一座奉祀福德正神，沒有神像，只設香爐，亦屬血緣村落之土地公廟。每日朝夕由鍾厝十數戶輪流上香，並於頭牙、二月二日、中秋、尾牙、年節及起工、完工時，各戶備辦牲醴奉敬之。但鍾厝都也參加三角埔土地公廟之公共祭典及其吃福會。

⑶竹篙厝祈安社天上聖母會：創設於清代乾隆年間，爲竹篙厝、坡內之漳州南靖縣人簡氏宗族所奉祀之媽祖會，原爲簡氏遷臺時所携奉之媽祖，入臺定居於竹篙厝坡內墾殖後，乃設“竹篙厝祈安社天上聖母會”，又名“簡姓媽祖會”，奉祀其老媽祖神像，設有爐主，由簡姓宗族輪値當爐主，於三月二十二日吃媽祖會。並於三月二十三日由坡內人（大多爲簡姓）與永興宮土地公連合演戲慶祝，並由莊民辦牲醴拜拜。另於每年三月十七日假濟安宮演戲慶祝保生大帝千秋。

竹篙厝原爲樹林地方漳州南靖縣人簡姓宗族所居住之村落，他們曾建城岩，名曰“竹篙厝城岩”，後於咸豐年間泉漳械鬥時被泉人攻燬。因此祈安社媽祖會可稱爲竹篙厝簡姓血緣村落之神明會，也可稱竹篙厝及坡內南靖人簡姓血族團體之神明會。

⑷潭底保生大帝會：又名潭底賴姓大道公會。康熙末年一七二二年當海山莊方開拓時，有漳州南靖縣人賴姓者携奉保生大帝神像來臺定居於海山莊潭底墾殖，並建草茅小廟奉祀。嗣後乃由潭底賴姓宗族組織大道公會，設爐主，每年於三月十五日拜拜演戲慶祝大帝千秋，並吃會，經費由賴氏祭祀公業撥租粟開支。後來保生大帝靈驗顯赫，信徒頗衆，莊民乃於一七八八年創建濟安

宮奉祀。賴姓大道公會則改於三月十六日假濟安宮演戲一齣慶祝大帝千秋，並吃會。仍保持其血族團體神明會。

⑸王爺公會：主神爲邢府王爺，設於清代，原爲移居彭厝之林家由大陸故鄉携奉來臺之神明，林家定居墾殖後乃設王爺公會，信徒限於林家宗族，每年定於八月二十三日拜拜並演戲奉敬之，又屬血族團體之神明會。

㈡ 信仰之融合與信仰中心之建立

當村落成立各莊民創設其地緣或血緣的公共土地公廟暨神明會，並進而連合二、三莊創設神明會，逐次擴展其宗教信仰社區後，各祖籍不同的移民乃隨開拓及社會的發展，其宗教信仰亦漸次融合並建立一個連合各莊的信仰中心。

如前所述康熙末年一七二二年當海山莊之開拓方開始時，有賴姓家族爲保安息災自大陸故鄉携奉保生大帝分靈渡臺，定居潭底莊從事開墾，並築蓋茅屋奉祀。當開墾之初，臺灣各地尙爲瘴地，水土不合，移民難免患病或遇其他災禍，而獨有賴姓奉祀之保生大帝神靈特爲顯耀，祈求者悉病癒，故信徒漸次日衆普及海山莊內之各村落，時恰好有該莊大業戶張必榮患病，聞大帝之靈驗，乃著令其管事前往祈願，嗣後果然病癒。因此張必榮爲答謝大帝之庇佑及保佑莊民，乃於一七八八年四月倡導興建廟宇於潭底山麓，名曰濟安宮，俗稱大道公廟，或稱潭底廟，設置廟祝看管。每年定三月十五日保生大帝之生日爲年例祭典，由海山莊內之各村落潭底、㺧寮、三角埔、圳岸腳、彭厝、坡內、竹篙厝、風櫃店等莊民參加公共祭典，拜拜宴客，並演戲慶祝，設有正副爐主及頭家仔主辦每年祭典，辦理題緣、遊境、演戲或作三獻。正副爐主頭家仔均由信仰社區內之莊民在神前擲筶決定。於是濟安宮保生大帝乃成爲整個海山莊內之潭底、㺧仔寮、三角埔、圳岸腳、彭厝、坡內、竹篙厝、風櫃店等八個村落之信仰中心。年例遊境時各村落均派壯丁陣頭參加，扛大道公神轎出巡莊內各角落保庇莊民平安。而做三獻時也將莊民丁口入疏，庇佑平安，消災除厄，降賜福祥。

於此，保生大帝乃由開拓早期賴姓家族所奉祀之個人私有神明，演變爲全海山莊全莊民所信仰之神明。也卽原爲醫神的保生大帝，在開拓初期的瘴區大顯其靈驗，醫治移民並醫癒最大業戶張必榮，而成爲樹林地區早期移民之守護神，嗣後由在莊內有其勢力財力之張氏提倡而成爲莊內之信仰中心，香火日漸鼎盛。至此各小村落之宗教信仰乃漸次融合，除原有土地公廟及神明會之小村落信仰社區外，並擴展爲“大莊”之宗教信仰社區。當時潭底莊有船頭可通新莊艋舺，陸路亦可通嶺頂、桃園、山仔腳、柑園，爲海山莊交通之要衝。而大帝廟創建後更成爲當時海山莊民社會、宗教的活動中心，成爲當時海山莊最熱鬧之地區，是樹林地方開拓之開花結實的成果。於是莊民之來往社交也隨大帝廟之創建及年例祭典之設立而更擴展矣。

至一八一二年重建廟宇。一八七一年纂修之《淡水廳志》載：“大帝廟，在海山莊。嘉慶十七年張必榮捐建。”卽是也。旋於一八三六年重修，並設有董事主事。據道光丙申年〈重修濟安宮衆紳信士捐銀碑〉記載：捐銀者約有三百五十人。其中主要者爲：北總中營都閫府捐款銀十二元，業戶張必榮捐銀四十大元，貢生賴成長捐銀四十大元，業戶賴永和捐銀二十四元，董事張克美捐銀二十大元，信士簡必明捐銀二十大元。及一八九三年再重修，並設戲館。又是年並將潭底莊福德宮之福德正神合祀於濟安宮，而福德宮所有之財產水田八分餘地及山林二分餘地亦歸爲濟安宮，以每年所收租穀四十八石充爲濟安宮及福德宮之祭典費用。

自清代中葉至末期濟安宮旣成爲樹林住民之信仰中心，而由於不同籍貫移民信仰之融合，及莊民信仰範圍之擴大，爲隨莊民信仰之需要，配合信徒朝拜方便計，除奉祀保生大帝及合祀土地公外，乃先後配祀哪吒太子、觀音佛祖、天上聖母、開漳聖王、註生娘娘、浮佑帝君、關帝君、五谷先帝、玄天上帝、田都元帥、蕭法子等神像，從祀者則有王天君、趙元帥及文童四尊。

而主神保生大帝則隨信徒分布之廣泛，廟宇間祭典交際之來往，或信徒之迎請，因此也增加奉祀十多尊。

至於大帝千秋三月十五日之年例祭典，原係由信仰社區內之全莊民擲筶決定正副爐主主辦祭典，至清末由於村莊之發展，丁口之增加，乃將信仰社區分爲四股，每年由各股輪流設正副爐主頭家仔主辦各該年之拜拜祭典事務。初設之四股如下：第一股潭底莊及圳岸腳莊、第二股猴仔寮及三角埔、第三股風櫃店及竹篙厝、第四股坡內坑及彭厝。

而廟宇之年例祭典，除三月十五日大帝千秋祭典外，並增加七月十四日之中元普渡及九月九日哪吒太子千秋等二次祭典。也卽值年之股要設正副爐主主辦各該年上列三次祭典，負責做三獻，演戲之經費及題緣、遊境等有關祭典事務。爐主係由值年股在九月九日太子爺千秋祭典之日，由卸任爐主在濟安宮神前擲筶決定次年之正副爐主，以得筶最多者任爐主，次者爲副爐主。值年之爐主負責各年自三月十五日起經中元普渡至九月九日太子爺千秋祭典完畢爲止，其任務卽解除。並於九月九日新爐主選出後，在濟安宮神前辦理新舊爐主之移交。

是時濟安宮保生大帝，因神威大顯信徒已及外莊，而八芝蘭地方之信徒對濟安宮保生大帝之信仰更爲篤深，乃仿造神像一尊欲掉換老大帝，事未成，後亦奉祀於濟安宮，故濟安宮乃有八芝蘭莊之大帝神像一尊也。

㈢ 祖籍神明信仰之維持

開疆拓域後成立村落，移民乃在新天地創建莊廟土地公廟暨新組織神明會，進而融合信仰建立濟安宮爲全海山莊民間信仰之中心。但他們究竟都是來自不同祖籍的移民，故除成立新社會的宗教信仰社區外，他們亦不忘記其祖籍之神明信仰，而努力加以聯繫維持。一面融合結成新社會的宗教信仰，一面仍維持其祖籍神明之信仰，而保持其鄉親之親睦。諸如頂郊人之四股媽（係四股觀音仔之轉訛音）、十八手觀音仔，安溪縣人之清水祖師，漳州人之開漳聖王是也。他們或分股、分角頭，或分姓，輪值拜拜，或共同擇一日舉行祭典，而另成一祖籍神明信仰之宗教社區。其信仰社區範圍頗大，多跨於數大莊，並且多刣豬倒羊奉敬。其盛況幾乎不遜於莊內信仰中心濟安宮之年例祭典。至於同安縣人則其祖籍神明保生大帝已成爲全海山莊之信仰中心，自無需另舉行祭典拜拜了。玆將祖籍神明之信仰情形分述如下:

1. **頂郊人之四股媽**

觀音佛祖爲頂郊人最崇敬之神佛，所謂四股媽即四股觀音仔之拜拜，俗稱四股媽，創設於清代。係由風櫃店（即今樹林）、媽祖田（今土城鄉）、頂埔（屬今土城鄉）、柑園（屬今樹林鎮）等四地區之頂郊人，即泉州府之晉江、南安、惠安三縣人，分爲四股輪流於每年正月初五日刣豬公敬拜其祖籍所信仰之神明觀音佛祖。其所奉祀之神像係由艋舺（今臺北市萬華）龍山寺割香而雕塑者。例由值年之爐主奉祀。所謂風櫃店股係包括風櫃店、彭厝、坡內、山子腳及溪洲（今板橋鎮）之頂郊人。風櫃店四股媽之拜拜都假濟安宮舉行。是日乃請觀音佛祖佛神及香爐於濟安宮，區內頂郊人都刣豬公或辦牲醴拜拜並做三獻及演戲奉敬。風櫃店股每次值年所刣豬公約有一百多隻。風櫃店股值年時係於前年九月中旬在濟安宮擲筶決定正副爐主及頭家仔，而於值年之正月初四日，由前年值年之柑園股迎請觀音佛祖佛像返潭底廟，於翌初五日拜拜。初五日拜拜完後觀音佛像或安奉在濟安宮，有的或安奉在爐主家，但香爐則一定安奉在爐主家上香，至次年正月四日輪值股媽祖田之爐主始來濟安宮或爐主家迎請觀音佛像及香爐返媽祖田拜拜。輪值之年祭典經費，也由正副爐主及頭家仔等向區內有份之頂郊人題緣充之，不足時由正副爐主及頭家仔負擔。

2. 內縣人（卽頂郊人）十八手觀音

所謂十八手觀音係今臺北縣林口鄉竹林寺所奉祀之金身觀音佛祖，與四股媽同由艋舺龍山寺割香分靈者。林口十八手觀音角頭的拜拜範圍甚爲廣泛，分爲三組：第一組爲坪頂六股，六年輪一次，於每年九月十九日刣豬公拜拜；第二組爲新莊山腳等三股，卽三年輪一次，於每年九月十五日刣豬公拜拜；第三組爲桃園龜山等十二股，但也六年輪一次，於每年三月九日刣豬公拜拜。信徒僅限於泉州內縣人（又稱內姓人）也卽頂郊人。

初創時海山莊所參加者屬於第二組，卽新莊山腳組。清代新莊山腳組三股之分股輪值拜拜如下：卽㈠新莊山腳；㈡西盛；㈢坡角等三股。坡角股除坡角外，包括今樹林鎭三角埔及龜山鄉之塔寮坑在內，當然也限於內縣人，當時樹林地區內只有三角埔之內縣人參加而已。輪值股也設正副爐主及頭家仔主辦祭典。三角埔人所參加之坡角股，係在值年之六月至八月間從西盛股迎請觀音佛祖及香爐於塔寮坑廻龍寺，擲筶決定是年之正副爐主及頭家仔，然後將觀音佛像及香爐再送還西盛股。至九月十四日再從西盛迎請觀音佛祖及香爐於廻龍寺奉祀，而於九月十五日由値股內頂郊人刣豬公拜拜並演戲奉敬。至次年九月由山腳股迎去拜拜。在值年之前年九月十六日也舉行小拜拜，名曰“觀音過頭”。

3. 安溪人之清水祖師

清水祖師爲安溪人最崇敬之神佛，樹林地區內安溪人並不多，其拜拜清水祖師分爲兩系，俱創設於清代。彭厝、圳岸腳之安溪人係參加三峽長福巖祖師公正月六日刣豬公拜拜。三峽長福巖係按字姓分爲七股輪流，如圳岸腳之王姓安溪人係參加王姓股刣豬公拜拜，彭厝之洪姓安溪人係參加雜姓股刣豬公拜拜。而風櫃店之謝姓等安溪人則參加溪洲番子埔股（今板橋鎮）之清水祖師，於正月初三日刣豬公拜拜。按溪洲並無祖師公廟，但住民80％以上爲安溪人王姓宗族，因此乃迎請艋舺及三峽之清水祖師於莊內上帝公廟刣豬公拜拜，分爲下莊、瓦厝、洲仔、頂莊、番子埔等五股輪值拜拜，俱設有爐主制度。

4. 漳州人陳姓之開漳聖王

開漳聖王又稱陳聖王，爲開闢漳州府之唐代文官陳元光，因此漳州人感其德恩乃奉爲開拓鄉土之祖神，又被陳姓者奉爲其鼻祖，崇敬最深。樹林爲漳泉雜居地區，故清代濟安宮卽配祀開漳聖王供漳州人奉拜。而漳州籍之陳姓者卽擇二月十六日（其生日爲二月十五日）假濟安宮做三獻或演戲奉敬之，費用由漳州籍陳姓者題緣開支。但不刣豬公或拜拜宴客。爲祖籍神明兼血緣神明之信仰也。

綜上觀之，自從乾隆中葉以後各地村落成立，創建村莊小廟土地公廟及組織神明會，而隨新天地農村社會之形成，開始其宗教信仰及其他社會活動，於是宗教信仰也由開拓伊始之私家奉敬各人所携帶之神像或香火慢慢融合，進而共同創建濟安宮成爲莊內信仰之中心，而一面仍維持其祖籍神明之信仰。此期歷經乾隆末葉，嘉慶、道光、咸豐、同治而信仰圈已由初期之點進爲線與面，形成小村莊、大莊頭及跨於數大莊之信仰社區。

樹林早期之移民爲泉州同安縣人、頂郊人及漳州南靖平和縣人，尤以頂郊人及南靖人爲多，但因同安縣人祖籍地所篤信之保生大帝在開拓初期首先大顯靈驗，故此期海山莊之民間通俗信仰乃以濟安宮保生大帝及其各小村落之土地公廟爲其信仰中心，而以祖籍地信仰之神明，如觀音佛祖、清水祖師、開漳聖王，及神明會、三官大帝、媽祖會等爲副而點綴於其信仰圈之間混合而成；保生大帝融合樹林所有不同籍貫移民之信仰而成爲海山莊神廟信仰中心，而觀音佛祖、清水祖師、開漳聖王則爲保有祖籍神明信仰之結合。

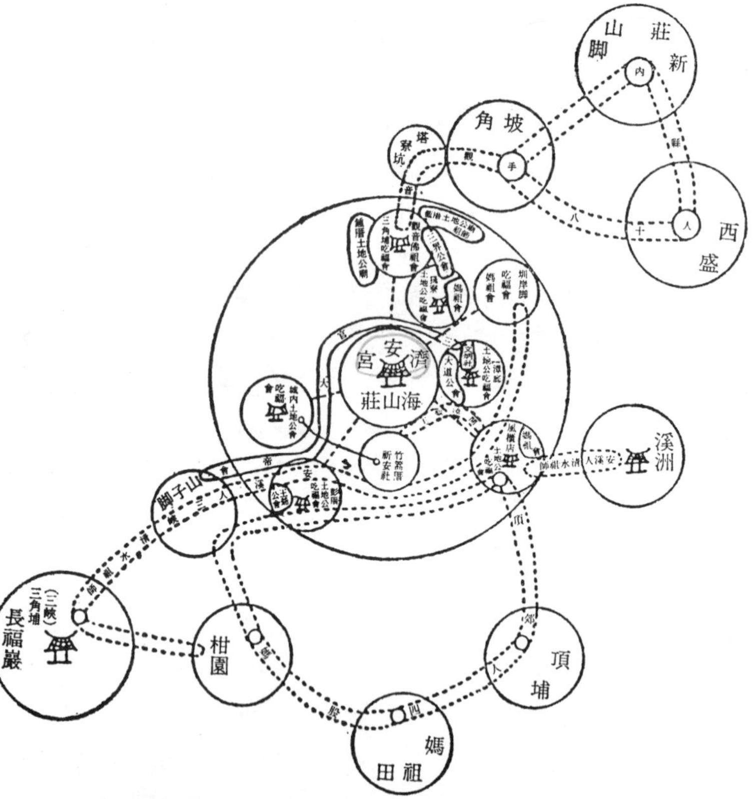

村落成立後之海山莊（今樹林）信仰圈圖

此期信仰社區已形成，並且相當複雜，玆圖示於上。

在地方行政權力未深入於村莊及職業團體尚未建立發展的清代臺灣農村社會，此大小廟宇及神明會爲構成家庭以外之社會羣體的主要單元，大小土地公廟、神明會、濟安宮爲每數戶、每保甲、每村落之社會羣體之單元，也卽各爲一個信仰社區。他們以共同耕作同一地區之水田、或山林，或住於同一個廟宇之地區，或同一地緣、血緣神明會而構成爲一個信仰社區，而認爲有共同題緣或當爐主、頭家仔等主辦祭典之義務與權利，如非同一信仰社區之題緣則認爲不該，也無權當爐主頭家仔等職務。又如土地公廟則多設有焚香籤（上香牌），而由該廟宇信仰社區內的信徒，每戶每月輪值上香拜拜，並認爲義務。又有以其廟宇爲單元而設“吃福會”，設爐主或福頭輪值主辦吃福會，並於吃福會前後商討區內之農事或共同淸掃修築公共之山路，或報添丁及給與祝賀，而認爲是其應有之義務與權利。

五、鄉村之近代化與民間信仰之發展演變

臺灣之近代化萌芽奠基於清代劉銘傳巡撫時代，惟都市鄉村之全面的走進近代化則在一八九五年日本領臺以後。

樹林之走入近代化也是在此七十年來之事。先是一八九八年創設現代的國民教育機構樹林公學校，繼則一九〇一年經過樹林之縱貫鐵路開通，並創設電燈，次有藺蓆製造工業、製茶工廠、碾米廠、釀造業工廠及現代化大規模之酒廠的創設，以及煤礦之開採，創設產業組合等，於是形成小街市，由原來之純粹農村變爲工商業化之社會。至光復後一九五一年以後，更加速工商業化，增建製鹼工廠、紡織廠、製紙工廠、針織工廠、麵粉工廠、製藥工廠及磚窰等。因此人口流動頻繁，農業社會變爲農工商混合之社會，社區興衰互見，宗教信仰社區亦隨之有了演變。

諸如土地公廟之重建、擴建、增建，濟安宮之東遷發展，神明會之廢合，祖籍神明之逐漸變質等。玆將其發展及演變情形分述於後。

(一)　土地公廟暨吃福會之分合與其發展

1.　地緣村落土地公廟之重建暨信仰區之分割及行政村里級信仰社區之建立

(1)樹東里樹德宮之重建暨信徒之演變及信仰社區之分割：一七六六年創建之樹德宮，至一九〇三年因地方物豐人增，咸感神靈蔭庇，乃由街上商人黃仙水、陳金石等提倡重修，由創建者張沛世之後裔張豐順獻地一百五十一坪，並鳩資四百三十元圓重建，改用磚瓦建宮。此時樹林街已形成，樹德宮成爲樹林第十九保之土地公廟，後則分保而成爲第十九、二十五及二十六等三保之土地公廟。信徒已非多爲農民，而變爲農民商戶參半。其信仰社區也擴展，除樹林街外，鄰近之板橋鎭西沙崙及一部分番子埔人，因經常買賣均在樹林街出入，故也成爲樹德宮之信徒。

光復後，因戶口更爲增加，街上商店繁榮，每逢佳節士女進香擁擠，乃於一九五一年由鎭長趙登、樹東里長謝木井、樹北里長林四相及樹西里長周火炎等提倡，鳩資新臺幣二萬二千六百餘元重修，由地方耆宿臺灣省文獻委員會主任委員黃純靑暨其子臺灣大學教授黃得時撰書門聯一對曰：“入廟行香稱公呼伯，出門作事敬老尊賢。”此時信仰社區仍爲樹林街之樹東、樹北、樹西三里暨一部分潭底里民及板橋鎭之西沙崙住民。然而由於信仰社區內市街商業區發展，故信徒乃變爲以商戶及一般住民爲中心，而農民信徒甚少。並且規定値年之正副爐主由街上樹東、樹北二里的商戶憑擲筶得最多筶者擔任，在一九七〇年其正副爐主名册所列商戶共有一百九十五家，一般住戶則只拜拜題緣，免當正副爐主。至一九六七年樹西里民重建福德宮而成爲全里性土地公廟時，原爲樹德宮信徒之大部分樹西里民始分割歸爲樹西里福德宮信仰社區。而樹德宮則成爲樹東、樹北二里之土地公廟。

樹德宮雖分劃爲樹東、樹北二里之土地公廟，但因位於樹林街內，而爲樹林規模最大之首要土地公廟，故其信徒乃普及於樹林九里之內。

其祭典除於正月十五、二月二日、八月十五日舉行公共祭典外，也與大廟宇一樣於七月十五日公祭普渡。但因場地不夠，故每年由樹東、樹北二里各選二鄰輪流代表到廟前拜拜普施孤魂。

至於吃福會也仍舊於二月二日及八月十五日舉辦二次，但參加吃福會之會員也全部變爲商人。在日據時期二月二日通常辦五、六桌，八月十五日則因茶館開工，乃增加五、六桌，共爲十一、二桌。至太平洋戰爭中因物資缺乏中斷。光復後恢復，現也每次辦五、六桌。吃福會與廟宇公祭之爐主同人。

(2)樹西里福德宮之創建重修與里級土地公廟之確立：福德宮在樹林鎮樹西里第五鄰，土名竹篙厝。一九一六年前後竹篙厝人賴氏裝一尊石頭公當做土地公在其住宅旁邊拜拜。不久附近住民乃集資在賴家菜園角建一小廟奉祀。至一九二一年前後，復鳩資一百多圓移地重建，並裝設土地公神像向樹德宮割香奉祀，此時始名福德宮。是時信徒限於竹篙厝人及其附近耕田之農民，其他里內住民則都屬樹德宮之信徒。至一九五五年前後始由里長連日照及黃阿煙等倡導定年例祭日演戲，並向全里民題緣，設爐主輪値主辦。但拜拜者仍舊限於竹篙厝住民及附近農戶，其他里民則對福德宮及樹德宮均有題緣。迨一九六七年春由竹篙厝人簡萬金及里長林松根等倡議重建，乃請濟安宮保生大帝扶乩擇定廟址坐向，於三月興工，並於十月落成入廟，重建費用新臺幣六萬八千元。入廟時除請道士安龍送虎及做三獻外，並演戲慶祝，里民則備辦清圓、牲醴奉敬。新廟落成後福德宮始正式成爲樹西里全里民信仰之土地公廟，同時已往屬於樹德宮信仰社區之樹西住民，亦與樹德宮分開，併入爲福德宮之信徒，樹德宮也不再對樹西里民題緣。但沒有設吃福會。

(3)彭厝里重興宮之重建：一八六一年創建之重興宮，在日據時期已成爲樹林第二十保之土地公廟，管理人爲保正賴春諒等。光復後臺灣農村繁榮，到處改建土地公廟，里人以重興宮自創建以來已歷一百年，乃於一九七〇年集議決定就原地重建，於是請里內神明會邢府王爺觀童乩指點坐向，九月下旬興工，至十一月初竣工，重建費用新臺幣五萬三千餘元，並擇於十一月初六日入廟。入廟祭典除請道士安龍送虎外，也做三獻暨演傀儡戲及布袋戲奉敬，里民則辦牲醴敬拜。信徒大部分仍爲農民。

彭厝里內雖於日據時期在里內後村仔另建有村德宮，又光復後在太平橋另建有福安宮，平常里民多就近敬拜各該土地公廟，故現在重興宮之主要信徒爲彭厝里之東南區里民。公共祭典時雖未設爐主，但仍由里長等主事向全里民題緣辦理，故依然仍爲全里性之土地公廟。

吃福會則至日據末期，因里內大地主周木以吃福事屬浪費，建議其佃農廢止，乃輪到其佃農時起停辦。

(4)坡內里重建永興宮及新建福德宮，俱爲全里之土地公廟：清代乾隆年間創建之永興宮在日據時期已成爲樹林第十四保之土地公廟，管理人爲保正。至一九二八年因附近開採煤礦影響廟宇地理，乃由簡蒼梧、簡寬睿等提議募捐四百餘元在附近重建，廟地係由地理師簡蒼梧主庚，信徒爲全保內之住民，多爲耕田耕山之農民及礦工。

光復後里民不大平安，亡故者很多，簡蒼梧提議在坡內坑口另建土地公廟，向里內護衞坑口保佑里民平安。一九五三年里長簡樟等乃倡導募捐建廟，仍由地理師主庚，工程費約五千元，名曰福德宮。而廟宇落成後即很平安云。於是兩廟俱成爲全里之土地公廟。

福德宮落成後坡內里民平常乃各就近拜拜永興宮或福德宮，至八月十五日年例祭典時則請福德宮之土地公到舊廟永興宮合併舉行祭典。爲樹林唯一在一里內有二座里級土地公廟之里。廟宇之管理人仍爲里長。兩廟均無吃福會。

(5)潭底里福德宮之重修及改建潭德宮：在樹林地方最早創建之土地公廟潭底福德宮，因有財產水田八分餘地，並且鄰近濟安宮似爲其附廟，故福德宮之福德正神乃於一八九三年被合併於濟安宮，而其財產被濟安宮接管合併。莊民有的反對，乃另裝一尊土地公神像奉祀，並於一九二五年左右就地重建。在日據時期已成爲第十五保之土地公廟，信徒仍多爲農民。

光復後，因附近豐林煤礦風穴挖到福德宮附近，里民以地理被破壞，而且舊廟狹小而已舊，又廟宇最好坐向逆水而可看顧全里，因此經鎭民代表王漢章及里長張伴提倡改建，並經里民讚同，乃於一九六四年多恭請保生大帝扶乩擇地興建，於一九六五年二月七日落成入廟，新廟改名曰潭德宮，改建費用一萬五千餘元。入廟時除安龍送虎外，並做一朝三獻及演戲七天慶祝，里民均辦理牲醴拜拜宴客。於是潭德宮乃成爲全里之土地公廟，並將里民分爲五股設正副爐主及頭家仔輪流主辦每年祭典清掃及一切廟務。舊土地公廟福德宮因里民援舊例不拆舊廟，附近住民乃另裝土地公神像奉祀，但已非全里之土地公廟。

至於吃福會則改於八月十五日辦一次。

(6)猐寮里福興宮之重建：清代乾隆年間創建之福興宮，初僅爲奉祀福德正神木牌，至日據初期保正王清賓始倡議雕刻石質土地公神像奉祀，此時福興宮已成爲第十六保之土地公廟。至一九二四年莊民吳阿忠倡議重修，工程費一百多圓均爲吳氏捐款，後吳氏經商失敗，土地公廟亦隨之衰微。

光復後因該廟宇之小路不好走，前往拜拜者日少，而且廟宇也陳舊，里長劉阿蚶乃於一九六八年夏發起重建，並於是年六月初十日請保生大帝扶乩擇地。至一九七〇年九月十五日始組織建廟籌備委員會，設委員三十二人，並互推劉里長爲主任委員，於九月二十八日興工，而於十一月初三日落成入廟，工程費五萬七千餘元。入廟時除安龍送虎外，並做三獻暨演傀儡戲祭煞及布袋戲慶祝。仍設爐主一人及頭家仔十人，由里內十一鄰之里民擲筶輪流擔當主辦祭典。舊廟則予以拆除。吃福會亦續辦。

⑺三多里福德宮之重建：清代乾隆年間創建之福德宮，至日據時期乃成爲第十七保之土地公廟，信徒仍多爲農民。

光復後，福德宮因廟境周圍被溪水泥沙堆積成凹，時常積水，里民投廟拜拜不方便，於是里民陳德旺乃於一九五七年倡議移地重建，仍名福德宮，爲三多全里之土地公廟。落成時曾請道士安龍送虎，並演傀儡戲及布袋戲慶祝。旋於一九六八年添建拜亭。現無年例祭典，也無設爐主。偶爾舉行祈平安及謝平安而已。近年里內建有甚多小型工廠，故工人信徒增加頗多。

至於吃福會則於太平洋戰爭末期，因物資缺乏而停辦，光復後廢止。

⑻圳安里創建福安宮：圳安里雖也在清代乾隆中葉就有移民定居，但至日據時期一直未建土地公廟，僅只有吃福會。

迨光復後一九四六年里長劉海濱始倡議建土地公廟，乃開始募捐，並於一九四七年二月，恭請保生大帝扶乩決定廟址坐向興工，於四月落成入廟，名曰福安宮，工程費二千餘元。入廟時曾請道士點眼，安龍送虎、通疏，並演傀儡戲及布袋戲慶祝。嗣後定正月十五日及八月十五日爲年例祭典，同時舉行祈平安及謝平安。設有爐主，並由各鄰選出頭家仔一人協助爐主辦理年例祭典。並於每年正月十五日前調查里內新增丁口以便入疏祈平安。也設有“焚香籤”，每日由里內各戶輪流投廟上香及清掃。於此福安宮乃成爲圳安全里之土地公廟。吃福會現亦存。

2. 地緣村落小型土地公廟之增建及新的信仰社區之建立

隨著鄉村的近代化，人口的增加，農村經濟的繁榮，不但保、里的土地公廟都重建，而也增建不少的甲鄰級小型土地公廟，於是新的信仰社區乃隨之建立。玆將增建之小型土地公廟的信仰社區狀況分述於後。

⑴彭厝里增建後村仔村德宮及太平橋福安宮

①後村仔村德宮：清乾隆年間開拓樹林並開鑿張厝圳及創建樹德宮之張沛世的後裔張豐順及王姓兩家，於一九二五年在彭厝後村仔倡建村德宮並雕塑土地公一尊奉祀。日據時期及光復之初，其信徒爲後村仔人張家六戶、王家七、八戶及廖、郭各一戶共約十五、六戶之農家自成一信仰社區，廟庭有四、五棵大榕樹頗具農村土地公廟之風格。

至一九四六年後村仔分劃屬樹東里管轄。而一九六三年有板橋鎮苦柃腳人十四戶，因村落被洪水流失移居樹東里水源街村德宮附近，乃參加奉拜村德宮土地公，於是信徒除原有彭厝第三鄰之張、王、廖、郭等住民外，也包括樹東第十三鄰之苦柃腳移民，信仰社區略爲擴大。村德宮爲日常及年節他們拜拜之土地公，遇有年例祭典及全里之祭典則他們仍分別參加彭厝里重興宮之祭典或樹東里樹德宮之年例祭典矣。

②太平橋福安宮：福安宮在樹林鎮彭厝里太平橋，係一九五九年洪水龍私人創建，然後獻公。緣有洪水龍之子患腳疾不能走路，初延請西醫漢醫治療均未見效，乃請石頭溪私人奉祀之上帝公問神明請降藥方，惟神明觀起後童乩即跑到現在廟址指點：要建廟交換始讓他的孩子康復。主人答先讓其孩子病癒後建廟奉答。神明曰不可，應先建土地公廟奉祀土地公及媽祖，其子之病就會痊癒，並降藥方讓其洗及服用。洪氏乃於一九五九年十月至十一月間興建福安宮奉祀土地公及媽祖。入廟時曾請道士安龍送

虎，做三獻及演布袋戲。除洪家外附近彭厝里第一及十一鄰之住民也都辦牲醴奉敬拜拜。洪氏建廟約用新臺幣一萬元，做三獻及演布袋戲費用則由彭厝里第一鄰之住民協助負擔，並由里長洪大韆出面題緣。果然廟宇落成時原來不能走路之洪氏長子竟能走到福安宮上香拜拜，至翌一九六〇年三、四月間其"跛腳"卽痊癒。

原來未建福安宮以前彭厝里第一及十一鄰之住民也都往重興宮拜拜，而洪氏創建福安宮並獻公供附近第一及十一鄰住民奉拜後，香火日漸鼎盛。至一九六三年因葛樂禮颱風彭厝里無水田（第十二鄰）住民村落房地及土地公廟流失後，住民乃將其土地公廟香爐寄於福安宮奉祀。現該廟信徒除彭厝第一鄰、四鄰、五鄰（苦枃腳移民）十一鄰（無水田移民）十五鄰住民外，尙有樹西里南區住民及樹東里暨東山里之一部分住民，而形成一個新的信仰社區。於是彭厝里人平常乃分爲原重興宮、村德宮及福安宮三個信仰社區，惟全里之共同祭典則仍多參加重興宮之祭典矣。

⑵潭底里增建德安宮及第一鄰土地公廟

①德安宮：一九六五年賴火鍊等創建。緣有一九六五年潭底里新建潭德宮時，賴火鍊爲新廟宇之坐向（神明指點坐北向南）問題提反對意見，要坐東向西，因未被採納，乃與其第九鄰之一部分住民六、七戶農家另建德安宮，工程費約新臺幣四千元。建廟時曾請保生大帝擲筶擇地，入廟時並請保生大帝過火。現信徒爲第九鄰之一部分農民十數戶，於年節、起工、完工及二月二日、八月十五日辦牲醴拜拜，信仰社區尙小。其信徒對全里之土地公潭德宮也都有題緣及輪當爐主頭家仔而參加全里之共同祭典。

②第一鄰土地公廟：在潭底里第一鄰狗蹄山麓。自古卽有石頭土地公一尊，由狗蹄山附近住民奉祀之。據說一九六八年選舉前土地公託狗蹄山"先生媽"簡南容夫人之夢云：請在選舉前幫忙爲其建廟，於是"先生媽"乃發起募捐爲土地公建廟。除由土

地公自己擇定原址外，並請保生大帝到廟址擇日及擇坐向。一九六八年三月二日落成入廟，建廟工程費等約二萬元。入廟時曾請道士安龍送虎及做三獻，附近住民均備辦牲醴拜拜奉敬。並自一九六九年起定每年二月二日爲年例祭典，設爐主頭家仔主辦祭典及演戲慶祝。現信徒爲第一鄰狗蹄山住民及樹西里文化街鐵路局宿舍員工二百多戶，以客人爲多，也有外省籍信徒，已另構成一信仰社區。但在初設兩年第一鄰住民對潭底里之潭德宮也拜拜題緣。至一九七〇年底隨行政區域之調整新設樹人里，故也已漸成爲里級土地公廟，而單獨自成一信仰社區。

(3)獇寮里增建福德宮：福德宮位於獇寮里第一鄰，樹林第二公墓山麓，一名下土地公。淸代卽已有以四片石板所蓋之土地公廟，由耕作下角田之農民十數戶拜拜，並設有吃福會。據說一九六七年初有桃園大園人林海泉者，與一位地理師到其附近看風水時曾向其拜拜。回去後土地公乃託其夢，希其代爲發起興建廟宇。林氏乃將此情形告知第一鄰附近住民，於是附近住民陳専定、李棲坦及楊玉崑三人乃爲興建委員，募捐興建，於一九六八年十月初七日落成入廟，工程費約一萬四千元，被託夢之林海泉曾敬獻土地公神像、香爐及鐵柵。入廟時曾請道士安龍送虎，祭煞及演戲五天慶祝，附近住民工廠均辦牲醴拜拜宴客。現信徒爲第一鄰之住民，第二鄰之一部分住民曁三多里第八鄰之住民，及附近世紀針織廠磚窰工人五、六百人。農民起工、完工及年節時辦牲醴拜拜，工廠亦於每月初二、十六日辦牲醴拜拜，已形成一個信仰社區，但未設年例祭典。其信徒則對獇寮、三多兩里之全里土地公廟也題緣，擲爐主拜拜。

3. 維持原狀之血緣村落土地公廟

屬血緣村落土地公廟之三多里藍厝土地公廟及鍾厝土地公廟，則其信徒仍限於其宗族之十數戶，拜拜祭典亦在其宗族內舉行，自古至今仍務農，與其他社區甚少發生關係，故其土地公廟也未受鄉村近代化之影響，也未重建，一本如古保持原狀及其祭典，仍爲純血緣小村落之土地公廟。

㈡ 濟安宮之東遷及其發展

1. 濟安宮之東遷信仰活動中心點之轉移及信仰社區之擴大

一九〇一年經過樹林之縱貫鐵路開通，樹林（風櫃店）乃漸次形成街市。至一九二二年七月，因舊濟安宮廟堂漸腐朽，信徒提議再建之議，而爲應交通變遷，計參拜者便利，遂由地方頭人黃純青、王土龍等發起扶乩卜地，由大帝選定靠近火車站之現址，於一九二三年十一月東遷恭迎帝駕供奉於現址充爲暫時廟宇。而於一九二二年多起至一九二七年十月止，歷經五年，募捐四萬三千四百六十五圓建造美侖美奐之廟宇。於一九二七年十月二十四日落成，安龍送虎，並於十一月二十三日起舉行慶成建醮三天。於是信仰活動中心點乃由舊廟址潭底山麓東移於交通便利之樹林街新廟址。

至於信仰社區也於新廟落成之一九二七年擴大，除原來之樹林外並將山子腳編入拜拜之範圍，於是拜拜之主辦地區也由原來之四股分爲五股，設爐主輪值主辦各該年之拜拜事務。新區分之五股如下：第一股潭底及圳岸腳二保、第二股獇仔寮及三角埔二保、第三股樹林保（一九三三年分爲三保）、第四股坡內坑及彭厝二保、第五股橫坑仔、山子腳及石灰坑三保⑩。此五股在光復初期仍同，至光復後經十數年，由於樹林市街地區人口增加，乃於一九五七年略加調整如下：第一股圳安、獇寮及三多三里、第二股潭底樹西二里、第三股樹東樹北二里、第四股彭厝坡內二

⑩橫坑仔卽今東山里，山子腳卽今西山里，石灰坑卽今樂山里。

里、第五股山子腳之東山、西山及樂山三里。至今仍同。

2. 濟安宮之組織及財源的加強演變

濟安宮創建後至清末，在創建及重修時乃組織董事會主事，平常則分股輪流設爐主辦理年例祭典，及設廟公看管廟宇，似無常設之管理機構。

一九二七年重建廟宇後，在東遷之初也尚未設管理機構。至一九三三年始選任劉萬登等數人爲管理人，並推劉萬登爲代表人。一九三五年改選王土龍、王戇、黃煙春、張秋塗等二十人爲管理人，多爲保正、大地主及鉅商士紳，而以當時最爲富豪之地方大地主王土龍爲首席管理人。

一九四五年臺灣光復後，仍登記王土龍爲管理人，但光復初過渡時期治安不佳，地方有勢力之人士紛紛遷出臺北，一九四九年從大陸撤退來臺之軍隊占駐廟宇，管理一時鬆弛。迨一九六一年元月始重新組織管理委員會，並選任趙登、王木生、鄭水枝、王文元等二十一人爲委員，並調用樹林鎮公所之職員爲管理委員會之幹事，於公所下班後到廟宇處理財務庶務事項。

至一九六四年六月（陽曆），始正式向臺北縣政府辦理寺廟登記，於同年陽曆七月十六日經臺北縣政府核發北縣字第三號廟宇登記證，管理人爲鄭水枝，係卸任鎮長，廟祝爲卸任縣議員劉阿蚶。

嗣於一九六四年十月十五日，爲宣揚保生大帝功德，增進社會福利，改善民俗，興辦慈善公益事業，經信徒決議設立"財團法人臺灣省臺北縣樹林濟安宮"，選任鄭水枝、林慶福、王振南、趙登等十五人爲董事，謝石城等三人爲監事，並互選鄭水枝爲董事長，呈請臺北縣政府核備。旋於一九六五年陽曆元月二十七日承臺北縣政府核發財團法人設立許可證，乃於一九六五年陽曆十二月二日向臺北地方法院聲請財團法人之登記，並於同年陽曆十二月十六日承臺北地方法院以北院法登字第三三〇四七號核發財團法人登記證書。經改設財團法人後，並正式在董事會下設總幹事，幹事各一人辦理廟務，不設廟公。至一九六九年三月十三日首屆董事任期屆滿，乃改選趙登、林慶福等三十一人爲董事，劉振興等七人爲監事，並選趙登爲董事長。

光復後歷屆董事多爲現任或卸任鎭長、代表會主席、代表、里長、縣議員等所謂現代地方頭人充任。

至於濟安宮之財產，在創建之初，除廟宇及地基外，並無財產。迨清末一八九三年將潭底莊福德正神合祀於濟安宮，並於日據初期將福德宮之廟產八分餘地之水田接管合併於濟安宮後始有財產，年收租粟四十八石，其中除撥十石爲廟公之報酬外，其餘三十八石悉爲充廟宇祭典等費用。

光復初期仍同，後來因政府實施耕者有其田政策，故廟產水田 0.8094 甲乃於一九六四年以價值四萬元被徵收，換取公司股票及實物債權，嗣後均賣出。被徵收後只剩建地 0.1109 甲、林地 0.2035 甲、道路 0.0705 甲、祠地 0.3453 甲，合計價值僅新臺幣五千元。

一九六五年多正式成立財團法人後，自一九六六年起乃每年編有濟安宮財產目錄及年度收支預決算。因原來可收租息之水田被徵收放領後，廟宇除信徒之樂捐及添油香外無固定收入，故乃銳意開闢新的財源，諸如舉行拜斗之收入，駐廟道士之出標，露店康樂臺之出租，夜市之開設及攤位之出租，金香灼銷售之收入等，收入頗爲可觀，比以往廟產水田出租所收租穀更多。據一九六八年該廟之收支決算書，該年之收入達 434,726 元，內最多者爲樂獻金 231,456 元（包括油香、掛單、拜斗、樂獻金、道士、康樂臺、夜市攤位收入），次爲售金香灼收入達 112,165 元，次爲露店、土地出租之租金57,174元，其次爲雜收入36,931元（利息收入及捐獻金牌之處分等），連前年度結餘金 167,030 元，合計總收入共有 614,756 元，該年收入比其預算數 255,100 元超收 179,626 元，約超收 170%。是年支出合計爲 584,844 元，其主要開支爲建設費增建排樓等 293,202 元、薪水津貼 57,500 元、雜費 33,737 元、文具費 30,213 元、祭典費 26,634 元、電費 20,878元、會議費 5,884 元、交誼費 5,575 元、稅捐 4,122 元，收支對扣結餘金新臺幣 19,912 元。據收入結算可知該廟之樂獻捐及售賣金香灼之收入頗爲可觀，年年有盈餘，在一七九〇年底該廟已有盈餘十五萬元存入樹林鎭農會，現正計畫設置獎學金，每年以其生息獎助本鎭出身之清寒優秀醫學院學生一人，培養醫學人才，以發揮保生大帝之醫德精神。

按濟安宮歷代之財源，在清代係以題緣油香爲主。至日據時期正式將潭底土地公財產合併後，乃以其土地所收之地租爲主，充作祭典費用，並以油香捐款爲副。光復後初期仍同，到一九五二年土地改革後廟產水田被徵收放領，乃變爲以捐款油香爲主要收入，加之管理不善致有虧損情形。此期售賣金香灼之利益係由私人經營收入。及至一九六六年財團法人成立後，金香灼乃收回爲廟宇自營，收入可觀，近年年達十五萬元之多。並在廟旁建露店出租，年收達五、六萬元。又在廟庭開設夜市出租攤位，年收達三、四萬元。駐廟道士亦出標年收八千餘元。此外油香、掛單、拜斗、樂捐等年亦達十五、六萬元之譜。是以財源充足，而已有相當盈餘，如此財政之管理已趨善境矣。

據此可知濟安宮之財源，因土地改革及臺灣社會由農業社會走入工業社會之影響，已由光復初期農業社會特有之單純的財源油香及地租收入，變爲工商業社會含有企業性之財源的收入，除原來傳統的油香掛單地租外，增加拜斗、樂獻金、駐廟道士出標收入，康樂臺、夜市攤位、露店之出租及販賣金香灼等，而其收入比以往可觀，每年開支亦不少，歲出入各達六十萬元之譜，原來四十八石租粟之時價不過爲15,000元而已，其數目約與一個小鄉鎮公所之歲出入略同。規模不算大之濟安宮尚且如此，大廟宇之歲出入更爲鉅大，而臺灣略有規模之寺廟至少有三千座，故此實爲臺灣社會值得關心與注意的一個問題。

3. 公共祭典之增加及信徒之篤信情形

濟安宮之年例公共祭典，在清代及日據時期爲三月十五日保生大帝生日，七月十四日中元普渡及九月九日舉行配神哪吒太子千秋祭典。光復後，近年則除前三項祭典外，增加㈠元月十五日祈安起斗法會，㈡五月二日保生大帝昇天紀念祭典及㈢十月十五日祈安完斗法會三項。前三項祭典傳統上由爐主主辦，後三項新增加之祭典則由董事會主辦。另於一九六七年十一月初一日起，舉行爲期三天的大規模福醮。

按一九四五年臺灣光復後，由於西醫之普遍，民衆知識水準比以前提高，道士之舉行道場法事不如往昔多，而原來屬於道家之禮斗法會且被寺院採用盛行，因此道士界爲挽救光復後道界之衰微，乃聯合取同禮斗法會之祭典並推廣之，故近年來各地廟宇禮斗法會頗爲盛行，加之近年來因臺灣經濟繁榮，人民賺錢機會比往昔多，人民生活已有餘裕，基於“有拜有保庇”之心理，不吝出錢參加禮斗法會之人士頗多，於是禮斗法會之收入乃成爲各地廟宇之主要財源，收入頗爲可觀。又近代臺灣人歷經中日戰爭，太平洋戰爭及光復後不安定之過渡時期，人民有甚多祈願未答叩，且由於十數年來臺灣經濟建設進步，社會繁榮，廟宇之重修新建處處有之，故做醮也頗爲盛行。

至於信徒之篤信保生大帝的情形，大多之居民其日常生活皆與樹林唯一之傳統廟宇信仰中心濟安宮有發生密切關係。這些住民在日常生活除參加團體的年例祭典外，每家每人在其日常生活中，在信仰上或多或少總有與濟安宮來往並發生關係。此信徒不只是老樹林人，就是遷入未久之客家，或中南部遷來者也如此，而光復後從大陸遷臺者亦有信仰與朝拜者。

除參加年例團體慶祝祭典外，居民或以家爲單元，或以個人爲單元登廟朝拜。從出生開始，以至死爲止，其整個人生總有直接或間接投廟朝拜，祈求之，以爲其人生精神生活之寄託，或進而祈求開拓創造其良運，而在社會上有所活躍、創業、或立德立功，此爲臺灣民間信仰之最主要目標。而其到廟朝拜則可分：(1)年節登廟燒金，(2)求生男育女與給神做契子，(3)求香火庇佑平安，(4)抽籤祈求精神指示，(5)祈願求神庇佑賜助達願，(6)補運求爐丹、祭煞及收驚，(7)患病問神佛請降藥方，(8)還願，(9)做壽、結婚、刣豬公等喜事請神觀禮等。總之信徒在其人生日常生活都祈求神佛爲之庇佑、啓示而崇拜保生大帝及諸神明，此種情況並不因社會之近代化、現代化而減少，且有更發展之趨勢矣。

(三) 神明會之廢合演變

在鄉村的近代化聲中，原來創設之神明會有廢止者，或在信仰的融合中變質者，例如血緣之神明會變爲地緣之神明會，或仍維持原有型態者。玆將其分述於後：

1. 廢止之神明會

(1)潭底賴姓大道公會：創設於清代之該會，至日據時期仍舊設有爐主舉辦拜拜吃會，並於三月十六日假濟安宮演戲慶祝保生大帝千秋。至一九三七年中日戰爭後，因物資缺乏乃廢止。光復後未恢復。

(2)彭厝潭底下山子腳三界公會：清嘉慶年間創設之該會，一直延續至一九三八年。中日戰爭及太平洋戰爭發生後，也因物資缺乏而終於在戰爭中停辦。至一九四五年光復後，亦因不知三界公爐之去向而廢止。

(3)文炳社：創設於清代一八七五年之文炳社，也一直維持至一九三五年左右，旋因創設者王作霖逝世而無人領導，終於廢止。

⑷花燈會：創設於一九二九年以前，會員爲王士難、劉清龍等共二十七人，仍爲上元花燈會之組織而與土地公有關。光復後廢止。

2. 組織變質之神明會

⑴祈安社天上聖母會：創設於清乾隆年間之“竹篙厝祈安社天上聖母會”，原爲竹篙厝及坡內之漳州南靖縣人簡姓所奉祀之血緣神明會。至日據時期中葉，因鄉村之近代化，社會宗教活動之融合，而變爲非血緣神明會，容納樹林街內之非漳州籍簡姓之王、高、李、謝、林、陳姓等會員，至一九七〇年會員十七名之中，漳州籍簡姓者有十人，非漳州籍之他姓者有七人，惟名稱仍稱祈安社媽祖會或稱簡姓媽祖會，管理人爲簡南田。現仍舊於三月二十二日吃媽祖會，並規定爐主應負責恭請聖母到雲林縣及嘉義縣北港媽祖廟進香割大香。該社至日據時期仍定於三月十七日假濟安宮演戲慶祝保生大帝暨媽祖千秋。至於坡內人三月二十三日之拜媽祖則自一九六三年改善民俗統一拜拜後，改與三月十五日濟安宮年例祭典同時舉行，演戲慶祝。

⑵王爺公會：創設於清代而由林家所奉祀之邢府王爺爲血緣神明會。此也因社會宗教活動之融合，在日本時代變爲林家附近今彭厝里第七至十鄰住民共同奉祀之地緣神明會。仍定於每年八月二十三日舉行年例祭典拜拜，並演戲奉敬之，亦有求龜，至爲盛況；祭典費用由住民信徒題緣，但未設爐主，仍由林家管理人主持，因住民篤信之，而變爲地緣神明會，故彭厝里重建土地公廟重興宮時也請邢府王爺扶乩擇廟址及坐向，而濟安宮保生大帝千秋祭典時也由邢府王爺代表彭厝里之神明參加遊境，保佑國泰民安。

3. 維持原有型態及新設之神明會

(1)原有之地緣神明會

①猇寮三界公會：創設於清代乾隆年間之猇寮三角埔三界公會，終於在清末與三角埔分開，單獨成爲猇寮三界公會。日據時期曾一度將年例祭典改爲十月十五日，然而因村內不平安，隔一、二年後仍恢復舊制於八月中十五日以前拜拜。光復後改於八月十五日舉行年例祭典。一九五二年土地改革後，三界公之財產水田也被徵收放領，嗣後股票也售賣，現已無財產，故祭典經費改由里民題緣共同負擔。信徒仍爲全里村民。爐主頭家仔仍與土地公同人。

②三角埔三界公會：清乾隆年間與猇寮聯合創設，輪流主辦年例祭典。至清末與猇寮分開而與鄰莊塔寮坑連合設立三角埔三界公會，只設香爐，每年定於八月十五日前舉行年例祭典，也設有爐主輪值主辦。

③猇寮媽祖會：設立於清代之猇寮媽祖會，至日據時期仍定於二月或三月中到北港進香而於割香回來後舉行拜拜，演戲並求龜，無一定之年例祭日，又設有爐主頭家仔共十一人，每年祭典費用由里民題緣充之。光復後一九六三年改善民俗統一拜拜後，合併與濟安宮年例祭典同時舉行，也廢止到北港割香，信徒仍爲全體猇寮里民。

④圳安媽祖會：創設於清代之圳安媽祖會，至日據時期也定於每年二、三月間由全體會員携奉到北港進香，而割香回來後演媽祖戲奉敬，仍定於三月二十三日媽祖生日舉行吃會，由原四十二份會員參加。光復後已不集體往北港進香，也不演戲，但仍設有爐主舉辦吃會。

⑤樹林媽祖會：創設於清代之樹林媽祖會，至日據時期仍舊於每年三月十八日刣一隻豬公，假濟安宮演戲拜拜奉敬，並吃

會。至光復後則只吃會而不刣豬公，也不演戲。會員仍舊爲三十二份。

⑥三角埔觀音佛祖會：創設於清代之三角埔觀音佛祖會，現亦仍存，會員仍爲一部分莊民。日據時期管理人爲陳和普。

⑵新設之地緣神明會

樹西大道公會：於一九三五年左右由樹西簡烏獅、彭厝簡金木等結拜十人創設者。裝有保生大帝三大帝之神像一尊及香爐，裝神像時曾請濟安宮老大帝，至樹林大同山上爲新神像扶身開眼。設有爐主，每年於正月十六日及八月十六日由爐主設宴吃會，會員免繳費。初也設有求龜，旋廢。

⑶原有之血緣神明會

三角埔藍厝清水祖師會：創設於清代之藍厝清水祖師會，現仍於每年正月六日舉行"拜拜"及"過火"，有時也演布袋戲慶祝，並舉行吃會，也設正副爐主主辦，會員仍限於藍家宗族十數戶。

㈣ 祖籍神明信仰之演變

1. 融合變質之祖籍神明信仰

⑴十八手觀音：十八手觀音在清代爲內縣人（卽頂郊人）所奉祀之觀音佛祖，分爲㈠新莊山腳，㈡西盛，㈢坡角等三股輪流刣豬公拜拜，當時樹林只有三角埔之內縣人參加坡角股輪流拜拜而已。至日據時期則增加新莊一股，共爲四股輪值。而於一九二五年前後由林口之坪頂移居於潭底、猐寮、圳岸腳三保之許、李、黃、陳等姓內縣人。乃由猐寮李氏提議參加西盛股刣豬公拜拜十八手觀音，此時仍限於內縣人。而至此樹林之參加十八手觀音拜拜者共有三角埔、猐寮、潭底、圳岸腳等四保之內縣人，其中三角埔仍屬坡角股，而潭底等三保則屬於西盛股。

一九四五年臺灣光復後再增加三重埔及宜蘭多瓜山二股，共有六股輪値。其次序爲㈠山脚股，㈡新莊股，㈢西盛股（包括樹林圳安、潭底、獇寮三里及板橋鎭之沙崙、三抱竹的內縣人），㈣坡角股（包括樹林三多里人），㈤宜蘭多瓜山股，㈥三重埔股。

一九四五年後樹林之圳安、潭底、獇寮三里仍屬西盛股，三多里仍屬坡角股，但已融合演變不限於內縣人拜拜而成爲各該地區內全部里民之拜拜，雖不每戶刣豬公但必備辦牲醴拜拜宴請客人。甚至如住在圳安里之王姓等安溪人竟廢原來之刣清水祖師豬公，而改刣觀音豬公，蓋因全里內之住民已參加拜拜觀音，故免得拜拜宴客二次也。如此樹林區內十八手觀音之刣豬公拜拜，已由原來之祖籍神明信仰融合所有住民變爲區內角頭之全民信仰也。因三多、圳安、潭底、獇寮等里靠近於篤信十八手觀音之鄰莊，新莊、西盛、山脚等內縣人之地盤，而且三多、獇寮等內縣人也篤信而提倡，故區內里民之信仰亦易受其感化融合也。

⑵開漳聖王：樹林濟安宮所配祀之開漳聖王，原爲樹林地區之漳州籍陳姓所信仰拜拜之祖籍神明兼血緣神明之信仰，每年定於二月十六日假濟安宮做三獻演戲奉敬。但自日據中葉以後則融合所有樹林之陳姓住民參加，不限於漳州人，故乃由祖籍神明信仰變爲宗親血緣神明之信仰，做三獻演戲費用由樹林陳姓宗親題緣開支。此係由同祖籍之團結信仰變爲宗親團結之信仰也。

2. 祖籍神明信仰之放棄

一部分安溪人放棄清水祖師刣豬公：不同祖籍居民之雜居，少數同祖籍之居民的社會宗教信仰活動，往往由多數同祖籍之居民所融合。原來居住於圳安里之王姓等安溪人，係參加正月初六日之三峽長福巖清水祖師公之刣豬公。但一九四五年以後，因圳安里之原有內縣人十八手觀音之刣豬公拜拜，已變爲全里住民之角頭拜拜。於是圳安里王姓等少數安溪人之祖籍神明信仰，乃被多數之內縣人所融合，改爲十八手觀音之拜拜，而放棄原有之祖籍神明清水祖師之刣豬公拜拜也。

又原來參加溪洲正月初三清水祖師公拜拜之樹林街謝、王姓等安溪人，也於一九四五年後放棄其祖籍神明清水祖師之刣豬公也。

因此，現今之樹林只剩彭厝方面之洪姓等安溪人仍舊參加三峽清水祖師公之刣豬公而已。

3. 祖籍神明信仰之依舊維持

頂郊人之四股媽觀音：創設於清代之樹林頂郊人四股媽刣豬公拜拜，由於樹林頂郊人之住民相當多，在地方之勢力亦屬雄厚，故其祖籍神明四股媽之信仰仍一直很篤信而隆盛，不受其他不同祖籍神明信仰之影響融合，仍舊維持樹林、媽祖田、頂埔、柑園等四股輪值刣豬公拜拜。一九三八年後戰爭中雖因經濟統制物資缺乏而一時中斷停辦，但一九四五年戰後卽恢復建制繼續照原舊四股輪值刣豬公拜拜。在樹林爲唯一維持傳統而沒有變質之祖籍神明信仰也。

綜上觀之，自從一八九五年鄉村漸趨近代化以後，由於交通的發達，社會工商業的繁榮，人口增加，流動也比較頻繁，社會活動宗教信仰也漸趨融合，宗族、祖籍神明之信仰不如往昔濃厚，而漸以居住同一地區之行政保、里或街、鎭爲其信仰社區。此期之保、里均建立有其全里（保）性之土地公廟，公共祭典概以全里民題緣或輪當爐主頭家仔共同舉行，其主要廟務也都由保正里長提議倡導。各小村落土地公廟信仰社區內之信仰也必參與全里性之土地公廟的公祭。

而鎭內信仰中心之濟安宮，則隨其東遷興建堂煌之廟宇後，信仰圈也擴大至山子腳。本鎭十七里之中其信仰圈已及十二里，僅地理上隔於大漢溪東南之安溪人所開闢之柑園五里未包括在內而已。其組織亦更趨制度化、法律化成爲財團法人，而董事長、董監事等亦多由領導地方行政之現任或卸任鎭長、議員、鎭民代表、里長等充任。信仰中心益臻堅固，與各里土地公廟亦多或隸屬關係而關係甚爲密切。

至於神明會及祖籍神明之信仰，則由於社會組織更趨複雜而致使變質或廢止，雖也仍有維持原有型態者，但除少數外大多不如往昔之篤信，祭典也多簡化矣。

此期之信仰社區經融合而漸趨穩定，茲圖示於後。

六、結語

以上就不同祖籍移民的鄉村，樹林之民間信仰的歷史發展過程，根據調查所得資料加以敍述分析。茲綜合上列各節所述對其民間信仰的歷史發展成果作結論如下:

樹林早期的移民 爲泉州厦郊人、頂郊人暨 安溪人及漳州南靖、平和縣人，尤以頂郊人及南靖縣人爲多。在早期的民間信仰係以其各自大陸原籍地携奉而來之神像、香火各自奉祀，尙無團體的宗教活動，也卽尙未構成社會宗教信仰社區，其信仰圈限於自己的家族內，在宗教社會只有宗教信仰的點，而未構成信仰圈之線與面，更談不上廟宇的建立。

至乾隆中葉以後開拓已就緖，地緣與血緣村落相繼成立，乃創建村莊土地公廟及組織神明會，而隨新天地農村社會之形成，開始其宗教信仰及社會活動，宗敎信仰也由開拓伊始之私家個人奉敬各人携帶之神像或香火，慢慢融合，進而共同創建濟安宮成爲莊內信仰之中心，而一面仍維持其祖籍神明之信仰，此期歷經乾隆末、嘉慶、道光、咸豐、同治而信仰圈已由初期之點進爲線與面，形成小村莊、大莊及跨於數大莊之信仰社區。

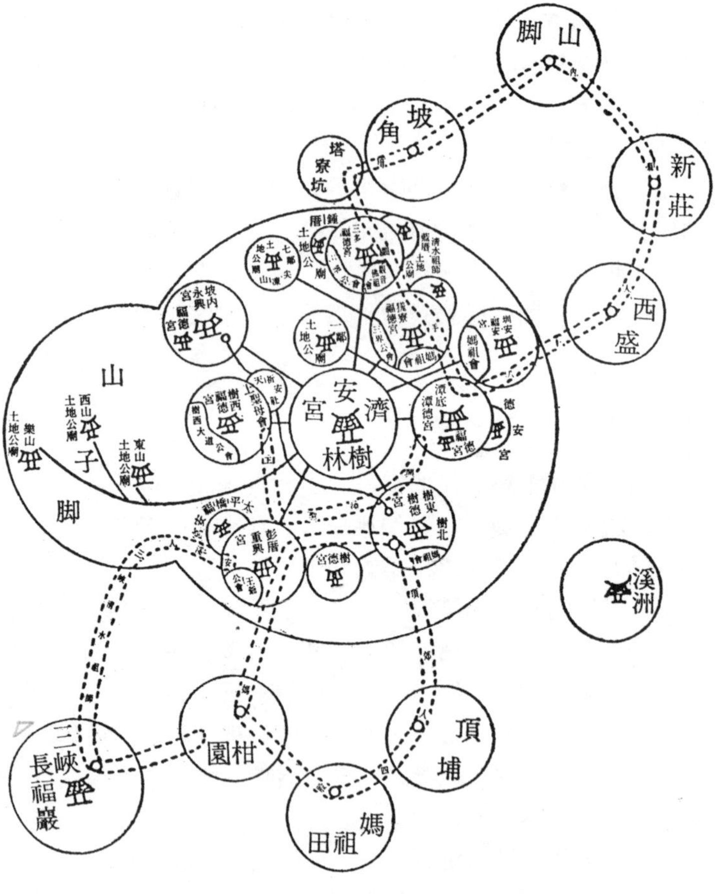

鄉村近代化後之樹林信仰圈圖

迨一八九五年日本據臺而鄉村漸進入近代化後，由於交通的發達，社會工商業的繁榮，人口增加，流動頻繁，社會宗教活動更趨融合，宗族祖籍神明之信仰不如往昔濃厚，而漸以居住同一地區之行政村里或鎭爲其信仰社區。此期之保里均建立其全里性之土地公廟，共同舉行公共祭典，神明會及祖籍神明之信仰多由於時勢之變遷，社會組織之更爲複雜而致使變質，或廢止，或合併簡化。而鎭內信仰中心之濟安宮則隨其東遷建立美侖美奐之廟宇後，信仰圈也擴展至山子腳。其組織更趨制度化、法律化，益臻鞏固其土著的唯一傳統信仰中心之地位，成爲鎭守樹林地區之神明。而如前所說其與樹林所有土地公廟之關係，在神明界來說雖無隸屬關係，但由於鎭民之視濟安宮保生大帝爲地方守護神，故樹林九里內之土地公廟也視濟安宮保生大帝爲神界之“直隸上司”，關係大多甚爲密切。其他神明會、祖籍神明亦分別與濟安宮保生大帝繫有密切的關係。

此種情形是樹林民間信仰之歷史發展過程的現象，其鄰鎭之歷史悠久的三峽，也似濟安宮保生大帝，以安溪人所篤信之長福巖清水祖師爲其鎭內之唯一傳統的信仰中心，而其鎭內土地公廟等也視長福巖似如地方的城隍廟而認有隸屬關係，其所轄範圍則比樹林濟安宮更大。唯一不同者，三峽長福巖清水祖師係以絕大多數之安溪移民，以其祖籍神明清水祖師融合其他移民而成爲信仰中心，而樹林則以保生大帝首先在該地區顯靈因而成爲信仰中心，並非絕大多數之同安縣所奉而融合其他籍貫移民。未知臺灣各地及我國（中國）大陸各地之民間信仰是歷經如何歷史過程演變而成，這是尚待比較研究的一個有趣的問題。

——原載《臺灣文獻》23卷4期，民國61年

△史料問題

口述材料如何查證？（無文獻）

△意義：開風氣之先。

圖一　樹林濟安宮

圖二　樹東里樹德宮

圖三　樹西里福德宮

圖四　樹西里福德宮土地公神像

圖五　潭底里福德宮

圖六　潭德宮土地公神像

圖七　潭底里新廟潭德宮

圖八　潭底里第九鄰德安宮

圖九　潭底里第一鄰土地公廟

圖十　獇寮里福興宮

圖十一　圳安里福安宮

圖十二　彭厝里重興宮

圖十三　彭厝里重興宮土地公神像

圖十四　彭厝里太平橋福安宮

圖十五　坡內里永興宮

圖十六　坡內里福德宮

圖十七　坡內里第三鄰土地公廟

圖十八　三多里福德宮

圖十九　狫寮里福德宮

圖二十　樹東里村德宮

圖二十一　獇寮里第五鄰土地公廟

圖二十二　獇寮里第七鄰尖凍山頂土地公廟

圖二十三　三多里第六鄰尖山腳坑子內土地公廟

圖二十四　三多里第二鄰藍厝土地公廟

圖二十五　三多里第五鄰鍾厝土地公廟

圖二十六　潭底"聖蹟"惜字亭

臺灣隘制考

一、隘的起源與目的

我國宋時為防禦西疆之苗猺諸番，曾設有要砦一種，名之曰“隘”，乃是隘名的起源。而臺地防番之構築工事，亦名曰隘，則始自清初。

伊能嘉矩著《臺灣文化志》說：“臺灣最初的防番設備，在明末鄭氏創設屯田制時，即有‘土牛’和‘紅線’。土牛係挖掘界溝而將其土築之成堆，因其形似臥牛故名，其溝隨被稱土牛溝。紅線為砌磚成牆者，因磚的顏色帶赤紅故名。”惟近年施添福著〈試釋土牛紅線〉，考證“紅線是：‘用紅色在擬存檔的圖冊中畫線，以表示番界經過之處’，以指稱地圖上無形的番界，而以土牛代表地表上有形的界限”。臺灣入清版圖，漢民之拓殖漸及番界時，官府既不能遏絕民人偷越，復忙於防止，因此益加狷獗之番人滋擾，乃倣土牛紅線之制而設隘。此外，亦有私人為進行墾拓而捍禦番害加以倣設者，其形制繁多，有土圍、木柵、竹籬、石壘等，或鑿壕塹，其中又有備置銃堡的，但無統一的專名，各隨其形制而稱。現在尚留有很多土牛（今臺中縣石岡鄉土牛村），土牛溝（今臺北縣鶯歌鎮鳳鳴里），土城（今臺北縣土城鄉），木柵（今臺北縣木柵鄉），柴城（今屏東縣車城鄉），頭圍（今宜蘭縣頭城鎮），銃櫃（今南投縣魚池鄉），隘寮（今屏東縣內埔鄉隘寮村），八堵（今基隆市暖暖區八堵里）等地名，均其遺址。至於往昔設隘遺址至今仍廣氾地分布平地，乃由於其位置隨撫墾之擴開轉進，卽墾拓得尺，隘亦隨之進尺的結果。

按設隘之目的，初爲防範生番下山滋擾，保護界內開墾者之安全，此間自乾隆中葉起至同治末年止，計約維持一百一十年之久。旋自光緒元年議開山以後，爲開發內山茶、腦、木材之利，墾務漸及內山，乃變成專責保護在界外內山從事墾務之田寮、茶寮、腦寮，及出入番界民人之安全。日本據臺後仍襲用隘制，但其用意則變本加厲，不限止於保護番界之事業，進而改爲討伐番人之前線兵站。至其完全壓制生番而於山中各村落普設警察官吏駐在所後，隘漸近尾聲，遂至消滅。初光緒二十八年，日人持地參事官所提番政問題之意見書謂："對隘勇制度之效果雖有異論，但此係因警察本署與專賣局的看法間有根本的差異，及防番制度之不完善所致。警察本署說：專賣局侵進隘勇線外經營製腦事業，此實有攪亂番情之嫌；又專賣局則說：隘勇制度之實效甚尠，徒在沒有事業的地方延長隘路，對製腦事業之保護不盡全力。本人以爲警察之防番設備雖以保護番界事業爲主要目的，但一面還要保護平地村落之安寧，且隘勇線之配置應含有討番計畫之意味。"據此也可窺見其一端了。

二、隘制沿革

㈠ 清 代

遠在康熙六十年朱一貴之亂後，當路有司爲處理臺灣番地，乃有消極的畫界遷民論與藍鼎元之積極的開放論。翌年福建巡撫楊景素蒞任，卽折衷此兩議，在迫近番界之處豎石禁制越入。其原意雖出於禁止漢民之越入，但亦可說是爲防番而設隘的先聲。

但當時在畫界之外仍有漢民偷越侵墾的情形，實際上不能完全厲行禁絕。於是自畫定民番界限後，遂有開挖深溝堆築土牛，設立隘寮以嚴加防守者。《明清史料》（戊編第二本）載：“兵部爲〈內閣抄出閩浙總督陳輝祖奏〉移會成履泰革職云：乾隆四十六年十一月十四日，內閣抄出閩浙總督臣陳輝祖等謹奏，爲特參怠玩不職之同知請旨革職以示儆戒事。竊照臺灣生番，兇類猛獸，性嗜殺人，是以沿途一帶畫定界限，開挖深溝，堆築土牛，設立隘寮，嚴加防守。倘地方官防範稍疏，生番突出，即有戕殺民人之□。……查臺灣民番定界以來，立法防範已極周密。如果地方官實力奉行，何至生番戕殺多命？”據此，可知自從康熙六十一年民番定界後，便有挖溝築土牛並設立隘寮來防番的了。如今臺中縣石岡鄉之乾隆二十六年彰化知縣所立勘定地界碑，即其遺址之一。至乾隆三十三年，淡水同知段介，曾召鄉勇四十名分隘防守。《明清史料》（戊編第三本）載：“戶部〈爲內閣抄出福建臺灣鎮總兵柴大紀等奏〉移會總兵柴審明淡水各犯云：……緣淡屬之烏樹林黃泥塘二處接近內山，生番出沒堪虞。前任淡水同知段介，於乾隆三十三年召充鄉勇共四十名，分隘防守。其黃泥塘係張昂爲鄉勇首，給予牌戳，並有墾地口糧，歷久相安。……再查淡屬界外墾成田園，如給（按似蛤之誤）仔市外尖山大姑隘等處尚多，現飭淡水同知潘凱分處勘丈，俟勘覆到日，酌量情形，分別應禁應墾，交督撫臣核明奏辦在案。再勘烏樹林一處，實爲生番出沒要隘，應仍設鄉勇二十名，以資防禦，該處墾地，並應禁止，另籌隘糧給發。”此實爲淡水廳設隘之嚆矢。但當時隘寮所募鄉勇，或爲爭地，與墾丁互鬥焚殺，或私占番界，以致滋事，流弊頻生，且所置隘丁爲數不多，不但未能堵禦生番，反被趕殺，因此乾隆五十一年曾一度撤除隘丁。《明清史料》（戊編第三本）載：“乾隆四十八年十二月二十六日，戶部〈爲內閣抄出閩浙總督富勒渾等奏〉移會閩督富善後事宜云：……而現在淡水界外隘寮所募鄉勇張昂等，轉與墾丁林淡等爭地互鬥焚殺滋事，是此等鄉勇丁壯有損無益。……又乾隆五十一年閏七月十五日，兵部〈爲內閣抄出原任閩督雅德等奏〉移會又七月十五日閩督雅酌籌淡水事宜云：“乾隆五十一年閏七月初九日，內閣抄出臣雅德臣徐嗣曾臣黃仕簡跪奏，爲酌籌淡水善後事宜仰祈聖鑒事。竊照臺灣淡水廳直加未南目懷二社生番戕害官役一案，經臣等將搜洗淨情形先後奏報，欽奉上諭，此次生番滋事，因在山射獵，至樹林口地方見有隘丁堵禦，當卽追殺，致害官役，此等界連生番隘口安設兵丁，原所以資防禦，但恐該隘丁等或因此私占番界，以致滋生事端，亦未可定。著傳諭黃仕簡等查明該處情形，如可無須安設隘丁，（不）若竟行撤去，俾該番等相安無事。倘因地方緊要必須設隘邊防，則舊設隘丁僅止十名，於邊防仍屬無濟，自應酌量地方情形多爲添設，俾聲勢嚴整，足資守禦。並應嚴禁滋擾生番地方，方爲妥善。其應如何酌籌辦理之處，著於善後事宜一併悉心妥議具奏，欽此，欽遵，臣跪讀之下，仰見聖主訓示周詳，無微不至。臣黃仕簡於蕆事後，隨會同臬司李永祺，臺灣鎭總兵柴大紀，臺灣道永福等，將該處情形逐一親行履勘，因淡水迤東一帶，悉與番境通連，必須酌籌盡善，方爲經久之計。嗣由臺回厦與臣雅德悉心商論復飭據臬司李永祺藩司伍拉納移會臺灣鎭道確核妥議詳復前來，臣等查淡水廳所轄地方……此次實因直加未南等二社生番在外打牲，經過樹林隘口，該處隘丁出而堵禦，反被趕殺入口，且查樹林口地方向未設有隘寮，歷久相安從無失事。自潘凱於四十九年三月設隘安丁，轉致生番乘夜入口戕殺多人傷及官役，是生番之逞兇不法，未始不因隘丁之堵禦有以釀成之也。臣等伏思立法期於無弊，而設險尤貴得宜。今體察情形，若僅於樹林口安兵設隘，則防禦於此，不難潛出於彼，仍屬不能兼顧。若逐處設隘邊防，則地勢綿遠，而生番又從不越界，不獨徒煩戍守且所設兵役，未必盡皆安分。倘稽查不密，或啓私侵番界等弊，轉恐別生事端，誠如聖諭如可無須安設，不若竟行撤去，俾該番等相安無事，應請將樹林口原設隘丁，飭令撤除，實爲妥善。”

但後來復有請循舊設隘以重邊防之議。乾隆五十五年，閩浙總督覺羅伍拉納福建巡撫徐嗣曾上奏設置屯防之原議曰：“隘丁請循舊安設以重邊防，臺灣近山之地，照舊設立隘丁，但從前或分地受耕，或支給口糧，均係民番自行捐辦，今該處地畝歸屯，應以官收租銀內抽給，乃責成各隘首，督率隘丁，實力巡查，與營汛相爲表裏，番民益得安心耕鑿。”於是仍紛紛在緊要之區新設隘，而與屯相爲表裏，以充防番機關。其主力係傾注於北路的彰化縣淡水廳，南路則以屯或汛塘兼之。《淡水廳志》卷三〈建置志〉載：“乾隆五十三年奏設官隘六座，原募丁一百二十五名。”又《彰化縣志》卷之七〈屯政隘附載〉：“彰化隘寮，原設一十六處，守之以隘丁，統之以隘首，給之以隘租。”均說明了個中情形。

當時當路有司對防隘設施之方針亦頗積極，徵於乾隆末年北路理番同知陳盛韶之《問俗錄》（《噶瑪蘭廳志》引）便可概見，玆錄之如次：

> 內山生番嗜殺。舊曾擁出為亂。朝廷命就交界處。築土牛為界。大給隘租數千石建隘寮。選隘丁防守。著通事隘丁首統管皆山前乾隆丁未以後事而噶瑪蘭彷之。厥後閩廣人越界墾荒。漸漸侵迫番境。被其刺殺者無算。然則守隘勿禁乎。曰否。界失則隘失。昔之土牛已成復地。離番數十里。然則隘租虛糜乎。曰否。隘租被漢奸鯨食。存者不過十之二。然則隘丁絕無乎。曰有。農人耕耘收穫。漢番合力。輪流護衛。軍工匠人製料。隘丁按日防守。舊有隘租者給隘租。無隘租者別籌火食。官不為理。民未嘗不自為理。因無事時疏不及防。被其戕殺耳。勘移隘口。添設隘寮。

清理隘糧。選充隘首。稽查隘丁。理番廳之責。民命攸關。不庸疏忽也。

嘉慶元年九月，漳人吳沙率漳泉粵流民二百餘，自三貂入蛤仔難番地，卽先踞烏石港築土圍，名之曰頭城。吳沙死，二年後，其侄吳化承繼其志，漸開二圍三圍四圍，三年進至五圍。當開蘭之初自三貂入蘭首境之遠望坑至硬枋一帶，則設民壯寮，置鄉勇，以巡防堵禦。初係用以開道，繼用以護送行人。《噶瑪蘭廳志》云：

蘭屬沿山隘口。原設隘寮十有一處。募丁一、二十名至五、六十名不等。此乃從前吳沙在日。請設鄉勇。以巡防堵禦。名曰民壯寮。相安日久。竝無刼奪孤客之虞。迨開蘭時。請毋庸另設番丁。但因設汛裁撤。其隆嶺硬枋二隘外。復准添設叭哩沙喃及清水溝鹿埔嶺即頂溪洲三隘。分別泉粵籍募守。共十有二隘。近又有續添數隘。以防禦生番。使毋出擾。則尤密矣。又查舊路由三貂大嶺。至牡丹坑遠望坑。新路三貂嶺至三貂社。俱由大里簡入頭圍。未設官以前。民人自設有牡丹、遠望、三貂、大里、頭圍五處。隘丁護送出入行人。每名送隘丁辛勞錢一處各四十文。由當時硬枋烏石港口。時有生番出沒。不得不多為防備。故通判翟淦曾有另籌口糧賞給隘丁之議。然且為司中所駁。況今則安謐已日久乎。

與此同時，於沿山隘寮之外，以五里爲率，劃界堆築土牛，凡民人樵採，毋許越界啓釁，此爲開蘭當初之防隘情形。次於嘉慶十七年設官後，次第於沿山設十一隘。道光初年增至十九隘，北自硬枋南至蘇澳施八坑，居民安堵。道光二年，噶瑪蘭有林永春之亂。雖開蘭之初楊廷理曾立議開蘭事宜十八條爲善後策，但舉辦未竣。時通判呂志恒更加審按，經臺灣知府方傳穟覆核，奏准。其中定有，“設隘防守生番，隘丁口糧應分給隘地自行耕收”一款，於是頒布官隘之制，設隘田永爲隘丁首之業。

道光初年，淡水廳下開拓漸及廳治東南横崗一帶，同四年，竹塹南方埔地青草港之墾戶陳晃、楊武生、倪甘、陳晏、林仕凡、吳興等，曾奉憲諭招墾，設隘寮防守生番；就地取糧，所收五穀不敷丁食，累被生番出擾，把守無力。道光六年淡水同知李愼彝爲刷新該廳下隘制，在石碎崙設一大官隘，派撥屯丁防守，爲廳城東南屏藩。此隘奏效，開疆拓地漸勤。尋淡水同知李嗣鄴改消極的防番進而爲積極的擴疆，諭竹塹股戶姜秀鑾閩民周邦正二人，鳩資籌畫拓殖，石碎崙及其毘連之官隘舉悉歸屬之。姜周二人乃更廣向閩粤兩籍各醵集一萬二千六百元，於道光十四年組織“金廣福”墾殖公司。墾內之管理隘防汛防等地方官司所執行事權一併委任，隸淡水同知監督。同十五年着手墾業，自東方樹杞林進入北埔，略南埔莊、中興莊、月眉莊，隨得隨墾，建設隘寮派駐隘丁。《淡水廳志》〈建置志〉記同治年間之情形曰：“各隘因地日闢，已越舊址，乃裁撤歸併爲一，移入內山五指山右角，沿山十餘里，均設銃櫃，爲各隘之最大者。”故當時不呼其名而稱爲大隘。如此，淡水廳東南沿山一帶，自道光至同治年間，隨各業戶之墾務發展，民隘亦大興。至同治末年，隘制漸及南路恒春，《恒春縣志》卷十八〈邊防〉載，閩浙總督部堂李致日本國陸軍中將西鄉之照會，有“……自枋寮至瑯𤩝一帶，早經本部堂飭令臺灣道委員，建造隘寮，選舉隘丁隘首，遇有外國遭風船隻，以便隨時救護。……貴中將在瑯𤩝柴城一帶，於我設立隘寮之疆土，竟行登岸紮營”等語，據此可知在同治十三年日軍侵犯牡丹社以前，恒春一帶已設有隘寮了。

道光末年至同治年間淡水及噶瑪蘭二廳下之隘，據同治九年纂修之《淡水廳志》及咸豐二年纂修之《噶瑪蘭廳志》，計淡水廳有二十九處，噶瑪蘭廳有二十處，玆錄之如次：

淡水廳下隘

火炎山隘（民隘，設隘丁八名）

日北山腳隘（民隘，設隘丁八名）
三叉河隘（民隘，設隘丁十五名）
內外草湖隘（民隘，共設隘丁二十名）
銅鑼灣隘（官隘，設隘丁二十五名）
芎中七隘（官隘，設隘丁三十名）
大坑口隘（官隘，設隘丁四十名）
蛤仔市隘（官隘，設隘丁二十名）
嘉志閣隘（民隘，設隘丁三十名）
南港仔隘（民隘，設隘丁三十名）
三灣隘（民隘，設隘丁四十二名，屯把總一員）
金廣福大隘（民隘，此隘分設各處，統設隘丁一百二十名）
樹杞林隘（民隘，設隘丁二十名）
砛仔隘（民隘，設隘丁十五名）
猴洞隘（民隘，設隘丁五十名）
九芎林隘（官隘，設隘丁十名）
鹽菜甕隘（民隘，設隘丁二十名）
霄裏大銅鑼圈隘（民隘，設隘丁十名）
三坑仔隘（民隘，設隘丁二十名）
大坪隘（民隘，設隘丁二十名）
溪洲隘（民隘，設隘丁十名）
大姑嵌隘（民隘，設隘丁三十名）
三角湧十三天隘（民隘，設隘丁十名）
橫溪南北隘（民隘，設隘丁五名）
暗坑仔隘（民隘，設隘丁十名）
萬順寮隘（民隘，設隘丁十五名）
十分寮隘（民隘，設隘丁十名）
三貂嶺隘（民隘，設隘丁十名）
按當時淡水廳下隘數實不止二十九，《淡水廳志》卷十六〈附錄三志餘紀地〉載，當時據實地採訪僅大姑嵌、內雅內山、橫溪、礁溝、磺窟、小阬等一帶，就有六十七隘，三百十九丁。

噶瑪蘭廳下隘

正西枕頭山隘（募隘丁十名）

頴廣莊隘（募丁九名）

大湖隘（募丁十二名）

內湖隘（募丁六名）

叭哩沙喃隘（募丁十二名）

西北三圍仔隘（募丁八名）

大埤隘（募丁八名）

正南擺燕山隘（募丁八名）

鹿埔嶺隘（募丁十三名）

員山隘（募丁十名）

馬賽隘（募丁十二名）

施八坑隘（募丁十二名）

西南葫蘆堵隘（募丁六名）

泉大湖隘（募丁十三名）

正北四圍隘（募丁六名）

柴圍隘（募丁五名）

三圍隘（募丁五名）

湯圍隘（募丁八名）

白石山腳隘（募丁十名）

金面山隘（募丁八名）

道光以後，除淡水廳添設石碎崙官隘及民隘金廣福大隘以外，北路隘制已漸廢弛，屯番日弱，漢猾日多，各官隘悉化為民隘，或變成有名無實。道光十年纂修之《彰化縣志》卷之七〈屯政隘附〉曰：

廳縣皆存册籍。以時為稽察。而不知名則猶是隘也。而實已無存矣。凡隘丁首額缺。由番漢業戶。舉充彼豪強之輩。其不惜多貲。以充此役者。非能督責隘丁以守隘口也。不過欲收隘租。以飽慾復耳。

又《淡水廳志》卷之三〈建置志隘寮〉云:

……至三灣等隘。道光六年奏請。派撥屯把總一員。屯丁六十名。番通事一名。……今仍設屯把總。但有名無實。……民隘無常。愈墾愈深。不數稔輒復更易。甚至隘首即番割。隘丁半匪徒。吏苦鞭長。此地方所以日壞也。

於是乎除防番外，同時並要取締奸民，他如乘屯隘制之廢弛番害倍加頻繁後，違禁謀利之軍工小匠及其他奸徒之被害遺屬的豪強者則借端轉責屯番或隘丁，甚至私加究辦。於是爲一新此弊病，乃有吳士興之臺地設屯說，主張宜將屯丁派作隘丁，責以防禦生番。

光緒元年分自南中北三路開橫貫山路通後山卑南時，設塘硐於其沿途要地，駐紮兵勇，以護衞行人，防堵番害。如南路三條崙嶺之石頭管，中路玉山山東之八通關，北路三棧溪畔之三層城，一時稱爲其中堅。蓋因隘制廢弛達其極焉。同年臺澎道夏筱濤至恒春縣觀察建硐堡一十九座，與原設隘寮相爲防番。而卑南管內又設有營制兼理防番護民。

光緒十二年臺灣巡撫劉銘傳刷新理番設施，察從來隘制之有名無實，乃廢止舊來官隘、民隘之別，倣採勇營之制，組織隘勇新制配合屯兵，在北路、中路及宜蘭、恒春內山番界實施，當時劉巡撫之札行謂:“現在辦理撫番，沿山一帶均有調兵駐紮，飭令各處將隘首墾戶隘寮隘丁一概裁撤，仍議毋庸過多開費。”即是也。乃北路即直屬大嵙崁撫墾事務總辦，中路受中路軍統領之節制，宜蘭則受北路宜蘭營之節制，恒春則受恒春營游擊兼管帶節制。其組織分爲統領、管帶、哨官、什長、隘勇，統領以下順次明定其統率關係，最後以隘勇十人歸一棚長管帶。隘勇除移緑營汛兵外，主撥屯番補充。各營分區配置如次：

北路隘勇	甘指坪中營	自合脗坪至馬武督
	外奎輝前營	自竹頭角坪至外奎輝
	五指山左營	自馬武督至田尾橫屏坪
	三角湧右營	自屈尺雙溪口至合脗坪
	水流東後營	
中路隘勇	大湖營	自獅潭經耀婆嘴至罩蘭
	北港溪營	自水底寮馬鞍寮經水流東北港溪至埔里社
宜蘭隘勇	叭哩沙營	自蘇澳經阿里史至天送埤
恒春隘勇	恒春營	自南勢湖經刺桐腳、尖山、至四重溪

而以此設隘之一線爲民番疆界，一時足見良績。至光緒十七年隨巡撫之交迭諸般行政緊縮，而隘制亦受其餘響再廢弛。光緒十八年全臺營務處總巡胡傳著《臺灣紀錄兩種》下册《臺灣稟啓存稿》卷一曰：

> 統查三路現在各隘，南路惟南番屯軍所駐之南勢湖獅頭山等處，恒春隘勇所駐之尖山頭水坑等處，為由鳳山南達恒春之要道。加以牡丹、加之來、射不力等番社時有不靖，控禦更關緊要，要該屯軍隘勇兵單力弱，久為番輕恐難得力，似宜另調威望素重之營妥籌布置。中路則埔里城東之蜈蚣崙為北港萬霧等兇番出入之要隘，由此而西而北，以達大坪頂，皆中路屯兵聯絡防堵之堡，兇番不時出草，該屯兵未能遽議裁撤。惟廢弛已久急宜整頓訓練以資守禦。……又如棟字副營之衛腦丁，棟字隘勇正副二營之護新舊墾戶，所得不償所費，氣局亦散漫。

又同《臺灣稟啓存稿》卷二曰：

> 計內山防軍五營四哨二隊，分駐二百六十六堡，綿延曲折幾三百里，其實各自守其堡，尚恐或致踈虞，斷難責以堵

禦兇番出草。古譏棘門灞上軍同兒戲，今內山之隘勇更甚於彼，直是鬼混耳。

又曰：

淡新東境，內山新舊設防各堡，全不顧山川形勢是否便利，軍營聲援是否聯絡，專務保守茶寮田寮腦寮，為自私自利之計，無論尺土寸地，一戶一民均須設兵保護，……無論此等零星單弱之防勇斷斷不能堵禦兇番出草殺人，且有使之不能殺番者撫墾局是也。撫墾局畏番如虎狼，待番如驕子，惟務以財帛酒肉餵之饜之，以悅其意。視漢奸通事如神明如師保，任其播弄，言聽而計從。……防則徒為富紳士豪保護茶寮田寮腦寮，而不能禁兇番出草，每年虛糜防餉撫墾費為數甚鉅，明明無絲毫之益。

又光緒十八年即割臺前三年之全臺隘勇配置情形同書又有詳細的記載，茲錄之如次。

南路恒春縣：

尖山頭，是處恒春隘勇一隊二隊二棚駐防，副哨長張舉祥所帶。又三里至水坑，正哨官郭清臣管帶五隊七隊八隊隘勇駐此。又二里至海口，四隊所駐。又東三里曰統埔，六隊所駐。其第三隊為番勇，虛無其人焉。（據《恒春縣志》載：光緒二十年隘勇駐於尖山、海口、水坑、四重溪，各建有草房。又同年車城紳民公建車城田頭碉堡三座，每座駐有隘勇四名，以資巡防。又同年隘勇在嗜岵頭營建小營房一所，分駐番勇一棚。）

中路埔里社廳臺灣縣苗栗縣：

自大坪頂西南至北港溪，折而北至桂竹林，計程七十餘里。棟字副營以三哨六隊開此路，分紮小營十，小堡八十餘處，每營或一隊或二隊，每堡或四人三人不等，皆為衛新墾而設也。該營尚有右哨四隊八隊分駐頂載頂大溪灣等處，以衛腦丁。大坪頂之西為棟字隘勇副營右哨七隊分防之第一堡。自坪西下嶺約五里至松柏崙沿途有小營一，小堡十二，皆隘勇副營右哨五、六、七隊所分駐。自松柏崙下嶺至北港溪沿途有小營一，小堡九，皆中哨三、四、五隊所分駐。管帶該營把總傅德生自領親兵及中哨一、二隊駐溪之南岸。過溪而北五里至三殮埔，沿途有營一，小堡八，皆中哨六、七、八隊所分駐。由三殮埔而北五里至水長流，沿途有小堡十，皆右哨一、二、三隊所分駐。由水長流而北上嶺十里至草崙，又十里至三隻寮。沿途有小營三，小堡二十一，皆左哨所分駐。由三隻寮起程，十里至頭櫃，五里至二櫃。又北路尤崎嶇，林尤密茂。五里至草排山，十里至桂竹林，沿途有小營三，小堡二十八，皆前哨所分駐。……由水底寮西北行二十里至葫蘆墩，折而南十五里至臺灣縣城，查閱棟字副營中哨三隊，前哨一、三、四、五隊，左哨二、三、七隊。……大湖管帶中路棟字隘勇正營把總鄭以金自領中哨一、二、三、四、五、六隊，及左哨四、五隊駐此，其左哨一帶分駐獅潭，二隊七隊駐東勢角撫墾局，三隊駐十八灣，六隊駐竹橋頭，八隊駐大茅埔者，已調集於此。其右哨一帶分駐大勢，二隊駐老社場山頂，三隊駐番子路坑口，四隊七隊駐老鷹嘴山腳，六隊駐老鷹山巔，五隊駐小南勢山頂，八隊駐小南勢山腳。

北路淡水縣新竹縣：

候選道林道朝棟所統守備林建庸管帶隘勇右營後哨駐溪口、菜刀崙、濕水等處，計六堡。另二隊駐與宜蘭接界之金瓜寮一帶，計四堡。右哨駐四十股大安崙一帶，計八堡。左哨駐交椅坐紫微坑一帶，計八堡。親兵駐三角湧，前哨駐鷄罩山，中哨駐分崙頂、揷角一帶，計十六堡。軍功李朝華管帶隘勇中營前哨駐白石腳菜園地一帶，計十三堡。左哨駐五結大窩一帶，計十四堡。親兵及中哨駐水流東，右哨駐夾板山一帶，計二十四堡。後哨駐竹頭角一帶，計十二堡。該總領自帶棟字正營左哨及砲隊一哨駐夾板山，計十八堡。中哨及衛隊一哨駐阿姆坪，大營前哨駐高鷂坪一帶，計十三堡。後哨駐吊籐嶺一帶，計十一堡。右哨分駐竹坑、石牛二處，計三堡。其親兵一哨，則二隊駐阿姆坪，餘皆駐馬武督，計三堡。守備黃宗河管帶隘勇前營左哨駐石牛一帶，計十二堡。後哨駐分水崙一帶，計十一堡。親兵及中哨駐馬武督計十九堡。右哨駐長坪茅坪一帶，計十四堡。前哨駐崩山一帶，計十五堡。參將陳尚志管帶隘勇右營左哨崩山獅頭山一帶，計六堡。另新勇一哨駐帽盒山、馬草灣一帶，計三堡。右哨駐尖石一帶，計六堡。親兵及前哨駐五指山，計十四堡。中哨駐九芎坪，後哨駐獅頭坪一帶，計十三堡。自雙溪口以至分水崙，皆淡水之東境。自馬武督以至獅頭坪，皆新竹之東境。綿延曲折幾三百里，共計防軍大小五營，四哨，二隊，分駐二百六十六堡。

宜蘭縣：

參將鄭運泰所統定海左營新中哨分駐蛤仔腳、枕頭山、公館坑、後坑四處。土勇一哨分駐草埸、龍家灣、後湖、糞箕湖、武老坑、招安城、大坑、零工城八處，皆防番之兵也。……都司賴進武所統鎮海中軍前營中哨一、四、五、六、七隊駐叭哩沙，二隊駐戴田圍，三、八隊駐大山口及撫墾局。前哨一、二、三隊駐上冷水坑，四、五隊駐下冷水坑，六隊駐宜蘭縣城，七、八隊駐粗糠坑，左哨一、四隊駐大安埤，五、八隊駐大湖底，二、三隊駐山內城，

六、七隊分駐大小二樵溪。兼統游擊陳輝煌所帶鎮海營臺勇係以五十人為一哨。其前哨駐拳頭母山一帶，右哨駐打狗坑一帶，左哨駐阿里史社，後哨駐十三份一帶，亦皆防番之兵也。

㈡ 日據時代

光緒二十一年日本據臺時，清代所遺留之隘寮有八十所（包括民設五所）隘丁一千七百五十八人（包括民隘四十人在內）。隘路達二十五日里餘。惟當時臺胞痛憤割臺，不服臣倭，舉臺展開抗戰，因此日本政府未暇顧及番地，致清代所留官隘概歸廢撤。但苗栗臺中埔里方面各業主爲保護其企業，仍紛紛私設隘寮防守。光緒二十一年底計有民隘一百三十一所，隘丁五百六十八人。其中臺中縣林紹堂，曾向日本征臺司令北白川宮能久親王申請不予撤銷其配下之隘勇團體，而准其以自費繼續維持。日本政府以此組織可以利用爲其爪牙，乃准其留設。於是光緒二十二年九月十九日，將臺中縣林紹堂管下之隘勇隘丁撥歸臺中縣知事管轄，以充番界之警備。並自同年十月起每月撥補助金二千日元。此實爲日本據臺後正式承認隘勇制度的嚆矢。當時我抗日義勇仍在全臺各地起義，而隘丁中響應參加起義者亦不少，因此日本官吏曾建議禁用臺民充爲隘丁，撤廢民設，一律改爲官設，而以熟番屯丁代替隘丁。日新竹縣苗栗辨務署署長鳥井和邦之〈治番私議〉曰：

> 隘丁者不應以土人充任之，原來稱土匪（按：係我抗日義勇）強盜者均出自此土人。隘丁日日在山谷練習打靶，故一旦土匪蜂起時有響應之虞，如去年雲林地方土匪騷擾時（按：係指光緒二十二年六月，簡義等之起義），該管內隘丁曾失蹤三、四人，鑑之，假令為少數也不可任人民握有兵器，故應廢民隘改為官隘，而以熟番屯丁代替隘丁為當。

於是光緒二十三年九月採納內務部長的建議，改革從來的防番方針，組織番界警察，而於新竹縣及宜蘭廳下番界或番界附近設置警察署分署派出所（當時臺北縣因屬憲兵之警戒區域故除外）。並在其監督下新置警丁，採用曾任隘勇隘丁者以任防番及助理警察事務（新竹縣下配置二百五十人，宜蘭廳下一百五十人）。此爲日據後官設隘勇之權輿。翌年廢新竹縣，而其管下之苗栗地方畫歸臺中縣管轄，乃撤廢該地之警丁改爲助理隘勇，並補助負責人黃運添每月二千日元。

光緒二十五年設立樟腦局以後，製腦事業漸盛，出入番地者漸衆，番害隨而頻繁。於是擴張隘制，在臺北臺中二縣及宜蘭廳下增設隘寮、隘勇、壯丁（臺北縣三角湧方面配置二百五十人，景尾方面六十人，南莊方面八十人。臺中縣罩蘭方面六十人，東勢角方面千人，銃櫃十五人。宜蘭廳叭哩沙者爲樟腦局壯丁，置有八十人），罩蘭方面者由民包辦設立，政府補助之，其他則全部爲官設。翌二十六年三月以訓令廢臺北縣宜蘭廳下之警丁及樟腦局壯丁，改設隘勇，並增設臺中縣下的隘勇。其屬民設而由政府補助者稱隘丁，官設者稱隘勇以資分別。同年四月制定隘勇雇用規程，通令臺北臺中兩縣知事及宜蘭廳長，委其雇用，而由所屬警察指揮監督。當時官設隘勇之配備大略如次:

縣廳	辨務署	隘勇數	配備區域	警備目的
臺	景尾	60	自北方粗掘起經直潭、塗潭、四十份、雷公坡、雙溪口、礦掘、仁叭仔等至橫溪	保護番界村落
	三角湧	40	自十六寮起經南方十三添至金面山附近	保護番界村落
		180	自水流東起經卡那比拉社、霞雲社、拉號社、奎輝社、溪內社、阿母坪、舊柑坪、石門至十寮	保護製腦
		30	與駐在咸菜硼方面十寮之隘男鄰接，經十股、赤柯坪至南河中城與馬福社隘勇接連	保護番界村落

北	新竹	120	自馬福社起經南方內灣、上坪、大坪至南莊大東河	保護番界村落
		80	自南莊奧柏色窩起經中和亭、風尾、鱸鰻窟、大湳、八卦力、小東勢至獅里興	保護製腦
	計	510		
臺中	苗栗	100	自小東勢起經大東勢、八卦力、沙武、鹿關、牛窩、三寮坑至汶水河（廢原設大河底至小東勢附近隘勇）	保護製腦
		150	自汶水河起經鷄婆山、寮角、小馬那邦、大馬那邦、大稻埕至竹橋頭	保護製腦
		100	自竹橋頭經食峃內灣頭部至房裏溪間（廢原設竹橋頭起經新開莊至壢西坪間之隘勇）	保護番界村落
	臺中	15	東勢角支署附近	保護支署
		225	自水底寮起經馬鞍龍、二櫃、三隻寮、水馬流至三層埔	保護製腦
		180	自三層埔起經北港溪大坪頂至小埔社間及自三層埔經內國姓至龜仔頭之支線	保護公路交通、番界村落及製腦
	南投	14	自白葉坑至鹿高仔附近之間	保護公路交通、番界村落及製腦
		15	銃櫃莊附近	保護公路交通、番界村落及製腦
	計	799		
宜蘭	宜蘭	140	經宜蘭辨務署管內大礁溪、大湖莊、再連圍、再經羅東辨務署管內天送埤阿里史、大坡、冬瓜山、糞箕湖莊至白米甕南方澳間	保護番界村落
	羅東	90	叭哩沙樟腦試製場附近	保護樟腦試製場
	計	230		
合計		1,539		

如隘勇雇用規程所定，隘勇之指揮監督爲警察之職權，但總督府則以殖產課主管隘制設施，致運用缺靈。而隘勇亦有名無實，殆與私設之隘丁無異。玆徵於當時臺中縣知事之報告卽可知，其報告列舉隘勇之缺點云：“（一）無隘勇監督機關；（二）隘路狹隘；（三）隘勇中十之八九爲鴉片吃食者，身體尫弱無勇氣易受番人輕侮；（四）銃櫃之位置與隘勇之配置不得宜，因此隘勇之勢力各爲分裂，生番二、三十名來襲時不能防禦之；（五）無如班長排長連長等之指揮統率者，故隘勇之行動規律不一各自隨意行動，敵襲時不能敏捷作共同一致之動作；（六）平常不訓練又不修銃器，故對戰鬥怯懦且接戰時因生銹不能實用；（七）採用隘勇時一任製腦業者不確實調查其身體年齡與堪戰鬥否，故隘勇概多懦弱，所以臨事自不勇敢，受番人土人之輕侮，毫無備隘勇之品位與實力，因此說其任防番不寧說代替腦丁犧牲獻其頭顱供番人；（八）因無隘勇之監督機關故有定員之隘勇與否頗爲疑。”至此改正隘制之議漸起，於是光緒二十七年十一月，修正官制時列舉〈關於隘勇事項〉一項，移爲警察本署之警務課掌管。但當時我抗日志士在南部起義，日警察本署長親自統督麾下彈壓，因此關於隘勇事務至翌年三月始由殖產課移交警察本署接辦。

迨光緒二十八年，因在平地之抗日志士屢遭彈壓，寡不敵衆，漸趨瓦解。而當時的隘路隘寮，不論是官設抑或民設均規模不大，設備簡陋，行動亦無統一。因此日本政府乃積極著手改善隘制設施，加之同年七月新竹廳下南莊方面之番人頭目日阿拐，因不滿日本政府不付勞役工資與番地開墾事宜，乃糾合抗日志士攻陷其隘勇屯所與支廳。日政府出兵彈壓後，卽著手擴開新開莊、苗栗、東勢角，及臺北屈尺至宜蘭叭哩沙間隘路，並將自宜蘭廳下蘇澳起經深坑、桃仔園、新竹、苗栗、臺中，五廳至南投廳下埔里地方大林莊之隘路一百二十四日里，全部收爲官設。同時飭令以光緒二十八年底爲限，廢撤從來支給補助費之隘丁，此爲日據後隘制統一之初期。旋於同年十月修正〈關于申請派置警員之規程〉，增加得申請派置隘勇一項，並公布〈申請巡查巡查補及隘勇管理辦法〉，規定准企業家自由申請派置隘勇，但其一切費用均由申請者負擔。

光緖二十九年，日政府以番界天然資源有利可圖，乃銳意調查開採番界樟腦、森林、礦藏等。並訂定理番施政大綱，一面開發番地資源，一面闢進隘路，包圍壓迫窘縮番族，從消極的防守進爲積極的主動討伐。同年計闢進深坑廳獅頭山至平廣坑間之隘路，宜蘭廳天送埤至小南澳間之隘路，桃仔園廳大嵙崁白石山方面之隘路，及新闢南投廳埔里阿冷山至臺中廳東勢角白毛山之隘路。至光緖三十年七月，因前光緖二十六年制定之隘勇雇用規程，係僅飭令臺北、臺中二縣知事及宜蘭廳長者，在官制修正後未能適合全臺，乃以訓令第二百十號制定隘勇線設置規程。規定凡欲設隘勇線或變更時需具一定事項，且應經呈准後方可設置。並定隘勇線之警備機關爲（一）隘勇監督所，（二）隘勇監督分駐所，（三）隘寮。監督所派駐警部、警部補、巡查、巡查補、隘勇等，監督分駐所派駐巡查、巡查補及隘勇，隘寮則僅派駐隘勇，又監督所以下視其必要得設置隘勇伍長。又以訓令第二百十一號公布番界警備員服務規程，規定各該廳長應指定隘勇監督所以下之擔任區域。並謂警備員應經常與各鄰接區保持聯絡，互相協力作適當的措施。其擔任區域分別如次:

名稱	擔任區域	擔任事項
隘勇監督所	監視區	從事直轄分擔區及所屬監視分區之監督及警備
隘勇監督分駐所	監視分區	從事直轄分擔區及所屬隘寮分擔區之監督及警備
隘寮	分擔區	從事分擔區之警備

此外並以訓令第二百十二號公布〈隘勇雇用規程〉，規定隘勇之採用、薪俸、被服、賞罰、休假等事項，規定隘勇以傭員任用（光緒三十一年修正以雇員任用）。當時隘路每一日里之間平均設有隘寮六至十二所，每所派駐隘勇二至三人。隘寮每隔四、五所即指定其中一所為隘勇監督分駐所，派駐巡查或巡查補及隘勇。再聯絡分駐所四、五所而設隘勇監督所，派駐警部或警部補及巡查巡查補隘勇。此外又設有一種流動警備，名曰流隘，在隘勇線外或無隘勇線設備的地點保護製腦事業之員工。至光緒三十一年隘勇數因數年來不斷的增設，自光緒二十四、五年的一千三百餘人增至四千五百餘人。

光緒三十二年四月，佐久間總督在警察本署內設置番務課，將原警務課所掌管之〈關于隘勇事項〉移歸番務課掌管。佐久間總督就任後，即規畫強硬的彈壓威嚇政策，出兵配合警察隘勇討伐。自同年九月起為彈壓宜蘭廳下南澳番，令該廳闢進鳳紗山烏底嶺至打狗溪左岸之隘路三日里。又九月至十月間為開闢桃園廳大豹社隘路，聯合桃園深坑兩廳，出動警部以下一千四百五十四人，編成部隊，開始行動。大豹社番得附近番社聲援奮勇抵抗，激戰數十回合（有時銃火交及五晝夜），終因數寡不敵，撤退深山，此次日政府在此方面開闢隘路五日里，日本警察死者十八人，傷者達四十七人。又桃園廳另於九月至十一月間，開闢三角湧支廳管內六寮溪與大豹溪合流點至大嵙崁支廳管內阿姆坪之隘路五日里餘。宜蘭廳下則於十月間，開闢叭哩沙支廳管內鳳紗山烏底寮至清水溪左岸之隘路四日里半，並進而漸次在此方面隘路架設電流鐵線網。旋於十一月至十二月間，開闢新竹廳下樹杞林支廳管內十八兒隘路二日里餘。又於十二月，開闢臺中廳下東勢角支廳管內白毛社及稍來、阿冷兩社隘路六日里。至南部蕃薯寮廳之民番交界，原並無官設隘寮，由該地住民各自衞防備。同年四月該廳長以民力不能保護製腦事業，乃稟請整理該地民設防番機關，附與一定之命令條件而給與補助費以任防番警備。呈准，該廳楠梓仙溪東里六龜里莊民在荖濃牛相觸至新威莊間設警戒所二十至四十所任防番警備，每年補助五千日元。

光緒三十三年四月，公布番地警察職務規程付諸實施，同時廢止隘勇線設置規程，番界警備員服務規程，該規程略謂："廳長經臺灣總督之允准，得在理番上必要之地方設置隘勇線或番務官吏駐在所。隘勇線應設隘勇監督所、隘勇監督分駐所及隘寮，並配備下列警備員；（一）隘勇監督所，警部、警部補、巡查、巡查補、隘勇；（二）隘勇監督分駐所，巡查、巡查補、隘勇；（三）隘寮，隘勇，前項之外如有必要得置隘勇伍長。"蓋從前有關番地警察之規程，僅有隘勇線設置規程，番界警備員服務規程及隘勇雇用規程。然此等諸規定主要乃適用於中部南投廳以北之各廳，而南部各廳則沒有可依據之規程，且北部亦隨隘路之闢進，頗感原來之制度不能十分適用乃重新制定此規程。同年又分數批開闢新竹、桃園、阿緱、臺東等廳下隘路。首先爲保護新竹廳下北勢番方面製腦地，於四月派隊員四百人開闢馬那邦山經司馬限山至洗水坑隘勇監督所之隘路三日里半。次於九月至十月間，開闢司馬限經洗水坑山至汶水溪之隘路六日里半。又於五月聯合深坑、桃園兩廳前進隊開始行動，深坑廳自林茂岸監督所單路進行，桃園廳則爲占領第一要地枕頭山，乃分南北二支進行。深坑隊進行凡十數日，伐深林，闢隘路，設隘寮，其間曾遭番人抵抗，雙方均有死傷。桃園隊則於枕頭山方面與番人衝突，日警桃園廳警務課長早川以下死傷者頗多，交戰凡四十餘日，日警爲奪占僅隔一百公尺左右之一小丘，死傷者竟達數十人，始占枕頭山，與插天山之深坑隊尚相距六、七日里而竟死傷二百餘人，且熟練之隘勇亦盡死傷。至八月十五日，兩隊始會師，計闢進隘路十一日里。此次在行動開始當初桃園隊爲七百人，深坑隊四百五十人，後來桃園隊受臺中、南投兩隊之援助增至一千人，經一百零七日，費十二萬六千餘日元，死者警部以下七十五人，傷者警部補以下達一百九十一人。一面又開闢新竹廳下馬福社方面隘路。五月並在花蓮港方面番界新開闢隘路三日里餘。旋於七月彈壓臺東廳下太魯閣番“威利社”，竟派遣南靖艦隊中之浪速、秋津兩艦，陸上則以臺東廳警察及隘勇編隊，接近太魯閣番中的隘路襲擊威利等番社。七月一月早晨兩艦開始砲擊炸燬番屋，警察隊則射殺沿海岸退卻之番人，並襲擊番社，燒燼二社六部落。此次番人死者二十一人，房屋燬潰十八戶。日方隘勇死二人，徵用之番人死八人，傷七人。日政府竟如此瘋狂的派遣軍艦、警察、隘勇彈壓威嚇。翌三十四年，又繼續開闢宜蘭、臺東、新竹廳下之隘路。宜蘭廳下卽闢進烏帽山經大南澳溪左岸至東海岸之隘路，計十四日里餘。臺東廳下則新開自木瓜番社內銅文蘭番務官吏駐在所沿溯木瓜溪至與木基路溪合流點之隘路，計三日里餘。又新竹廳則開闢自鶯公髻鹿場二山間，經假里山至苗栗廳管內汶水溪之隘路，計約十七日里。這些工作係均爲配合彈壓各該地番社而作的。宣統元年又分數次開闢南投、臺東、新竹各廳之隘路。南投廳下卽完成霧社方面隘路二十一日里餘，並開闢北港溪左岸隘路。臺東廳下則以警察二百十五人及隘勇一百四十九人組織討伐隊，彈壓知卡蘇瓦番，開闢隘路七日里餘。又新竹廳下開闢油羅山方面卡拉派之隘路六日里餘。此次新竹隊死者十五人，傷者四十人。桃園隊死者五十五人，傷者一百三十人。同三年仍繼續開闢隘路。卽新設鯉魚至北淸水溪之隘路四日里，並新雇隘勇五十人，連原雇隘勇九人，計五十九人。新竹廳則分別開闢大湖支廳司馬限隘路，及李崠山方面隘路，前者係以警察二百七十九人，隘勇一千十五人，工人五百七十人，組織大隊進行。後者日方死七十九人，傷六十五人。南投廳則開闢埔里社支廳管內巴義拉方面隘路。民國元年則開北勢番羅夫哥方面，南投廳白狗、馬列巴方面及新竹廳馬利哥灣方面隘路。羅夫哥方面由新竹廳隊派二千五百人及臺中隊二千四百六十四人合辦。該次日方死者警察二十九人，隘勇七十五人，其他二十三人。傷者警察四十七人，隘勇六十三人，其他二十三人。新竹廳馬利哥灣方面則由二千三百八十五人編隊進行，此次死者二百十人，傷者三百三十四人。

如此，自光緒三十二年佐久間總督就任後，年年開闢隘路，組織大規模的討伐隊，彈壓威嚇番族。自光緒三十二年至宣統二年迄隘路遍布全臺年年均達一百日里以上，同三十二年達一百二十三日里餘，宣統元年爲最高，達一百三十八日里餘。自宣統三年以後，因以電流鐵線網代替隘路，故隘路漸次減少，至民國二年減爲八十九日里。隘勇監督所則光緒三十二年爲三十六所，至民國三年增至四十八所。隘勇監督分駐所則光緒三十二年爲三百三十九所，至民國三年增至四百二十六所。最高爲宣統元年，達四百四十所。隘寮則光緒三十二年爲最高，達一千五百七十二所，民國元年後漸減，至民國三年則減爲一半卽七百七十九所。茲將光緒三十二年至民國三年之防番機關及隘勇人數列表如次:

年次／名稱	光緒32年	33年	34年	宣統元年	2年	3年	民國元年	2年	3年
隘勇監督所	36	38	41	46	45	46	44	46	48
隘勇監督分駐所	339	383	411	440	432	439	427	415	426
隘寮	1,572	1,498	1,409	1,570	1,257	1,171	756	759	779
隘勇	4,406	4,614	4,991	5,457	4,502	4,868	3,990	2,216	2,265

(據臺灣總督府編《佐久間總督治績概要》)

民國三年以後，因自光緒三十二年以來的大規模彈壓威嚇，並增加電流鐵線網、地雷等包圍番界，故隘寮隘勇逐漸減少。至民國五年以訓令第七十七號公布警丁及隘勇規程，同時廢止光緒三十年七月公布之隘勇雇用規程及民國二年五月公布之警手規程。規定警手及隘勇從事番地的警備探索討伐及其他事項。民國八年臺東廳下巴塱衞方面開闢隘路，極需增加巡查、巡查補、警手及隘勇。於是同年四月以訓令第二十九號及民警第六七五、六七六號公布修正定員，即宜蘭廳裁減巡查三十一名、巡查補二名、隘勇三十三名，桃園廳裁減巡查二十四名，阿緱廳裁減巡查二十二名、警手九名，臺東廳增置巡查七十七名、巡查補二名、警手九名、隘勇三十三名。此後逐漸增加警手而裁減隘勇。至民國九年八月三十日以府令第五十八號公布，謂從來所公布之臺灣總督府令及告示中有關隘勇之規程，以同年八月三十一日爲止廢止之，而於同年九月一日以訓令第二百二號公布關於警手之規程，從此乃以警手代替隘勇制度。於是自清乾隆三十三年淡水廳同知段介設隘以後，維持了一百五十餘年之隘制乃於此結束廢滅。

三、隘的組織與武備

㈠ 清代

隘的種類，若以其創設人來分，可以分爲民隘與官隘兩類。再以其組織規模的大小來分，則可以分爲小隘與大隘。官隘由官設立，民隘則由居民請開荒地自行設隘。小隘由大隘分設者，大隘則統各小隘而總設一大隘。

乾隆三十三年淡水廳同知段介設隘時，便安有隘丁首（又稱鄉勇首）執器械（鏢、竹篙槍、棍、銅鑼等）駐防生番。其駐防之小寮，名曰隘寮。又乾隆五十三年，淡水廳奏設官隘時，仍照舊設隘丁隘首駐守。乾隆五十三年福康安奏設置屯防之原議曰：“淡水一所，既爲遼濶，原撥熟番在隘口，搭寮防守，名爲隘丁。”又《淡水廳志》卷三曰：“紅線已無蹤跡，非設隘以守，則生番不免滋擾，於是有隘有丁，每隘設隘首一名，以理其事。”

又乾隆五十三年軍機大臣兵部等，對福康安奏議之酌議曰："一、屯丁習用器械，應令自行製備，報官點驗一款。據稱：番民打牲捕鹿，所用鏢槍、鳥銃、竹箭、器械不一，……但現在嚴禁民間私藏軍器，屯兵所用槍箭，亦應官爲點驗，以備稽查。"又乾隆五十五年浙閩總督覺福建巡撫徐上奏，實施設置屯防之奏議（第十一款）曰："隘丁請循舊安設以重邊防。臺灣近山之地，照舊設立隘丁，……仍責成各隘首，督率隘丁，實力巡查，與營汛屯丁相爲表裏。"由此觀之，可知首創隘寮時，各處隘寮乃設有隘首，督率隘丁巡查。且當時各隘爲與番鬥，均備有銃箭等武器。

嘉慶初年吳沙開蘭時，請設鄉勇以巡防堵禦，名曰民壯寮。其名稱雖與隘不同，但其目的則無二。迨嘉慶十七年噶瑪蘭設官後，始仿山前建隘寮，設隘丁隘首。《噶瑪蘭廳志》引《問俗錄》曰："建隘寮，選隘丁防守，著通事隘丁首統管（皆山前乾隆丁未以後事而噶瑪蘭仿之）。"即是也。每隘所駐隘丁，數名至十數名不等。至道光年間淡水廳下各隘，爲加強防番力量，乃擴大各隘組織，多者達四十餘名。如三灣隘，甚至奏請派撥屯把總一員，屯兵六十名，番通事一名防守。道光十四年，諭竹塹姜秀鑾周邦正二人鳩資籌畫拓殖，組織金廣福墾殖公司開疆拓墾，乃設金廣福大隘。此大隘設立之前城東廂已有鹽水港南隘，茄冬湖、石碎崙、雙坑、大崎、金山面、圓山仔、大北埔、小銅鑼圈等隘。厥後移入內山五指山右角，沿山十餘里，均設銃櫃防守，爲各隘之最大者，隘丁統共一百二十名，故稱大隘。《樹杞林志》曰："由內面橫截，建設銃櫃，與番血戰數十陣。"又《肚皮集》云："凡深山必有隘，土人目隘寮曰銃櫃，亦曰銃庫，總以火攻爲長技。"是則當時爲展圖墾務，各隘均有銃櫃，備鳥槍利刀等，不然則不能完成其任務矣。

次同治末年南路恒春縣設隘，嗣於光緒元年臺澎道夏󿀀濤建碉堡一十九座安設砲臺防番。《恒春縣志》卷四曰："碉堡一十九座（每座四方一間，上有望臺。有警則砲聲相聞，彼此接應，實古烽火之遺意也。可爲防番良策。光緒元年，臺澎道夏筱濤觀察建。）旋廢。”

光緒十二年，巡撫劉銘傳廢舊制官隘民隘，倣勇營之制設隘勇。同時改從前的隘寮稱爲堡（中路以北）、棚（南路），分別派駐隘勇防守。南路恒春每棚派駐隘勇一隊十名。中路以北則每堡派駐隘勇二、三名至十數名不等。其組織較之從來大爲擴充，據臺灣紀錄兩種及《恒春縣志》載，其編制設有總領（統轄一路之全部隘勇營，僅中路有之），管帶官（管帶隘勇一營），正、副哨官（分管隘勇數隊），什長（管隘勇一隊），護兵（衞護總領、管帶官、正副哨官），正勇（卽隘勇）書記、伙夫等。以隘勇十名編爲一隊，由什長統率之。其組織系統如次：

營——哨——隊

⑴據臺灣記錄兩種載：光緒十八年中路棟字隘勇分爲正營（由把總管帶）副營（由把總管帶）左營（由參將管帶）右營（由守備管帶）中營（由軍功管帶）前營（由守備等管帶）等，各營分設左哨、右哨、中哨、前哨、後哨，每哨分爲八隊，一隊由隘勇十名編成。

⑵南路恆春僅設隘勇一哨，光緒十四年由恆春游擊兼帶，十九年八月仍改爲專帶官管帶。一哨仍分爲八隊，一隊仍由隘勇十名編成。

⑶宜蘭方面則由防兵駐守。

其武器又按照勇營制配備，各正勇均配有前門槍或後門槍，若要隘則更配有砲隊。武器彈藥皆有軍械所供應。據《恒春縣志》載，清末光緒二十年之恒春隘勇一哨之編制及軍裝如次：

編制：

分防屯軍隘勇專帶官一員（光緒十四年改恆春游擊兼帶十九年八月仍改爲專帶）

隘勇正哨官一員（駐永坑距縣城西北二十里）

護兵五名

什長二名

正勇二十名

伙夫三名

副哨官一員（駐尖山距縣城西北二十五里）

什長二名

正勇二十名

伙夫二名

什長二名（駐海口距縣城西北一十八里）

正勇二十名

伙夫二名

番勇副哨官一員（駐四重溪距縣城東北二十三里）

什長二名

正勇二十名

伙夫二名

軍裝:

後膛洋槍九十六桿

槍頭刀十七把

後膛槍子三百粒

皮帶一十八副

布號衣八十件舊

搽刀二把

搽叉二把

㈡ 日據時代

日本據臺初，清代所設隘寮，除了臺中方面林紹堂所統率（清代時由其兄林朝棟統率）之官隘及三角湧苗栗方面之少數民隘外，其他大部分均廢撤。光緒二十二年九月，日政府將林紹堂管下之隘勇隘丁撥歸臺中縣知事管轄，當時其組織仍襲用清末隘制，設有管帶（統率部下），會帶（補佐管帶），書記（掌庶務、會計），哨官（承管帶會帶之命監督部下），哨兵（屬哨官），什長（承上司之命監督隘勇），護勇（掌傳令），隘勇（駐在隘寮防番），伙夫（掌炊事）。其兵器彈藥則除原有者外，按其需要概由日軍務局供應。翌二十三年在新竹縣及宜蘭廳下番界或番界附近增設警察分署派出所，並在其下新設警丁以充防番。次於二十四年，撤廢苗栗方面之警丁改爲助理隘勇。至此有隘勇（原屬官設者）、助理隘勇、隘丁（原屬民設者）、警丁等，名稱至爲繁雜。前三者所駐之處所仍稱隘寮，後者所駐守之處所則稱警寮。於是光緒二十六年初，改民設而受政府之補助者稱爲隘丁，官設者統稱爲隘勇以資區別。同年四月制定隘勇雇用規程，仍設隘勇，並在隘勇中選其品行成績兼優且熟練者爲隘勇伍長助理監督員，其駐守之處所統稱隘寮，並規定隘勇屬警察之指揮監督。旋於同年六月，以勅令第二百七十八號正式規定隘勇等吏員得携帶銃器。蓋日據後實際上隘勇隘丁警丁等，雖然均有携帶銃器，但並無法的依據且違反了其勅令的。

光緒二十六年，以勅令規定准隘勇等吏員得携帶銃器後，臺灣總督府更積極擴充隘線武備。即光緒二十七年，爲威壓番族乃向陸軍省借臼砲十尊及子彈一千顆，而將臼砲四尊及子彈五百顆給發臺中縣，安設臺中苗栗辨務署轄內之番界，此爲日據後在番界設砲臺之嚆矢。厥後隨隘勇線之前進次第添設，二十九年又增配六公分山砲八尊及七公分山砲七尊。

光緒三十年七月制定隘勇線設置規程，規定在隘勇線設隘勇監督所隘勇監督分駐所及隘寮，隘勇監督所配置警部（警部補）巡查（巡查補）及隘勇，隘勇監督分駐所配置巡查（巡查補）及隘勇，隘寮配置隘勇。此外有必要時並得置隘勇伍長，助理監督隘勇。同時制定公布番界警備員服務細則準則，該細則規定隘勇應經常操練操跑，有警時應開槍三發以上，又隘勇伍長及隘勇非承上官之命不得發射銃砲，但臨急非以銃砲不能制勝時則不在此限。

日本政府在番界安設臼砲山砲後，番人仍激烈抵抗襲擊隘寮隘勇監督所等。於是光緒三十年，日本政府更計畫埋設地雷，委託臺北工兵隊及兵器支廠等製作試驗後，分配宜蘭、深坑、桃仔園、苗栗各廳埋設於番界險要之地點。翌三十一年更推廣新竹、臺中二廳下，三十二年又配設於南投、斗六、蕃薯寮、臺東四廳下，據《臺灣治績志》載，三十二年所埋設處所達一千六百五十六處，在各地配備九百六十顆，其中宜蘭廳下最多占五百顆。又三十年計畫在隘勇線架設電流鐵線網，委託遞信省設計採購。至三十二年一月先架設於深坑廳，因其效果甚著，宜蘭廳長乃於二月向警察本署長禀請架設，十月架設於叭哩沙支廳鳳紗山至清水溪左岸間之隘路。至此隘線之武備大爲強化，同年九月宜蘭廳制定之〈隘勇線工作須知〉即爲其代表的情形，略謂："隘寮之建設：（一）爲防番人之潛入應選擇險地或凹地，（二）應注意警備員之衞生及防禦二點，銃眼應配適當的直射光線及注意排水。隘路：⑴隘路之濶應有一間（六臺尺）以上，⑵隘線外一百公尺之區域內應伐除竹木雜叢使番人無潛伏之餘地。副防禦：⑴隘線之副防禦爲地雷、電流鐵線網、木柵、掩堡、探照燈等五項。"此外還普遍地架有電話線。光緒三十三年，又架設於大嵙崁支廳轄內，即自牌仔山溪溯大嵙崁溪右岸横斷合脗溪經外合脗社至插天山間約二日里餘。並設砲臺於南角、北角、合脗頭、控社等，各地除安有臼砲外並在合脗頭安有野砲一尊山砲二尊、控社山砲二尊、南角野砲一尊山砲一尊、北角野砲山砲各一尊。並在合脗溪附近安設機關砲一尊。此外本年又新製投擲炸彈分配深坑、桃仔園等各廳備用。翌三十四年，則新製踏落地雷與從前所設電氣地雷併用。宣統元年以後又繼續在花蓮港廳、阿緱廳等地增設電流鐵線網，以代替隘寮監督所等設備，逐漸減少警備人員，民國九年廢止隘勇制後仍不放鬆武備，反而日趨加強矣。

四、隘的經費

(一) 清代

清代初次創隘時，隘丁首所需經費，係由官府發給牌戳分地授耕，或支給口糧。《明清史料》（戊編第三本）載謂："淡水同知段介，於乾隆三十三年召充鄉勇共四十名，分隘防守。其黃泥塘係張昂爲鄉勇首，給予牌戳，並有墾地口糧。……再勘烏樹林一處，實爲生番出沒要隘，應仍設鄉勇二十名以資防禦，該處墾地並應禁止另籌口糧給發。"後來則向番界附近田園徵收一種租穀充用，名爲隘租，其田園稱隘田。《噶瑪蘭廳志》引《問俗錄》曰：

> 內山生番嗜殺。舊曾擁出為亂。朝廷命就交界處。築土牛為界。支給隘租數千石。建隘寮。選隘丁防守。著通事隘丁首統管（皆山前乾隆丁未以後事。而噶瑪蘭仿之）。

又《彰化縣志》云：

> 彰化隘寮。原設一十六處。守之以隘丁。統之以隘首。給之以隘租。廳縣皆存冊籍。以時為稽察。

乾隆五十三年，淡水廳奏設官隘時，隘丁每名年給糧銀叁拾圓，其中有的由官徵收屯租全給，有的則官給四成，民給六成。《淡水廳志》卷三〈建置志〉曰：

> 乾隆五十三年奏設官隘六座。原募丁一百二十五名。每名年給糧銀叁拾圓。惟九芎林一隘。官徵屯租全給。餘俱官給四成。民給六成。每年屯租內共給口糧。壹千陸百捌拾圓。民給在外。

至乾隆五十五年在臺灣設屯後，因從前分給隘丁耕作之地畝歸屯，所以所需隘丁口糧，改以官收租銀內抽給。同年浙閩總督覺

羅伍拉納福建巡撫徐嗣曾上〈奏設置屯防之議〉(第十一款)曰:

> 一、隘丁請循舊安設以重邊防一款。據稱:臺灣近山之地,照舊設立隘丁,但從前或分地授耕,或支給口糧,均係民番自行捐辦,今該處地畝歸屯,應以官收租銀內抽給。乃責成各隘首,督率隘丁,實力巡查,與營汛屯丁,相為表裏,番民益得安心耕鑿等語。查臺灣各隘口,安設隘丁,據該督照地方情形,請照舊設,其應需口糧,向係民番自行捐辦,今該處田園,全數歸屯,所需隘丁口糧,自應照數,官為給發等語,亦應如所請,行令該地方官,照議辦理。

如此,雖然官府規定所需隘丁口糧,自應照數,官爲發給。但徵之《淡水廳志》,則如前所說,與其略爲同時設立之官隘,則僅九芎林一隘由官徵屯租全給,餘則官給四成民給六成。由此可知政府雖然行令應照數官爲給發,但未能全部按照其飭令實行。

至該廳下之民隘,其隘糧每名亦年給穀叁拾石,就新墾地畝,按甲抽租,由隘首派收支應,官不過問,《淡水廳志》曰:

> 民隘則由居民請闢荒地。自行設隘防番。每隘亦設隘首一名。其隘糧每名亦年給穀叁拾石。折銀叁拾圓。就新墾畝地。按甲抽租。業戶四成。佃人六成。由隘首派收支應。官不過問。隘首口糧。卽在隘丁內抽乎。

例如淡水廳下合興莊等地方則由衆莊籌議歸與陳長順屯出首承辦,而由墾戶劉引源衞壽宗等代表莊衆,將一定地域之開墾權附與陳長順,據該契約說:該地所收之租穀全部歸陳長順專管,而從前持有該地域內之承墾證明書者亦皆作廢,應重新由陳長順承給開墾,且該地佃人除繳納一定之租穀外,尚有分擔隘丁口糧之不足額之義務,玆錄其總契字如次:

> 同立總契字人,九鑽頭莊、山豬湖、猴洞、拾股林、石壁潭、水坑,及南河、熇坑、上下橫坑山豬湖洞墾戶劉引源新興

莊墾戶衛壽宗等，為生番猖獗，時常出没，沿處擾害，各莊佃人王會三曾保生李秉賢黃青蘭等，會同各莊籌議，欲在於南河山坑，建設隘寮三座，堵禦兇番，使各所耕佃無慮番，但礙隘糧無著，仍又起蓋隘寮，一切需費難以籌辦，爰集衆莊籌議，歸與陳長順屯出首承辦，議將南河內及九鑽頭起，至水坑下横坑止，卽就該地各處，尚有未墾餘埔，併及山林，卽日當衆踏界，東至內石山門後，由南河從小北河溪直透為界，西自水坑赤柯崙，透中坑內為界，南從山豬湖隘後崁眉蔭溝，透猴洞背石碧潭坑口連水口各界，北自大北河及燥坑，透上下横坑口，各與溪合水為界，四至界址，會衆公同踏明，至等處樹林荒埔等，各別立定界書約，情願概歸陳長順，自備工本，招佃開闢，繪具確圖，遂一注說呈繳，永為己業，源等卽於本年九月二十四日，呈請淡防分府，准歸順墾戶，自行招佃，就地墾耕，以資隘糧並起蓋隘寮，募丁勇防守，可保附山居民，毋致番害，經據各墾戶通土呈請，卽將前墾，同為廢紙，無論前墾之人，欲行該地墾種，別向墾戶長順承給，酌貼隘費，不敢違約，卽日當同商議，所有佃人，欲該地耕種以及等項，議訂一九五抽的，以資隘費外，年需口糧不敷，按照各戶議貼，各立合約為據，其燥坑貼隘一名，上横坑貼隘四名，下横坑貼隘三名，山豬湖猴洞貼隘十名，拾股林貼隘三名，所有石壁潭隘丁十名，稟請改撥入新隘，協防所需口糧，卽就各莊，按月照舊支給，不得推諉，亦不得違約，保此各處該地，係源等前年向各社番承給，與他人並無干墾戶之事，此係二比甘願，各無反悔，口恐無憑，同立總契約字一紙，付諸為照。

代筆人　張敏騰

嘉慶二十五年十月

鹽菜甕	陳阿梅 邱大四
通　事	黃義順 錢榮選 廖實森
上梅坑	溫阿羅 廖　孝 吳　若 曾天賜
拾股林	潘　雀 王魁三
山豬湖	劉阿勝 楊遜顏
水坑莊	羅乾登 黃清蘭
石壁潭	姜鹽曉 劉清實
燥　坑	曾保生 梁觀德
下横坑	萬勞嗄 衛一均
董　事	朱觀妹 杜光玉 范志三
墾　戶	衛壽宗 劉引源

當時淡水同知據墾戶之稟請，乃對陳長順給發諭戳，使其能確保隘租權利，其諭如次：

欽加府銜署臺灣北路淡防分府胡，為給發諭戳，以專開墾責成事，本年九月二十九日，據墾戶劉引源衛壽宗等稟請，該所地方，無隘把守，兇番疊出，人民樵牧，被殺不計，無處耕種，緣本城有殷戶陳長順，自備口糧資本，在於合興莊等處地方，開闢青山，傭募隘丁，建造砲櫃，在要所駐紮拒守兇番，人民無慮番害，傭募丁佃，開闢等所，山林埔地田園，以及大租口糧各等項，概歸陳長順掌管，自收租納課，永為己業，彌補資本，報丈陞科各等情，據此除出示曉諭外，合行給發諭戳，為此諭仰業戶陳長順，卽便遵照，需要趕緊建隘防番，招佃給墾，開荒為田，按甲丈量，就佃取收大租口糧，資本有歸，國課關重，地方攸關，毋致弛廢，各宜凜遵，毋違特諭。

計開

給發印諭一道戳記一箇

嘉慶二十五年十月初六日

又據有名的金廣福隘之設隘規約，則以姜秀鑾、林德修二人爲墾戶首，由三十個股東出資，以金廣福名義招佃墾耕，初則經營生理兼收山利，以爲開墾備支隘費之用，在田園墾成後則按甲配納大租隘糧以供隘費，玆錄其規約如次：

我塹之東南，山樹叢雜間，有數處隘寮，只為私隘，力寡難支，生番每從而出擾之，雖前憲吳，建設石碎崙隘，力亦頗足持，然株守一隅，無地可墾，法未盡善也，去年十二月間，廢憲李念切民瘼，更建隘樓十五座，雇募隘丁，分駐巡防，守望相助，其所以為民計者，至詳至悉矣，本年二月間，蒙諭飭，捐本生息，招佃墾耕，備支隘費，謹以遵諭籌議等事，僉請蒙批在案等因，爰是公同妥議，捐勸出本銀，經營生理，兼收山利，以為開墾備支隘費之用，將來生理已有贏餘，收成之日，就本的利，照份均分，仍將開墾已成田園，丈明甲數，照份均分，田園按甲，配納大租隘糧，以供隘費，以垂永遠，凡在同事之人，務宜秉公慎察，不得狗私故違，合將一切條規，開列於左：

一議，官給墾戶金廣福之公戳存在公所，公舉收拿，遇有公事，應用公同取蓋，竝鑾修貳人戳記合批明照。

一議，奉憲飭，捐拈夥設隘防番，招佃開墾，原為地方起見，遇有公事稟案，班房人等，不得借索禮費，俟墾成田園之日，先應抽公田甲，充為城隍爺香燈，付班房輪管，其大租歸納該隘，至班房人等，上流下接，公事公辦，亦不得藉無份索詐滋事，立批照。

一議，姜秀鑾林德修貳人，為墾戶首，務宜盡力設法開墾，至墾成田園之日，有功在前，酬勞在後，應分別大小功勞，先踏出二人功勞田外，餘作叁拾份攤分，合批明照。

一議，金廣福生理得利銀元，先作二八抽分付與。

一議，在莊抽的收租，併洽賣草地田園，除給奉隘糧開費外，餘概作叁拾份均分，合批明照。

嘉慶元年，吳沙率民入蘭開墾時隘的經費來源有二，爲保護開墾者係取自業戶，爲護送行人者則取自行人支辦，《噶瑪蘭廳志》曰：

吳沙遂招漳廣泉三籍人。竝議設鄉勇以防生番反覆。每張犂取餅銀一、二十元。助鄉勇費。

又曰：

又查舊路有三貂大嶺至牡丹坑遠望坑。新路三貂嶺至三貂社。俱由大里簡入頭圍。未設官以前。民人自設有牡丹、遠望、三貂、大里、頭圍五處。隘丁護送出入行人，每名送隘丁辛勞錢一處各四十文。

嘉慶十七年設官後，楊廷理詳請奏明添設隘寮，但所需隘首隘丁口糧鉛藥辛勞之費，均由附近承墾課地諸佃，按田園甲數均勻鳩給，責令隘首向佃科收，官不爲理。嗣後通判翟淦曾有另籌口糧賞給隘丁之議，然則爲司中所駁。道光二年通判呂志恒奏議，設隘防守生番，隘丁口糧應分給隘地自行耕收，後經臺灣知府方傳穟覆核照准，《噶瑪蘭廳志》曰：

一設隘防守生番。隘丁口糧。應分給隘地自行耕收也。志恒議曰。噶瑪蘭民墾。靠山課地。常被生番擾害。前守楊廷理詳請奏明。各隘口添設隘寮。募舉諳熟隘務之人為隘首。選雇壯丁分管地段。堵禦生番。防衛耕佃。以及往山樵採諸民人。所有隘首隘丁口糧。鉛藥辛勞之費。由附近承墾課地諸佃。按田園甲數。均勻鳩給。責令隘首向佃科收。毋庸官為經理。詳奉咨部覆准在案。迨前通判翟淦以蘭屬各佃民四六征收。租課賦稅匪輕。再令勻攤隘費。窮黎不堪其累。議請將三籍民人。分耕埔地。除正額外。其附近山麓之荒林礫石瘠地。准隘首召佃墾闢。列為不入額之款。俾作隘丁口糧。由官籌給。以公濟公議免咨部。旋奉憲檄。以與原奏不符。應奏明更正。以昭核實。卑職查蘭屬東勢沿山二十隘。分配隘丁二百二十六名。每隘分管界外附近山麓瘠地。或一、二十甲。或二、三十甲不等。各隘丁在地墾糧。數年以來。開闢尚未盡透。應請仍將各隘地。予隘丁自行耕收。以充口糧。俟墾透再行丈量。造冊詳查。其耕鑿佃民。可免勻鳩隘費。亦與原奏毋庸官為經理之議相符。

傳穟覆核曰：蘭自始入境之遠望坑至蘇澳。凡二十所。皆設隘丁。其口糧等費。初議附近居佃均勻鳩給。民力實形竭蹶。翟前倅請將附近山麓瘠地。准隘首召佃墾新。由官籌給。濟隘衛民。頗為兩便。惟與原奏不符。自應奏正核實。今呂倅議請。將不成片段隘地。給隘丁自耕。俟墾透。再行丈量。甲數應請俯如所議奏行。但隘地逼近生番。誠恐各丁恃強貪墾。侵入番界滋事。不可不予以限制。卑府管見。請仍委員先往勘丈。各隘首所墾若干甲。約計足數口糧需費而止。給予墾照。仍嚴定界址。不許越墾。致生番釁。但此項隘地。雖由官授。其開墾工本。皆丁首自備。究與民耕官業有間。倘丁首緣事斥革。或其人身故。竝無親丁接充由官另募。即將隘地交接充之人經管。仍酌給地租十分之二。以贍卹原墾丁首家屬。其無子孫者。不許冒領。如此則規制有定。可免事端。而隘業亦不致於淪沒矣。

據此，隘丁首雖不是世襲職，但如隘丁首被斥革或身故，仍於該隘丁首子弟內挑補之。倘無親丁接充再由官另募，將隘地交接充人經管。但仍酌給地租十分之二，以贍卹原隘丁首家屬。此規制實施後，至道光年間噶瑪蘭沿山皆成隘田。道光九年姚瑩著《東

槎紀略》敍述當時之情形曰:

> 噶瑪蘭地勢東面海。西南三面皆山。所在生番出没。自設官後。沿山次第設隘。以壯丁守之。二十一、二年間猶有生番逸出殺人。今則防堵益密。林木伐平。沿山皆成隘田……至大里簡以南。乃沿山設隘。各有田園數十里。以為口糧。北自梗枋南至施八坑。不過棄界外數百甲畸零之地。免具陞科。隘丁貪利盡力守之。而蘭民庶無番患焉。

至道光年間後，隘租漸生弊端，或通事出阻霸收，或業戶墾戶耕佃人等違議抗納，因而隘務曠滯，官府亦曾屢發貼示諭戒告。

光緒十二年，改革隘制後隘租悉歸官辦，新置隘務公館管理，其詳細內容可從後錄巡撫劉銘傳之示諭見之:

> 頭品頂戴督辦臺灣防務福建巡撫部院一等男劉，為出示曉諭事，照得，新彰宜蘭淡水沿山一帶，向由墾首抽收隘租，募雇隘丁，以防番患，隘首任意苛派，藉公肥己，內占番地，外抗官糧，積習已久，本爵部院，查從前番社，與民毗連，未經招撫歸化，地方官不得已，准其設立隘丁，任其侵占仇殺，現在所有沿山番社，業經一律招撫歸化，番民自應從此相安，卽須再用隘丁，亦必由官主持辦理，該墾首等不得仍舊私收隘租，侵占番地，為橫鄉里，現經飭令一律裁撤，除移知林幫辦，曁飭行中路營務處林道，竝彰化新竹宜蘭淡水等縣，查明本年寔有隘丁之處，酌給口糧，其餘隘租，由官作價查收，充作撫番經費外，為此示仰沿山墾戶人等知悉，嗣後每年應完隘租，應向官照章完納，不得復由隘首私收，俟清丈完竣一律按則陞科之後，卽將此項隘租，通行裁撤，以符定制，決不至使爾等於科則之外，多完絲毫，該民人等亦不得藉口清賦，於未陞之前，遲疑觀望，欠完隘租，務各凜遵毋違切切特示

（光緒十二年九月　　日給）。

據光緒十三年九月清賦總局呈報巡撫之全臺各縣隘租之徵租情形報告，在清賦前之各縣隘田之所在及租額如次：

臺灣縣：該縣隘田向編入屯租，按上中下計算，每甲均由官徵收穀一石。查該縣楠仔仙竝羅漢溪一帶，大傑巓、竹頭崎、石門坑、六張犁等隘，各設有隘首一名隘丁十餘名乃至數十名，每丁給田甲，徵收屯租，由縣送道臺以充屯弁丁之俸給，此次清丈後仍欲以楠仔仙大溪爲界，河西陞科，河東收餘糧，惟以田已久爲隘丁墾種，仍照舊准其耕作，本件業經臺澎道臺批准，而該縣之隘係在近隘之處由隘丁墾種，故名隘田，徵收屯租，上中下共平均每甲由官徵收穀一石，徵收率爲業三佃七。

鳳山縣：該縣無番租隘租可徵，惟有隘田編入屯租者，右分四五六三等上納，則四等爲每甲穀四石，五等爲五石，六等爲六石也。

嘉義縣：該縣無隘租。

彰化縣：該縣隘租，近山之田園，其境界與番社相連，因時被生番出擾，經業佃協議後在險要之地設立隘寮，傭募壯丁，防守之。故凡自沿山田園所收租穀皆供隘丁食糧，名曰隘租，其徵收率按距番社之遠近，定抽出之多寡，假令該田園最靠近番界隘口者，則以屬險要之地，田每甲納租穀四石，園爲田之半，其遠者田納二、三石，園納一、二石，但未必一定。

恒春縣：該縣無隘租。

淡水縣：該縣隘租，係就田園課租，供隘丁之津貼，以防生番來襲，故各處不相同，假定隘丁多而田少則課租較多，隘丁少而田多則課租較少，故有一九五抽收，一五抽收等別，亦非有一定，每田一甲多則二、三石，少則數斗，中等者約以二石爲率，境內之平均亦爲二石左右，然而此亦爲其大略，畢竟何田納隘租若干，此正由民間調查中，殆無由稽查，尤以民間之賣契中有記載，因此勢必應檢這些證書，不然則不能明晰矣。

新竹縣：該縣隘租頗多，蓋該縣山谿叢雜生番出沒無常，沿山業主佃戶因而不堪其擾累，多設隘防守，向以隘首承辦防隘事，由業佃出資，名曰隘租，雖均係由隘首支銷，但今則請官為公用，其徵收悉皆由縣為之，每年約二萬餘石，每石折番銀一圓徵收，而隘租雖悉由開墾地徵收，但每甲之納額為若干石則不詳，又無文書可稽考，清丈以前向就鄉民調查，但皆曰，北部之各開墾地每甲抽納隘租八石乃至十八石，南部則僅抽納二、三石乃至十石，各地情況不一云。

宜蘭縣：該縣隘租之徵收額，上田每甲舊墾地徵穀四石，新墾田徵穀三石六斗，中田舊墾地徵穀二石四斗，新墾地徵穀二石，下田每甲舊墾地徵穀一石五斗，新墾地徵穀一石，園為其一半，隘租園多田少，此隘租由隘首自收供隘丁之食糧。

光緒十三年劉銘傳實施清丈後，乃通行裁撤隘租，而隘勇防餉均由各該地支應局請領，《恒春縣志》卷四〈營汛〉云：

> 右屯軍一百五名（按：似一百四名之誤），隘勇一百四名（按：似一百五名之誤），按月由臺南支應局請領餉銀，光緒十九年夏，奉文各裁四名。

當時恒春隘勇每月支薪水口糧如次：

正哨官一員月支薪水大建銀七兩二錢，小建銀六兩九錢六分

副哨官一員月支薪水大建銀六兩四錢，小建銀六兩一錢八分六厘七毛

什長八名每名月支口糧大建銀三兩九錢，小建銀三兩七錢七分

正勇八十五名每名月支口糧大建銀三兩六錢三，小建銀三兩四錢八分

伙勇九名每名月支口糧大建銀二兩七錢，小建銀二兩六錢一分

計隘勇月支薪水口糧大建共領湘平銀三百七十五兩一錢，按一零三四二，折庫平銀三百六十二兩七錢二分一厘七毛，小建共領湘

平銀三百六十二兩五錢九分六厘七毛，按一零三四二，折庫平銀三百五十兩零六錢二分一厘。光緒十九年，奉文裁去正勇四名，八月改委專帶營官薪水銀月四十兩。

(二) 日據時代

日本據臺初，清代所遺留之臺中林紹堂管下的隘勇係由林家以自費維持，當時林紹堂係以隘勇衞護開墾及製腦，因此隘勇經費均由墾殖及製腦所得之利償其隘勇費用。光緒二十二年十月，臺灣總督正式承認林家隘勇組織後，每月撥二千日元給與補助，此款係由警察費內開支。光緒二十四年，其補助額每月增至二千八百日元。此外又於同二十四年起，補助苗栗方面助理隘勇主持人黃運金，每月一千四百日元。又光緒三十二年四月起，補助蕃薯寮廳六龜里之私設防番警戒所，每年津貼五千日元。此為日據時期政府對私隘經費的補助情形。此雖然說是補助，但其數目既相當可觀，例如林紹堂管下之隘勇當時每人月俸為六日元，而初其編制限為四百名，則其補助額幾乎足支隘勇之薪水了。

至日政府所設官隘，自光緒二十三年設警丁後，即由警察費及民政費開支，其財源則均由森林樟腦等收入充之，其中百分之六十係收自樟木標售之利。光緒二十五年，設置樟腦局後，乃擴充臺北、臺中兩縣下隘勇，並於翌二十六年一月在樟腦製造所費番界諸費項下，增列“防番費”二萬四千六百二十日元。同年四月公布隘勇雇用規程，規定隘勇之月薪為七日元至十一日元，隘勇伍長則為十日元至十五日元。其所需經費均由地方稅警察費開支。光緒二十八年隘勇經費急增至三十萬餘日元，於是日政府為減輕其負擔乃設“申請隘勇制”，凡申請派置“申請隘勇”者，其所需費用均由申請人負擔。然而政府所列隘費仍一直增加，翌二十九年增至三十四、五萬日元。蓋隘勇經費之增加係因於隘路之開闢延長，防守人員之增加及隘線設施費之增加。

光緒三十三年一月，日政府議決發展番地經營，乃在番界所屬費用預算增加五十萬日元。並擬定五年（自光緒三十二年起至民國元年止）事業計畫，全面開闢延長原設北路隘勇線及縱貫線（自埔里社至花蓮港間横斷線中能高山附近起至叭哩沙屈尺間横斷隘勇線止計長七十日里），經費財源係取自普通歲入，其五年計畫之經費如次：

年次	南番經營費	北番經營費			合計
		由周圍前進者	縱貫線	計	
初年	15,000	740,520	—	740,520	755,520
2年	20,000	852,976	—	852,976	882,976
3年	45,000	988,701	2,931,464	3,920,165	3,965,165
4年	70,000	1,065,956	4,289,380	5,355,336	5,425,336
5年	100,000	1,620,941	6,889,476	8,510,417	8,610,417
計	260,000	5,269,094	14,110,320	19,379,414	19,639,414
以後年額	100,000	1,158,866	3,576,144	4,735,010	4,835,010

附註：本表資料係據《理番誌稿》，表中所列五年經費總計除南番撫番費占四萬日元，及北番撫番占五萬四千日元外，其餘均為隘勇線之開闢、設施，及防守人員之費用。

如此，日據後隘勇之經費，最初數年僅爲數萬日元。自光緒二十六年至三十二年之間，則年年在二十餘萬至三十餘萬日元之間，三十三年則增爲七十五萬餘日元。至宣統三年則達最高，增爲八百六十一萬餘日元。民國元年後則漸次減少，降爲四百八十三萬餘日元。

五、結語

以上分爲四章之臺灣隘制考，資料係取自《明清史料》、《淡水廳志》、《噶瑪蘭廳志》、《彰化縣志》、《恒春縣志》、《臺灣紀錄兩種》、《臺灣番政志》、《臺灣文化志》、《臨時臺灣舊慣調查會第一部調查第一回報告書》、《理番誌稿》、《理番概要》、《臺灣治績志》等。對於自乾隆三十三年至民國九年，計維持了一百五十餘年之隘制， 詳述其起源與目的、 沿革、 組織與武備、經費等，此外隘制在臺灣開拓史上所占的地位，尤爲我們所不能忽視者。隘路隘寮的進展路線，即爲臺灣開拓發達的過程。雖然隘制與屯制相爲表裏的開疆拓墾，但隘制始終居爲先鋒，且屯制在時間上則止於清代，在空間上則僅限於平地而已。如清代道光同治年間隘制之一經廢弛，或日據後之遭受番人強烈的抵抗， 則雖爲既墾之田園， 亦悉歸爲荒埔。 例如光緒二十八年， 桃園廳轄下之三角湧、 大嵙崁、 咸菜硼方面一度受番人抵抗，既墾之田園一千五百餘甲乃悉盡荒廢了。又自乾隆中葉設隘以後，無論清代抑或日據時代，其主力都傾注於中部埔里以北之北番所占地域。蓋此係因中北部之開拓較之南部遲慢，且中北路山地較之東南部藏有豐富的樟腦、茶葉、森林、礦藏等資源的原故。

——原載《臺灣文獻》7卷2期，民國45年

日據初期臺灣之降筆會與戒煙運動

一、前言

鴉片似在明末清初已從爪哇傳入臺灣①。但據《巴城日誌》所載，荷據時期臺灣從巴達維亞（Batavia）進口的貨品中，尙未見有進口鴉片的記錄。明鄭時代臺灣與咬𠺕吧續有往來貿易，漢人赴咬𠺕吧者亦不乏，而吸鴉片之汚俗亦即興起於彼地②，或爲因而傳入臺灣。《臺海使槎錄》卷二〈赤嵌筆談·習俗〉載："康熙末年，臺灣已有專設之鴉片館，土人羣聚吸之，索値數倍於常煙。"③

清代臺灣民間吸食鴉片煙之風俗甚盛。咸豐八年(一八五八)臺灣開港後，至光緒二十年（一八九四）割臺之前年，每年鴉片爲最大宗之進口貨品，年年幾乎占臺灣進口總金額之一半。自同治四年（一八六五）至十三年（一八七四）十年間，臺灣進口之鴉片，平均每年是十九萬三千斤，其後至光緒二十年，二十年間

①郭廷以，《近代中國史》，第2冊，頁35。稻葉君山，《清朝全史》，下卷，頁 232-233。

②《臺灣總督府公文類纂》，明治29年永久乙種，第21卷，第六門衛生鴉片。及程大學譯，《日據初期之鴉片政策》，所收編之〈罌粟源流考〉，第1冊，頁 68-69，民國67年。

③黃叔璥，《臺海使槎錄》（臺灣文獻叢刊第4種），頁43。

平均每年達四十七萬斤。光緒七年（一八八一），竟達五十八萬八千斤。光緒十六年（一八九〇），亦爲進口比較多的一年，共進口五千四百餘箱，進口金額五十萬零二百十九鎊，占總進口金額八十五萬零八百二十四鎊之59％弱④。

日本據臺之後，在光緒二十一年（日明治二十八年）十一月至二十二年四月之間（本文之日據時期月日，除澎湖廳部分爲陰曆外，其餘未註明陰曆者均爲陽曆），雖爲抗日戰爭熾烈之時期，社會不安定，但半年之間全臺進口之鴉片亦有十一萬九千四十七斤。當時據打狗之臺灣著名貿易商和興公司陳中和所述，全臺一年進口之鴉片總數約在三千五、六百箱，每箱定量爲一百斤，總數爲三十五、六萬斤⑤。在割臺前後，鴉片癮者之人數約有十七萬餘人，占全臺總人口二六〇萬人之6.54％⑥。

日本據臺之初，對臺灣民間之鴉片問題，應如何處理，曾引起日本國內很多議論。有以鴉片之弊害爲世人所周知，而趁割臺之機會嚴禁吸食鴉片煙爲最適宜而主張嚴禁者。亦有提倡反對嚴禁政策者。其主要理由爲：㈠如對鴉片癮者遽加禁止，則不僅對健康有害，甚至有生命之危險。㈡如嚴禁吸食鴉片則將遭遇民情之極力反對，不僅有妨礙對日本之心服，勢將引起住民之反抗。若要執行嚴禁，則不但要經常駐派二師團以上之兵力，並要覺悟犧牲數千之生命，甚至以兵力鎮壓，仍未必能達其目的。爲嚴禁鴉片，需衆多之兵力與鉅額經費，並需犧牲生命，連年危害和

---

④李美娟譯，〈1891年度英國駐淡水領事商務報告〉，《臺灣風物》卷29，3期，頁 148-149，民國68年9月。〈1891年英國駐臺南領事商務報告〉，《臺灣風物》卷32，3期，頁 98-99，民國71年9月。

⑤井出季和太，《臺灣治績志》，頁39，臺北，臺灣日日新報社，昭和12年。

⑥臺灣省行政長官公署統計室，《臺灣省五十一來統計提要》，頁1374，民國35年。

平，則從殖民地統治上言，殊非得宜之策⑦。

而臺灣同胞之間，尤其所謂鴉片癮者，對於日本政府的鴉片問題處理態度也有種種謠言。其一說：日本將盡行驅逐鴉片癮者歸還中國；又一說：日本將盡斷絕鴉片來源，癮者必至於遭到絕大的痛苦。一部分日本人且曾公言要將鴉片癮者盡行驅逐⑧。

先是光緒二十一年（日明治二十八年）九月七日，樺山總督恐日人染吸鴉片乃頒發嚴禁告諭。並於十一月十七日公布臺灣住民刑罰令，規定：軍人、軍屬、軍中從業人員及其他帝國臣民吸食鴉片者處死刑⑨。是年十二月十四日，日本內務省衛生局長後藤新平，向臺灣事務局總裁伊藤博文提出關於臺灣鴉片制度之意見書，其第一案爲嚴禁方策，第二案爲漸禁方策，卽以鴉片歸爲政府專賣，嚴禁吸食鴉片，限於老癮者以藥用允其吸食之制度。經臺灣事務局審議決定採用第二案之政策，並於光緒二十二年二月十五日，以臺灣事務局總裁名義對樺山總督通知。樺山總督於同月二十七日對伊藤總裁，轉向後藤衛生局長徵求施行方法的意見。後藤衛生局長於同年三月二十三日，經由內務大臣芳川顯正，對伊藤總裁提出關於臺灣施行鴉片制度意見書。內分四章，㈠鴉片行政機關，㈡鴉片行政警察施行方法，㈢鴉片財政，㈣附言。對於官制及員額之配置，調查方法之細目，諭告文之要件，以至執照購買簿之格式等，規定頗極周詳。臺灣總督府乃以此爲根據，策畫研擬鴉片制度。樺山總督先是於同年二月二十六日，對一般民衆頒發告示如下：“爲日本與歐美盟國之間所訂現行條

後藤新平

⑦《臺灣總督府公文類纂》，永久保存明治28年，第5卷，第六門衛生鴉片。程大學，《日據初期之鴉片政策》，第1冊，頁 13-14。田澤震五，〈阿片資料〉，頁26，昭和7年，臺北，專賣局。

⑧李騰嶽，〈鴉片在臺灣與降筆會的解煙運動〉，《文獻專刊》，第4卷，第3、4期合刊，頁 17-18，民國42年12月27日，臺灣省文獻委員會。

⑨井出季和太，《臺灣治績志》，頁 242-243。李騰嶽，〈鴉片在臺灣與降筆會的解煙運動〉，《文獻專刊》，第4卷，第3、4期合刊，頁17。

約施行於臺灣，故從來經過臺灣各開港口海關進口之鴉片，今後雖禁止進口，然而對於成癮已久之在地人，如一旦禁煙恐有危及生命之危險，是以將來鴉片由政府準照一定規則，准其作爲藥用，仰各該人民善體總督府之意。”嗣於光緒二十三年（日明治三十年）一月二十一日，以勅令第二號公布臺灣鴉片令，三月四日以府令第六號制定公布鴉片令施行規則，付諸實施。規定一切鴉片由政府專賣，限經政府指定之醫師診斷認爲有鴉片癮者給與執照，特准其購買及吸食。自同年四月一日起，先從臺北市街施行，至十二月一日始施行全臺[10]。

當後藤新平提出臺灣施行鴉片制度意見書時，曾說：其所提第二案，係擬以行政警察之力代替兵力。故要實行第二案，並欲舉嚴禁之成效，即應明察其行事之至難，派任堅忍不拔之人，將其功期於數十年之後，始可著手本案。若將本案委之於苟偷一日之安，眩惑於目前收入額之輩，以爲本案係迎合新領人民之政策，竟遽斷執行容易，企圖輕舉從事，則必誤政策無疑，此乃余惴惴不安之處也[11]。

臺灣鴉片令施行後，翌光緒二十四年（日明治三十一年）三月二日，臺灣鴉片政策提案者之後藤新平，隨第四任臺灣總督兒玉源太郎來臺任民政長官[12]，有機會推行其鴉片制度達八年又八個月之久。可是當後藤到任後，光緒二十四年至二十七年之間，掀起了如火如荼的降筆會之戒煙運動，轟動全臺灣。

關於降筆會之戒煙運動，早在民國四十二年十二月，已故本

⑩《臺灣總督府公文類纂》，明治28年，永久甲種第5卷，第六門衛生鴉片，明治30年，甲種永久第13卷，第六門衛生鴉片。程大學，《日據初期鴉片政策》，第1冊，頁11-32、226-243；《臺灣治績志》，頁243、283-284。

⑪《臺灣總督府公文類纂》，明治28年，永久甲種第5卷，第六門衛生鴉片。《日據初期之鴉片政策》，第1冊，頁20。

⑫初稱民政局長，光緒24年6月20日改稱，光緒32年11月13日卸任。

會前主任委員李騰嶽博士，已發表〈鴉片在臺灣與降筆會的解煙運動〉一文。惟該篇係著重於鴉片在臺灣的探討，或許因當時資料有限，故對降筆會之解煙運動則只有略述，其後本人也留意此一問題，並發現本會所藏臺灣總督府檔案中，有相當豐富的降筆會資料。玆擬就降筆會與戒煙反日運動及日本政府對此運動之偵查取締作一番探討。

二、降筆會之傳入、分布及活動概況

降筆會原稱鸞堂，或稱鑾堂、乩堂、鸞生堂、善堂、感化堂、仙壇、仙堂、勸善堂、飛鸞降筆會，日人則通稱為降筆會。各堂另有其固有名稱。

㈠　降筆會之傳入

臺灣鸞堂之創設以澎湖為最早，惟何時由何處傳入則有以下數說。

1.康熙四十年代說：據光緒二十七年七月，臺北辨務署士林支署長警部朝比奈金三郎之調查，據一位文人云：鸞堂已在二百年前，從中國大陸傳入臺灣[13]。

2.咸豐三年說：澎湖一新社樂善堂刊行之《覺悟選新》載：臺灣鸞堂之開基以澎湖為最早，其淵源傳自福建省泉州公善社。當時地方之文人學士，為禱天消災患與匡正人心計，乃於咸豐三年（一八五三）六月三日，在媽宮首先開設“普勸社”，奉祀南天文衡聖帝（關聖帝君），初設沙盤木筆，有時扶鸞闡教，有時宣講勸人，神人同樂，廣行善舉。同治三年，蘇清景從福建泉州

⑬《臺灣總督府公文類纂元臺北縣》（以下簡稱《元臺北縣公文類纂》），明治34年，永久保存第46卷，第三門警察，高等警察，降筆會案卷。

府馬巷廳，恭請太醫院慈濟眞君許遜金身一尊來澎湖開基，從此鸞務大興⑭。

3.同治六、七年說：據日方警察之調查說：臺灣之鸞堂係同治六、七年間，澎湖許太老者，到廣東省傳授其扶鸞方法，返臺澎後在地方爲莊民治病，盛極一時，時巡撫怒其誑惑良民，曾頒發告諭禁止云。至光緒十三、四年間，許太老復將該法傳授給宜蘭縣頭圍街進士楊士芳，並在頭圍街創設"喚醒堂"，楊進士自任堂主，向街莊民廣傳其法，祈禱降筆施藥方爲人治病⑮。

4.同治九年說：井出季和太著《臺灣治績志》載：同治九年間，廣東有扶鸞降神之迷信傳入澎湖，由此迷信組織祈禱戒煙，一時收穫相當有效果，然而旋又再成癮者⑯。李騰嶽博士亦引此說。此說當係根據日警調查之前說而來，但傳入澎湖當初並未即祈禱戒煙。

5.光緒十九年說：又據日方警察之調查。鸞堂之祈禱戒煙，係清光緒年間起源於廣東惠州府陸豐縣。光緒十九年，宜蘭縣人吳炳珠與莊國香二人前往廣東陸豐縣，見有開設鸞堂勸化人民，並戒洋煙，有益人民，乃效樣回臺傳法開設，並與陸豐縣鸞堂保持關係。故吳莊二人可說是臺灣開設鸞堂戒煙之元祖。

其後光緒二十三年（日明治三十年）六月，樹杞林街（今竹東）人彭樹滋（保甲局長），元係爲廣東惠州府人，爲戒煙乃赴廣東省惠州府陸豐縣五雲洞彭廷華宅，接受祈禱並得戒煙。彭樹滋自廣東陸豐歸樹杞林街後，將此事實告知彭殿華（新竹辨務署參事），傳揚其功力顯著。乃請當時在宜蘭設堂祈禱降筆之吳炳

⑭《覺悟選新》，卷1，葉 20-21，卷2，葉9，民國61年正月，澎湖，一新社聖眞殿樂善堂。林永根，〈臺灣的鸞堂——一種蓬勃發展的民間信仰與傳統宗教〉，《臺灣風物》卷34，1期，頁73，民國73年3月。

⑮《元臺北縣公文類纂》，明治34年，永久保存第46卷，降筆會案卷。

⑯《臺灣治績志》，頁39。

珠到樹杞林舉行祈禱降筆戒煙，但方法不熟練，效果不著。

因此，至光緒二十四年十月，彭殿華以爲此有益人民，實爲公衆喜事，乃出資數百圓，從廣東邀請五位鸞生，即彭錫亮、彭錦芳、彭藹珍、彭錫慶、彭錫瓊來臺。光緒二十五年二月，在彭殿華宅設鸞堂，由彭錫亮等舉行扶鸞祈禱降筆戒煙，結果彭殿華及九芎林（今芎林）莊長等數十人鴉片癮者均戒煙成功。彭錫亮等五位鸞生，並將其方法傳授給九芎林之邱潤河、彭阿健，大肚莊之劉家冀、彭阿石四人，而於光緒二十五年返廣東。從此以後降筆會之祈禱戒煙在臺灣到處盛行⑰。

據前述五說，可說鸞堂係咸豐三年，由閩傳入澎湖，然後傳入臺灣本島。惟當初之鸞堂係只宣講勸善，扶鸞降筆藥方治癒病人。而至光緒十九年，始從廣東惠州陸豐縣傳入扶鸞祈禱戒煙之方法，並於光緒二十四年冬從廣東陸豐縣邀請鸞生彭錫亮等五人來臺，傳授扶鸞祈禱戒煙之方法，二十五年春起盛行於全臺。日方調查之第一說，係指普通之童乩，而非鸞堂。至於同治年間從廣東傳入之說，係將同治三年，恭請福建泉州馬巷廳太醫院慈濟眞君許遜金身來澎開基，與光緒十九年，從廣東陸豐傳入扶鸞祈禱戒煙混合誤傳。

㈡ 鸞堂之設立分布及活動概況

自咸豐三年鸞堂從閩泉州傳入澎湖，嗣於光緒十三、四年間傳入臺灣本島宜蘭，舉行扶鸞降筆投藥方治病患，或宣講勸善後，漸見有鸞堂之設立。至光緒十九年及二十四年，復從廣東陸豐傳入鸞堂扶鸞祈禱戒煙之方法後，全臺除東部外，到處盛行創設鸞堂，扶鸞祈禱降筆投藥方戒洋煙、治病、卜吉凶及宣講勸善。茲將各地所設立之鸞堂及其概況簡介於後。

---

⑰同註⑮。

1. 澎湖廳

如前所述澎湖於咸豐三年六月初三日，在媽宮初設普勸社，崇奉關聖帝君，首創沙盤木筆，爲全臺鸞務之開基，藉神道設教，廣行宣講善文以勸世。同治三年，爐下蘇清景從福建泉州府馬巷廳，恭請太醫院慈濟眞君許遜金身一尊來澎湖開基。光緒十一年春，法軍侵澎遭兵燹之後，宣講暫停。後林介仁等整頓社規，復興宣講。光緒十三年正月十三日改號一新社。從此大興宣講代天宣化，關帝並降諭曰：將來可以推廣及全臺各地。光緒十七年三月十五日，於一新社內再開樂善堂，蓋取爲善最樂之意，從此鸞門大啓，聖教弘揚。樂善堂鸞務主內，專爲著書與濟世，一新社則仍然主外，專行宣講與救濟。

光緒二十四年（日明治三十一年）多，臺灣本島鸞堂間傳言初承關恩主降壇，大顯神通，肅淸煙毒，戒煙者甚多。於是鸞堂扶鸞祈禱戒煙之法，由臺灣本島傳入澎湖。光緒二十七年五月十五日，一新社諸君到城隍廟，申請爲澎民救改鴉片煙毒，澎境主靈應侯方，乃降詩諭，詩曰：“鴉片毒煙害不輕，荒工廢事失經營；有心世道除民患，恩准開壇在此行。”五月二十七日，復降詩諭，公布戒除鴉片條例六則，希大家遵守，設置符沙甘露水供戒煙者服用，果然戒煙者有千人。

澎湖地區在此間先後增設之鸞堂有九處如次：

⑴日新社養善堂，在澎湖媽宮石泉，光緒二十五年正月設立。

⑵極妙社新善堂，在媽宮西衞，光緒二十七年七月十二日設立。

⑶向善堂，在湖西洪家，光緒二十七年十一月設立。

⑷養性堂，在湖西，光緒二十七年設立。

⑸友善堂，在湖西龍門，光緒二十七年設立。

(6)陳善社存養堂，在湖西，光緒二十八年六月設立。

(7)歸化社從善堂，在媽宮西文，光緒二十八年八月設立。

(8)濟衆社新民堂，在媽宮紅木埕，光緒二十九年六月設立。

(9)樂英堂，在西嶼合界頭，光緒三十年三月設立⑱。

2. 宜蘭廳

宜蘭之鸞堂，係光緒十三、四年間，從澎湖傳入宜蘭縣頭圍街，由進士楊士芳創設喚醒堂，楊進士自任堂主，宣講教化街莊民，並扶鸞降筆施藥方濟世。又宜蘭街碧霞宮，也設有鸞堂闡教。

光緒十九年，宜蘭縣人吳炳珠、莊國香二人，赴廣東陸豐縣，見有開設鸞堂教化人民，並戒洋煙，乃效様回臺開設鸞堂傳法弘揚，故吳、莊二人，可說是將鸞堂祈禱戒煙之法傳入臺灣之人。從此在宜蘭地區盛行一時。

光緒二十五年舊曆二月，當新竹地區流行惡疫時，楊士芳乃派陳志德、吳炳珠等，到各地方宣講善書警世全篇，分贈各地廟堂及有學識之民衆。光緒二十五、六年，降筆會之傳布南移，宜蘭地區反而衰微。光緒二十七年，宜蘭地區豐收，廟宇祠堂重修者頗多，相傳企圖再興降筆會，並派人到基隆、臺北商洽，日警嚴密監視偵察，經查並無事實⑲。

3. 臺北縣

(1) 基隆辨務署管區

①基隆辨務署 直轄基隆街： 基隆街之鸞堂 係自臺北景尾街（今景美區）傳入。光緒二十五年十月間，基隆街人許炳榮、許

---

⑱《覺悟選新》，卷1、2、3、4、5、7、8。臺灣慣習研究會，《臺灣慣習記事》，第1卷第10號，頁87，明治34年10月。

⑲《元臺北縣公文類纂》，明治34年，永久保存第46卷，第三門警察，高等警察，降筆會案卷。《臺灣慣習記事》，第1卷第10號，頁87。

招春、張斗南等三人，獲知景尾街有鸞堂舉行扶鸞降筆，故許炳榮等三人，爲了解其實況乃到該地參觀進香，並贊同該鸞堂教旨歸爲信徒。返回基隆後積極勸募同志，在基隆新店街城隍廟內設鸞堂，稱爲正心堂。鸞主、鸞生及主要信徒約有六十人，主要信徒爲前基隆街街長陳文貴之一派，時常在堂內扶鸞祈禱降筆，施藥方治病人，並爲鴉片癮者戒煙⑳。

②瑞芳支署管區：該管內九份莊人黃春設有鸞堂，自任鸞主，其弟黃查某爲鸞生，爲信徒扶鸞降筆，施方治病、戒煙。黃春曾於光緒二十七年一月赴厦門，購買《挽世全篇》八册及《如心錄》四册，四月返臺，分贈信徒㉑。

③水返腳（今汐止）支署管區：在水返腳設有明心堂，主倡者爲陳瑞彩等三人，陳瑞彩爲擁有四萬餘元之資產家，任該堂正總理。光緒二十七年六月，頗呈盛況，十月關閉。

北港烘內設有福善堂，鸞主爲蘇慶月，任街莊長，鸞生多爲街莊書記，主要信徒有五十餘人，其主倡者二、三人爲石碇堡之資產家，頗有名望。光緒二十七年九月，鸞生蘇江波，廖心田二人，申請赴厦門購買《挽世全篇》㉒。

⑵ 滬尾辨務署管區

①滬尾（即淡水）：早在光緒乙未割臺前，滬尾頂奎柔山莊已設有鸞堂行忠堂，通稱仙壇。由李超雁、李宗範（一名李錫疇）叔侄及李又桂、陳良全等倡設，舉行宣講勸善，扶鸞降乩，並曾降戒洋煙文㉓。

日人據臺後，光緒二十五年舊曆十月二日，李超雁與信徒捐款二千餘圓，建設壯麗之磚造廟宇，稱爲古聖廟（又稱仙公廟)。

---

⑳《元臺北縣公文類纂》，明治34年，永久保存第46卷，降筆會案卷。
㉑同上註。
㉒同上註。
㉓伊能嘉矩，《臺灣文化志》，中卷，頁 319，昭和3年。

以李宗範爲堂主，另派李際隆等十八人任內外務職務。舉行宣講，治療疾病及戒洋煙，信徒衆多，盛極一時，爲臺北地區最盛地區之一。光緒二十七年八月十八日，被迫關閉，行忠堂改爲書房。

②小基隆新莊：又設有仙壇，舉行宣講勸善，扶鸞降筆施藥方治療病人㉔。

(3)　臺北辨務署管區

①艋舺支署管區：光緒二十七年五月，厦門人李文堂與鹿港人林爲益二人到艋舺籌設飛鸞降筆會，於七月十日前後，在厦新街設立鸞堂，李文堂任鸞主，林爲益爲鸞生，舉行扶鸞降乩，施投藥方爲病人治病㉕。

另林明星、林齊二人，在艋舺歡慈市街設立鸞堂，稱爲靈安尊王會㉖。

②大稻埕支署管區：在該管區內共有鸞堂八處，如下：大稻埕中北街鸞堂、大稻埕國興街醒心堂、大稻埕永和街善化堂、北門外街鸞堂、陳作塗等所設鸞堂、日新街鸞堂、珪瑜粹街鸞堂、大龍峒鸞堂等，經常扶鸞降筆，爲信徒祈禱戒煙，卜吉凶禍福，宣講勸善。該管內信徒有三、四百人，多屬三重集福堂鸞堂派下及滬尾仙公廟派下㉗。

③臺北辨務署直轄管區：在大安十二甲莊有鸞生三、四人，舉行扶鸞降筆，爲信徒治病、戒煙㉘。

④士林支署管區：在士林街設有"講古""教善"（又稱仙壇）之講堂，經常舉行講古、教善，但不舉行扶鸞降筆㉙。

㉔《元臺北縣公文類纂》，明治34年，永久保存第46卷，降筆會案卷。
㉕同上註。
㉖同上註。
㉗同上註。
㉘同上註。
㉙同上註。

⑤新莊支署管區：在興直堡三重埔五谷王廟內設有鸞堂集福堂，堂主林啓輝爲二、三重埔著有名望之前淸秀才，現任區長兼保甲局長，鸞堂之組織有股份二五〇份，奉祀關聖帝及文昌帝，舉行宣講勸善，扶鸞祈禱降筆戒煙，與大稻埕之鸞堂信徒連繫密切，爲臺北近郊最盛地區之一。光緒二十七年十一月二日，被迫解散㉚。

⑥枋橋支署管區：光緒二十七年四月，由林超英發起，在新埔莊江漢宅設鸞堂，稱爲吾醒堂，林超英任鸞主，徐漢深、王笑文爲鸞生，每月於三、六、九扶鸞祈禱降筆施藥方，卜吉凶禍福㉛。

⑦三角湧支署管區：管內各莊只有舊來之童乩十數人，但與扶鸞降筆會無關，尙無上流社會人士所舉行之扶鸞，故無鸞堂、鸞生㉜。

(4) 桃仔園辨務署管區

①竹北二堡二亭溪莊：光緒二十六年十一月，已在關帝廟設有鸞堂。

②中壢街：在老街及新街各設有勸善堂，每夜舉行宣講勸善，但不扶鸞降筆。

③竹北二堡紅瓦屋莊：光緒二十六年三月設立鸞堂，稱爲勸善堂，自四月起至八月，盛行扶鸞祈禱降筆戒煙。

④霄裡社：光緒二十七年八月，銅鑼圈鸞生劉阿來，在三元宮宣講勸善，並勸戒洋煙㉝。

(5) 大嵙崁辨務署管區

咸菜硼支署管區：竹北二堡湖肚莊仙壇，係光緒二十七年二

㉚《元臺北縣公文類纂》，明治34年，永久保存第46卷，降筆會案卷。
㉛同上註。
㉜同上註。
㉝同上註。

月，陳阿春創設，自任鸞主，鸞生有陳理祿、范洪亮等，奉祀關聖帝，集合莊民扶鸞祈禱降筆戒煙㉞。

(6) 新竹辨務署管區

①樹杞林支署管區：如前所述光緒二十三年正月，因傳說廣東惠州府陸豐縣之鴉片癮者，依神力之佑助得戒煙，癮者之扶鸞祈禱頗盛。當時樹杞林街彭樹滋，爲戒食鴉片，乃於光緒二十三年六月，到廣東陸豐縣五雲洞彭廷華宅接受戒煙之扶鸞祈禱，並得戒煙成功。返臺後將戒煙之經過告知彭殿華，傳揚其功效顯著。彭殿華以爲此實爲公衆可喜之事，乃邀請當時在宜蘭設堂扶鸞降筆之吳炳珠，到樹杞林舉行扶鸞祈禱降筆戒煙，但方法不熟習。因此，彭殿華乃於光緒二十四年十月，出資數百圓，派人到廣東聘請鸞生彭錫亮、彭錫芳、彭藹珍、彭錫慶、彭錫瓊等五人來臺。光緒二十五年二月，彭殿華即在自宅設鸞堂，請彭錫亮等扶鸞祈禱降筆戒煙，結果彭殿華及九芎林莊莊長等數十人鴉片癮者均戒煙成功。因此日益隆盛，鸞堂漸感狹隘，乃移至九芎林高梘頭之文廟設鸞堂，稱爲復善堂，專爲鴉片癮者舉行扶鸞祈禱降筆，獲戒煙成功者二百餘人。彭錫亮等並將扶鸞祈禱降筆戒煙之方法，傳授給九芎林莊邱潤河、彭阿健、大肚莊之劉家冀、彭阿石等四人，於光緒二十五年返廣東。復善堂定有條款六條，並附設有仁濟院藥舖，免費爲莊民病患義診治療。

彭殿華可說是將鸞堂降筆戒煙運動，付諸實踐成功，弘揚光大之最大功勞者。自從光緒二十三年至二十七年，爲鸞堂降筆戒煙運動捐資四、五千圓鉅款。從此以後在新竹、苗栗、臺中地方盛行。

樹杞林支署管內之鸞堂，舉行降筆戒煙最隆盛，最有勢力者爲九芎林高梘頭文廟文林閣之復善堂，主倡者除彭殿華外尚有九

㉞同上註。

芎林莊秀才林學源，信徒多在上流社會有信用者。復善堂之鸞生爲邱潤河、彭阿健二人，在地方被稱爲學者，在清代曾任教師。其次爲大肚莊及燥坑莊飛鳳山之鸞堂，大肚莊鸞堂之鸞生爲劉家冀、彭阿石二人，當時均被日本政府任命爲地方稅調查委員，劉家冀被稱爲學者，彭阿石被尊稱爲醫生。燥坑莊鸞堂之鸞生爲楊福來、溫德貴二人，均爲書房教師。

其信徒有來自苗栗、大甲、南莊、頭份等地方者，多屬中下層社會人士，相信扶鸞降筆者百人中有九十九人。在光緒二十七年五月下旬，舉行扶鸞祈禱降筆戒煙者有一百三十人。至光緒二十七年秋後，因日警嚴密偵查取締，故漸次衰退㉟。

②新竹市街：在光緒二十五年春，樹杞林街創設鸞堂祈禱戒煙後，就有新竹城外水田街鄭坤生等五人，承傳授鸞堂祈禱降筆戒煙之方法，並於新竹城外北門口水仙宮內設立鸞堂“宣化堂”，爲病患、鴉片癮者扶鸞祈禱降筆施藥方治病戒煙，及宣講勸善修身。一時奏奇效，信徒逐日增加。主倡者鄭坤生、陳子貞等均爲資產家、名望家。鸞生爲北門外水田莊人黃福。至光緒二十七年八月初，因鸞堂遭火災而關閉。但仍設臨時講堂宣講勸善㊱。

③新埔支署管區：新埔又設有鸞堂，正式之信徒約有二十八人。光緒二十七年春，內立莊鴉片癮者二十五人，曾請九芎林燥坑莊鸞生楊福來扶鸞祈禱戒煙，但效果不佳。光緒二十七年春至秋，經常於夜間宣講勸善㊲。

④北埔支署管區：福興莊有由曾乾秀發起創設之鸞堂，設於關帝廟內，稱爲樂善堂。信徒大多爲鴉片癮者，爲戒煙而來，認眞祈禱戒煙，惟戒煙效果不佳。爲日警監視強迫，於光緒二十七

㉟《元臺北縣公文類纂》，明治34年，永久保存第46卷，降筆會案卷。

㊱同上註。

㊲同上註。

年八月關閉㊳。

⑤頭份支署管區：頭份之鸞堂，係光緒二十六年十二月十七日，頭份第一區街長陳維藻，教員饒鑑麟等九人爲發起人，在竹南一堡土牛莊羅阿鼎宅創立，稱爲"感化堂"，或簡稱善堂，奉祀關聖帝。聘後壠街醫生江志波爲鸞生。初只宣講勸善，自光緒二十七年三、四月起，勸誘鴉片癮者參加扶鸞祈禱降筆戒煙，當時恰遇鴉片煙膏漲價，紛紛以爲奇貨，有很多鴉片癮者參加祈禱戒煙。至光緒二十七年八月，因臺中縣檢舉逮捕鸞主、鸞生等，恐俱罹難，乃漸趨衰退㊴。

⑥南莊支署管區：在竹南一堡屯營莊設有鸞堂，稱育化堂，係光緒二十七年三月，張阿麟與有志者創設，奉祀關聖帝等神明，扶鸞降筆施藥方治病戒煙，勸善懲惡，一時興起，參拜信徒甚衆，每日有百餘人。主持者張阿麟爲資產家，擁有四千圓以上之資產，主要信徒有二十八人，其中十八人有千圓以上之資產，並且多有學識者，如秀才，或曾接受紳章者，多爲名望家及其子弟。鸞生多達二十九名，由此可窺見其盛況。戒煙者亦不尠㊵。

⑦中港支署管區：中港之鸞堂稱爲積善堂，又稱宣化堂，係光緒二十六年九月，竹南一堡中港舊街許清文創設，自任鸞主，奉祀關聖帝、九天司命眞君等神明。初只宣講勸善，信徒漸增後，乃爲鴉片癮者扶鸞祈禱降筆戒煙，時恰遇鴉片煙膏漲價，很多癮者參加祈禱戒煙。堂內訂有六戒及堂規。終因日警干涉勸諭，於光緒二十七年八月十五日關閉㊶。

4. 臺中縣

㊳同上註。
㊴同上註。
㊵同上註。
㊶同上註。

(1) 苗栗辨務署管區

苗栗地區之鸞堂，係光緒二十六年八月，由樹杞林人彭殿華傳授給苗栗一堡沙坪莊富豪黃紫雲。黃氏乃在沙坪莊之觀音佛堂設鸞堂，奉祀關聖帝、觀音佛祖等神明，自任堂主。並自同年十月起，捐資爲戒煙來參拜祈禱者供膳食，吸引很多鴉片癮者，因神靈最爲顯著，一時從中港、頭份、新竹等地區前往進香祈禱者絡繹不絕，每日進香者多達數百人，而能完全戒煙者亦不尠。

除沙坪莊鸞堂外，是年在苗栗一堡開設之鸞堂尙有田寮莊、苗栗街、九湖莊、四湖莊等。田寮莊鸞堂之堂主爲羅慶松，苗栗街鸞堂之堂主爲梁上范，九湖莊鸞堂之堂主爲吳義昌，四湖莊鸞堂之堂主爲劉湘，金鸞堂之堂主爲李緝菴。每堂主之主要信徒約十二人，從事扶鸞祈禱降筆，勸戒洋煙，撰書警世。苗栗附近歸信之門徒有三千餘人。至光緒二十七年四月爲止，到沙坪莊鸞堂祈禱戒煙飲神水戒煙者有六百餘人。鴉片癮者多來自苗栗一堡後壠街、崁頂屋莊、公館莊、西山莊、福興莊、獅潭莊、苗栗街等，多數均已完全戒煙。到沙坪莊鸞堂祈禱戒煙者有一千餘人㊷。

(2) 臺中地區

臺中方面鸞堂之祈禱戒煙，係於光緒二十六年冬，由新竹、苗栗南進傳入，鐵砧山之劍泉寺、牛罵頭（今清水）三座屋開山廟，也都重新安奉關帝神位舉行扶鸞祈禱戒煙。

此外石崗莊、揀東下堡麻滋埔莊、貓霧堡霧峰莊、武東堡內灣莊等均設有鸞堂。在臺中地區擁有信徒數萬人，羣衆手執紅旗，鳴鑼擊鼓，男婦老幼踵接成列，向關帝進香，鴉片癮者祈禱戒煙，情勢極爲隆盛㊸。

㊷《元臺北縣公文類纂》，明治34年，永久保存第46卷，降筆會案卷。
㊸同上註及李騰嶽文，載《文獻專刊》第4卷第3、4期合刊，頁18。

5. 臺南縣

鸞堂扶鸞祈禱降筆戒煙之風氣漸次南進，至光緒二十七年夏秋，臺南縣管內各地方到處多有設立鸞堂降筆會或受其影響。管區內之嘉義、鹽水港、蔴豆、臺南、大目降（今新化）、蕃薯寮（今旗山）、鳳山、東港、阿猴（今屏東）等地區都受降筆會戒煙運動波及，尤其以嘉義、鹽水港、蔴豆三地區爲甚，戒煙者頗多，鴉片之販賣人受其影響，販賣人幾乎減爲一半。主倡者亦多爲地方之有識者，著有名望者、秀才等，如鹽水港鸞堂降筆會編纂其視爲金科玉條之《慈世新篇》，葉瑞西即爲首倡者。至光緒二十七年十月，其信徒之信仰祈禱戒煙仍甚盛㊹。

按自光緒二十五年春興起之鸞堂降筆戒煙運動，初以客家部落爲隆盛，後其流傳由北而南，除東部臺東廳外，普及臺灣西部之三縣二廳。從光緒二十六年冬至二十七年夏，其盛況達最高潮，而自二十七年初爲全臺日警注意偵察監視，至二十七年冬幾乎被強迫關閉。

三、鸞堂之組織、堂規及經費來源

(一) 鸞堂之組織

臺灣之鸞堂雖然是一種民間結社，也多訂有堂規，但加入鸞堂時並不舉行歃血拜盟的儀式，非爲拜把結盟的組織，故不屬於秘密結社。清末臺灣的鸞堂，有的且呈經廳憲獲准，而後宣講勸善，改善風俗，以維風紀。例如咸豐三年，創設於澎湖媽宮之普勸社，在光緒十一年春暫停，而於光緒十三年正月改稱一新社，

㊹《臺灣慣習記事》，第1卷，第10號，頁 85-87。

並爲弘揚全澎各地宣講時，曾於光緒十四年二月二十六日，由生員許棼等向廳憲呈稟獲准宣講。其所公告之曉諭如下：

卽補清軍府署臺南澎湖海防糧補分府龍為出示曉諭事。本年（光緒十四年戊子）二月二十六日，據生員許棼、黃濟時、林維藩（介仁）、鄭祖年、郭丕謨、高攀等稟稱：竊我澎各前憲志在牖民。知有政不可無教。偏隅貴被休風。爰懍遵朝典，朔望宣講上諭之餘，復諭諸士子，設立普勸社，勸捐資費，採擇地方公正樂善之人，於晴天月夜，無論市鎮鄉村，均就神廟潔淨之處，周流講解聖諭及勸善諸書，以冀挽回習俗於萬一。見夫讀法紀於周官，辰告垂諸風雅，則勤勉之條，誠有司之不可缺者也。不謂乙酉（光緒十一年）春，兵疫後，普勸社規程俱已泯沒。諸講生，亦大半淪亡。玆舉遂寢。棼等身列膠庠，頗知見義勇為，不忍坐視頹廢。乃於去年（光緒十三年丁亥），鳩資重整社中。談用取尚書"舊染汚俗，咸與維新"之意，更"普勸"曰"一新社"。且遴選樂善不倦，兼以口才素裕，可作講生者。如八品頂戴林陞及童生郭鶚志、許占魁、高昇、陳秉衡等之數人者，俱有心向善，殊堪勝任愉快。庶乎數十年之美舉，得勃然興矣。第思勸善之設，雖云：法美意良，而際此地方更張之日，正兵民雜處之時，非懇蒙出示布告，當宣講日期，或此欲靜，而彼欲譁，豈能肅圜橋之觀聽：且諸講生，不奉明諭，其何以藉朝廷之力振威儀，而服衆志哉？於是再四思維，措理無術。爰相率聯名，瀝情陳請，伏乞恩准，據稟出示曉諭，以新耳目。一面諭講生等，俾專責成等情。據此，除稟批示，併諭飭該講生等知照外，合行出示曉諭。為此，示仰闔澎衿耆士庶人等知悉。爾等須知宣講聖諭，解析善書，均係勸人為善，有益身家，務須環聚恭聽，謹奉力行。切勿喧嘩吵鬧，致干查究。切切毋違。特示。

光緒十四年三月初六日公告㊺

日據之初全臺鸞堂發起扶鸞降筆戒煙運動，日人初視爲迷信行爲之媱祠，後見其戒煙運動形勢熾烈，且有排日之動向，乃疑爲一種秘密結社，而加以偵查、監視、取締。

臺灣鸞堂之組織，一般都設有鸞主，在鸞主之下派置正副鸞生、抄錄生、校正生、迎送生、司香生等三、五人至十數人，或五、六十人不等。其規模較大者，則設有正副董事、總司事、正副總理。職務之分派，有屬扶鸞者，有屬宣講者。規模較大者有澎湖之一新社樂善堂，基隆新店街城隍廟內之正心堂，及新莊三重埔五谷王廟內之集福堂等。其組織職務如下：

1.　**一新社樂善堂（光緒十七年正月十五日派）**

董事兼堂主：林介仁
知　客　生：黃濟川
正　鸞　生：黃逢時、蘇根攀
幫　鸞　生：蔡徵功、鄭祖儀
副　鸞　生：吳騰飛、許世忠、蕭鴻禧
唱　鸞　生：李時霖、王邦樞
錄　鸞　生：鄭祖揚、郭廷光
錄　鸞　生：楊廷瀾、郭清獻
迎　禮　生：陳秉昭、吳品分
行　禮　生：鮑顯星、蘇清景、鄭祖基
謄　錄　生：紀秉修、林其昌
請　鸞　生：蘇桂芬、郭丕承
効　用　生：陳睿明、林懷治、謝鴻恩、郭丕觀、陳步青、

㊺《覺悟選新》，卷1，葉46、47。

洪汝明

督講生：鄭祖基

司講生：蔡徵功

宣講生：李時霖、黃逢時、郭清獻、吳騰飛、郭丕觀、許世忠

助講生：蕭鴻禧、楊廷瀾、黃濟川、鮑顯星、陳睿明、陳步青、林長青、洪汝明、謝鴻恩、郭鶚志、高　昇、許棽、陳秉衡

救濟部勸捐生：鄭祖年、郭丕謨、陳長澤、蘇清景、吳品分、鄭創垂

光緒二十七年五月初一日，爲全澎救解鴉片煙毒，弘揚鸞務，奉派增加鸞生職務如下：

正鸞生：陳采丹

副鸞生：吳翔南、莊秉衡、謝清源

唱鸞生：王秉倫、林顧卿

錄鸞生：吳麗生、吳學波、高遜仁

迎送生：黃歐貴、辛修忠、許子貴、蕭南亭、郭健秋、辛修正

請鸞生：林全順、鄭隆興、郭采卿

司香生：陳冰如、陳維翰、吳權衡

效用生：許遠方、黃有福、黃如山、陳德馨、吳傳立、藍永和、林以明、黃克勤、黃欽明、黃克讓、范成渠、蔡榮賢、李朗亭、陳榮昌㊻

2. 基隆正心堂（光緒二十七年，日明治三十四年七月十八日調查報告）

㊻《覺悟選新》，卷1，葉 36-38。

總司事加主錄鸞：許梓桑（住基隆暗街仔街）

正堂主：陳文貴（住基隆媽祖宮口街）

副堂主：許炳榮（住基隆草店尾街）

正總理：許招春（住基隆草店尾街）

副總理：汪　喜（住基隆福德街）

校正生兼主講：劉維周（住基隆暗街仔街）

正鸞生：鄭天賜（住水返腳街）

佐鸞生：謝祥乞（住基隆新店街）

副鸞生：董庚子（住三貂堡）

副鸞生：沈同生（住基隆福德街）

總緣首事：劉隆佟（住景尾街）

副緣首事：何榮峰（住基隆暗街仔街）

幫務司兼司香生：張斗南（住基隆草店尾街）

迎送生：劉步梯（住基隆福德街）

誥誦生：葉榮松（住基隆媽祖宮口街）

掛號生：吳斌記（原籍不詳）

掛號生：吳正春（住基隆草店尾街）

把門生：許　貴（住基隆田寮港莊）

拾字紙生：周源達（住基隆新興街）

宣講生：劉長恭（住基隆田寮港莊）

宣講生：許　匏（住三貂堡）

宣講生：劉宗誌（住基隆草店尾街）

宣講生：葉水義（住基隆媽祖宮口街）

宣講生：蘇　旺（住基隆新店街）㊼

㊼《元臺北縣公文類纂》，明治34年，永久保存第46卷，降筆會案卷。

3. 新莊三重埔集福堂（光緒二十七年，日明治三十四年八月十三日調查報告）

鸞堂堂主：林啓輝（住頂田心莊四番戶）
正董事：林華衷（住菜寮莊八十四番戶）
抄錄生：林清敦（住后竹圍莊一番戶）
副鸞生：林恩恭（住六張莊六十五番戶）
副董事兼校正：李種玉（住菜寮莊二十一番戶）
迎駕生：林心敏卽林鵬飛（住六張莊六十六番戶）
副首領左鸞生：林廷棟（住六張莊六十七番戶）
司香生：林恩福（住六張莊六十八番戶）
錄文生：陳光崙（住簡仔畬莊三十六番戶）
錄文生：黃錦優卽黃金印（住車路頭莊六十一番戶）㊽

(二) 鸞堂之堂規

鸞堂多訂有堂規，以供執事、堂生、信徒等遵守，但未必都公開揭示。玆將澎湖一新社樂善堂、九芎林復善堂、中港積善堂之堂規列舉於後：

1. 澎湖媽宮一新社樂善堂堂規

一、凡堂生，宜敦五倫，行八字。諸惡莫作，衆善奉行，以端一生行誼。方堪垂爲榜樣。

二、凡堂生，宜尊五美，屛四惡，誦法是書之外，不可誤染邪教。可將列聖之覺世眞經，感應篇文，時時盥誦，實力奉行。期無負列聖教誡之苦心。其他左道異端，概宜屛絕。

㊽《元臺北縣公文類纂》，明治34年，永久保存第46卷，降筆會案卷。

三、凡堂生，執事人等，宜修身檢察。而洋煙誤人不淺，犯者須設法急除，方好對神對人，不可仍循舊轍。違者等於不孝。

四、凡堂生，賭博宜警省，不可視爲無關。雖輸贏無幾，而傾家最易。切莫謂新正無妨，實爲厲之階也。

五、凡堂內諸執事，在壇前効勞，務必小心虔誠，衣冠潔淨。不可奉行故事，以犯神規。

六、凡堂生，所有出言，宜防口過，不得談人閨閫，播弄是非。亦不可輕佻戲謔。蓋戲謔即侮慢之漸也。

七、凡堂生，善則相勸，過則相規。務須忠告時聞，不得背後私議。至於外人之過惡，與我無關者絕口不談，可也。

八、凡堂主，所犯過失，有人密相告者，應當喜悅，不可諱疾忌醫。但良友相規，亦須於無人之時，剴切密語。不可在人前，當面搶白，自己沽直，而使人臉上難堪也。

九、凡堂生，務須以和爲貴，不得外托愉容，而心存不滿，使睚眦小過，積久而成怨懟。

十、凡堂生，宜各勤本業。若無事之時，宜講究善事、善文。不得聚羣結黨，妄說非禮之言。

十一、凡酣酒漁色等事，堂中雖無其事，亦須時存警覺，有則改之，無則加勉。

十二、堂內掌賬之人，逐月於費用外，尚剩若干文，務須照錄標出，以杜旁議。方能行之久遠。

十三、凡堂生，務必長幼有序，尊卑有別。不得以少凌長，亦不得以上傲下。

十四、凡堂中諸費，宜節用有度。不得濫費，借爲公款無妨。

十五、凡社中、堂中有要事，宜公同斟酌，以衷諸一是。不得挾一己之私，偏見自尊。

十六、凡社中、堂中辦公人等，宜實心行實事。不得假公行私，因私廢公。尤要持之有恒，不得始勤終惰。

右堂規十六則，宜標出堂中，與諸生時時檢點。如不照此而行，違一則者記過十次。如所犯洋煙，不能一旦除盡，宜須立心改去，則遲數月，亦不加罪。如一年之內，仍行故態者，罪加十倍。各宜收視返，內自省焉可也。此論㊾。另並訂有一新社宣講例言十六則㊿。

2. 樹杞林九芎林復善堂條款（光緒二十六年，日明治三十三年四月立）

一、臺地諸民讀書明理者少也。自前數年傳聞，上下各處，每敢犯法刼殺財命不等，一經報辦，轉累善良，實在悽慘。近來各莊煩各士人，將上代勸善戒惡諸書處處宣講。欲化不識字者，知得從善改惡也。無如愚頑不少，毀謗甚多。等想人生惟怕病死為最。特引易所云：聖人以神道設教，託為扶鸞，中安神位，尊嚴肅穆。就古來佛聖仙神詩詞歌論，若何，善有善報，若何，惡有惡報，照抄即送逐條詳說，俾各男婦益深謹慎，庶各善良，得以安家樂業，不煩官長律法也。

一、現在臺民內山外海，既入帝國版圖，當為帝國善良，各要安分守法，方不害累地方也。每年上下兩忙，官長告知書催納國課錢糧及一切規費，各家務須就緊趕赴繳完訖，割單執憑。此乃上以示信，下以効忠也。

一、各莊等處，凡有大河阻隔，須造船以通往來，小溪截擱宜切橋，而利上下，一切資本商議裁給。此乃時行方便也。

一、本堂議設仁濟藥舖，在文林閣內。凡有窮苦之家，無錢請醫買藥等項，惟期各家倘有沾病者，可命親屬到堂，問明病

㊾《覺悟選新》，卷1，葉 44-46。
㊿《覺悟選新》，卷1，葉 42、43。

由，照症發藥；及有外客驟患瘋痧，均可向堂支取藥料，不取藥資。此乃救濟危急也。

一、各街莊，果有孝婦，不幸少年突喪夫主，眞心守節，苦志撫孤，兼日食難度，無論何姓，查明確據，到堂報知，等當義酌亟籌妥款，另裁獎勵。此乃上體旌榮褒貞警淫也。

一、各街莊倘有家貧病故，無資埋墳者，不論何姓，經妥報知本堂商議，立買棺木一付，助銀五角，作爲出殯之需[51]。

該堂並於光緒二十六年（日明治三十三年）四月，公告復善堂仁濟院鸞友同白條款五條[52]，告知民衆可到院義診支領藥料。

3. 中港積善堂堂規（光緒二十七年，日明治三十四年七月二十七日，中港支署長調查報告）

該堂在堂內揭示有九天司命眞君降六戒，及記功、罰過、賞善、誅惡等堂規如下：

第一戒：一吾堂諸生，有椿萱在堂，追隨膝下問安，視膳，克盡子職，無違於孝。遵者記功，違者稟請開革。

第二戒：一吾堂諸生，嫖嫣宜戒，伍他顏如玉，伍他語似鶯，且放下，莫留情。遵者記功，違者稟請開革。

第三戒：一吾堂諸生，煙賭奸詐概不許爲伍，宜洗滌身心。阿煙愈染而愈下，賭博愈趨而愈深。如明知故犯者，稟請開革。

第四戒：一吾堂諸生，無稽傷陰隳善道共發明，莫坐設閨闥，莫品評寡室。遵者記功，違者稟請開革。

第五戒：一吾堂諸生，登堂衣冠整潔，登枱宣講，宜三跪九叩，說得明句讀，勿稽語而相參，使聽者清楚，自能革故自

---

[51]《元臺北縣公文類纂》，明治34年，永久保存第46卷，降筆會案卷。
[52]同上註。

新。遵者記功，違者稟請開革。

記功恩歸降堂規

一、諸生既入鸞堂，首從行孝，戒淫。遵者記功。

一、諸生入堂者，禁止喧嘩，不許高聲唱揚。遵者記功。

一、諸生入堂者，或誦經，或請誥，或練鸞間者，講究格言。遵者記功。

一、諸生司宣講者，堂從其職，不得退縮。遵者記功。

罰過恩歸降堂規

一、諸生入堂者，序齒尊卑，如兄如弟，不得以少犯上。遵者記功。

一、諸生入堂者，和衷共濟，勿得驕矜自尊，致於未便。遵者記功。

賞善恩歸降堂規

一、諸生入堂者，不得拖履、吃煙，闖前內堂。遵者記功。

一、諸生既曉建堂，須伍毀謗，忍學一字，不得與人民爭辨，各立己志。遵者記功。

誅惡恩歸降堂規

一、諸生入堂者，宜遵約束，須思官有正條，民有私約。如敢故違，本司職掌誅惡之任，默罰不饒。遵者記功。

一、諸生入堂者，衣冠潔淨，不得狎褻神聖。遵者記功。

一、諸生入堂者，練鸞，宜朝夕勿倦。須用緊身衣服，以備訓練鸞務。練鸞不息，自能啓筆。記之！記之[53]！

觀諸前舉堂規，皆係對執事、堂生、信徒等鸞堂所有人員之教誡及約束，而以踐行孝善，革除惡習爲其宗旨。就堂規本身而言，並無秘密結社之性質。但因運用鸞堂之組織與力量發動戒煙運動，抵制日本之鴉片政策，並排斥日人，故部分日警乃視爲反

---

[53]《元臺北縣公文類纂》，明治34年，永久保存第46卷，降筆會案卷。

日之秘密結社。

㈢ 鸞堂之經費來源

鸞堂之經費來源，一般來說多由倡導設立鸞堂之地方資產家信徒捐款維持，並不向一般信徒收取禮金。對遠來之信徒則免費提供膳宿。尤其新竹、樹杞林、苗栗方面之倡導者，其捐獻金額尤多。例如樹杞林街人新竹辨務署參事彭殿華，自光緒二十三年（日明治三十年），倡導開設鸞堂，並於二十四年從廣東邀請彭錫亮等五位鸞生來臺，舉行扶鸞祈禱降筆戒煙，至光緒二十七年（日明治三十四年）之間，曾捐獻四、五千圓之多㊴。

南莊育化堂之經費，則由外鸞生九人協商，每年每人各捐二圓至十二圓，充爲鸞堂之經費㊵。

滬尾頂奎柔山莊行忠堂之經費，亦由該堂之堂主、總理、執事、信徒等捐款。並曾在光緒二十五年（日明治三十二年），捐出二千餘圓，興建壯麗之堂宇。其維持費，最初未限制時年達數百圓。至光緒二十七年時，每年維持費減爲一百二十圓，係由堂主校正兼右鸞並傳鸞章李宗範、李福原、李輯瑞、李宗堯、李銅池、李宗謂、李毓洪、李汝海、李選銓、李溪興、李文珪等十一人負擔㊶。

基隆城隍廟內正心堂之經費，亦都由該堂執事及信徒捐款維持，如其在厦門出版《挽世全篇》之費用約一千圓，都由各執事及主要信徒醵資出版，分發給各信徒㊷。

又據滬尾辨務署長村上先之調查，乙未日軍侵臺時，內渡厦門之臺灣首富林維源，也在厦門與臺灣各地鸞堂互通脈絡，不吝

㊴同上註。
㊵同上註。
㊶同上註。
㊷同上註。

捐款資助扶鸞戒煙及從事排日運動[58]。

此外，新莊三重埔之集福堂則採股份制，由堂主、董事、鸞生、信徒等認股份出資，維持鸞堂經費。其股份共有二五〇份，每份三圓，股金共七五〇圓。其股東及認股之股份如下：

林啓輝	鸞堂堂主	一百二十份
林華衷	正董事	三十份
林清敦	抄錄生	二十份
林恩恭	副鸞生	十五份
李種玉	副董事兼校正	十份
林心敏（即林鵬飛）	迎駕生	十份
林廷棟	副首領左鸞生	十份
葉偉梧	信徒	六份
林楷吟	信徒	五份
林恩福	司香生	五份
陳光崙	錄文生	四份
黃錦優（即黃金印）	錄文生	四份
鄭有容	信徒	四份
賴金釵	信徒	三份
蔡　信	信徒	二份
林垂統	信徒	二份[59]
共十六人		二五〇份

至於其他規模較小而經費短絀之鸞堂，如枋橋之吾醒堂，則除由地方資產家義捐外，並向到堂卜吉凶，或祈求藥方之病患，每次酌收一角至五角，但貧民則免收[60]。

[58]《元臺北縣公文類纂》，明治34年，永久保存第46卷，降筆會案卷。
[59]同上註。
[60]同上註。

四、降筆會之戒烟運動

(一) 戒烟運動之起因與擴大之原因

首先要將降筆會戒煙運動發生當時之社會背景及日本政府實施鴉片專賣之情形加予說明一下。光緒二十一年割臺，日軍侵犯，臺胞義不臣倭，全臺義民到處蜂起抗日運動，一直至光緒二十八年，前後打過七年的武裝抗日戰爭，給臺灣的社會帶來動亂不安。

當時臺灣吸食鴉片者約有十七、八萬人，而如前所述，日本據臺之初，鴉片政策究竟採取嚴禁政策抑或漸禁政策未定。又一部分日本人曾公言將鴉片癮者盡行驅逐歸還中國，又傳說日本或將盡斷絕鴉片來源，鴉片癮者將遭到絕大的痛苦，惟有待斃。

先是樺山總督於光緒二十一年，先後頒布告諭及臺灣住民刑罰令，嚴禁日人吸食鴉片。翌二十二年二月，與各國施行條約之時，臺灣總督並頒布鴉片輸入禁止令，但宣言對於癮者限以藥用准許使用。八月十七日，民政局復以民總第五一三號，通飭對臺灣住民之吸食鴉片者暫不予過問。

然而頒布鴉片輸入禁止令後，各地鴉片煙價均大幅上漲。例如臺北原來一兩四錢爲一圓之鴉片，於禁令後漲爲八錢一圓。基隆由原每斤七圓至九圓三角，漲爲十一圓至十二圓。臺中由原一兩四錢一圓，漲爲一兩二錢。鳳山由原每斤十圓五角，漲至二十四圓四、五角。恒春由原一兩鴉片一圓，漲至一圓八、九角。澎湖又漲二、三成。癮者莫不表困擾之色，引起民間之激動不穩。

光緒二十三年一月二十一日，公布臺灣鴉片令，三月四日制定鴉片令施行規則，規定自同年四月一日起施行。乃採取鴉片漸禁政策，實行鴉片專賣。表面上爲站在人道上，立即實施嚴禁，會影響鴉片癮者之身體，甚至有生命之危險。其實則以收歸政府專賣，財政上預估年可收入三百萬圓[61]。臺灣鴉片令及施行規則頒行後，申請吸食一等煙牌者要按月納稅三圓，二等煙牌者納稅一圓五角，三等煙牌者納稅二角。煙膏價格定爲一等煙膏（福煙）一罐（十二兩裝）定價十二圓，二等煙膏（祿煙）一罐定價九圓，三等煙膏（壽煙）一罐定價七圓。其所定煙價與割臺前煙價略同，但吸食者每月要多納牌照稅，增加負擔不少。且需請准領照始可吸食，不如以前可自由吸食[62]。

光緒二十三年（日明治三十年）五月八日，爲臺灣住民國籍去就決定日期。本來日人憂慮臺胞不願意服從日本的統治，相率回歸中國[63]，或繼續從事抗日行動。如此，對外體面上與實際統治經營上有很大的阻礙。一旦施行此種政策，一來可得到民心安定，二來又可藉以撈取一宗大財源，是一舉兩得之無上妙法。但日人竟然貪而不厭，於光緒二十七年四月及七月，兩次提高煙價，一等一罐（改爲十兩裝）由原十二圓提高爲十四圓，二等一罐由原九圓提高爲十一圓，三等照舊一罐七圓。而臺胞也漸了悟日人的搾取手段，因此怨聲四起[64]。

玆將降筆會戒煙反日運動之起因及擴大之原因，歸納列舉於後:

---

[61] 按後藤新平之〈臺灣施行鴉片制度意見書，三〉云：臺灣每年鴉片進口量約爲四十萬斤，從前價格爲四百萬元，即每斤不下十元。惟日本政府所購鴉片每斤僅爲五圓，故可收入二百萬圓，另向吸煙者加收執照購買簿費及其他約可收一百萬圓，合計有三百萬圓之收入。

[62]《臺灣總督府公文類纂》，明治30年，甲種永久第13卷，第六門衛生鴉片。《日據初期之鴉片政策》，第1冊，頁 233、239、272。

[63] 按期滿實際回中國大陸者只有 6,456 人。詳見拙作〈日據時期臺灣外事日誌(一)〉，《臺灣文獻》，卷11，2期，頁 246，民國49年 6月。

[64] 李騰嶽文，載《文獻專刊》第4卷第3、4期合刊，頁18。

鸞堂(降筆會)抗日：抵制日本鴉片賣 → 抵抗日本政權
(價格不斷提高)

一、光緒二十二年二月頒行鴉片輸入禁令後，臺灣各地鴉片大幅上漲，又光緒二十三年四月日人施行臺灣鴉片令暨鴉片令施行規則，實施專賣，發給吸食執照，搾取臺胞。不久恰好廣東盛行鸞堂祈禱降筆戒煙，樹杞林人彭樹滋在此時於六月到廣東陸豐縣接受鸞堂扶鸞祈禱戒煙成功。回臺後告知彭殿華，彭殿華以爲此有益人民爲公衆可喜之事，乃乘此機會自廣東陸豐縣邀請五位鸞生來臺，設堂傳授扶鸞祈禱降筆戒煙之方法，成功後傳授各地興起戒煙運動。

二、日本據臺之初，臺灣總督府之歲出入年年赤字，財政無法平衡。爲確保財源，將製鹽業、樟腦業、鴉片業等最有利益之事業，俱收歸爲官營之專賣，因此日本據臺後民間之各種營業均逐日衰退，加之各種稅捐逐年增加，人民生活陷於塗炭之苦，人民之利益與清代相比有雲泥之差。故如北部滬尾、宜蘭、新竹、臺中等處降筆會之重要會員，乃與抗日義民相謀，以鼓吹排日爲急務，亦以此爲神仙之宣託加以弘揚擴大戒煙運動，抵制日本之鴉片政策。利用宣講仁義之道，收攬民心，團結臺胞，俟機起義抗日，以期促進民族運動，並以將臺灣復歸中國爲目的。

三、當光緒二十七年春，臺灣西部各地方紛紛設立鸞堂，勸鴉片癮者舉行扶鸞祈禱降筆戒煙之際，臺灣總督府於四月及七月間，二次提高鴉片煙膏價格，更使臺胞反感，參加鸞堂降筆戒煙行動。而當時日方之臺北縣警察部警部小山謙及新竹辨務署頭份支署長，中港支署等之調查報告，亦均認爲光緒二十七年鴉片之漲價爲降筆會戒煙運動擴大的原因之一⑥⑤。

(二)　鸞堂戒烟之方法

鸞堂奉祀之主神多爲關聖帝君，配祀神有孚佑帝君、司命眞
(關公)　(呂洞賓)　(灶神)

⑥⑤《元臺北縣公文類纂》，明治34年，永久保存第46卷，降筆會案卷。

君、文昌帝君、觀音佛祖、五谷先帝、城隍爺、天上聖母、李仙翁、藍仙翁、孫仙翁、陳仙翁、張仙翁、周將軍、王天君、趙天君、張桓侯、諸葛亮、太醫院許眞君、開臺聖王、福德正神等，安奉有神像（神位）、香爐，並在其前面之木架臺上之盆盤盛土砂。其扶鸞降筆之方法，係由鸞生二人分握神機（雙叉之桃樹樹枝）之左右兩端，安放於砂上，專心祈禱，堂主就位於正面，其他鸞生數人站於鸞壇左右，欲戒煙之鴉片癮者亦集合坐於神前祈禱，以鳴鐘鼓做號令一齊低唱誦經，三跪九叩後上香、燒金紙、點燈，再將供奉物品菓瓜類、水排於神前，再三叩九拜，然後正副鸞生二人站立，恭敬握神機，稍後待神降臨神機縱橫發動時，鸞生乃說出其呈現於砂上之文字，即所降下之神勅，由鸞生抄錄後發布神之託宣降筆。而將混有香灰、淨沙之神水（又稱虛水，或稱丹水、丹砂甘露水）給癮者服用，然後停吸鴉片，向神連續祈禱一週，此間癮者身體會感覺痲痺痛苦，頻作嘔吐，依神力癒癮，忍其痛苦祈禱。其間身體疾勞者，則再讓其服用藥丸。每日反覆祈禱煙癮自癒。又戒煙祈禱時必須攜帶煙具在神前打毀[66]。

澎湖一新社樂善堂境主靈應侯方，則於光緒二十七年五月二十九日降詩諭、戒除鴉片條例六則，希大家切宜遵守。

一、設置磁缸一大壺在壇前，明日卯刻大開木蓋，以便和丹，三日後准有心人者，乞求飲用。

二、凡求請之人，須在前壇高聲立誓，謂從此心堅意切，改絕鴉片煙，至死不變，若中途異志再吃，願受天誅神譴，由本堂所派執事一名督觀，另一名專責登記其人何社何姓名，方准其舉筶。

三、凡遇有人來求符砂甘露水者，由本堂另派執事一名專責分與，依先後次序，不致錯踪。

---

⑥⑥《元臺北縣公文類纂》，明治34年，永久保存第46卷，降筆會案卷。

四、凡和符水之時，諸生應齊到，跪誦普賢尊佛心印經七遍，即焚化之。

五、凡戒煙之人，其煙具應同時帶來壇前立誓後繳交，從此一盡除清，以免日夜觀望，復萌煙癮，其所收煙具，另派執事二名，負責登記收清，即在壇前公開打碎，使不能再用，另擇日分批送到海邊，盡付汪洋，以杜絕後患。

六、凡經本社立誓戒煙之人，如不終身凛遵，半途廢止，再吃鴉片，而負聖帝之婆心，並諸眞之苦口，即上天不爾諒，神其鑒諸，必應誓誅譴。愼之戒之，勿視爲兒戲也。

又張元帥於五月二十九日，降斷煙妙方十味，曰：堅心一大片，忍耐十分足，煩惱去心，煙具盡除，心印經一篇不論時誦念，獨睡丸一粒四十九日服，心猿鎖鍊，意馬束縛，素食物不拘多少，挑唆言半句亦忌[67]。

蓋欲戒除鴉片必須絕大堅強之決心，此乃藉神威來約束戒煙者之決心，堅心遵守，而支持其精神力，付諸實踐，以期戒煙成功。

(三) 降筆會戒烟之效果與其影響

自從光緒二十五年二月，樹杞林彭殿華邀請廣東鸞生來臺設鸞堂，扶鸞祈禱降筆戒煙發生效果起，至光緒二十七年戒煙運動持續之間，固有戒煙未成半途而廢者，但經鸞堂扶鸞祈禱降筆而能完全戒煙者亦不少。戒煙成功之主要地區及其戒煙成功人數，其有記錄可稽查如下：

1.光緒二十五年二月，彭殿華邀請廣東鸞生到樹杞林九芎林高梘頭文廟復善堂，扶鸞祈禱降筆，舉行五次獲戒煙成功者就有

---

[67]《覺悟選新》，卷7，葉9、10、12、13。

二百餘人。

2.苗栗一堡沙坪莊，於光緒二十六年八月設鸞堂後，至光緒二十七年戒煙成功者有千餘人[68]。

3.臺南縣管轄下，至光緒二十七年七月，特准吸煙者六萬四千九百三十九人中，在同年八、九月戒煙者有一萬四千七百五十四人，九月底再吸食者有五千三百十一人。詳細如下表[69]：

辦務署別	光緒27年7月份鴉片吸食者	戒煙者	光緒27年9月底再吸食者
臺南	12,526	937	613
鳳山	11,197	1,660	1,013
東港	4,852	79	4
阿猴	4,050	114	65
蕃薯寮	1,365	58	9
大目降	3,814	390	305
蔴荳	4,213	1,379	913
鹽水港	7,998	3,842	1,170
嘉義	14,910	6,295	1,220
合計	64,929	14,754	5,311

4.澎湖各鄉社，於光緒二十七年五月發起戒煙運動後，戒煙者有千人。

---

[68]《元臺北縣公文類纂》，明治34年，永久保存第46卷，降筆會案卷。
[69]《臺灣慣習記事》，第1卷，第11號，頁 91-93，明治34年11月。

其他各地戒煙成功者亦不少。

又據《臺灣治績志》等載：到光緒二十七年七月十八日止，在十六萬一千三百八十七人特准吸煙者中，據九月底之調查，戒煙者有三萬七千零七十二人，其中男三萬四千七百四十四人，女二千三百二十八人；其中自行戒煙者一千四百七十七人，內男一千三百九十二人，女八十五人；由降筆會戒煙者三萬四千三百七十人，內男三萬二千一百九十九人，女二千一百七十一人；其他一千二百二十五人，內男一千一百五十三人，女七十二人⑰。即經降筆會戒煙者占所有戒煙者之92.7%，占特准吸煙者之21.3%。降筆會戒煙運動之成果實在眞可觀。

原先光緒二十三年日本在臺灣施行鴉片令，實施鴉片專賣後，翌光緒二十四年其鴉片收入即超過其預估之收入三百萬圓，而達三百四十六萬七千餘圓，較之當年全臺田賦收入七十八萬二千餘圓，多了3.4倍。光緒二十六年鴉片收入又達四百二十三萬四千餘圓，田賦又只有九十一萬二千餘圓，鴉片收入比田賦年多三百三十二萬二千圓，爲田賦收入之4.6倍，由此可見其鴉片專賣收入在臺灣總督府財政上所占之重要性。

當光緒二十六年冬，降筆會之戒煙運動漸次流傳至臺灣西部各地，而在二十七年達到最高潮時，如前所述經降筆會戒煙者多達三萬四千三百七十人。首當其衝的是鴉片之販賣銷售量大受影響，鴉片專賣之收入銳減。地方政府及臺灣總督府之財政大受影響。

如臺南縣在光緒二十七年五月，降筆會戒煙運動盛行以後，至同年八月，其轄內之鴉片販賣人幾乎減爲一半，詳細如下：

⑰《臺灣治績志》，頁327-329。李騰嶽文，載《文獻專刊》第4卷第3、4期合刊，頁18。

辦務署別	光緒27年4月販賣人數	同年8月販賣人數	相差
臺南	128	81	47
鳳山	170	110	60
東港	94	60	34
阿猴	51	41	10
蕃薯寮	26	24	2
大目降	78	50	28
蔴荳	61	20	41
鹽水港	56	20	36
嘉義	101	35	66
合計	765	441	324

而原來特准販賣業者應解繳其銷售金額千分之二爲地方稅之收入亦頗受影響，即光緒二十七年度臺南縣地方稅預算，鴉片販賣業者應納之地方稅額爲三萬一千二百七十四圓八角，其販賣業者數爲九百二十四人，而同年度八月分販賣業者人數已減爲四四一人，正爲減少一半。又如蔴荳地方在光緒二十七年四月，對所存鴉片販賣金額原可徵收九百圓之地方稅，但至同年九月二十二日僅收三十圓而已。由此可見降筆會戒煙運動對地方稅影響之厲害情形[71]。

其次就臺灣總督府來說：降筆會戒煙運動達到最高潮之光緒二十七年，其全臺鴉片之販賣量又比上年減少七萬八千一百四十

---

[71]《臺灣慣習記事》，第1卷，第10號，頁 86-87，按原文統計表數字有誤，逕加予修正。

公斤，販賣金額減少一四四萬六千八百二十九圓，鴉片收入減少一四三萬零八十六圓之多。玆將降筆會戒煙運動前後五年之全臺統計列表於後[72]：

年度	販賣人售賣吸煙人之鴉片		鴉片專賣收入（圓）	與上年度之比較（圓）
	重量（公斤）	金額（圓）		
光緒24年度	166,316	3,720,733	3,467,334	
光緒25年度	204,504	4,662,604	4,249,578	⊕ 782,244
光緒26年度	197,465	4,616,762	4,234,980	⊖ 14,598
光緒27年度	119,325	3,169,973	2,804,894	⊖1,430,086
光緒28年度	128,843	3,291,106	3,008,488	⊕ 203,594

由此，可窺見臺灣總督府鴉片收入，受降筆會戒煙運動影響之鉅大情形。

另一方面降筆會戒煙盛行的地方，一般經濟都變得很好，如修築很好的堤防、道路，沒有一戶滯納稅款[73]。蓋鴉片癮者戒煙後，當比戒煙前可減少有害無益之煙費支出，可改善其家庭生活。例如據日方光緒二十二年五月在臺南之調查，下層勞工當時一日所得工資二角，而先以一角五分購買鴉片滿足一已之煙癮，然後以剩餘之五分維持一家之生計，自爲困難拮据。而戒煙後可將全部所得二角充爲生活費，家庭生活自然提高寬裕。且可革除癮者之怠惰，改爲早起勤勉勵業之精神，對家庭、社會之經濟皆有益[74]。

[72]《臺灣省51年來統計提要》，頁1002-1003，1040-1041。
[73]李騰嶽文，載《文獻專刊》第4卷第3、4期合刊，頁18。
[74]《臺灣總督府公文類纂》，明治29年，永久乙種第21卷，第六門衛生鴉片。《日據初期之鴉片政策》，第1冊，頁74。

五、日本政府之偵查取締

臺灣鸞堂降筆會之舉行戒煙，雖始於光緒二十五年二月，即樹杞林人彭殿華邀請廣東鸞生彭錫亮等來臺，在其自宅設鸞堂扶鸞祈禱降筆戒煙成功，而後漸次流傳到新竹、苗栗、臺北、滬尾、基隆、臺中、臺南、澎湖等地區。但起初一、二年尚未引起日方之注意。至光緒二十六年冬至光緒二十七年二、三月，降筆會之戒煙運動（日人又稱仙壇事件）普及臺灣西部各地方，如狂流奔放的形勢，始引起日警之關切注意。

當時日本據臺才六、七年，而雲林斗六、嘉義及南部鳳山、阿猴等地方之義軍，仍在各地繼續抵抗日軍。一面又發生反抗日本鴉片政策的全面性鸞堂降筆戒煙運動。日警起初對鸞堂之降筆戒煙，表面上雖以媱祠、迷信行爲視之，但見其運動之形勢隆盛，疑爲一種秘密結社，恐與抗日義軍裏外呼應，排斥日人反抗日本；且徵之臺灣歷史事例，怕爲被有雄心之人所利用，惹起不測之害，乃由其主管政治思想之高等警察負責偵查、監視、取締。

(一) 臺中縣苗栗辨務署率先偵查諭令停止

臺中縣苗栗辨務署管內苗栗一堡沙坪莊，富豪黃紫雲主持之觀音佛堂所設鸞堂之降筆戒煙最爲靈驗。自光緒二十七年三月至五月底，到該堂進香戒煙者平均每日達數百人，而完全戒煙成功者亦不尠。因此，臺中縣苗栗辨務署第二課之高等警察，乃於光緒二十七年四月二十日至五月三日，約談苗栗一堡沙坪莊善堂之鸞主黃紫雲與黃力雲、麥瑞芫及金鸞堂堂主李緝菴。就鸞堂調查下列事項，並作筆錄，欲加以辦罪，諭令停止扶鸞降筆戒煙。

鸞堂調查記

一、提出必須設立鸞堂之理由書。

二、鸞堂之起源及其相承。

三、從來之布教傳道方法。

四、主神名稱及信徒扶鸞祈禱之法語。

五、鸞堂之地址，有無維持經費及堂主之職業姓名。

六、奉誦之經典，其版權所有者及資本金。

七、現在信徒總數及其教化人民之顯著事蹟。

八、信徒、鸞堂總監、主宰、管長之姓名及被約談人之履歷。

降筆會金鸞堂堂主李緝菴，曾在其問答記提出答辯書，略曰：

臺人信神垂二百年，相沿日久遂成風俗。始則因信而生敬，繼則因敬而生畏；故百姓之畏王法，常不如其畏神明，於是有以神道設教之說，此鸞堂所由設也。鸞堂者聖神鸞駕所臨之堂，卽民人禮拜之所也。堂中施行之事，以降筆造書勸戒洋煙為主，其書中所引證者皆是善惡應報之事，使民人若知警者不敢為非，大有關於風化，若戒煙一事又屬顯然之利益也。至於堂內組織之人，係為行善起見，各皆自備飯食，並不敢取分文，豈邪術師巫惑世圖利者，所可同年而語哉！

各鄉村街莊有二、三有志者共設一鸞堂，著作詩文，宣講勸善戒惡。近日蒙警官諭令停止，疑為降筆會邪說惑人等因，但未察此鸞堂之由，天下事豈有忠義而反目為邪說者乎？則國家設官分職教民撫民之事亦邪事矣。

吾等小民甘備資本為國家勸化人民，而竟誣為逆禮之舉。但未知身犯何罪？律犯何條？誠令人不解也。倘政府欲加以罪，吾等有殺身成仁之美。惟願當道父母官，大發慈心，勿聽讒說，體恤下情，准此宗教盛行，從此風清俗美，官閒民樂，共享昇平之世，豈不美哉？社稷幸甚！生民幸甚！⑮

李緝菴不懼強權淫威，嚴正闡明鸞堂降筆會之崇高宗旨及彼等之行善，抗議日警誣辱，欲加以罪，並表明有殺身成仁之決心，正氣凛然。

日警調查後，確知沙坪莊之鸞堂，係相承於樹杞林彭殿華。因此，臺中縣警部長小林三郎，乃於光緒二十七年五月十五日，以高秘第二十九號函附苗栗沙坪莊鸞堂調查書，照會臺北縣警部長西美波，請將臺北縣鸞堂降筆會從傳入至今之情況、根底、反映之情形及取締狀況等示知參考。

(二) 臺北縣擴大偵查諭禁

1. 新竹辨務署長里見及高等警察警部小山之調查報告

臺北縣警察部收到臺中縣警察部小林警部長有關降筆會之照會後，警部長西美卽先於光緒二十七年五月二十一日，以高秘第六五二號之一函請新竹辨務署調查下列事項：(一)降筆會之由來沿革及現況，(二)嬌祠之方法，(三)道士之姓名性行，(四)信徒之種類人數，(五)迷信之結果是否對身體生命有危險，(六)一般民心所反映之現象，(七)是否有必要取締及其方法意見。新竹辨務署長里見義正收到照會函後，卽令樹杞林支署長調查報告。嗣於五月三十日，根據樹杞林支署長之報告，以警秘第三〇七號之二函，向臺北縣警部長西美波詳細報告樹杞林支署管內之鸞堂降筆會情形。

另一方面於同年五月三十日起，派該部保安課高等警察警部小山謙赴新竹辨務署管內，會同各支署派員偵察鸞堂降筆會之情

⑮《元臺北縣公文類纂》，明治34年，永久保存第46卷，降筆會案卷。

形，爲期一週，於六月七日提出報告書向臺北縣知事村上義雄報告，其偵察報告之範圍，包含：㈠鸞堂之由來，㈡鸞堂之扶鸞祈禱實況，㈢信徒之種類及人數，㈣鸞堂之費用，㈤對一般民心所反映之現象，㈥是否爲政治性之秘密結社，㈦關於取締之意見等項，相當詳細。小山警部之報告，認爲新竹辨務署管內之鸞堂爲迷信行爲，並非排日主義之政治性秘密結社，惟須預防有雄心之徒利用迷信團結之力量。其雖非政治性秘密結社，但對社會當然毫無益處，惟對迷信極爲深厚之臺民，如斷然禁止則必謠言盛起，祭祀必轉入地下活動，更加釀成弊害，宜採取徐徐加予誘導，改革其迷信，但需不斷加以偵探不可疏忽。如果欲以神水治病或以婬祠迷人之觀點必須加以取締，則屬另外的問題，豈只鸞堂乎⑯？

2. 滬尾之仙壇事件

在此前滬尾亦盛行仙壇扶鸞降筆，滬尾辨務署長村上先，經偵察後早已於光緒二十七年二月二十六日，以滬二發第一四〇七四號之二及三月二十三日滬秘第九七號函，向臺北縣知事村上義雄報告。至六月四日，《臺灣民報》（第二百十一號），以“淡水飛鸞降筆會”爲題報導降筆會之情況。經滬尾辨務署偵察，初認爲係：“該壇（行忠堂）自六月一日起舉行臨時祭典，有些信徒參加祭拜，但並非秘密結社，又無頒發告諭：嚴行戒煙，排斥日本人，嚴禁採茶女等情事，而是一種宗教。”日警稱爲仙壇事件。

但至六月十八日，村上署長之報告則謂：

> ㈠本管內之仙壇事件，表面上係宣講勸善懲惡之道，為病人及鴉片癮者扶鸞祈禱，稱為宣託神仙降示藥方，頻

---

⑯同上註。

傳有其靈驗，但無進一步之功效，故信徒乃半信半疑，目下已有漸次衰退之情況。

㈡然而觀察其會員中之重要人物，則其實情實為：如製鹽業、樟腦業、鴉片業等最有利益之事業，俱收歸為官方之專賣。因此，日本據臺以後，民間之各種營業均逐日衰退，加之各種稅捐逐年增加，人民陷於塗炭之苦，人民之利益比清代有雲泥之差。故以與中國義民相謀，在暗中或公然排斥日本人，當為目前之急務。此亦為神仙之宣託云。

㈢事實如此，其外表之行為在政治上雖無不妥，但重要會員中所說者，為衆人所相信，則無不麻煩，故正在嚴密偵探何人為其首領力倡其事。

至七月三日，村上署長再向村上知事報告，略云：

㈠有關樟腦業、鴉片業、製鹽業、納稅事件及排斥日本人等事謠言，並非僅限於本辨務署管內，似為從宜蘭、新竹，甚至遠自臺中地方傳入。本管內唱和者有芝蘭三堡林仔街莊李又桂，興化店莊李宗範、盧犀，灰磘莊陳良全等，漸次在管轄內隨時流傳。

㈡仙壇之組織似為一種秘密結社，信徒間定有內規，頗為秘密，雖是父子也互相守密。其目的似在於欲將臺灣復歸中國，然而此事業並非容易可成功。

㈢此事以居於中國厦門之隱龍林維源為主魁，而與臺灣全島各地之仙壇密通連繫，如運動費之支出毫不吝也。彼等活動之主要人物多為地方名望家、資產家、文人等，擲私財，自費往來各地，到福州、厦門旅行者亦頗頻繁。如本事件絕不可視為一片之杞憂矣。⑺

⑺《元臺北縣公文類纂》，明治34年，永久保存第46卷，降筆會案卷。

3. 召集會議通飭各署長嚴密偵察監視諭禁

經過新竹辨務署長里見，臺北縣警察部小山警部，滬尾辨務署長村上等之調查報告後，臺北縣警察部認爲事態相當值得注意，乃於光緒二十七年七月三日召集縣下各辨務署第二課長會議。臺北縣警察部長西美波訓示對鸞堂應注意事項，略曰:

㈠自本年二、三月起，在新竹、滬尾等地方流行鸞堂扶鸞降筆，稱曰可治癒鴉片癮者戒煙，尤以客家部落最為隆盛。因為迷信誑惑愚民，但鸞主、鸞生有相當之學識名望者不少，是以警察上須特別注意之所在。

㈡據說臺中縣內極其隆盛，且漸次南進，信徒激增，而且往往有鼓吹排日主義者。據滬尾辨務署長之報告，亦認為其內部多少有排日之傾向，本縣管轄內雖尚未見須憂慮之現象，但徵之臺灣歷史，奸雄之徒利用迷信者騷擾起事不乏其例，不趁嫩芽割除終須用斧，希先用左列方法嚴密加以周全之注意。1.利用了解事理之地方有力者（基督教徒及青年知識分子等）列舉事實教訓愚民。2.鸞主、鸞生應列為第二種需要監視人，不斷偵察其行動。3.對鸞堂之說教及神筆，應暗中不斷採取極秘密的方法偵探。4.對民心之反映應加以最高度的注意。5.關於降筆會之狀況及鸞生、鸞主之行動，暫時應每週報告一次。

並於七月六日，以高秘第八一五號函，通飭各辨務署長及支署長遵辦[78]。從此以後，臺北縣下各辨務署及支署，乃派高等警察到處偵察監視，其所採取之取締行動如下:

㈠自七月十三日起至十一月七日止，轄內各辨務署及支署均每週呈報各管轄內之鸞堂偵察報告，至降筆會關閉爲止。

---

⑱同上註。

㈡偵察各鸞堂降筆會之鸞主、鸞生等幹部職員、主要信徒編造名册，置於各支署、辨務署及縣警察部保安課，列管爲第二種需要監視人，不斷偵察監視其行動。

這些被列管爲第二種需要監視人之鸞堂降筆會戒煙運動有關人士，都被日警不斷偵察監視其行動，作安全調查記錄⑲彙報。後來在戶口調查簿"種別"欄，仍援用加以登記。

當時臺北縣下最受日警之嚴密偵察監視者，爲樹杞林支署管內燥坑莊鸞堂降筆會鸞主楊福來。因爲楊氏被認爲是新竹地方降筆會戒煙運動之策動者。他當過書房教師，光緒二十五年七月到過厦門，購買《慈醒世明聖經》、《宣講集要》等。返臺後仍一面當教師，一面開設鸞堂扶鸞祈禱降筆，爲鴉片癮者戒煙。他之一舉一動悉被日警秘密偵探監視。例如他於光緒二十七年四月，經苗栗到臺中東勢角爲族親楊阿慶祝壽，一路每日均被嚴密監視偵察。其性行、行動且被專案呈報至臺灣總督府警務局警保課參閱⑳。

日警在偵察監視期間，又召集各管內街莊長、保甲局長、保正、甲長及地方重要人物等開會，勸諭鸞堂降筆會之有害無益。或逕向鸞主及主要信徒勸諭，或威脅加以檢舉，或強制其關閉解散鸞堂降筆會。因此臺北縣管內之鸞堂，幾乎於光緒二十七年十一、二月間被迫關閉㉑。

㈢　臺中縣知事頒發告諭與處罰

鸞堂降筆會之戒煙運動傳入臺中縣之後，雖然苗栗縣辨務署第二課高等警察，率先於光緒二十七年四月，先約談沙坪莊鸞主黃紫雲、李緝菴，且欲加以辦罪，但仍無法阻擋其信仰之流傳。

---

⑲監視紀錄，如咸菜硼支署塡報有〈被監視人申報書〉。
⑳《元臺北縣公文類纂》，明治34年，永久保存第46卷，降筆會案卷。
㉑同上註。

至光緒二十七年夏，信徒多達數萬人，形成一股熱潮，形勢雄壯。

臺中縣知事一方面於七月二十日頒發告諭，略謂：飲用所謂神水戒煙純屬迷信，忽然禁煙將導致身體衰弱，甚或隕命，呼籲大家不應爲迷信異說所誤。另一方面彰化辨務署，以揑造謠言逮捕在武東堡內灣莊開設鸞堂之彰化西門街人書房教師黃拱振，以其曾在燕霧上堡白沙坑莊糾集衆多莊民，云：舊曆五、六月間將會流行惡疫，莊民將悉死亡，宜祈禱以免厄災，蠱惑民心，而依刑法第四百二十七條第十一項予以處分。臺中辨務署也逮捕貓霧堡霧峰莊林文南，揀東下堡廍滋埔莊劉炎，同莊江坤等三人，依照同法文處予拘留三日，以資儆戒㉜。

㈣ 其他縣廳之取締

降筆會之戒煙運動，由北而南，傳入臺南縣內後亦迅速流傳縣下各地區，尤其主倡者多爲地方名望家有識者，使日警更感難予取締。惟仍以保安上禁止衆人集會加予偵察諭禁㉝。

宜蘭廳爲臺灣本島最早傳入鸞堂降筆戒煙之地方，早在割臺前傳入後曾一度盛行，但降筆會戒煙運動南進後，漸次衰微。至光緒二十七年早多蘭陽地區農作大豐收，民間大興修築廟堂，乃相傳欲促進降筆會戒煙之再興，且有派員到基隆與降筆會鸞主鸞生聯繫之情報，宜蘭廳警部長竹內，乃於光緒二十七年七月二十八日，以高機第二十六號函，致臺北縣警部長西美波照會，嚴密偵察禁止設堂祈禱降筆戒煙㉞。

澎湖廳之鸞堂爲臺澎設堂之開基，但扶鸞祈禱降筆戒煙，則至光緒二十七年舊曆五月才開始。各處公廟紛紛新雕塑關聖帝金

㉜《臺灣慣習記臺》，第1卷，第8號，頁 87-88，明治34年8月。
㉝《臺灣慣習記事》，第1卷，第10號，頁86。
㉞同註㉚。《臺灣慣習記事》，第1卷，第8號，頁87。

身奉祀，各鄉社民衆爭先恐後到廟中祈禱發給丹水飲用，戒煙頗收靈驗。日警亦勸論勿爲迷信妖言所惑亂，並予以取締[85]。

㈤ 後藤民政長官密令取締原則終於平息

降筆會之戒煙運動流傳西部各地區後，雖非爲單純之戒煙運動而有排日反日之情形，但日警之未採取強硬高壓手段，擴大逮捕處罰造成寃獄，係與後藤民政長官之密令有關。當光緒二十七年夏，降筆會戒煙運動最熾烈時，當時之臺灣總督府民政長官，即爲制定臺灣鴉片政策制度之後藤新平。後藤於其屢接鸞堂降筆會戒煙運動之報告後，鑑於各地方之主倡者，多爲前清之秀才、辨務署之參事、街莊長、保甲局長等地方有識者，著有名望者、富豪，乃於七月十五日以秘警發第一八號，密令各縣知事廳長，略謂："在目下之狀態，立即採取強制的制止手段非爲良策，宜加以懇切勸告。警察上則應防止該會再蔓延擴及他方面，同時對迷信者多勸說其理由，以免陷於虛說誑惑，希切實加以取締。"後藤民政長官之密令指示，實爲日警取締降筆會戒煙運動之最高方針與原則，各縣知事廳長乃遵此密令之主旨，通飭各辨務署長依命遵守主旨，愼重取締[86]。

回顧光緒二十一年十二月與二十二年三月二十三日，後藤新平以日本內務省衞生局長之身分，先後提出〈臺灣島鴉片制度之意見〉及〈臺灣島實施鴉片制度意見書〉時，即曾說："實行此鴉片制度，應明察其行事之至難，並任堅忍不拔之人，將其功期求於數十年之後，始可著手本制度。若遽斷執行容易，企圖輕舉從事，則必誤政策無疑。鴉片制度之施行，係言易行難，聞快施苦之策。其至難至苦之情狀，既可預先察知，惟有能預知其至

---

[85]《臺灣慣習記事》，第1卷，第8號，頁87。
[86]《元臺北縣公文類纂》，明治34年，永久保存第46卷，降筆會案卷。

戒煙運動 日-後藤新平之嚴禁
台-降筆會

難，且能斷行得宜者，始克厥功。何況對語言不通民情相異之人民國土所推行之施政乎？”⑰

後藤終任臺灣總督府民政長官，執行自己擬訂之臺灣鴉片政策制度，面對臺民全面揭起戒煙運動，抵制反對其鴉片制度，其處境甚爲尷尬。或許他早已認爲：在語言不通民情相異之人民國土，推行其至難至苦之政策，斷不能急功輕舉從事，且必能斷行得宜。故乃尊重降筆會運動之主倡者、鸞主、鸞生及信徒，密令以懇切勸告疏導之策，代替強制高壓的制止手段，以疏日警一貫之強硬高壓手段，始免於擴大造成冤獄。雖然日警在執行取締期間，也有強制強迫逮捕拘留之情形，但總算是平穩收場。

六、結語

乙未割臺，臺灣淪陷異族之統治，臺胞面臨政治上的巨變，民情憤怒，社會不安，臺民雖有權選擇決定國籍“去就”之自由，但絕大多數臺胞爲堅守先民艱難開拓之故土都留住臺灣。

在日本據臺初，爲確立其財政，先後施行製鹽、樟腦、鴉片等專賣制度及各種苛稅制度，剝削臺胞之經濟。鸞堂降筆會之戒煙運動，無疑是臺灣知識分子鑑於鴉片有害身體，趁日本當局施行搾取臺胞之鴉片專賣制度，而發動之戒煙反日運動，也是喚起臺胞革除陋俗強身，革新社會道德的自強運動。

雖然扶鸞降筆施方神水戒煙之方法，或許有非科學的所在。但是鴉片癮者原來就是意志薄弱，或喪失道德觀念，身心頹廢的人士，如要戒煙非有堅強的意志不可，如鸞主李緝菴所說：百姓之畏王法，常不如其畏神明。而藉神明之靈威，足可支持鴉片癮者之決心與精神力，故降筆會戒煙運動得獲相當之成果。而此有

⑰同上註。

益人民、社會之戒煙強身，勸善革新風化之運動，竟被日本政府認爲對其財政鴉片收入有極大之打擊，是反對其殖民地鴉片政策及排日反日的運動，而被日警取締強制關閉鸞堂，阻擋戒煙，有益之戒煙運動終於煙消雲散。

如未遇日警之無理強制取締阻擋，則臺胞之全面戒煙當能更提早實現，無如在其不消除而在管制搾取政策下，至民國三十年（日昭和十六年），即在其投降之四年前太平洋戰爭發生時，臺胞仍有八千五百多人之鴉片煙持照煙民。實爲日本殖民政策中之一大劣蹟。

——原載《臺灣文獻》37卷4期，民國75年

附錄 （皆轉載自日明治三十四年《臺灣總督府公文類纂》元臺北縣永久保存第四十六卷）

㈠鸞堂扶鸞降筆所用之桃樹砂筆

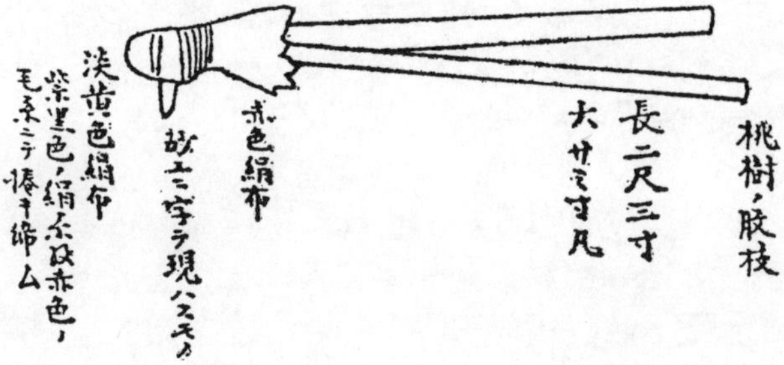

㈡鸞堂扶鸞降筆所用之砂盤

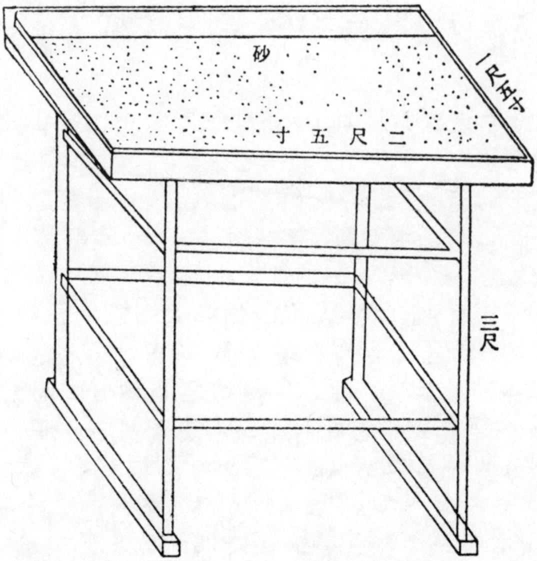

(三)金鸞堂堂主李緝菴被日警約談之答辯書

降筆金鸞堂主李緝菴聞者汇

竊維朝廷之設法良意美矣若使人々奉行自是無弊惟世間不盡上智之人其刑法所不能及之處有待師友諄々誥誡者亦復不少此政事之外所為主之以救也夫四書五經在々皆聖賢遺訓其中道德仁義忠孝忠恕即悉載無遺以此救人亦已足矣而必藉々創設鸞堂者又何也台人信神垂二百年相沿日久遂成風俗始則因信而生敬繼則因敬而生畏凜々乎在上在旁儼若有絲毫惡且即不逃間此金之意故百姓之畏王法常不如其畏神明於是有以神道設教之說謂中人以下責以道義而不知愧恥動以禍福而始覺驚以此鸞堂所由設也鸞堂者聖神鸞駕所臨之堂即民人禮拜之所也堂中施行之事以降筆造書勸戒洋烟為主且書中所引證者皆是善惡應報之事使民人知警有不敢為非者有關於風化者戒烟一事又屬顯然之利益也至於堂內供職之人係為行善起見各皆自備飯食並不敢取分文豈非術師巫惑世圖利者所可同年而語哉

若公務無權職者國課早完此設教民以忠也俾使善事父母富貴者得親順親勿使父母憂慮貧者謝親敬親勿致父母飢寒此設教民以孝也俾使各務正業勿貪意外之財操持自守當由光明之路此設教民存忠恕存亡即也俾使惻隱常有勿行殘忍之事朋友相通勿專肥己之危交往勿失儔居處並莫行欺時此設教民存仁存義存禮與智也我台積弊甚素深民多須便習尚速洗滌其若鄉村街市中有二三有志者共設一鸞堂若作詩文並刊書時善人獲福惡人招禍之由去處皆備使畏思夫恩婦敢說善可為而惡不可作不致於為此外之須民為止日常盛誓信尚令休止弱為符筆食邪況惑人事因但未深察以鸞堂之由天下事豈有救人志義而

及目為卯況右乎右此事行為目為卯況則国家設官介職
救民撫民之事亦邪事矣況台民乎孝信神今設政吏奎碍
神力以警惡人窮邪鄉謀佔講事則法俗化為吏佑
賴風亦哀為仁風化為匪作盜右皆起戒慎恐懼久安有祀
上作乱之序我將謂帝国已作盜右皆起勸行善良矣言不通可
以知一而不能知二也將謂已闭字校救有人才於人數有限貧
富不肯富有宜從貧右有三指工力以糊口有三稽商穀以養家
豈人々可以但入字校哉又兼少右可達而長者不能達耳私
等應係六氏存帶十步但不思時向之非共樂通一風同之刑
耳甘備資本斤為国家勸化人氏起見捐人銀錢不過樂善者
右聽之不樂善者聽之夫無淘或人以而意迎為之議之奔錫
令罢折行存善馬生大夫家人之望但未於身花何罪律祀何
誅誠令人不解也尚以府推恐加之以罪私等有救身紋仁之

美政府有妄為善氏之名雖肝膽塗地亦無恨焉惟願當
道父母官大奈慈仁勿聽浮說咋恤々情准以宗教風行經狀
風清俗美官商民樂共享升平之世豈不美哉社稷幸甚生
民幸甚

號ノ一

鸞堂調査記

一 鸞堂設立必要之理由書ヲ差出スベシ

二 鸞堂ノ起原及其相乘

三 從來ノ布教傳道ノ方法（神位安置ノ作手續テ儀式ヲ明ニ記スベシ）

四 主タル神ノ名稱及信徒祈禱ノ法語ヲ示セ

五 堂ノ所在地名及維持金ノ有無及堂主職業姓名

六 正依ノ經典及版權所有者及其資本金ヲ示セ

七 信徒ノ經現數及此教為利人民ノ炳世タル事蹟ヲ記セヨ

八 信徒及鸞堂總監主宰董長ノ姓名及事人ノ履歷ヲ明記セヨ

右堂主李緝菴外數名ノ者ヘ質問ス

明治三十四年四月二十日

卷書

第一 鸞堂設立理由

四、廈門之林維源資助臺灣各地鸞堂從事戒煙運動之滬尾日警調查報告

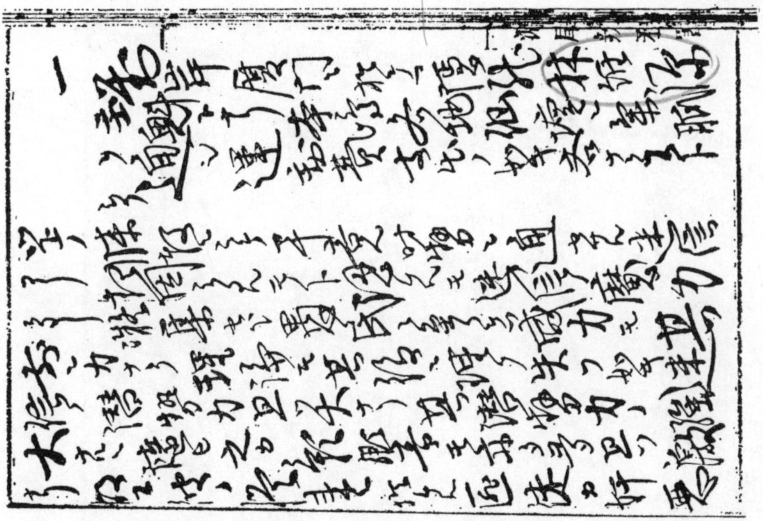

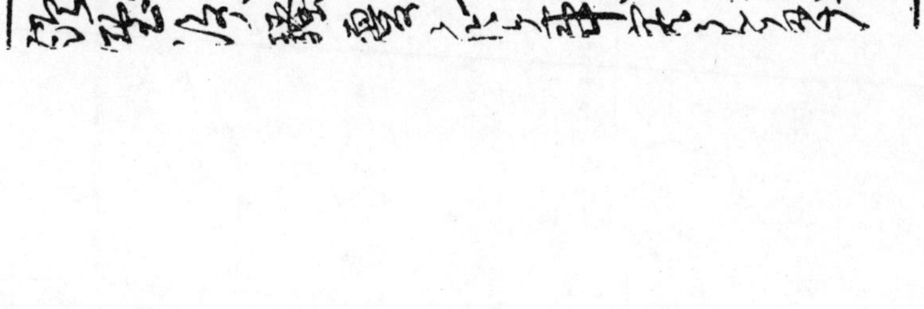

㈤臺北縣警察部長西美爲取締鸞堂降筆戒煙運動在辨務署課長會議之訓示

各辨務署第二課長會議ノ際訓示（明治卅四年七月三日）

鸞堂ニ對スル注意

本年二三月ノ頃ヨリ新竹地方ヲ初メ滬尾其他ニ於テ降筆會（即チ鸞堂）ト稱スル淫祠流行シ廣東部落最モ隆盛ヲ極ム重ニ阿片癮者ヲ瘉スルト稱シ多數ノ信徒ヲ集メ迷信ノ結果一時吸食ヲ廢スルモノ少ナカラサルカ如シ固ヨリ愚民ヲ誑惑スル淫祠タルヤ論ナシト雖

任者ハ舊書生ト稱スヘキモノハ相當ノ學識名
望ヲ有スルモノ少ナカラサルカ如シ是レ警察上特
ニ注意ヲ要スヘキ所以ナリトス
傳フル処ニ依レハ台中縣下ニ於ル其隆盛ヲ極
メ漸次南方ニ向テ信徒ヲ蔓延シツヽアリト而シテ
往々排日本主義ヲ鼓吹スルモノアリト云フ遺憾
[illegible]者ノ報告ニ依ルモ其内面ハ亦多少排

日ノ傾向ヲ認ムト亦縣ハ未タ其甚シキヲ見ヘキノ現
象ヲ認メストモ台灣ノ歴史ハ斯ル迷信者
ノ奸雄ノ爲メニ利用セラレ騷擾ヲ極メタルノ事
例ニ乏シカラス此等ノ間ニ之ヲ剿ラサレハ遂ニ容
ヲ要スルニ至ルヲ恐ルル故ニ先ツ左ノ方法ニ依リ嚴
密ニシテ周到ナル注意アランコトヲ望ム
一地方ノ有力者ニシテ事理ヲ解スルモノヲ利用シ

（耶穌教徒及青年新智識ヲ有スル者等）事実ヲ列挙シテ愚民ヲ教訓セシムル如キ方法ヲ採ル事

二　鸞主鸞生ハ第二種要視察人ト為シ間断ナク其行動ヲ偵候スル事

三　鸞堂ニ於ケル説教及神筆ハ絶ヘス極内密ニ探知スルノ方法ヲ採ル事

四　民心ノ反映ハ最モ大ナル注意ヲ要スル事

五　降筆會ノ状況及鸞生鸞主ノ行動ハ当分ノ間少クトモ一週間毎ニ必ス報告スル事

㈥民政長官後藤新平對取締降筆會之密令

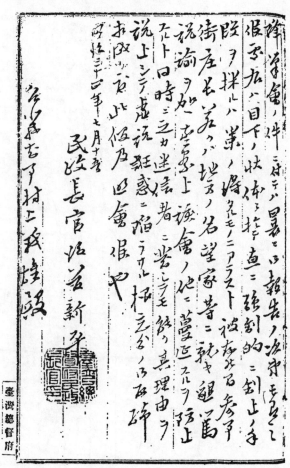

降筆會ノ件ニ付テハ曩ニモ及報告ノ次第モ有之候處
假令右ハ目下ノ状態ニ於テハ直ニ強制的ニ制止ノ手
段ヲ採ルハ策ノ得タルモノニアラスト被存候得共各
街庄長若クハ地方ノ名望家等ニ就キ懇篤
說諭ヲ加ヘ上該會ノ偽ニ蔓延スルヲ防止
スルト同時ニ之カ迷信者ニ對シテモ能ク其理由ヲ
說上シテ虛說誑惑ニ陷ラサル根底ノ措置
相成度此段及照會候也

明治三十四年七月十五日

民政長官 後藤新平

台北縣知事 村上義雄 殿

臺灣總督府

㈦日警跟監燥坑莊鸞堂堂主楊福來之偵查報告

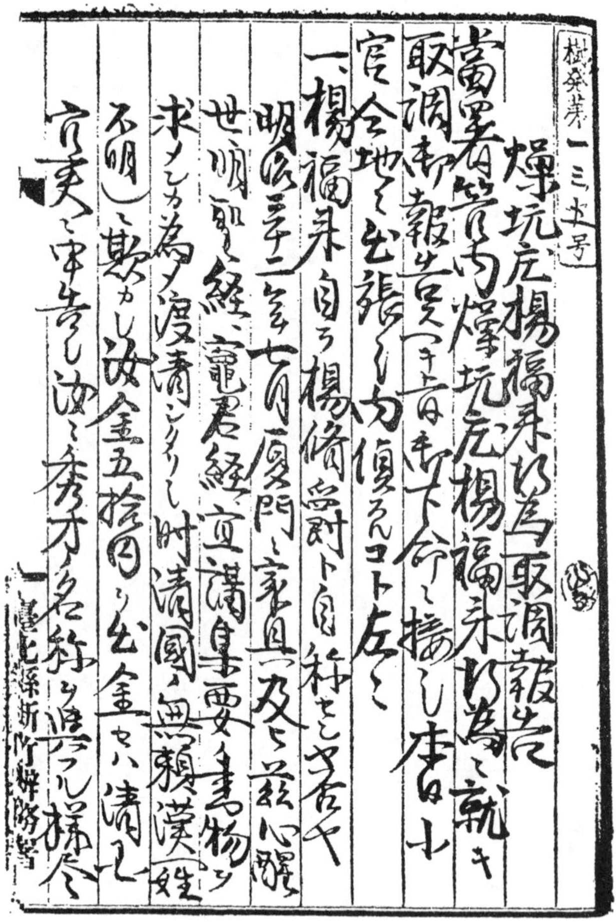

樹發第一三六号

燥坑庄楊福來ニ係ル取調報告

當署管内燥坑庄楊福來ニ係ル取調ニ就キ
取調ノ報告書(十一月十日付)訓令ニ接シ本官小
官今地ニ出張シ内偵スルコト左ニ
一、楊福來自ラ楊脩堂ト自称セシヤ否ヤ
明治三十二年七月廈門ニ寓居シ及ヒ茲ニ心醒
世明聖經、龍君經、宣講集要等ノ書物ヲ
求メシカ為メ渡清シタリシ時清國ノ無頼漢(姓
不明)ニ欺カシ汝金五拾円ヲ出金セハ清ノ
官吏ニ申告シ汝ニ秀才ノ名称ヲ與フル様尽ク

臺北縣深坑辨務署

(八)咸菜硼支署日警跟監鸞生范洪亮之偵查報告

明治三十四年十月二日報

咸菜硼支署長警部[illegible]行太郎

申報書

氏名	范洪亮
書中主	苗栗ヘ旅行中

眼
去月三十日視察セシニ既ニ前週ニ於テ報告セシ如ク苗栗ヘ旅行シ未タ帰宅セス而テ本人ハ苗栗ヘ旅行スルニ先チ廣東新埔及新竹ノ間ヲ往来シ帰臺後常ニ在宅スルコトナク（前回ノ報告参照）其挙動甚ダ怪シムヘキ点アルヲ以テ厳密視察中ナリ

日據初期臺灣撫墾署始末

一、前言

所謂撫墾，係取義於“撫番”①開墾②。也就是安撫“番人”，開墾“番地”③。或謂：撫“生番”而墾“生番”界④。臺灣之有撫墾政務，可說始於荷據時期，而歷經明鄭、清代及日據時期。惟早期之撫墾，係以居於平埔之“熟番”爲對象。迨康熙五十四年，閩浙總督覺羅滿保，〈題報「生番」歸化疏〉載：始有南路山豬毛等十社“生番”內附投誠歸化⑤。至乾隆年間，鳳嘉二邑則有安“番”之法，嘉義責成阿里山八社“番”通事與彼頭目商議安撫，鳳山則每年官爲安撫，“生番”俱受約束，不敢私出生事⑥。

①本文對山胞、山地之稱呼，均照引用之原文稱之，但皆加引號。
②劉銘傳，《劉壯肅公奏議》，第2冊（臺灣文獻叢刊第27種），臺北市，臺灣銀行，民國47年，頁 234。
③澤村繁太郎，《臺灣制度考》，臺北，臺灣總督府民政局，明治28年，頁1。
④林衡立，〈撫墾〉，《文獻專刊》，第4卷第1、2期合刊，民國42年8月，頁50。
⑤余文儀，《續修臺灣府志》，第5冊（臺灣文獻叢刊第121種），臺北市，臺灣銀行，民國51年，頁 720-721。
⑥陳淑均，《噶瑪蘭廳志》，第3冊（臺灣文獻叢刊第160種），臺北市，臺灣銀行，民國52年，頁 235-236。

乾隆三十一年，閩浙總督楊廷璋奏：〈請設鹿港「理番」同知疏〉，同年十一月二十八日奉准，在彰化設臺灣府北路“理番”同知⑦，南路則由臺灣府海防兼南路“理番”同知。其職責爲管理民“番”交涉，但實則爲“熟番”而專設之“理番”機關。至光緒元年六月十八日，沈葆楨奏〈請改設南路同知片〉，將南路同知移紮後山卑南，北路同知改爲中路，移紮內山水沙連，始加“撫民”二字，轉爲以“生番”爲對象之治理機關。惟撫民“理番”同知之職責，除沿襲舊“理番”同知者外，尚須管理漢人之刑名錢穀等事宜，已非專責治理“生番”之機關⑧。

清代之“理番”政策，以光緒元年作一大轉變，即放棄封閉“生番”之策，解除越界入“番”之禁及內地人民偷渡臺灣之禁，以積極招民拓墾“番地”。光緒元年沈葆楨之開山“撫番”，設招撫局。及據光緒三年，福建巡撫丁日昌擬定之“撫番”開山善後章程，在恆春、埔里社、卑南三縣廳，所設之“撫番”公局、招墾局及置撫墾委員，是爲設置專責治理“生番”機關之嚆矢⑨。

劉銘傳任臺灣巡撫後，尤重視撫墾，且視爲臺灣建省之先決問題。其在光緒十一年十月二十七日上奏之〈臺灣暫難改省摺〉

---

⑦周璽，《彰化縣志》，第3冊（臺灣文獻叢刊第156種），臺北市，臺灣銀行，民國51年，頁 393-395。

⑧沈葆楨，《福建臺灣奏摺》（臺灣文獻叢刊第29種），臺北市，臺灣銀行，民國48年，頁60。及林衡立，〈撫墾〉，《文獻專刊》，第4卷第1、2期合刊，民國42年8月，頁 51-52。

⑨林衡立，〈撫墾〉，《文獻專刊》第4卷第1、2期合刊，民國42年8月，頁49、52。
沈葆楨，《福建臺灣奏摺》（臺灣文獻叢刊第29種），臺北市，臺灣銀行，民國48年，頁11-13、53-55。
伊能嘉矩，《臺灣蕃政志》，臺北，臺灣總督府民政部殖產局，明治37年，頁 251-257。伊能嘉矩，《臺灣文化志》，下卷，複刻版，東京，刀江書院，昭和40年，頁 525-531。

云：臣前陳善後摺，以辦防、練兵、清賦、“撫番”爲急圖。現既詔設臺灣巡撫，必先漸撫“生番”，清除內患，擴疆招墾，廣布耕民，方足自成一省⑩。乃於光緒十二年，設全臺撫墾總局於大嵙崁，直隸於巡撫，並於“番”界各要闢設撫墾局，局下設分局，推廣於全臺⑪。劉氏親自主政，並奏派林維源爲幫辦全臺撫墾事務，辦理“撫番”開墾⑫。又在撫墾局及分局下，附設“換番官市局”，或“換番貨市局”，辦理“番民”之物品交易，並以官費饗宴“番民”⑬。

光緒二十一年（日明治二十八年）日本據臺，臺胞全面抗日，當時山胞雖未與臺胞聯合對抗日軍，但因各地抗日戰爭激烈，初數月日人根本無法與山胞接觸施政。日人之占臺，以爲經營“番地”，爲開發臺灣富源之重要所在，是治臺上最重要事項。而欲拓殖臺灣，則必先馴服“生番”。故總督樺山資紀乃於八月二十五日（本文之日據時期月日均爲陽曆，以下同），頒發接待“生番”之訓示，宣示以綏撫爲其“理番”之方針，避免與“生番”衝突⑭。又民政局長水野遵也提出有關撫育“番民”之意見，略云：“教化“番民”爲我政府之責務，開發“番地”爲培養我富源之要務。“番民”之不通事理，迂遠世事，固不待言。雖時有從事耕種，但以跋涉山野，以狩獵爲業，以殺戮爲習。……諸如樟腦之製造，山林之經營，林野之開墾，農產之增殖，日本內地人之移民，鑛山之開發等，無不與“番地”牽涉。將來

⑩劉銘傳，《劉壯肅公奏議》，第1冊，頁 155-156。
⑪關於劉銘傳在臺灣設撫墾局之情形，尙未見有原始資料，所設撫墾局數史書記載不一。詳請參閱林衡立，〈撫墾〉，《文獻專刊》，第4卷第1、2期合刊，頁 52-54。
⑫劉銘傳，《劉壯肅公奏議》，第3冊，頁 406-407。
⑬澤村繁太郎，《臺灣制度考》，頁 4-7。
⑭伊能嘉矩，《理蕃誌稿》，第一編，臺北，臺灣總督府警察本署，大正7年，頁2。

臺灣之事業，實在於"番地"，欲在"番地"興業，必須令"番民"服從我政府，使其得謀生之道，而脫離野蠻之境遇。而欲使"番民"服從，則非用威力與撫育並行不可。……如仿清代設立撫墾局，時集酋長及其他"番民"饗以酒食，給與布帛器物，並加以教訓，諄諄不倦，則可獲其好意，得順利進行樟樹之採伐，製造樟腦，經營山林，開墾土地，開鑿道路等。另一方面應設法給與一定之土地，讓其耕種，則當可漸次感化爲良民。"⑮

日人起初乃以宣撫爲"理番"之首務。因關於"番地""番人"之事務，係屬民政局殖產部主管，故於光緒二十一年九月二日，特派殖產部長橋口文藏，臺北縣代理知事田中綱常、田中少將及大嵙崁守備隊長渡邊少校，以及通事"番人"蒲靖等四十餘人，携帶紅哂吱、面巾、小刀、酒、餅乾、罐頭等，於九月八日在大嵙崁三層莊崙頂山麓，與"番人"二十二人會見，由田中少將宣示："臺灣已歸日本版圖，汝等亦同爲我國臣民……。"云云⑯。嗣後自光緒二十一年十月至二十二年二月之間，臺北縣新竹支廳、宜蘭支廳、臺灣民政支部苗栗"出張所"、雲林"出張所"、埔里社"出張所"及臺南民政支部恆春"出張所"（含卑南），或派員深入內山各社，或約各社酋長頭目到支廳或"出張所"會見宣撫，宣布告諭：臺灣已歸日本統治。並由臺灣總督府統籌購買大批物品分發各支廳、"出張所"贈送各社"番人"⑰。於是除花蓮地區及紅頭嶼外，大多經其宣撫。

至光緒二十二年四月一日，日人恢復施行民政，乃參酌清代舊制設撫墾署，治理"番人""番地"事務。此撫墾署制度雖僅維持二年，至光緒二十四年（日明治三十一年）六月二十日，改

---

⑮伊能嘉矩，《理蕃誌稿》，第一編，頁 3-4。

⑯《臺灣總督府公文類纂》（以下簡稱《府公文類纂》），明治28年，乙種永久，第24卷，第7、8案，臺中，臺灣省文獻委員會藏。

⑰同上註，第 10-14、16-20、22 案。

制而撤廢。但仍爲臺灣撫墾制度之重要的一環。

二、撫墾制度及行政設施

日本據臺後，於光緒二十一年六月十七日，正式宣布施政，但全臺抗日義軍蜂起，各級機關均無法接管，政令無法推行。臺灣總督樺山乃於七月十八日，決定施行軍政。八月二十五日著手關於“番地”“番人”事項之調査，命澤村繁太郎會同臺籍人士，調査清末撫墾局之組織以資參考⑱。九月二十五日，臺北縣爲處理撫墾事務，呈經民政局長水野遵批准，在大嵙崁街設置臺北縣大嵙崁出張所，是爲日人爲處理“番務”撫墾特設官衙之嚆矢⑲。而其他地區亦暫由各支廳或民政支部之出張所處理“番地”事務⑳。

光緒二十二年（日明治二十九年）四月一日，臺灣總督府恢復施行民政。是先臺灣總督府在準備制定公布各級行政組織之際，爲處理“理番”政務，決定仍將其與普通行政分開，設立獨立之“理番”官衙，調査淸代所設撫墾局之沿革、位置、組織規程、經費、辦事細則、管轄區域、局員之編制、職掌等，並決定參酌淸代舊制，在全島重要山地地區特設撫墾署。於三月一日擬定臺灣總督府撫墾署官制草案，由臺灣總督樺山呈請內閣總理大臣核定公布。總督樺山在呈文中強調：此案爲本島開拓上之緊急方案，爲開發山地富源之基礎，尤其樟腦之生產占有世界市場之專賣特權，爲最有利益之事業。經審議後，原案除各撫墾署設置巡查（卽警察）約二十名一項被刪除及若干之修正外，經核

⑱澤村繁太郎，《臺灣制度考》，頁 1-7。及同註⑭書，頁 2-3。
⑲伊能嘉矩，《理蕃誌稿》，第一編，頁 5。
⑳《府公文類纂》，明治29年甲種永久，第 4 卷之 1，第46案。第 4 卷之 2，第35案。及同註⑭書，頁13。

定後，於同年三月以勅令第九十三號，公布臺灣總督府撫墾署官制，設置撫墾署，隸屬臺灣總督管理㉑。其要項如後：一、撫墾署之職掌如下：㈠關於“番人”之撫育、授產、取締事項。㈡關於“番地”之開墾事項。㈢關於山林、樟腦製造事項。二、各撫墾署共置下列職員：主事八人，奏任（卽薦任）；技手（卽技士、技佐）二十二人，判任（卽委任）；主事補（卽助理主事）二十二人，判任；通譯生（卽通譯）十一人，判任。三、主事任各撫墾署長，承臺灣總督府民政局長之指揮監督，管理署中一切事務。四、技手承署長之指揮辦理署務。五、主事補承署長之指揮辦理庶務。六、通譯生承上官之指揮從事通譯。七、撫墾署之名稱、位置及其管轄區域由臺灣總督定之。八、本令自光緒二十二年（日明治二十九年）四月一日起施行㉒。

同時於三月一日，擬定臺灣總督府撫墾署高等官官等及俸給表，呈奉核准公布施行，其規定如下：

臺灣總督府撫墾署主事之官等爲高等官四等至八等，其俸給及相當官等之俸給如附表㉓：

臺灣總督府撫墾署高等官年俸表

臺灣總督府撫墾署主事	一級 1,500 圓，	二級 1,200 圓，
	三級 1,000 圓，	四級　900 圓，
	五級　800 圓，	六級　700 圓，
	七級　600 圓。	

㉑《府公文類纂》，明治28年，甲種永久，第2卷，第10案。及伊能嘉矩，《理蕃誌稿》，第一編，頁 10-11。

㉒伊能嘉矩，《理蕃誌稿》，第一編，頁 11-12。

㉓《府公文類纂》，明治28年，甲種永久，第 2 卷，第10案。

臺灣總督府撫墾署高等官相當官等俸給表

官等 / 官名	四　等	五　等	六　等	七　等	八　等
臺灣總督府撫墾署主事	一級俸	一級俸	二級俸	三級俸 四級俸 五級俸	六級俸 七級俸

嗣於光緒二十二年五月二十三日，以府令第十二號，公布規定十一處撫墾署之名稱、位置。並於同五月二十三日，以民殖第十七號，將暫定之各撫墾署管轄區域，通飭各撫墾署長知照。茲綜合列表如下㉔：

名　　稱	位　置	管　　轄　　區　　域
叭哩沙撫墾署	叭哩沙	宜蘭支廳管內。
大嵙崁撫墾署	大嵙崁	臺北縣直轄管內及基隆、淡水兩支廳管內。
五指山撫墾署	五指山	西南以紅毛河、藤坪河爲限。 東北以新竹支廳管轄界爲限。
南莊撫墾署	南　莊	西南以新竹支廳管轄界爲限。 東北以紅毛河、藤坪河爲限。
大湖撫墾署	大　湖	苗栗支廳管內。
東勢角撫墾署	東勢角	臺中縣直轄管內及鹿港支廳管內。
埔里社撫墾署	埔里社	埔里社支廳管內。
林圯埔撫墾署	林圯埔	雲林、嘉義兩支廳管內。
蕃薯寮撫墾署	蕃薯寮	臺南縣直轄及鳳山支廳管內。
恆春撫墾署	恆　春	恆春支廳管內。
臺東撫墾署	臺　東	臺東支廳管內。

㉔《府公文類纂》，明治29年，甲種永久，第1卷，第23案。及同註⑭書，頁12。

至於各撫墾署之編制定員，亦於光緒二十二年五月二十三日，經殖產部長押川則吉簽請總督樺山資紀核定如下㉕：

各撫墾署之編制定員表

撫墾署名稱	署長主事	書記	技手（技士技佐）	通譯生	雇員	事務囑託
叭哩沙撫墾署	1	2	2	1	6	1
大嵙崁撫墾署	1	2	2	1	4	
五指山撫墾署	1	2	2	1	3	
南莊撫墾署	1	2	2	1	4	
大湖撫墾署	1	2	2	1	2	1
東勢角撫墾署	1	2	3	1	2	
埔里社撫墾署	（代理技手兼任）1	2	2	1	5	
林圮埔撫墾署	（代理技手兼任）1	3	2	1	2	
蕃薯寮撫墾署	（代理技手兼任）1	2	2	1	5	
恆春撫墾署	1	1	1	1	3	1
臺東撫墾署	1	2	2	1	3	（兼任）1

然後臺灣總督樺山，於光緒二十二年五月三十日，以訓令第二十一號，通飭臺北、臺中、臺南三縣知事，將有關撫墾之事務移交各該撫墾署主辦。民政局長水野遵亦同時於五月三十日，以民殖第三十二號訓令，通飭全臺叭哩沙等十一個撫墾署，接辦各地方廳過去所主辦之有關撫墾事務㉖。於是全臺十一撫墾署，在六月二十八日至八月三日之間先後成立。各撫墾署之開辦

㉕《府公文類纂》，明治29年，甲種永久，第4卷之2，第53案。明治30年，乙種永久，第2卷，第3案。

㉖《府公文類纂》，明治29年，甲種永久，第4卷之2，第35案。

日期如下㉗：

撫墾署名稱	署　　長	開辦日期	備　　考
叭哩沙撫墾署	小野三郎	光緒22年(明治29年)7月9日	因無廳舍暫在宜蘭坎興後街辦公，11月5日移至羅東街。
大嵙崁撫墾署	宮之原藤八	光緒22年6月30日	設在大嵙崁街。
五指山撫墾署	山口義耀	光緒22年6月28日	6月29日由新竹支廳長代理書記官家永泰吉郎移交。30日到樹杞林街暫設辦公廳辦公。
南莊撫墾署	水間良輔	光緒22年7月15日	借南莊街民房辦公。
大湖撫墾署	椙山清利	光緒22年7月7日	在大湖街大憲第129號黃阿通宅辦公。
東勢角撫墾署	越智元雄(代理署長)	光緒22年7月15日	光緒22年5月28日以技手兼任代理署長。光緒23年3月27日任主事署長。
埔里社撫墾署	檜山鐵三郎(代理署長)	光緒22年7月23日	由埔里社支廳長兼任代理署長，暫借埔里社支廳辦公。
林圯埔撫墾署	西田又二(代理署長)	光緒22年7月27日	由技手兼任代理署長，初暫在臺中縣廳內之雲林支廳內辦公，9月8日移至林圯埔，9月9日在林圯埔開始辦公。
蕃薯寮撫墾署	佐竹義和	光緒22年8月3日	
恆春撫墾署	相良長綱	光緒22年8月1日	5月25日以臺東支廳長兼任署長。
臺東撫墾署	曾根俊虎	光緒22年6月29日	初暫借馬蘭俄吳氏宅內，6月29日遷移臺東街憲新第6號辦公。

㉗《府公文類纂》，明治29年，乙種永久，第3卷，第6、7、11-21案。明治30年，乙種永久，第2卷，第2案。

各撫墾署之內部，則依照撫墾署處務規程，分爲庶務、會計二股（原稱“掛”）分掌事務㉘。其人事除叭哩沙撫墾署“事務囑託”林文土，及臺東撫墾署“事務囑託”陳英二人外，其餘連通譯亦全部爲日本人㉙。

翌光緒二十三年（日明治三十年）三月至五月間，臺東撫墾署兼代署長相良長綱，爲加強“番人”之撫育，仿照清末官選通事頭目之制度，在臺東撫墾署管轄內各“番社”設置總通事及社長、副社長，作爲撫墾署之輔助機關㉚。

至光緒二十三年五月三日，總督乃木希典以勅令第一百五十二號，公布臺灣總督府地方官官制，調整行政區域，將原有三縣一廳，改爲六縣三廳，並在縣廳之下設“辨務署”。而隨地方政務之進展，漸將民政局所統轄之事務，移委地方縣廳主辦。另一方面爲保持撫墾署與“辨務署”地位之權衡，乃將原來直屬總督管理之撫墾署移委縣知事、廳長管理。因此於五月二十七日，以勅令第一百六十三號，公布修改臺灣總督府撫墾署官制，其要項如下：

一、撫墾署之職掌如下：

㈠關於“番民”之撫育、授產、取締事項。

㈡關於“番地”之開墾事項。

㈢關於“番地”之山林、樟腦製造事項。

二、各撫墾署共置下列職員：

主事十一人，奏任。

㉘《府公文類纂》，明治29年，甲種永久，第 3 卷，第27案。

㉙《府公文類纂》，明治30年，乙種永久，第 2 卷，第 3 案。

㉚伊能嘉矩，《理蕃誌稿》，第一編，頁43。

主事補一〇四人，判任。

三、主事充任各撫墾署長，承知事、廳長之指揮監督，管理署中一切事務。

四、主事補承署長之指揮，從事庶務、技術、通譯。

五、撫墾署之名稱、位置及管理區域由臺灣總督定之。

六、知事、廳長經臺灣總督之認可，得在必要之地區設置撫墾署"出張所"（即支署，又可稱辦事處）㉛。

此次修改之要點，在於將撫墾署改隸縣廳知事、廳長之指揮監督，擴大編制，"判任"（相當於我國之委任）之定員由原五十五人，增爲一〇四人，並得增設"出張所"。按設置"出張所"一事，因各撫墾署管理之區域遼濶，故光緒二十三年四月二十一日召開撫墾署長諮問會議時，即提出設置"出張所"之議案，並獲通過建議設置㉜。各縣廳所屬之撫墾署及"出張所"如下㉝：

㉛《臺灣總督府報》，第97號，明治30年6月13日，頁7。《府公文類纂》，明治30年，甲種永久，第2卷，第7案之4。

㉜《府公文類纂》，明治30年，乙種永久，第2卷，第2案。

㉝《府公文類纂》，明治30年，甲種永久，第17卷，第11、12案。明治30年，乙種永久，第2卷第2案。明治31年，乙種永久，第1卷，第6-9案。伊能嘉矩，《理蕃誌稿》，第一編，頁47-49。

- 臺北縣：大嵙崁撫墾署：屈尺“出張所”（早在光緒二十三年五月十一日及五月二十三日呈請設置出張所。）
- 新竹縣：
  - 五指山撫墾署：
    - 十股莊“出張所”（光緒二十三年八月十六日呈請設立，八月二十七日核准設立，署員三人。）
    - 內　灣“出張所”（光緒二十三年十二月二十八日呈請設立，光緒二十四年一月十三日核准設立，署員三人。）
    - 上　坪“出張所”（光緒二十三年八月十六日呈請設立，八月二十七日核准設立，署員三人。）
    - 大河底“出張所”（光緒二十三年十二月二十八日呈請設立，光緒二十四年一月十三日核准設立，署員三人。）
  - 南莊撫墾署：
    - 加　禮“出張所”（光緒二十四年一月二十日呈請設立，二月一日核准設立。）
    - 大東河“出張所”（光緒二十四年一月二十日呈請設立，二月一日核准設立。）
  - 大湖撫墾署：
    - 獅潭底“出張所”（光緒二十三年七月十二日呈請設立，七月二十二日核准設立。）
    - 八角林“出張所”（同上）
    - 水尾坪“出張所”（同上）
    - 南　湖“出張所”（光緒二十三年十二月二十八日呈請設立，光緒二十四年一月十三日核准設立。）
- 臺中縣：
  - 東勢角撫墾署：大茅埔“出張所”（光緒二十四年一月二十五日呈請設立，二月三日核准設立，二月二十五日開辦。）
  - 埔里社撫墾署：蜈蚣崙“出張所”（光緒二十四年二月二日核准設立，三月五日開辦。）
- 嘉義縣：林圯埔撫墾署
- 臺南縣：蕃薯寮撫墾署
- 鳳山縣：恆春撫墾署：內埔“出張所”（光緒二十三年十月八日呈請設立，光緒二十四年二月一日核准設立，雇員五人，工友三人，臨時傭夫一人，三月二十日開辦。）
- 宜蘭廳：叭哩沙撫墾署：
  - 天送埤“出張所”
  - 白米甕“出張所”
- 臺東廳：臺東撫墾署：花蓮港“出張所”（光緒二十三年九月十五日呈請設立，光緒二十四年二月一日核准設立，二月十五日開設。）

至於各撫墾署之管轄區域，則於光緒二十三年六月十六日，以民殖 第八四〇號， 通飭將原蕃薯寮撫墾署 管轄之 鳳山支廳管區，畫歸鳳山縣恆春撫墾署管轄外，其他皆仍照舊㉞。

迨光緒二十四年（日明治三十一年）二月二十六日，日本政府派兒玉源太郎爲臺灣總督。總督兒玉就任後，以原有縣廳所屬“辨務署”，警察署及撫墾署等機關達一百六十餘單位，冗員過多，爲期命令之統一，行政制度之簡化及運用敏活起見，乃將地方行政組織縮編精簡，將警察署與撫墾署合併於“辨務署”。因此於光緒二十四年六月十八日，以勅令第一〇八號，頒布臺灣總督府地方官官制，將原六縣三廳改設臺北、臺中、臺南三縣及宜蘭、臺東、澎湖三廳，在三縣及宜蘭廳下設“辨務署”。廢光緒二十三年（日明治三十年）五月二十七日，以勅令第一六三號頒行之臺灣總督府撫墾署官制，將原撫墾署務之關於“番人”“番地” 事務， 改由辨務署之第三課接辦。 並規定自光緒二十四年六月二十日起施行㉟。於是除臺東廳因不設“辨務署”由廳直轄外， 接辦“番人” “番地” 事務之 “辨務署”， 計有下列十七“辨務署”。 臺北縣：三角湧、景尾、新埔、新竹等四“辨務署”，臺中縣：臺中、南投、埔里社、斗六、苗栗等五“辨務署”，臺南縣：蕃薯寮、阿緱、潮洲莊、東港、恆春、嘉義等六“辨務署”，宜蘭廳：宜蘭、羅東二“辨務署”。其不設第三課之“辨務署”則設股（掛），或由支署辦理“番人”“番地”事務。

至此歷二年多之撫墾署制度於此結束，而原來撫墾署主管之重要業務樟腦製造事業，則於光緒二十五年（日明治三十二年）六月，改由新設之樟腦局主管。“辨務署”主管之“番人” “番

㉞《府公文類纂》，明治30年，甲種永久，第3卷，第5案。
㉟《臺灣總督府報》，第317號，明治31年6月30日，頁 89-91。

地”事務，則著重於“番人”“番地”之撫育、授產、治安取締事項。

　　玆將歷任撫墾署長列表於後㊱：

撫墾署名稱	署長	任免紀要
叭哩沙撫墾署	小野三郎	光緒22年（日明治29年）4月22日任撫墾署主事，4月25日命撫墾署長。 光緒23年（日明治30年）10月8日卸任。
	河上左右	光緒23年10月8日任撫墾署主事同日命署長。 光緒24年（日明治31年）6月20日裁撤卸任。
大嵙崁撫墾署	宮之原藤八	光緒22年4月21日任撫墾署主事，5月25日命撫墾署長。 光緒24年6月20日裁撤卸任。
五指山撫墾署	山口義耀	光緒22年4月21日任撫墾署主事，並命署長。 光緒23年7月7日卸任。
	米山俊信	光緒23年7月15日任撫墾署主事，並命署長。 光緒24年6月20日裁撤卸任。
南莊撫墾署	水間良輔	光緒22年4月21日任撫墾署主事，5月25日命署長。 光緒24年6月20日裁撤卸任。
大湖撫墾署	椙山淸利	光緒22年4月21日任撫墾署主事，5月25日命署長。 光緒23年12月11日轉任林務官。
	川上生之助	光緒24年1月10日任撫墾署主事，並命署長。 光緒24年6月20日裁撤卸任。
東勢角撫墾署	越智元雄	光緒22年5月28日以撫墾署技手代理署長，光緒23年3月27日任撫墾署主事並命署長。 光緒24年6月20日裁撤卸任。
埔里社撫墾署	檜山鐵三郎	光緒22年5月25日以臺中縣埔里社支廳長兼任代理署長。 光緒23年5月20日卸任。
	長野義虎	光緒23年6月30日任代理署長，7月15日任撫墾署主事並命署長。 光緒24年6月20日裁撤卸任。

㊱伊能嘉矩，《理蕃誌稿》，第一編，頁 125-127。《臺灣總督府報》，第231號，明治31年1月27日，頁29。

林圯埔撫墾署	西田又二	光緒22年5月26日以撫墾署技手任代理署長。 光緒22年9月11日卸任。
	齋藤音作	光緒22年9月11日任撫墾署主事，並命署長。 光緒24年2月14日卸任。
蕃薯寮撫墾署	佐竹義和	光緒22年5月25日任撫墾署主事，並命署長。 光緒23年5月25日卸任。
	川上親賢	光緒22年9月25日任撫墾署主事，並命署長。 光緒24年6月20日裁撤卸任。
恆春撫墾署	相良長綱	光緒22年5月25日以臺南縣臺東支廳長兼任代理署長。 光緒22年12月7日卸任。
	安積五郎	光緒22年12月7日以臺南縣恆春支廳長兼任代理署長。 光緒23年12月24日卸任。
	石井晉一	光緒23年12月24日以恆春辨務署長兼任代理署長。 光緒24年6月20日裁撤卸任。
臺東撫墾署	曾根俊虎	光緒22年5月25日任撫墾署主事，並命署長。 光緒23年3月卸任。
	相良長綱	光緒22年10月3日以臺南縣臺東支廳長兼任代理署長。 光緒24年6月20日裁撤卸任。

三、撫墾署之職掌及辦事章程

依據光緒二十二年（日明治二十九年）三月，以勅令第九十三號頒行之臺灣總督府撫墾署官制之規定，撫墾署之職掌爲：㈠關於“番人”之撫育、授產、取締事項，㈡關於“番地”之開墾事項，㈢關於山林、樟腦製造事項。第一項卽對山胞之安撫、教育、授受產業及山地治安之維持取締，第二、三項爲對山地之土地及資源開發事項。

光緒二十二年六月一日，臺灣總督府民政局並以民殖第二十九號，頒行撫墾署處務規程，凡十八條，以期各撫墾署處理事務

之統一。其要項爲:

一、撫墾署長依官制所定，統理署中一切事務，對民政局長負責。

二、撫墾署置庶務、會計二股（原稱“掛”），庶務股掌理關於山林及“番民”之事務及其他雜務，會計股掌理會計之一切事務。

三、撫墾署長應擬定署內處務細則（即辦事細則）呈經核定後施行。

四、撫墾署長對主管事務，在執行上必要時，得予公告，又需要地方廳之告示通令時得照會地方廳。

五、撫墾署長就其權限內之事務，得以署名或署長名與臺灣島內之各官衙行文照會。

六、撫墾署長應巡視管區內，或命令所屬職員巡視管區，緊急時得出差或命令出差管區外。但後者之情形時應同時呈報其狀況。

七、撫墾署長得在經費預算內，採用月額十二圓以內之日薪雇員，但應隨時呈報。

八、庶務股應備置撫墾署日記簿，摘記每日署內重要事項及天氣概況。

九、撫墾署長應每月呈報其主管事務之要項，但重要事件則應隨時報告[37]。

此規程之要點，在於設股分掌事務，及規定撫墾署長之職權。

初得殖民地之日本政府尚無經營殖民地之經驗，尤其對“番民”、“番地”之特殊政務亦屬創始，認爲極需愼重處事。當局

---

[37]《府公文類纂》，明治29年，甲種永久，第3卷，第37案。伊能嘉矩，《理蕃誌稿》，第一編，頁 21-22。

以為撫墾署主管之事務，種類雖夥多，但以下列數項為最重要之急務：

一、應矯正“番人”之關閉的感情。

二、嚴禁“番人”之報仇的或習慣的殺人。

三、應矯正“番人”之妄想的迷信。

四、對“番人”授與產業，改善其衣食住，致力啓發其智識。

五、改善“番地”之交通，使其暢通。

六、開墾“番地”，利用森林之主副產物。

簡言之，即要撫育教化“番人”，同時興起“番地”之各項事業，以確立經營臺灣之基礎。因此民政局殖產部長押川則吉乃奉民政局長水野遵之命，以此為目標而於光緒二十二年六月六日，以民殖第一七六號頒發撫墾署長須知要項十三項，作為業務施政之方針，通飭各撫墾署長遵辦。略曰：

一、與地方廳署交涉事項：地方廳除基隆、淡水、鹿港等三支廳外，其管區與“番地”犬牙錯雜，原來有關“番地”事務係由地方廳署辦理，故地方廳已了解其情況及對“番民”撫育有腹案者亦不尠，因此應徵求地方廳之意見以供辦事之參考。又撫墾署與地方廳係併立辦事，權限上恐易發生衝突，應多留意以免發生紛議。

二、關於“番民”撫育事項：設立撫墾署之目的，雖在於撫育“番民”，開墾“番地”，經營山林及樟腦之製造，但最重要者為“番民”之撫育與樟腦之製造兩項，就中“番民”之撫育與各事項有關，故應特別留意。務須致力教化“番民”，脫離野蠻之習俗，以謀開發“番地”之產業，詳細調查“番民”、“番地”狀況，以作永久性“撫番”政策之參考。

並須對“番民”宣示下列事項：

㈠甲午戰爭與割臺經過之要旨。

㈡日本天皇愛撫人民，無論漢人、“番民”均一視同仁。

㈢新設之撫墾署不會如清代之撫墾局，有偏頗愛憎之情形。

㈣日本政府對勤勉耕農者會給與獎勵，反之諸如濫殺人者則加以重罰。

㈤如有日本人或漢人侵害“番民”之利益，而由酋長向撫墾署申報時必加以處分，故不可加以殺傷。

㈥溫順而爲政府盡力者當予頒獎，不然則會受懲戒。

㈦各“番社”應互相敦睦，絕不得互相侵伐或殺傷。

三、關於物品交易事項：物品之交易，在清代係爲撫育“番民”之一種方法，由撫墾局直接經營。但此事如以公務辦理，不僅不穩當，恐會釀成弊害，故應委爲民營，而加以嚴密監督。割臺後舊制廢止，爾來仍由臺灣商人經營交易，因此暫可准其照辦，商人中誠實者可發給交易特許執照，令其定期在撫墾署或附近交易，並加以嚴密監督，必要時得予定價交易。

四、關於日本人及漢人出入“番地”事項：“番地”有鬱蒼之森林，廣漠之山野，有砂金之產地，其遺利不尠。目前似有不少日本內地人，欲一攫千金而想經營“番地”事業發財者。這些人如准其自由出入“番地”，則樟樹之盜伐及其他弊害必接踵而至，並容易爲小事與“番民”發生糾紛。故非到適當時機，不論日本人或漢人或外國人，除現已與“番民”圓滿交涉爲辦理從事原來已有之樟腦製造等事業者以外，暫不准新人出入“番地”。尤其應嚴密防遏携帶槍器彈藥及其他物品，到“番地”販賣以謀私利者。爲辦理原來已有之事業者，可由撫墾署發給准許之執照。

五、關於外國人事項：如有外國人爲從事營業而欲進入樟腦製造地區者，倘處理失當則會引起外交上之涉外事件，故極需愼重周到，不得有絲毫差錯。因此除極普通之事項外，一概應請示訓令後處理之。政府雖不承認外國人之樟腦製造權，但原來已以漢人之名義經清朝政府之許可而從事製造樟腦者，我政府亦准之。外國人之進入內陸收購樟腦者，目下正在請示中，但已通知外國駐臺領事，可暫時照原來之辦法給予方便，故撫墾署亦應體諒其意，關於外國人事項應逐一報告，不可懈怠。

六、關於“番民”之槍械事項：“番民”係跋涉山野從事狩獵，因此一般都有携帶槍械以殺戮爲習，故必須制定取締辦法。但如目前忽然予以禁止，則不但不可能實行，反而會招致其猜疑心，且恐會奪其謀生之道，故容後制定辦法，現暫時以加以限制槍械彈藥之輸入而研擬辦法呈報爲要。

七、關於選定移民地區事項：在未開之“番地”移住多數之日本人開發其資源，爲將來臺灣之經營上最重大之要務。可是“番地”之開拓，需待與“番民”之交涉圓和方得開始移民。因此目前雖不可急速著手，但應盡可能作實地調查，詳細報告，以作他日便於設計移民之參考。

八、調查“番社”社名戶口風俗事項：“番民”之人口並無實際之調查，因此世人所說者不過是推測而已，蓋人口調查爲擬定永遠之“撫番”撫育政策最要緊之急務，故務希精細調查“番社”社名戶口及其他風俗習慣，迅速詳察“番地”之實在情況。

九、通事事項：撫育“番民”最須要者，在於有適當之通事，蓋欲使言語不通之“番民”，能了解我們之誠意所在，不得不依賴通事。然而徵之既往之實情，通事中往往有以言語不通爲奇貨，而站在中間巧妙欺騙雙方，貪取一己之巨利，傷害“番民”之感情者。故錄用通事時，應留意其爲人，及其與“番民”之感情如何？原來要學習“番語”並非難事，因此撫墾署員應努力學習“番語”，凡重要事項應致力能由署員自辦之。

十、製造樟腦事項：撫墾署對林務之著手，首要在樟腦製造業之取締管理，樟腦之製造以本島之北半部即雲林以北爲最盛。依據去年十月公布之日令第二十六號，檢具舊政府之證件提出申請者計有五、六十件，現存於殖產部，但有日本商人介入其間，動不正之行爲者，甚至有提出僞造之文件者。惟原則上除其極不當者以外，既從事製造業者，則盡量准許其繼續製造。然而樟腦爲臺灣之特產物，如何維持其能永遠無窮生產爲最重要之事，故應詳細計算樟腦之成長力，以免過濫採伐。目前申請者當准許其製造，但要嚴密管理取締，樟腦之許可應規定一定之年限，制限其竈數，標示樟樹，以保護樟樹。

依照前記方針准許製造，則樟樹之採伐必不少，故准許新申請者事屬不可能，但連民有私地之樟樹也禁止採伐則有失苛酷之嫌，因此擬在管制之下准許民木之製腦，又官有地尚有不少樟樹頭，這些則宜速採伐製腦較爲有利。

十一、伐木造林事項：供於樟腦製造用之木炭寮所需木材，及地方人民一般自用之薪炭木材，可默許照其原來之習慣採取。但以營業 或其他目的 欲採伐樹木者， 則在認許之區域內 亦應嚴禁。

雖然如此禁止採伐樹木，但並非永遠禁止，而俟制定採伐樹木規則後，應多開發利用此資源。

從森林盡取更多收益，並使此利益可維持永遠無窮，且可顧及保安，實爲林業之目的，又屬極難之問題。故應精細留意採伐之方法，造林之手段，樟腦製造之改良等事項。並應著手森林之調查，以確立興業之基礎。又應多留意林產之繁殖。觀之臺灣林況，西部及北部之山嶺槪屬禿裸，少有樹林，這些山嶺應栽培樹苗造林。深山之天然林則可依天然下種，更新採伐，相信在經濟上、撫民上、一般保安上都是極爲適當之方法。

十二、關於森林所有事項： 山林既屬官有， 但在清代政府未曾對山林加以管理取締，故宛然如太古時代山林成爲共有之狀況， 習慣上各自就其所好採伐木材及薪料。尤其在“番地” 山林成爲他們之城壁、狩獵區、棲家。這些山林當然應全部視爲官有，但將來如有必要，可制定適當之辦法，使其歸爲民有之部分也必多，希當局者經常多留意。

十三、取締山火事項：爲開墾或防止"番人"之隱伏，燒山林成爲一種習慣，然而有時其火勢會蔓延，使廣大面積之森林歸爲灰燼，對此必須嚴加取締，有司應就實地擬案呈報。

除以上所列事項外，各官員認爲有必要者，希盡量開陳意見爲盼㊳。

這是在過渡時期，對處理撫墾事務相當具體的指示，由此也可窺見日本政府之撫墾方針，及治理"番民"、開發經營"番地"資源之目標。

至光緒二十二年（日明治二十九年）七月以後，各撫墾署均先後依據撫墾署處務規程第四條之規定，擬定〈處務細則〉（即辦事細則）呈報備案。率先擬定報備者爲大嵙崁撫墾署，於光緒二十二年七月二十八日，以大撫第十一號呈報處務細則，於九月十一日以民殖第二十七號核准施行，共二十六條。次爲蕃薯寮撫墾署，於九月二十八日，以蕃發第十一號呈報，共十九條。東勢角撫墾署，於十月五日，以東第一〇五號呈報，共二十五條。叭哩沙撫墾署，於十月十九日，以叭第六號呈報，共二十五條。以上三撫墾署均於十一月十九日，以民殖第五三一號核准施行。再次爲林圮埔撫墾署，於十月五日，以林第三十號呈報，共三十六條，於十二月十日，以民殖第三十八號核准施行㊴。其次爲南莊撫墾署，於光緒二十二年十月三十日，以南墾第五十九號呈報。大湖撫墾署，於光緒二十二年十二月十五日，湖甲第一二〇號呈報，共五十一條。該兩撫墾署之處務細則，俱於光緒二十三年

㊳《府公文類纂》，明治29年，甲種永久，第4卷之1，第46案。明治30年，乙種永久，第2卷第2案。伊能嘉矩，《理蕃誌稿》，第一編，頁13-20。

㊴《府公文類纂》，明治29年，甲種永久，第3卷，第28-30案。

（日明治三十年）一月十五日，以民殖第四六三號核准施行。玆摘舉南莊撫墾署處務細則於後。

按南莊撫墾署〈處務細則〉，擬定呈報時共有五十三條，經修正核定爲四十七條，分爲五章，第一章爲事務分掌，第二章爲文書之處理，第三章爲文書之編纂，第四章爲文書保存期限，第五章爲服務雜規。其有關事務分掌之要項如下:

一、本署設庶務、會計二股（原稱“掛”），各股置股長。

二、股長承署長之指揮命令，監督屬員之勤怠，掌理事務。

三、股長以資深技手（即技佐或技士），或書記充任。

四、各股屬員承署長之指揮，辦理各分擔之事務。

五、通譯（原稱通譯生）專屬署長擔任通譯，但亦應協辦各股事務。

六、庶務股分擔主辦下列事項，各置主任一人。

㈠主辦庶務，㈡主辦撫墾，㈢主辦製腦。

七、主辦庶務，主管下列事項:

㈠關於職員之任免、身分及簽呈報告事項，㈡文書之收發及編纂保存事項，㈢關於統計及報告事項，㈣關於褒奬事項，㈤關於氣象事項，㈥關於運輸通信事項，㈦關於衞生事項，㈧關於諭告事項，㈨關於官印保管事項，㈩關於值日事項，⑾關於辦公廳內之管理事項，⑿不屬於他股之事項。

八、主辦撫墾，主管下列事項:

㈠關於“番民”之撫育、授產、取締事項，㈡關於開墾事項，㈢關於山林之經營事項，㈣關於“番民”戶籍事項，㈤關於“番民”殺傷事項，㈥關於官有森林原野之出售及出租事項，㈦關於測量製圖事項，㈧關於道路橋樑事項。

九、主辦製腦，主管下列事項:

㈠關於樟腦製造業事項。

十、會計股，分擔主辦下列事項，各置主任一人。

㈠主辦會計，㈡主辦物品調度。

十一、主辦會計，主管下列事項：

㈠關於歲出入預算及決算事項，㈡關於工友事項。

十二、主辦物品調度，主管下列事項：

㈠關於物品出納事項，㈡關於營繕事項，㈢關於不用物品之處分事項[40]。

由此〈處務細則〉更可明瞭各撫墾署之具體的主辦事務。

各撫墾署正式成立開辦約三個月後，臺灣總督府以爲在創業伊始，辦事往往緩急易誤，動不動會發生蹉跌之患，是爲一般之通弊，何況清代撫墾局留有遺弊。故爲撫恤此“番民”，需倍加愼重，以免措施失誤，經常需嚴密監督。撫墾署需多了解“番”情與漢人之狀況，辦事方針需有同一標準，否則無法督勵教化猜疑心極深厚之“番族”及漢人。因此殖產部長復於光緒二十二年十月七日，以民殖第三五一號頒發〈撫墾署長事務施行標準〉（即辦事準則）十一項，通飭各撫墾署長遵辦。

一、應選拔署員中之適當人員研究“番語”，盡量廢止漢人之通事，使百事無妨礙，是目前及將來極爲重要事項，希各署指名向殖產部長申報。

二、要誘導啓發“番人”脫離野蠻之領域，並非容易之事業，尤其人情風俗習慣等依地區而不同，故非採用各種臨機應變之手段不可，但招請各社之頭目及正副社長，或其他適當者，令其了解人道，由他們指揮監督其所屬“番族”，當不失爲有效之捷徑。

三、招請“番人”給與物品，宴饗酒肉爲溝通彼此之意志所

㊵《府公文類纂》，明治30年，甲種永久，第4卷，第2案。

必須，亦爲撫育上之一種手段。但無智無能之徒，易狎習恩惠，終以此爲常，偶爾不給則反而會鳴不平，故這一點需特別注意，應採取讓其做一些勞動，或爲表彰善行，始給與物品之方針，使其有要獲得物品則非有相當之理由不可。

四、勸“番人”經常來往，使彼此消除危險之憂患。又要深入“番地”各社，詳細調查地理、氣候、戶口、風俗、生活習慣、天然人工物產，此爲要確立經營“番地”之基礎最重要的急務，希切實實行調查。

五、誘導“番人”改良從來之生活，讓其了解利用厚生之道，是要使他們進化之一種手段，應先讓其從事開墾耕作，伐木製材，製造樟腦，山林副產物之利用，改良“番布”紡織，木竹之雕刻及其他恰當之勞動事業，使其了解獲得錢財及使用方法。

六、誘導“番人”開築山路便利交通，便於彼此往來，則可刺戟耳目，是爲開發人智之手段，因此應令“番人”開通道路。

七、教育“番人”使其了解人生之意義，爲撫育上不可缺之要項，故應預先研究其方法。

八、與“番人”交換物品，和撫育有密切關係，往往因其所爲如何？而會成爲其懷恨之媒介，故應命署員會同交易，使原來的通事以至日本人，概不得有不公正之行爲，嚴加管理，以謀其日益發達。因原來之通事，已往屢有弊害，因此與“番人”傷感情，以致與漢人互相敵視，應多留意以免重踏覆轍。

九、要分配鋤頭、鐮刀、柴刀、斧、鋸等工具給“番人”，教其使用方法。並教其原來持有之槍器刀槍係專爲狩獵及稼穡之用，必須除去其危害人類之念頭，打破其浸染腦裏之祖傳習慣，一掃其蠻風，啓發其智能。此屬精神的事業，雖爲至難中之難題，惟切希刻意勵精，以期達到目的。

十、如某些部落的“番人”有擅行殺傷，稱爲人頭祭，刎取很多漢人首級的惡習，這種行爲務請急速一掃，非採取根治之方法不可。但目前之狀況，暫無法將這種犯罪之"番人"一一處以刑罰。因此寧可由撫墾署加以嚴重之訓戒，防止於未然，並可考慮令他們負連帶責任之方法爲得策。又或有日本內地人或"番人"，對"番人"或在"番地"犯罪而需要執行警察權者，故應預先與就近之憲兵或警察協議，以制機宜，以免發生不妥當之情形。又自今如有被殺害者，則應先急報現況，然後調查詳情，究明其原因，報告其經過始末。

十一、原來漢人之開墾"番地"及從事樟腦製造業者，經常被"番人"敵視，冒險嘗盡辛酸出入"番地"。畢竟這些漢人之既往行爲有傷害"番人"之感情，雙方之間至今仍然有如犬猿交惡，幾乎無改善之方法。首當其衝之撫墾署，應站在兩者之間保持中庸，使"番人"不加害，漢人不虐待。在撫育"番人"，同時也要保護漢人之生業，注意不要使他們有厚彼薄此之感，而使其了解一視同仁之叡旨。

以上各項之大要，卽命署員學"番語"，不依靠漢人之通事，而可自由出入"番地"，溝通雙方之意思，令其信服，脫離野蠻之風習，早就實業，開發"番地"，達到拓殖"番地"之目的。爲達到此目的經常需恩威並行，寬嚴不失其度，採取機敏之處置，各撫墾署一轍並進，使"番人"及漢人不懷猜疑心，希遵照辦理㊶。

除頒行辦事規程，辦事細則外，由臺灣總督府之一再指示，頒發撫墾署長須知及撫墾署長辦事準則，可見其對處理撫墾事務之重視與愼重。

翌光緒二十三年（日明治三十年）五月二十七日，以勅令第一六三號，分布修正〈臺灣總督府撫墾署官制〉，其職掌除文句

㊶《府公文類纂》，明治29年，甲種永久，第8卷，第11案。伊能嘉矩，《理蕃誌稿》，第一編，頁 23-25。

有若干修改外，仍爲：㈠關於“番民”之撫育、授產、取締事項，㈡關於“番地”之開墾事項，㈢關於“番地”之山林、樟腦製造事項等三大項。接著臺灣總督乃木希典，於光緒二十三年六月二十九日，以訓令第七十九號，頒發〈撫墾署事務及其管內情況報告手續〉，其要項如下：

一、撫墾署事務及其管內情況報告，分爲月報及臨時報告二種，月報應於次月十五日以前，臨時報告則隨時具向民政局長報告。

二、月報包括撫墾署所施行之一切事項及管區內情況，其概要如下：

㈠既施設事項之成果，現今施行中之各事項情況及將來要施設事項之種類目的。

㈡漢人、日本內地人、“熟番”及外國人與“生番”之交涉事項。

㈢漢人、日本內地人、“熟番”或外國人，在“番地”已辦或欲與辦之事業，其得失成績及情況。

㈣關於出入“番地”之取締事項。

㈤關於槍器彈藥之取締事項。

㈥關於物品之交換事項。

㈦關於隘勇隘丁事項。

㈧到撫墾署之番人社名、人員及贈與品之種類、數量與其金額。

㈨“番地”、“生番”之情況及其風俗習慣、戶口之調查。

㈩處理事務之件數。

⑪前記各事項以外認爲必要事項。

三、臨時報告係指對前揭事項有關之事件當中需急要報告者，或其他緊急事件。

四、前項臨時報告，應先以電信報告其事件之概要，然後報告其詳細情況。

五、報告均應簡明記述，地名、人名需附“片假名”，其有關土地者需附位置略圖。㊷

此次撫墾署官制之修改，撫墾署雖改隸縣廳，但臺灣總督府爲隨時掌握了解臺灣全島之“番情”，乃直接令飭各撫墾署，按月或隨時向民政局長報告其管區情況。

但由於撫墾署係改隸各縣廳，故各縣廳乃重新制定撫墾署處務規程。例如臺中縣於光緒二十三年十月八日，以訓令第一六四號頒行撫墾署處務規程，共七條，其要項爲:

一、撫墾署長依官制之規定及就特別委任之事項對縣知事負責。

二、撫墾署長有事故時，得由資深“主事補”（即助理主事）代理其職務。

三、撫墾署長應監督所屬吏員，得將其任免功過賞罰等呈報縣知事。

四、撫墾署爲處理署務設課，各課置課長一人，處理其分掌之事務，課長對署長負責，但課長得兼任。

五、撫墾署長應制定處務細則，呈經核准後施行。

六、撫墾署長除法律命令及本規程所定事項外，均應受縣知事之指揮。㊸

至於各撫墾署之處務細則，當也隨改制而各有重新制定。

四、撫墾署之業績

撫墾署成立後，各撫墾署乃依照頒行之撫墾署官制、辦事規

㊷《府公文類纂》，明治31年，永久保存追加，第9卷，第5案。《臺灣總督府報》，第110號，明治30年6月29日，頁 52-53。

㊸《府公文類纂》，明治30年，甲種永久，第4卷，第43案。

程、辦事細則、辦事須知及辦事準則等所定職掌方針推行撫墾事務。

撫墾署之制度，在其官制所定之職掌有三大項，而在施行撫墾制度二年餘之間，日人自認成果最顯著者爲“番人”之撫育。謂：其手段雖稍偏極端，乃在綏撫中稍嫌少加威壓，而其設施機關僅二年而廢，未達預期之效果，但總是在“理番”沿革上截然畫一時期。

按日人以爲清代之“撫番”方針，係在“番地”各要衝之地點，設置撫墾總局，撫墾局及分局，設隘置隘丁，保護開墾及製腦事業，並以酒食饗應“番人”，分配“番租”，設立番學堂教育“番童”，以作撫育“番人”之方法，其方針係先武威而後施恩惠。因此割臺當初隘丁撤去後，“番人”曾以報仇的觀念到處破壞腦灶，以恢復其原有區域。

而據臺後，如突然脫離舊制，用新方案，對無智無能之“番民”來說並非良策。且“番政”與一般行政不能同軌，乃設置特殊機關撫墾署，與普通行政分開。恩威並行，非萬不得已不用武力，此爲“撫番”之根本的正當秩序。以此方針推展其業務，而不誤其緩急順序，則撫墾署不久自可達到其施政之目的。

雖同爲“番人”，但依人情、地勢之不同，各地區在統治上難免有難易之差別，並依其大勢將撫墾署分爲三區。㈠臺東、恆春，㈡蕃薯寮、林圯埔、埔里社（“南番”），㈢埔里社（“北番”）、東勢角、大湖、南莊、五指山、大嵙崁、叭哩沙。大體而言，“北番”比“南番”獰猛，但大嵙崁地區則最早著手撫育之地區，故比較平穩[44]。

至光緒二十三年（日明治三十年）四月二十一日，總督乃木

㊹《府公文類纂》，明治30年，乙種永久，第2卷，第2案。伊能嘉矩，《理蕃誌稿》，第一編，頁 99-100。

希典乃召集各撫墾署長，假臺灣總督府召開撫墾署長諮問會議，檢討其成果及運營之方法。總督乃木並親自在會議席上訓示。略曰：

> 撫墾署長諸位與所有署員，一年來在"番地"內冒著百般之困苦，堪其闕乏，拮据勉勵，為余所深感謝之所在。各撫墾署自應遵照所指示之方針推展各項業務。惟原來撫墾事業係在無經驗之下所定之規則，自當需隨地方之習俗、時勢之推移，而變更其施行之方法。此為古今之通例，故應互相氣脈相通，以免統一之方針有差錯。本來諸位之事業，係對理解力不足之"番人"，故比普通行政更加困難，但深望忍耐從事以期成效。對清代之撫墾方針，應取其利，而捨其弊。現為風俗習慣全然不同之日本人，新到本島統治之過渡時期。尤其為使"番人"對吾人之感情，要比對在地之漢人更好，是為最重要之事情。為使日本人與"番人"之關係達到圓滿，是為諸位之重大事務。切望與就近之守備隊、憲警戮力協心，在治"番"上所定方針之下辦事。
>
> 由諸位之努力，現已了解"番地"內之狀況及其概略，今後更須加倍努力學習研究"番語"，詳細調查"番情"，是為目下之急務，諸位必有抱持對"番地"經營上有利有害之意見，希不忌憚陳述。與諸位同歎之馘首惡習，欲根絕此殘忍之癖俗，是為最困難之事，亦為余所最憂慮之所在。取締此事則切望十分留心從事。

此諮問會議所提出之諮問案，計有殖產部拓殖課十六案，農商課二案，鑛務課八案，法務部一案，通信部一案，臨時調查股一案，多屬研討以何種方法，如何有利推展撫墾事業之方案㊺。

㊺伊能嘉矩，《理蕃誌稿》，第一編，頁 35-41。《府公文類纂》，明治30年，乙種永久，第2卷，第2案。

嗣後光緒二十三年十一月二十五日，民政局殖產課又以民殖第一五五號，通飭各縣廳提出各撫墾署成績報告，其要項共十二項㊻。其後也遵照光緒二十三年六月訓令第七十九號，陸續按月呈報各撫墾署之情況及業績。

玆將撫墾事務，分爲：㈠關於“番人”撫育事項，㈡關於“番人”教育事項，㈢關於“番語”之學習研究事項，㈣關於“番地”之調查事項，㈤關於“番人”物品交換事項，㈥關於“番人”授產事項，㈦關於“番人”及其槍械之取締事項，㈧關於“番地”出入事項，㈨關於開築“番地”道路事項，㈩關於“番地”開墾事項，⼟關於製造樟腦事項，⼠關於山林事項，分述其成果於後。

㈠　關於“番人”撫育事項

日人爲撫育“番人”，最初係利用原來之“番人”通事，派遣“番婦”、“番丁”到各“番社”，招喚頭目及其他“番人”到撫墾署，以酒食饗宴頭目、社長及“番人”，並給與物品糧食，求其歡心，溝通感情，並藉此方法使其誘引同社同族之“番人”。再利用此等經溝通之“番人”到撫墾署。最初“番民”難免有猜疑心，乃盡力設法溝通，使“番人”信用撫墾署。到撫墾署之“番人”則按日按社加以登記。例如大嵙崁撫墾署管內，至光緒二十五年底止，到撫墾署之“番民”已達九十三社。其他之各撫墾署亦均以勸導“番人”到撫墾署之方法溝通感情，均有相當成效㊼。

其次則對到撫墾署之“番民”每次予以訓戒捨去壞事，務正

㊻《府公文類纂》，明治31年，乙種永久，第13卷，第11案。

㊼《府公文類纂》，明治30年，乙種永久，第２卷，第２案。明治31年，乙種永久，第13卷，第11案。

業。第一，矯正其殺人之惡習，第二，破除先天的迷信。並令“番民”發誓不殺人（但仍有不發誓者），以期漸次全廢馘首之惡習。對頭目則訓戒後頒授日本國旗一面，凡來署時必須撐旗先導。

在改善衣食住方面，最初係對到署之“番女”發給縫級用具，使其學習裁縫，並發給食品讓其自炊。對“番丁”則令其從事適當之勞役，教其工作要領及整理收拾，遵命者則頒與獎品。而凡到署之“番人”均贈與生活必須品，計有豬肉、牛肉、米、鹽、魚干、酒、毛織布料、內衣、毛線、針、線、鈕釦、火柴、燧石、木炭、鏡、梳子、藥品、碗、面盆、剪力、剃刀、糖、餅乾、香煙等。各撫墾署對饗宴之酒食，贈與物品亦均按日登記其種類、數量、價格及受贈人。

又教禮節規範，教“番民”凡到撫墾署者，要對署長及署員敬禮。起床後要洗臉漱口，使用筷子吃飯等。因“番人”之天性，有尊敬酋長之美性，日人乃利用此天性教其禮節規範。

又對“番人”患病者施予治療，其疾病多為瘧疾、皮膚病、胃腸病、感冒、眼疾等㊽。

五指山撫墾署則訂有“番民”接受撫育之考核獎勵辦法，分為四等級，考核其行為而頒獎，其等級、標準及獎品如下㊾：

㊽《府公文類纂》，明治30年，乙種永久，第2卷，第2案。明治31年，乙種永久，第13卷，第11案。明治31年，乙種永久，第14卷，第6案。明治31年，永久保存追加，第9卷，第6-24案。明治31年，永久保存追加，第10卷，第5案。

㊾《府公文類纂》，明治31年，乙種永久，第13卷，第11案。

等級	標準	獎品
特別獎	(一)嚴禁馘首從事正業經一年，而有顯著績效者。 (二)將第一項之良好風習勸導他社，而有顯著績效者。 (三)在番社內開築道路便於交通者。 (四)召集二十人以上之壯丁，因應協助處理突發事件者。	獎給狩獵用之槍彈一具，或日本刀一把。
一等獎	(一)派番童到撫墾署或「出張所」服務，隨時報到撫墾署及「出張所」之非常召集者，每五人至七人分發牛或豬一頭。 (二)嚮導保護撫墾署長、署員，或署長許可之人，在「番社」內協助其處理公務達到目的者，每五人至七人分發一頭。 (三)偵察「番人」之惡行，在未發生前，向撫墾署或「出張所」密告檢舉並防禦者，每五人至七人分給一頭。	給牛或豬一頭。
二等獎	(一)密告檢舉加害人者。 (二)學得樟腦製造技術者。 (三)學得製材或燒木炭之技術者。 (四)不考慮鳥啼聲及飛雲者。 (五)勤勉從事農耕者。 (六)嚮應改善衣服者。	獎給衣服、咟吱、農具、家具、樟腦鍋、機具、裝飾品、雜貨、染料等一、二種。
三等獎	(一)勤勉採通草交換者。 (二)勤勉打獵交換者。 (三)勤勉栽種苧麻交換者。 (四)勤勉採取山林副產物交換者。	給種子、酒肉、食品。

在光緒二十三年八月，曾由大嵙崁、埔里社、林圯埔、蕃薯寮四撫墾署，遴選泰雅族、布農族、曹族、薩里仙族（Tsarisen 卽魯凱族）之酋長、頭目、副頭目，計有阿里山“番社”總頭目宇旺、副總頭目毛落等十三人，於八月三日至三十一日，從基隆港乘輪船到日本之長崎、神戶、大阪、東京、横須賀等地區，參觀軍事設施、工廠、學校、都市百貨店、農村之耕作方法等，使

其認識日本之強大軍力，國力之富強，及交通等近代化設施之進步情形㊿。東勢角撫墾署，則馬那邦社副酋長歪卡伊奴，因病未克參加日本內地觀光，乃於光緒二十四年一月三日，引導馬那邦社副酋長歪卡伊奴等七人，到臺中參觀臺中縣廳、日軍聯隊本部、騎兵營、監獄等設施。目的在向"番民"展示日軍之強大兵力及現代化設施㊿51。

上述日人之初步撫育措施，均漸次獲得若干改善之效果。

㈡ 關於"番人"教育事項

設立撫墾署之初，日人係集中力量安撫"番人"，尚談不上實施正規之學校教育。最初係只由撫墾署員隨機對"番童"、"番女"、"番丁"教數字或日語字母五十音等而已52。

至光緒二十二年（日明治二十九年）九月，首先在恆春撫墾署管內下"番社"地區豬勝束社（今屏東縣滿州鄉里德村），設立恆春日語（原稱"國語"）傳習所分教場（卽分校），招下"番社""番童"學生三十人開課。其感化之影響力相當大，很多父兄感其必要而入學者逐日增加。但因教室狹隘而無法接受更多學生入學。其學習日語之發音、記憶力極佳。此爲日據初期日人在山地最早之正式教育設施53。

光緒二十三年，又在臺東撫墾署管內卑南社及阿眉馬蘭坳社兩社，設立臺東日語傳習所分教場，新築教室教育"番童"，均於同年十一月三日落成正式開學。入學者踴躍，學生之成績亦佳。翌光緒二十四年四月，又增設臺東日語傳習所奇萊分教場，

50《府公文類纂》，明治31年，乙種永久，第13卷，第11案。同註14書，頁 53-55。

51《府公文類纂》，明治31年，永久保存追加，第 9 卷，第21案。

52《府公文類纂》，明治31年，乙種永久，第13卷，第11案。明治31年，永久保存追加，第10卷，第 2 案。

53《府公文類纂》，明治31年，乙種永久，第13卷，第11案。

學生逐日增加[54]。

㈢ 關於"番語"之學習研究事項

日人以爲原來之通事多狡獪貪私利，恐會傷害"番民"之感情。故欲漸次裁撤原來之通事，令飭撫墾署員學"番語"，總督乃木亦曾於撫墾署長諮問會議訓示，須加倍努力學習研究"番語"。

撫墾署之日人職員，最初係跟"番人"通事、"番婦"及"番丁"學習"番語"，並利用"番人"到署交換物品之機會練習講"番語"。而自光緒二十二年八月，第一批練習試講"番語"之署員，至翌二十三年五月，均進步迅速，已免用原來之通事。在光緒二十三年五月在任之各撫墾署通譯，除南莊、埔里社、林圮埔、臺東等四撫墾署之通譯暫缺外，其餘各撫墾署之通譯均已全部由日人擔任。如叭哩沙撫墾署通譯爲有馬傳藏，大嵙崁撫墾署爲大山十郎，五指山撫墾署爲廣瀨貞治，大湖撫墾署爲福山登，東勢角撫墾署爲佐竹令信，蕃薯寮撫墾署爲村田小十郎，恆春撫墾署通譯由恆春支廳職員兼任[55]。但"出張所"則仍有採用"番人"或漢人通事，及訓練漢人青年學習"番語"以資備用[56]。

日人之署員通曉"番語"後，頗獲"番人"之信賴，各社到處受"番人"之歡待優遇，尊敬署員如對其酋長一樣。日人因而得深入"番地"探險調查。尤其大嵙崁撫墾署甚而利用"番人"攻擊抗日義軍[57]。

---

[54]《府公文類纂》，明治31年，乙種永久，第14卷，第8案。明治31年，永久保存追加，第10卷，第14案。

[55]《府公文類纂》，明治30年，乙種永久，第2卷，第3案。

[56]《府公文類纂》，明治31年，乙種永久，第13卷，第15、16案。

[57]《府公文類纂》，明治30年，乙種永久，第2卷，第2案。

殖產部則於光緒二十三年五月十一日，以民殖第六五二號，奉命通飭各撫墾署調查蒐集“番語”，聘請專家編纂“番語”集。並擬定“番語”編纂方針，其目次包括：名詞㈠數字，㈡身體及殘廢疾病，㈢人倫關係，㈣固有動植鑛物，㈤身體之裝飾及打扮用具，㈥飲食品，㈦自然現象，㈧地理，㈨時節，㈩房屋及家具，⑾其他，⑿代名詞，⒀動作、動詞，⒁形容詞，⒂助詞，⒃會話[58]。

㈣ 關於“番地”之調查事項

日人爲推展其撫墾“理番”，甚重視“番地”之調查，最初尤其著重“番社”及戶口調查。在設立撫墾署之前，在光緒二十一年（日明治二十八年）八月，首先作清代撫墾局之調查。同年八月以後，先後到“番社”宣撫及經屢次探險後，在一年內卽作全盤之“番地”“番情”及“番社”戶口調查。例如光緒二十一年七月，臺北縣作其管轄內淸代撫墾局之調查時，除調查撫墾局之設施狀況外，並詳細調查臺北縣轄內之“番社”社名、土目及各社男女人口等，計有七十六社，人口男2,938人，女3,423人，合計6,361人。又於同年十一月，作大嵙崁“番情”調查報告[59]。新竹支廳長松村雄之進，也於同年十月二十三日，率領通譯官山田通及官警，到轄內“番界”視察調查，並有詳細之“番界”視察報告書[60]。宜蘭支廳又奉民政局殖產部同年九月十四日民第一八四號函，於十一月十六日，調查該轄內撫墾局及“生番”狀況報告書，呈報總督樺山資紀[61]。臺灣民政支部雲林“出張所”所員立花司馬，又於十一月中旬，率憲警深入轄內巒大

[58]同上註。
[59]《府公文類纂》，明治28年，乙種永久，第24卷，第6、15案。
[60]《府公文類纂》，明治28年，乙種永久，第24卷，第12案。
[61]《府公文類纂》，明治28年，乙種永久，第24卷，第13案。

社、阿里山、東勢格等社，作"番情"調查[62]。臺南民政支部恆春"出張所"，則於同年十一月十八日起至翌光緒二十二年二月十七日，作轄內上、下十八社及卑南臺東附近歸順各"番社"之調查報告[63]。另光緒二十二年三月二十七日，則有白井少尉之阿里山"番地"調查報告。同年四月七日，有第二師團長乃木希典之臺東"番情"調查報告[64]。

光緒二十二年六月撫墾署成立後，首先亦著手各"番社"之戶口人口調查，一年後幾乎遍及全臺各社。光緒二十二年十一月二十六日，殖產部又以殖第五三二號，通飭各撫墾署，指示關於"番民"之調查要項三十項。計有：㈠"番社"之名稱、人口及增減，㈡"番社"間之相互關係，㈢"番人"住宅之距離及位置，㈣通達"番社"之道路及"番社"內道路狀況，㈤"番人"間階級之區別及相互關係，㈥"番人"生活狀況，㈦"番人"之職業及其狀況，㈧農耕實況，㈨"番人"槍械種類，㈩彈藥供需之管道，⑪"番人"之疾病，⑫物品交換狀況；(1)從事物品交易之人員姓名，(2)交換品之名稱、用途、銷路及價格，(3)交換所之位置與撫墾署之距離，⑬"番人"寶物之種類名稱，⑭關於殺人之原因，⑮歷年殺人之比較，⑯"番地"之生產品，⑰依日令第二十六號許可之開墾地現況，⑱以殖第三二〇號照會之調查事項，⑲關於隘丁事項，⑳關於"番租"事項，㉑在"番地"製造樟腦及其他事業與"番人"之有關契約，㉒"番人"對撫墾署之感想，㉓宗教的觀察，㉔對"番人"教日語之意見，㉕關於"番人"撫育授產之意見，(1)對給與農具種子，將"番社"集中在一個地方，設置共同開墾地之意見，及位置之選定，設施方法，

[62]《府公文類纂》，明治28年，乙種永久，第24卷，第11、16案。
[63]《府公文類纂》，明治28年，乙種永久，第24卷，第17、19、20、22案。
[64]《府公文類纂》，明治28年，乙種永久，第24卷，第23案。

⑵關於給與物品，子弟之教育，病人之治療，及其他有關一般撫育，在“番社”開設“出張所”之意見，㈥關於“番人”前途之意見，㈦“番地”山川之名稱，㈧“番地”地勢略圖，㈨天然產物及土俗標本之採集，㈩其他重要事項。(65)

玆將各撫墾署之調查情形分述於後。

五指山撫墾署：

光緒二十三年（日明治三十年）十二月底，曾調查報告其管轄內“番社”戶口、土目姓名等。計前山“番社”：有“前山番”馬武督等六社，戶數共498戶，男1,001人，女876人，合計1,877人。後山“番社”有金孩兒社等十四社，戶數共1,470戶，男2,467人，女2,128人，合計4,595人。並深入各社詳細調查各社情況(66)。

南莊撫墾署：

光緒二十三年十二月底，曾調查報告其管內“番社”戶口，計有：聯興社、鹿場社等三十三社，戶數有151戶，人口940人，內男527人，女413(67)。

大湖撫墾署：

因其管區之內山有兇猛之“合歡番”，曾派署員深入調查探險，但其“主事補”福山於光緒二十三年九月十三日，在內山薛稼鞍社探險調查時被去那概社丁殺害(68)。故除作“淺山番”之“番社”戶口調查外，無法作“內山番”之“番社”調查。

臺中縣東勢角、埔里社撫墾署：

該兩撫墾署曾分別作下列事項之調查：㈠人類學上“番人”之種類，㈡“番界”之戶口調查，㈢“番界”之面積及廣袤，㈣

(65)《府公文類纂》，明治30年，乙種永久，第2卷，第2案。
(66)《府公文類纂》，明治31年，乙種永久，第13卷，第11案。
(67)同上註。
(68)《府公文類纂》，明治31年，永久保存追加，第9卷，第11案。

“番人”之風俗習慣，㈤開拓及移民地之調查，㈥森林原野之實地調查，㈦動植物之種類。(69)

林圯埔撫墾署：

先是光緒二十二年三月，有白井少尉之阿里山“番地”調查報告及佐藤少尉之“番租”調查報告，對阿里山方面之“番租”調查尤詳(70)。

撫墾署設立以後，至光緒二十三年十二月，曾調查下列事項：㈠“番情”調查，㈡“番社”戶口調查，㈢“番語”調查，㈣“番社”之衞生調查，㈤“番社”之境界調查，㈥撫墾署境界調查，㈦森林植物調查，㈧森林動物調查，㈨植物帶調查，㈩山林副產物調查，(十一)關於樟腦製造調查，(十二)開墾地調查，(十三)地理調查，(十四)地質調查，(十五)氣象調查，(十六)森林調查。又繪製管區內五萬分之一地圖(71)。

其所調查之郡大、巒大、丹大三大社所屬“番社”，計有郡大社小社毛註社等十二社，巒大社小社坑頭社等十六社，丹大社小社八地乃焉社等十五社(72)。並調查其“番社”情況及風俗。

蕃薯寮撫墾署：

光緒二十三年十二月，曾調查報告該管區內之“番社”戶口、社長、“取締”（即管理、糾察員）、通事等，分爲薩里仙（Tsarisen）族、霜熬族、謝布困族三族。其中薩里仙族之部分，㈠已實地調查並頒給社長派令者，計有排彎社、紅目仔社、忙仔社、墩仔社等三十三社，戶數 1,045 戶。㈡已知社戶數而尙未實地巡視者，計有卡羅磨基珊社、武來社、萬斗籠社等六十七社，其中五十二社之戶數有 3,938 戶（另十五社戶數不詳）。㈢

---

(69)《府公文類纂》，明治31年，乙種永久，第13卷，第11案。
(70)《府公文類纂》，明治28年，乙種永久，第24卷，第23案。
(71)同註(69)。
(72)《府公文類纂》，明治31年，乙種永久，第14卷，第4案。

尚未實地巡視，但已對“取締”頒發派令者，計有利基細社、庫瓦巴社、泰巴瓦畦社、麻阿里社、庫拉蘭卡社等五社，戶數 438 戶。以上共一百零五社，其中除忙仔社、墩仔社、萬斗籠社等三社外，其他一百零二社，因光緒二十三年六月管轄區域變更，而改歸恆春撫墾署管轄。霜熬族，有美蘭等八社，其中五社之戶數有 146 戶（另三社不詳）。謝布困族，有謝布困社一社，戶數未詳。又調查“番社”之社會組織、風俗習慣、宗教、衞生、交易、地理概況、森林狀況(73)。

恆春撫墾署：

光緒二十三年十二月，曾作上、下“番”社之風俗習慣初步調查，及楓港至卑南間內外阿郎衞社等五“番社”之戶口、社長調查，計有 76戶，266 人(74)。

臺東撫墾署：

在光緒二十三年十二月，已進行“番社”狀況、戶口、風俗習慣、語言等調查及繪製地圖(75)。

叭哩沙撫墾署：

因管區內之南澳、溪頭兩“番”，性極兇猛，殺害事件頻繁，故幾乎無法作實地調查(76)。

㈤ 關於“番人”物品交換事項

物品之交換，往往會成爲與“番民”惹起糾紛事端之關鍵。故其人選如有不當，將成爲“撫番”之障礙。反之，若遴選適當

(73)《府公文類纂》，明治31年，乙種永久，第13卷，第11案。明治31年，乙種永久，第14卷，第 3 案。明治31年，永久保存追加，第10卷，第 3 案。

(74)《府公文類纂》，明治31年，乙種永久，第14卷，第 6 案。

(75)同註(69)。

(76)《府公文類纂》，明治31年，乙種永久，第13卷，第11案。明治31年，永久保存追加，第10卷，第 7-10 案。

之交換人，則可間接輔佐撫育工作。清代各撫墾局設有“換番官市局”，“換番貨市局”經營“番”產物之交易。日據後又有原來之通事、商人等從事交易。故民政局殖產部曾屢次通飭各撫墾署，嚴密管理。並於光緒二十三年（日明治三十年）二月十九日，以殖第二七四號通知各撫墾署，調查各地交換所之情形。且通飭仿照清代舊制，在各撫墾署管區內設立“換番所”(77)。

茲將各撫墾署所設交換所情形分述於後。

大嵙崁撫墾署：

該管區內清代曾設有大嵙崁“換番官市局”，三角湧“換番官市局”及雙溪“換番貨市局”(78)。日據後，在光緒二十三年九月，准許日人桑島省三及山田海三兩人經營交換所，但實際設交換所者只有桑島省三而已，係在大嵙崁上街設交換所與“番人”交易物品。至光緒二十四年二月又增加上村富一交換所。五月，增加篠原國美交換所。交易時均派署員會同交易。“番地”生產之交換品有籐、通草、花草、芋、木槲、鹿皮、鹿角、木耳、薯榔、苧麻、金線蓮等。但仍有少數漢人私下與“番民”交易物品(79)。

五指山撫墾署：

清代在五指山方面之上坪莊，設有五指山撫墾分局“換番貨市局”(80)。在咸菜硼撫墾分局下暗潭，設有“換番官市局”(81)。油羅方面在九芎坪設有“換番貨市局”(82)。

---

(77)澤村繁太郎，《臺灣制度考》，頁 4-7。《府公文類纂》，明治30年，乙種永久，第 2 卷，第 2 案。明治31年，乙種永久，第13卷，第11案。
(78)同澤村繁太郎，《臺灣制度考》書，頁 4-6。
(79)《府公文類纂》，明治31年，乙種永久，第13卷，第11、12案。明治31年，永久保存追加，第 9 卷，第 7 、 8 案。
(80)同澤村繁太郎，《臺灣制度考》書，頁 7 。
(81)《府公文類纂》，明治31年，乙種永久，第13卷，第16案。
(82)《府公文類纂》，明治31年，乙種永久，第13卷，第11案。

設立撫墾署後，除五指山方面照舊在上坪莊設“換番所”外，馬武督方面改在十股莊，油羅方面改在內灣莊分設“換番所”。十股莊“換番所”，特准由日本靜岡縣人岡村祐利經營。內灣莊“換番所”，特許由內灣莊民徐炳堂經營。上坪莊“換番所”，特許由日本福岡縣人合屋善次郎經營。並頒發“換番特許人須知”共十六條，令飭遵照辦理。“換番所”之特許人，除日人外，漢人係遴選相當之資產者經營。並派署員會同交易。交易之“番產”品爲：“番布”、苧麻、通草、木檞、魚藤、籐、芋、木耳、金線蓮、鹿皮、鹿角、猴骨、熊骨、籐竹工藝品、“番蓆”、朱濃等。“番人”交換之需用品爲：衣服、布料、鹽、“番刀”、小刀、鐵鍋、銅鍋、火柴、線、黃牛、水牛、小豬、酒、酒母、豬肉、火打鐵等物品[83]。

南莊撫墾署：

准許日人一人經營“換番所”，交易“番”產品及“番人”需用品[84]。

大湖撫墾署：

清代在轄內八角林及水尾坪各設有“換番貨市局”。撫墾署成立後仍舊在同地分設“換番所”，由二人經營。並派“番語”研究生、署員等監督其交易情形[85]。

臺中縣東勢角、埔里社撫墾署：

東勢角撫墾署，在東勢角設有交換所，交易“番”產品及“番民”必需品[86]。

埔里社撫墾署：

---

[83]《府公文類纂》，明治31年，乙種永久，第13卷，第15案。

[84]同註[82]。

[85]同註[82]。

[86]《府公文類纂》，明治31年，乙種永久，第13卷，第11案。明治31年，永久保存追加，第9卷，第22案。

也於光緒二十四年（日明治三十一年）一月十四日，在蜈蜞崙開設交換所，與“番民”交易物品。交易之“番”產品有土豆、痲、“番衣”、“番布”、鹿皮、山豬陰莖、獇皮、木耳、香菇、猿骨、鹿角、鹿鞭、紅豆、鹿腳、獇等山產品(87)。

林圯埔撫墾署：

設有物品交易所，初暫准許通事、社丁經營，並發給執照。訂有申請物品交換處理內規。光緒二十三年五月，發給交換許可執照者有漢人十人，均係清末即從事該交易行業。交易所係在經營者之自宅。交換之“番”產品有鹿茸、鹿肉、鹿皮、鹿鞭、鹿筋、豹皮、熊皮、茯苓、金草、金錢草、木耳、香菇、臺仔米、綠豆、土豆、苡仁等。“番民”交換之必需品爲烏布、味吱、淺布、鐵鍋、銅鍋、斧頭、鐮、“番刀”、火藥、鹽、針、線、布料、酒甕、鈕釦等(88)。

蕃薯寮撫墾署：

在光緒二十三年十二月，計畫在鄰近數社設交換所，並在蕃薯寮設大交換所，各設認可之交換人(89)。

恆春撫墾署：

管區內之“下番社”人已通用貨幣，因此多將產品帶到恆春出售，然後購買必需品。車城、楓港等處，則隨時到商店交換物品。光緒二十三年（日明治三十年）三月，批准日本兵庫縣辰馬商會支店長松尾芳藏，在恆春、車城、楓港三處設立交換場交易物品。但經半年後仍未開設因而失效。嗣後無人申請，仍由“番民”依照舊慣在恆春、車城、楓港自由交換買賣。交換之“番”產品有薯榔、黃籐、落花生、豬、鹿肉、鹿茸、鹿皮、地瓜、金

---

(87)《府公文類纂》，明治31年，永久保存追加，第9卷，第21、22案。

(88)《府公文類纂》，明治31年，乙種永久，第13卷，第11案。明治31年，乙種永久，第14卷，第4案。

(89)同上書，第13卷，第11案。

瓜、芋、絲瓜、菽米、“番仔烟”、鷄綢、楠樹、加苳、燒絲、水牛、木耳、水籐、竹等。“番民”之需要品爲：鹽、布、刀、鐵鍋、斧頭、鋤頭、堀鋤、銅鍋、鉢、碗、線、鐮、水缸、水桶、麻布袋、鈕、針、甕、鋸、鑿仔、煙管、小刀、手環、魚、砂糖等(90)。

光緒二十三年十二月十五日，辰馬商會辰馬多喜再申請並經批准，在恆春、車城、楓港設交換所，從事“番界”交易。並於光緒二十四年二月開張經營。辰馬商會在臺灣設有支店（分行）專營軍方生意(91)。

臺東撫墾署：

因管區遼濶，“番族”種類複雜，故未設交換所。都由“番民”自由交易。交易之“番”產品爲胡麻、籐、樹根、鹿皮、鹿角、牛皮等，“番民”交換之需要品爲布疋、鍋、刀器、陶器、裝飾品、藍等(92)。

因自由交易，時有糾紛，故光緒二十四年五月，曾計畫在花蓮港地區設物品交換所。但因六月撫墾署裁撤，故未實現(93)。

叭哩沙撫墾署：

光緒二十三年，准許日本人三人開設物品交換所，其中一人在蘇澳，一人在破布烏開設經營，另一人未久卽回日本。光緒二十三年十二月，再核准日本人一人在天送埤出張所設交換所，經營物品交易。交換之“番”產品有鹿皮、苧麻、籐等。但如南澳

(90)《府公文類纂》，明治31年，乙種永久，第13卷，第11案。明治31年，乙種永久，第14卷，第5案。

(91)《府公文類纂》，明治31年，乙種永久，第14卷，第6案。明治31年，永久保存追加，第10卷，第5案。

(92)《府公文類纂》，明治31年，乙種永久，第13卷，第11案。明治31年，永久保存追加，第10卷，第11-14案。

(93)《府公文類纂》，明治31年，永久保存追加，第10卷，第14案。

因“番民”與街莊民不和睦，故交易不多[94]。

以上各撫墾署所准設之交換所、“換番所”，均有按日登記交易表、登記交易物品、數量、價格、社名等[95]。

㈥ 關於“番人”授產事項

日人之目標係放在誘導“番人”脫離原始生活，而從事農耕生活。最初多在撫墾署附近設農業試種場，凡“番人”每次到署，即隨機教其農具使用法、耕作方法及播種、收穫方法等，讓其實習農事，並分發收穫之農產品，或烹飪供“番民”試食[96]。

中北部生產樟腦地區，則教其從事製腦工作[97]。五指山、大湖及埔里社撫墾署，並輔導“番民”從事養蠶事業[98]。又大湖撫墾署也發給日本製之簡易紡織機，教其織布[99]。林圮埔撫墾署也教其轄內“番民”機織繡箔等手工。並勸導製作農具，因嘉義地方之農具、手車、板車軸、犂柄、油搾木、土壠齒等粗工具，均仰賴於“番地”乃訓練“番人”加工製作[100]。

㈦ 關於“番人”及其槍械之取締事項

關於“番人”之取締，係著重於殺人之取締。日人之政策雖採綏撫方針，給與物品宴饗討好“番民”，但當時“番民”之暴

[94]《府公文類纂》，明治31年，乙種永久，第13卷，第11案。
[95]《府公文類纂》，明治30年，乙種永久，第13卷，第 13-17 案。明治30年，永久保存追加，第 9 卷，第 6-24 案。
[96]《府公文類纂》，明治31年，乙種永久，第 2 卷，第 2 案。明治31年，永久保存追加，第10卷，第12案。
[97]同註[94]。
[98]《府公文類纂》，明治31年，永久保存追加，第 9 卷，第19、24案。
[99]同註[94]。
[100]同註[94]。

行殺人，並無法卽時革除改善。尤其日本人爲從事探險調查，或爲製腦等事業而進入“番地”，亦屢有被加害者。例如：光緒二十二年，恆春撫墾署轄內刺桐腳附近，有日本憲兵被殺害(101)。光緒二十三年九月十三日，大湖撫墾署“主事補”福山，爲探險調查“番地”而被殺害(102)。光緒二十三年十二月，大嵙崁撫墾署管區之角板山社也有日人被殺害(103)。而臺東撫墾署管區之後山各社“番”，尤其太魯閣“番”，及叭哩沙撫墾署管區之南澳、溪頭兩“番”，殺害事件尤多(104)。因此乃有建議採取懲罰，漸次加以鎭壓，以期革除暴行者(105)。但日人以爲如立卽適用日本之刑法加以處罰，則在“撫番”上有害無益。故仍未動用警察憲兵及守備隊之力量予以懲罰或鎭壓，而由撫墾署斟酌舊慣，予以適宜之懲罰，漸次矯正其惡習(106)。

但當時日軍爲全面應付抗日義軍，故不採取同時鎭壓山胞，消耗軍力。而仍忍耐維持綏撫方針。因而在各社置社長、副社長，遴選各社之頭目、副頭目等充任，按月發給津貼，藉各社頭目之力量，維持安寧秩序。凡社內有大小事件發生，應隨時向撫墾署報告處理，小事件由社長依舊慣處置(107)。

至於槍械之取締，當時“番人”所持用之步槍多爲軍槍，係

---

(101)同註(94)。

(102)《府公文類纂》，明治31年，永久保存追加，第9卷，第11案。

(103)《府公文類纂》，明治30年，乙種永久，第2卷，第2案。明治31年，乙種永久，第13卷，第11案。

(104)《府公文類纂》，明治31年，永久保存追加，第14卷，第7案。明治31年，乙種永久，第13卷，第11案。明治31年，永久保存追加，第10卷，第 7-10 案。

(105)同註(103)。

(106)伊能嘉矩，《理蕃誌稿》，第一編，頁 106-107。

(107)同註(94)。

在清代以交換或價購者，彈藥則多搶自隘丁隘寮所用者。當時"番人"雖仍有用槍殺害漢人日人馘首，但日人以爲其狩獵亦需用槍，如嚴禁其持槍恐絕其生計，引起其反感，故暫不取締其持有槍械⑽。

(八) 關於"番地"出入事項

各撫墾署管區多在"番界"豎立標示木樁，禁止自由出入。凡"番人"欲出市街者，令其撐日本國旗引導下山。日人及漢人之欲入"番界"者，則必須向撫墾署或駐防之憲兵隊、守備隊申請入山，經批准後方可出入"番地"⑽。按當時（日明治三十年六月）日人正在臺灣實施所謂三段警備法，卽將山地危險地區列爲一等地，由憲兵及軍隊駐紮鎭壓；不穩地區列爲二等地，由憲兵警察協力警備；村莊城市之安全地區列爲三等地，由警察警備。因此"番地"乃大多屬於一等地，由憲兵隊及守備隊駐防⑾。

(九) 關於開築"番地"道路事項

道路之開通爲"番地"交通之要務，於是光緒二十二年（日明治二十九年）六月二十五日，以土乙第二〇號，由臨時土木部照會各撫墾署，開鑿通達各撫墾署之道路位置及里數，其首批決定開鑿之道路如下⑾：

⒇《府公文類纂》，明治31年，乙種永久，第13卷，第11案。
⑽同上註。
⑾井出季和太，《臺灣治績志》，臺北，臺灣日日新報社，昭和12年，頁275-276。
⑾《府公文類纂》，明治30年，乙種永久，第2卷，第2案。

撫墾署名稱	位置	里數（一日里合四公里）	備考
大嵙崁撫墾署	臺北縣直轄管內	三日里	桃仔園至大嵙崁
叭哩沙撫墾署	宜蘭支廳管內	六日里	支廳至叭哩沙
五指山撫墾署	新竹支廳管內	八日里	支廳至五指山
南莊撫墾署	同上	九日里	支廳至南莊
大湖撫墾署	苗栗支廳管內	五日里	支廳至大湖
東勢角撫墾署	臺中縣直轄管內	六日里	臺中縣廳至東勢角
林圯埔撫墾署	雲林支廳管內	四日里	支廳至林圯埔

㈩ 關於“番地”開墾事項

關於“番地”之開墾，大多係由漢人申請開墾。日人據臺後，首先於光緒二十一年（日明治二十八年）十月三十一日，根據日令第二十六號，由地方官署定其申請截期，即規定以光緒二十二年二月二十八日爲限。計於截止日期以前提出申請者共有三十三件。其中向原大嵙崁“出張所”提出申請者，有趙永和及陳萬二件，於光緒二十二年十月十四日，以民殖第三八八號移交大嵙崁撫墾署，俱經批准開墾。其准許之開墾位置、境界、地區、成墾期限等如下：

大嵙崁撫墾署管內林野開墾認許表

地名位置	境界	地區	墾單諭墾發給	既墾地	未墾地	成墾期限	姓名
竹頭角外加輝九爪坪石牛等山場	東外加輝口坑界、西長灘溪河界、南馬武督分水崙界、北新柑坪溪河界	東西十五六清里南北十二三清里	光緒21年2月諭墾	不詳	不詳	光緒26年（明治33年）12月	趙永和
合脗一帶地方	東大山頂水流落界、西夾板山大崙頂分水界、南大溪河界、北擋眼大崙分水界	東西十清里餘南北六七清里	光緒21年2月諭墾	不詳	不詳	光緒26年（明治33年）12月	陳　萬

向原臺灣民政支部提出申請者，有林錦榮、林本堂二人連署申請及劉以專申請者二件，又於十月十四日，以民殖第三八八號，移交東勢角撫墾署。另羅德義向臺灣民政支部提出申請之一件，於光緒二十二年十一月二十五日，以民殖第五五〇號，移交東勢角撫墾署，均獲批准開墾。其准許之開墾位置、境界、地區、成墾期限如下：

東勢角撫墾署管內林野開墾認許表

地名位置	境界	地區	墾單諭墾發給	既墾地	未墾地	成墾期限	姓名
大坑、軍功寮坑	東至大窠山大其山腳頭窠山腳西至壳地大龍分水、南至横坑水	東西八清里南北七清里	光緒13年5月墾單	田11甲6分園7甲7分	不詳	光緒23年（明治30年）12月	羅德義
貓羅保	東青山界、西舊墾界、南集集大崙界、北頭汴大崙清水界	東西六十清里南北八十清里	光緒19年12月墾諭	不詳	不詳	光緒25年（明治32年）12月	林錦榮 林本堂
捒東上堡抽藤坑、連水底寮上下坪	東桂竹林壠崠界、西矮山仔坪界、南小南坑界、北大甲溪界	東西四十清里南北五十清里	光緒14年3月墾諭	31甲7分	百5甲8分	光緒26年（明治33年）12月	劉以專

其餘移交東勢角撫墾署申請者，有南投堡南投街吳吉儀、藍興堡新莊仔莊林如祥、南投堡龍眼林莊廖櫹、捒東下堡廍仔坑莊賴序賓、南投堡南投街吳秉仁、藍興堡天平莊林鳳鳴、捒東上堡石壁坑莊詹金鵬等七件。移交大嵙崁撫墾署申請者，有頭寮莊黃希隆及下田心莊游德勝等二件。均證件不足不准開墾。

又向原臺灣民政支部、臺北縣申請者十二件，向原苗栗出張所申請者，即劉佳春、金永昌、黃南球、吳定連、廣泰成及周源寶、溫鼎山二人連署申請者共六件，以及向原大嵙崁"出張所"申請者一件，在光緒二十二年六月均尚在審議中。

後來申請日期，以受我抗日義軍反抗之影響爲由，延至光緒二十二年十二月三十一日截止，嗣後陸續申請者，大嵙崁撫墾署，有蘇富成、陳秡英、游金德、陳建及再申請之黃希隆、游德勝連名申請等六件。宜蘭叭哩沙撫墾署有五件，當時均交付審議⑫。

光緒二十三年六月以後，各撫墾署之"番地"開墾情形如後。

五指山撫墾署:

至光緒二十三年十二月底申請開墾者，有㈠清代既得開墾權而申請繼續開墾者七件，㈡申請標售林野者三件⑬。

臺中縣東勢角、埔里社撫墾署:

只准在清代既領有墾單者，准其續墾⑭。

林圯埔撫墾署:

在清代領有墾單從事開墾者，有林圯埔街蔡永岱等八人。但至光緒二十二年十二月三十一日截止，並無人提出申請。因此林

---

⑫《府公文類纂》，明治30年，乙種永久，第2卷，第2案。
⑬《府公文類纂》，明治31年，乙種永久，第13卷，第11案。
⑭同上註。

圯埔撫墾署於光緒二十三年六月二十一日，召集蔡永岱等八人，告知其清代准墾者均已失效，如欲繼續開墾其原來之開墾地，則其未墾地應依府令第四十五號，〈官有森林原野預約賣渡規則〉，再提出申請，其旣墾地亦應依勅令第三一一號，〈官有森林原野及產物特別處分令〉，提出申請，否則不准成爲開墾者所有⑮。

蕃薯寮撫墾署:

該管內可開墾之地區爲後堀仔（溪東莊北方）、埔角（阿里關北方）、柴籠（六龜里南方）等原野。並曾經著手開墾，但因“番害”而歸荒蕪⑯。

恆春撫墾署:

“下番社”地區，自清代已有私人入墾，但僅限於溪邊山谷。光緒二十三年底，有日本山口縣人松原，申請開墾射麻里及四重溪石門附近原野，栽種珈琲、煙草。

舊寮莊濁口溪畔，自光緒十三、四年起，有總鎭統領陶茂林開墾十分之三，但茂林死後農人四散墾地歸荒蕪。光緒二十三年底，有舊寮莊吳順風和三毛孩社頭目那麻卡烏聯合申請開墾尾寮原野，並雇“番人”約八十人從事開墾，可開墾之土地約有五十餘甲⑰。

臺東撫墾署:

撫墾署成立初期，管區內之林野，官民所有尙無區別，故未著手開墾。但至光緒二十四年（日明治三十一年）四、五月間，已有不少日本人移住花蓮港地區從事開墾⑱。

---

⑮《府公文類纂》，明治31年，乙種永久，第14卷，第4案。

⑯《府公文類纂》，明治31年，乙種永久，第13卷，第11案。

⑰《府公文類纂》，明治31年，乙種永久，第13卷，第11案。明治31年，永久保存追加，第10卷，第4案。

⑱《府公文類纂》，明治31年，乙種永久，第13卷，第11案。明治31年，永久保存追加，第10卷，第14案。

(十) 關於製造樟腦事項

臺灣之樟腦爲世界特有之物產，日人視樟腦事業爲臺灣之主要財源。與“番地”之開發及“番人”之關係息息相關。故日人至爲重視製腦事業。

當光緒二十一年（日明治二十八年）十月軍政開始時，曾以日令第二十六號，公布〈官有林野及樟腦製造業取締規則〉，規定在清代經政府准許從事製腦業者，應重新提出製腦申請書，並規定以光緒二十二年二月二十八日爲限期。當初業者係向各地方官署提出申請。光緒二十二年三月，公布撫墾署官制後，六月以府令第十三號，頒行〈樟腦製造業取締細則〉，並以府令第十四號擴張申請權，規定延至光緒二十二年八月三十一日爲止。七月民政局長，乃以指令第九十三號，通飭各撫墾署處理樟腦製造業者之申請案件。嗣後臺中縣雲林及埔里社支廳管內，則因我抗日義軍反抗熾烈，而於光緒二十二年十月三十一日，以府令第五十四號，規定申請期限可延至光緒二十三年（日明治三十年）三月三十一日爲止[119]。

因此製腦業者，乃相繼提出申請繼續從事製腦事業。至光緒二十三年五月，經核准者計有七十六件，業者及其製腦地區、鍋數、製腦期限如下表[120]。

---

[119]《府公文類纂》，明治30年，乙種永久，第2卷，第2案。《臺灣總督府報》，第30號，明治29年11月1日，頁1。

[120]《府公文類纂》，明治30年，乙種永久，第2卷，第2案。

叭哩沙撫墾署（宜蘭廳）

號碼	原認許人姓名	讓受人 住址	讓受人 姓名	製腦認許地名	小大鍋數	製腦期限 起	製腦期限 止	備考
1	劉老葉	宜蘭東門街 426 號	小田治輔	浮洲堡月眉山	228	光緒22年（日明治29年）7月	光緒23年（日明治30年）6月	
2	王和	同上	同上	浮洲堡大湖桶山番仔地	96	同上	同上	
3	周金順 王協和	同上	同上	浮洲堡大湖桶山內	276	同上	同上	
4	吳三元	同上	同上	紅水溝堡舊寮山內	228	同上	同上	
5	楊老番	同上	同上	浮洲堡大湖桶山內	186	同上	同上	
6	劉乞食	同上	同上	同上	520	光緒22年（日明治29年）12月	光緒23年（日明治30年）12月	

大嵙崁撫墾署（臺北縣）

號碼	原認許人姓名	讓受人 住址	讓受人 姓名	製腦認許地名	小大鍋數	製腦期限 起	製腦期限 止	備考
	黃希隆	大稻埕六館街二丁目	上村富一	水流東、白石腳後、五寮崙	500	光緒22年（日明治29年）12月	光緒25年（日明治32年）12月	

	游金德	同　上	同　上	竹頭角、新柑仔坪	700	同　上	光緒24年(日明治31年)12月	
	游德勝	同　上	同　上	竹頭角、九樟坪	1,000	同　上	光緒25年(日明治32年)12月	

五指山撫墾署（新竹縣）

號碼	原認許人姓名	讓受人 住址	讓受人 姓名	製腦認許地名	小大鍋數	製腦期限 起	製腦期限 止	備考
	鄭如磻			粗坑角窩	51	光緒22年(日明治29年)7月	光緒24年(日明治31年)2月	住新竹北門米市街二番戶利源號
	金豐泰	新竹西門街谷倉口二九六番地寄居	高橋太郎	從都壢口南鐺鈀山大竹坑分水間彩山所出溪水以北	8	同　上	光緒25年(日明治32年)6月	
	金豐泰	臺北府直街二十五番戶	上床仲ノ進	都壢口	18	同　上	同　上	
	曾廣福	竹北一堡樹杞林二六六番戶	曾璇甫	東大山水流落迄西大溪迄南自芎蕉湖至山嶺、北至九份坪後嶺分水	300	光緒22年(日明治29年)11月	光緒23年(日明治30年)11月	
	順　和			尖筆山背	200	同　上	光緒23年(日明治30年)9月	住大稻埕建昌街一丁目一二番戶致和行
	發　興			尖筆山	21	光緒22年(日明治29年)7月	光緒23年(日明治30年)6月	住大稻埕建昌街一丁目一二番戶致和行

	協誠信			石壁窩、三重坑五指山、樹橋窩內灣東窩	236	同　上	同　上	住大稻埕建昌街一丁目一二番戶致和行
	鄭　來 吳　龍			白石下、馬武督圓潭面、馬福社、太平地老獅耳、崩山後白石腳、內灣山小南河社寮角、大山背大寮莊	539	同　上	光緒23年（日明治30年）1月	住大稻埕建昌街一丁目一二番戶致和行
	林兆喜			尖筆山	50	同　上	光緒23年（日明治30年）8月	住大稻埕建昌街一丁目一二番戶致和行
	周源寶	大稻埕六館街二丁目四番戶	上村富一	馬武督、馬武督公館、馬武督沙灘、沙灘茅坪馬武督樹橋窩	698	同　上	光緒25年（日明治32年）6月	
	貞　泰			大山後、馬福社南巷莊小東河	538	同　上	光緒23年（日明治30年）8月	住大稻埕建昌街一丁目一二番戶致和行
	怡　記			尖筆山大烏	24	同　上	光緒23年（日明治30年）2月	住大稻埕新街四四番戶
	張陳賜 趙永安	臺北府前街三丁目	片岸安民	崩山後洞盤山、獅頭山後面咸彩鳳石門內、南湖、南湖尾人字頂窩、金廣成四寮坑、直窩尾山、南湖後、咸彩鳳山石門內龍、崩山後洞盤山	1,575	同　上	光緒24年（日明治31年）6月	後來片岸安民讓渡給艋舺新起街二丁目柳生米七、而柳生米七同時再讓渡給堀口貞次郎
	羅　傳	新竹西門街谷倉口二九六番	宮崎季樹	坡塘窩獅鼻壢九芎湖	31	光緒22年（日明治29年）11月	光緒23年（日明治30年）8月	
	劉榮芳			油羅山字十八崎壳、木枦寮、芎蕉湖、橫屏背烌灶壢、南窩扇子排角油羅莊	280	光緒23年（日明治30年）1月	光緒25年（日明治32年）6月	住竹北一堡樹杞林街一三番戶

	豆流明			竹北一堡內長坪山、一百端山細密拉（シミラツ）山、六股山	85	同　上	光緒24年（日明治31年）7月	住竹北一堡大坪下五份八龍頭
	姜榮禎			竹北一堡大窩浪莊字筆竹園	8	同　上	光緒25年（日明治32年）12月	住竹北一堡北埔街二九七番戶
	金復成			五指山附近十八兒、弔兵樹腳、西熬、中藔	270	同　上	同　上	住新竹北門米市街一〇番戶
	彭　淵			五指山背十八兒、新西熬	58	同　上	光緒25年（日明治32年）6月	住新竹暗街仔一〇九番戶
	吳　章			五指山背十八兒、新獅芽、弔兵樹腳	111	同　上	同　上	住新竹暗街一二六番戶
	彭進長			五指山地方新西熬、長坪頭、沙帽山	134	同　上	同　上	住竹北一堡北埔光隘莊一番戶
	馮華卿			十八兒、新甲壢、扇仔排、尖筆背、尖筆仔、尖筆窩	346	同　上	光緒25年（日明治32年）8月	住新竹南門街三番戶
	葉煥章			獅頭背公館、中心藔	29	同　上	光緒25年（日明治32年）6月	住咸菜硼新中城二三番戶
	羅進蘭 郭榮來			咸菜硼下滴湖十股山	10	同　上	光緒25年（日明治32年）12月	住咸菜硼柑仔樹莊一番戶 住竹北一堡北埔街二〇四番戶
	黃傳和	新竹米市街一二番戶	松本徒再	石門莊三重坑、坡塘尾	21	同　上	光緒24年（日明治31年）12月	

	賴新順			內灣莊南坪	67	光緒23年(日明治30年)2月	光緒25年(日明治32年)5月	竹北一堡內灣莊一番戶
	羅丙秀			馬武督彩和山	61	光緒23年(日明治30年)4月	光緒25年(日明治32年)11月	住大姑崁頂街二四四番戶
	趙有義 陳　球			石牛山金孩兒	125	同　上	同　上	同　上
	陳明亮 曾　福			白石下、馬武督、圓潭面、馬福社太平地老獅耳、崩山後白石腳、內灣山、小南河社寮角、大山背大寮角	539	光緒22年(日明治29年)7月	光緒23年(日明治30年)1月	住新竹管咸菜硼新中城一〇番戶

南莊撫墾署(新竹縣)

號碼	原認許人姓名	讓受人		製腦認許地名	小大鍋數	製腦期限		備考
		住址	姓名			起	止	
	黃爾卿			大厝坑、爐㙟堀、獅里興、北寮、同長崎下、大東河、小東河	817	光緒22年(日明治29年)10月12日	光緒25年(日明治32年)6月11日	住臺北縣建昌後街二番戶
	馮華卿			獅里興、大厝坑、同小東河	280	光緒22年(日明治29年)8月1日	光緒23年(日明治30年)10月1日	住新竹南門大街一〇三番戶
	同　上	長崎縣長崎市小川町四十番戶	田中藻三郎	竹南一堡字鹿場口	400	光緒22年(日明治29年)8月1日	光緒23年(日明治30年)10月1日	

	陳廣明			獅里興、興北寮、同爐熳堀、同小東河	800	同　上	同　上	住新竹南門街一〇三番戶
	日阿拐			獅里興內蜜蜂坑、田邊、河唇、河頂石壁下、八卦力、大湳、小湳、牛崎寮、唇後、唇下、水尾坪	1,380	光緒22年（日明治29年）12月6日	光緒25年（日明治32年）12月5日	住竹南一堡獅里興社
	絲大尾			獅里興內南河口、石頭公坑、小東河、向天湖、爐熳堀、南河、大唇坑	487	同　上	同　上	住竹南一堡獅里興社
	張有淮			大東河內中和高、桂竹籃、番婆石、大湖	302	同　上	同　上	竹南一堡獅頭驛
	夏矮底			竹南一堡內新藤坪、大窩山、梅仔尾、分水崙	86	光緒23年（日明治30年）2月	光緒26年（日明治33年）2月	
	豆流明			竹南二堡梅仔坪頭鵝髻山、月透葛寮、大武山下、梅仔坪尾、加禮山下、大窩鳳尾寮、大窩象寮長坪、下埃寮坪、二芳窩、五份八下、梅仔坪尾、南坑尾、十四份、十三份	236	同　上	同　上	竹南二堡五份八龍頭

大湖撫墾署（新竹縣）

號碼	原認許人姓名	讓受人		製腦認許地名	小大鍋數	製腦期限		備考
		住址	姓名			起	止	
	吉祥行	大稻埕千秋街二四番戶	井深彥三郎	小南勢、大南勢、辟倒横、馬家兒、馬那邦、蘇魯、老武莪、武榮、司馬限	300	光緒22年（日明治29年）9月	光緒25年（日明治32年）8月	

	洪禮文	同　上	同　上	汶水河、清水坑、雪倒横	300	同　上	同　上	
	黃爾卿	大稻埕建昌後街二番戶	黃敬堂	東司馬限山、大小南勢山、耀婆嘴口、西抽心龍山、獅頭山、烏石壁山南、南蘇魯山、灦西坪深水、大草排北、水尾坪鷄油樹腳、流横堀	980 87	同　上	光緒24年（日明治31年）5月	
	馮文廣			下撈官林	29	光緒22年（日明治29年）12月16日	光緒25年（日明治32年）12月15日	住苗栗獅潭底和興莊憲第一號
	馮文廣	基隆北區曾仔寮街番外二番戶	佐藤里治	八卦力	227	同　上	同　上	
	吳阿義			老鷄隆村一帶山脈字油礦坑、食水坑、南寮坑、轉溝水	45	光緒22年（日明治29年）12月15日	光緒23年（日明治30年）12月14日	住苗栗老鷄隆村憲第一九八號
	吳新福			鹿湖莊一圓山脈字沙坑、簡坑、大窩、烏石壁、黃四寮、九份仔、十份仔大白布逼、公山、食水坑仔、大股林、馬鱗坑、花草坑、桂竹林、雙連潭、草寮、新社坑、大坪林、十份仔、蘇魯山、拖沙尾、中心	372 97	同　上	同　上	住苗栗新鷄隆村鹿湖莊憲第二五八號

	黃細苟			竹橋頭、樹空寮、武絨山、水流東、大小馬那邦、武絨蓋、鍋子凸、大窩、社寮角、大小南勢、耀婆嘴、橫坑、八寮、九寮、十寮、汶水河、司馬限、雪倒忙	2,865	光緒23年（日明治30年）1月	光緒26年（日明治33年）1月	住苗栗南湖街第八番戶廣泰成代理
	吳定連			大湖街東西山脈、內四寮坪、大窩、內下社寮角、九寮、十寮、尖山、難青山、高八份、白沙崀、九芎坪、歹築崀、北崠、石崠、大寮崀、伯公崀、大寮坑	249 78	光緒23年（日明治30年）2月	光緒26年（日明治33年）1月	住苗栗大湖街太寮科第一三號
	黃榮遠			八角林分水莊東西山脈、中沙武康、大岬伯公崠、香園窩、大石崠、歹水崠、跌花假崀、咸水坑尾	80 124	同　上	同　上	住苗栗八角林分水莊一番地
	劉宏才			桂竹林山脈、內桂竹林南莊、北莊、鬬牛窩、六份仔、社寮坑、廊寮坑、東坑、老北寮、新北寮	98 60	同　上	同　上	住苗栗桂竹林一番地
	詹其石外一名			馬那邦山、鳥容山、水流東、籦頭舊蘇魯、大坪林、衆山、食水坑	300	同　上	同　上	住苗栗新開莊第四號
	吳樹福			三叉河莊面盆寮莊	17	同　上	同　上	住苗栗三叉河內草湖村一七二號

	黃經文			三叉河莊樟樹林枇杷園	192 19	同　上	同　上	住苗栗街三〇二番地
	詹其石 詹阿祝			壢西坪、校栗林、大坪尾、新山櫃、新開莊、石門長橋八份仔、白石下、鷄岑山、壢底寮雙坑、關刀山、羌麻園、崩山下、井水、大草排、小草排、十六份、三十二份、羅藤坪、矮山仔、十八份	310 112	同　上	同　上	苗栗新開莊第四番戶 罩蘭莊第二三號

東勢角撫墾署（臺中縣）

號碼	原認許人姓名	讓受人		製腦認許地名	小/大 鍋數	製腦期限		備考
		住址	姓名			起	止	
	劉龍登			東勢角山	3,883	光緒22年（日明治29年）11月	光緒24年（日明治31年）8月	住揀東上堡東勢角街
	鄭老江	貓羅溪東堡阿罩霧莊	林紹堂	藍興堡黃竹坑莊、內北溝坑	104	光緒22年（日明治29年）12月	光緒23年（日明治30年）6月	
	詹贊福	同　上	同　上	同　上	370 6	同　上	光緒25年（日明治32年）6月	
	林啓茂	同　上	同　上	同　上	40	同　上	光緒23年（日明治30年）6月	

	會元記	抺東上堡新社莊	廖源發	暗影峡	90	同　上	同　上	
	劉有福			中科山	347 95	光緒22年 (日明治29 年)11月	光緒24年 (日明治31 年) 8月	捒東上堡東勢 角街
	陳　醜			水流東溪底藔梺仔藔坑尾 內、五條樟、載面、水流 東三藔、黃厝莊、新接 隘、水流東頭藔	158	光緒23年 (日明治30 年) 1月	光緒24年 (日明治31 年) 2月	捒東上堡七份 莊
	劉以專	貓羅溪東堡阿罩霧 莊	林紹堂	鹽排、龍舊接隘、水流東 四藔、石壁面、水流東 頂、水流東五藔、大人營 對面、下棧水流東、抽藤 坑、樟樹橋、水流東坑 底、水流東、過龍、二 怗下、水流東石壁燈心窟 下、石崗藔煙藔坑燈心窟 下寮馬鞍崙、水流東尾三 隻龍矮山坪	3,800 16	光緒23年 (日明治30 年) 1月	光緒25年 (日明治32 年) 2月	
	朱錦勳 劉金標			捒東上堡大茅埔山	398	光緒23年 (日明治30 年) 3月	光緒23年 (日明治30 年)10月	住捒東上堡東 勢角街

	林紹堂 藤田傳三郎 住友吉左衞			貓羅堡北溝坂、黃竹坑、鹽菜甕頭汴坑乾溪萬斗六溪	3,345 83	光緒23年（日明治30年）4月	光緒25年（日明治32年）2月	住貓羅溪東堡阿罩霧 住大阪市北區綱島町九番屋敷 住大阪市南區鱸谷東三町一番屋敷
	林允卿			貓羅堡頭汴坑乾溪北溝坑	1,251 7	同　上	同　上	住貓羅溪東堡阿罩霧
	李容光			南投堡漳平坑、大横屛山				

蕃薯蓁撫墾署（臺南縣）

號碼	原認許人姓名	讓受人		製腦認許地名	小大鍋數	製腦期限		備考
		住址	姓名			起	止	
	陳鼎順	熊本市駕町四二番地	到津忠次郎	甲仙埔莊及老濃莊附近	20	光緒22年（日明治29年）12月	光緒25年（日明治32年）7月	

林圯埔撫墾署：尙無准許者。

埔里社撫墾署：尙無准許者。

恆春撫墾署：無人申請製腦。

臺東撫墾署：無人申請製腦。

自光緒二十三年六月以後，各撫墾署再陸續准許之製腦業者及製腦情形如後。

大嵙崁撫墾署：

製腦業者有日人上村富一、桑島省三、篠原國美等三人。玆將其製腦地區、設備鍋數、腦丁、生產量等列表如下[121]：

(1)上村富一竹頭角製腦場

年月	製腦地區	鍋數	腦丁	生產量 樟腦	生產量 腦油	備考
				臺斤	臺斤	
光緒23年11月	竹頭角腦場 腦寮二所 新那以腦場	日本鍋※(1) 40	50～60	2,000	1,000	※(1)日本鍋大鍋1個合原小鍋10個（即1份） ※(2)1鍋1日產腦5斤7合產油3斤 ※(3)新那以腦場有60多鍋
光緒23年12月		40		2,000	1,000	
光緒24年1月		55		※(2)		
光緒24年2月		46		4,245	2,387	
光緒24年3月		105 ※(3)		8,560	4,120	
光緒24年4月		75		6,360	3,360	
光緒24年5月		65		7,800	4,800	

[121]《府公文類纂》，明治31年，乙種永久，第13卷，第11、12案。明治31年，永久保存追加，第9卷，第6-10案。

⑵桑島省三角板山製腦所

年月	製腦地區	鍋數	腦丁	生產量		備考
				樟腦	腦油	
		日本鍋		臺斤	臺斤	
光緒24年1月	角板山	43		6,335	3,733	1鍋1日平均產腦8至9斤產油5斤
光緒24年2月		52		7,114	4,021	
光緒24年3月		50		5,000	1,500	
光緒24年4月		62		6,921	4,000	
光緒24年5月		75		9,896	5,973	

⑶篠原國美製腦所

在合脗社，至光緒二十四年五月，始設置三竈，使用日本鍋三十五個。

五指山撫墾署：

在清代已獲得製腦權而依照日令第二十六號申請繼續營業者，至光緒二十三年七月截止，獲准經營者如下：

⑴准許製腦業者人數32人。

⑵製腦竈數 5,565 鍋。

⑶至光緒二十三年十一月製腦權屆滿者 1,544 鍋。

⑷光緒二十三年十二月有製腦權竈數 4,021 鍋[122]。

在光緒二十三年十一月二日，橫屏背有腦寮九棟，灶數五十一，另新建中之腦寮一棟，灶數約十份。原來橫屏背地區批准之灶數爲 110 個，當時已超過此數，並且尚在增設中[123]。

據光緒二十四年(日明治三十一年)一月之調查，五指山管區內有腦灶 1 千個。一年以營業八個月估算，一年之生產總灶數爲 8 千個，一年約製腦80萬斤，產腦油40萬斤。一灶一個月約可製腦 1 百斤，製腦油50斤。在山場交貨，樟腦 1 百斤爲26圓，80萬斤可售20萬圓，腦油 1 百斤爲13圓，40萬斤可售 5 萬 2 千圓，合

⑫《府公文類纂》，明治31年，乙種永久，第13卷，第11案。

⑬《府公文類纂》，明治31年，乙種永久，第13卷，第15案。

計25萬2千圓，可課腦稅8萬圓，腦油稅1萬2千圓，製腦原料標售金額1萬3千6百圓，合計可收入10萬3千6百圓。油羅、加那排兩地區製腦尤盛，上坪、尖筆山、西熬社亦有腦寮[124]。

南莊撫墾署：

光緒二十三年六月以後核准之製腦業者爲：

(1)樟阿斗，150鍋，大東河社"熟番"（按係賽夏族，以下南莊管內均同）頭目。

(2)樋口達次郎，551鍋，住址：福島縣八廿郡三河村大字酒井內八七八番戶（係"熟番"土目日阿拐讓渡者）。

(3)藤田傳三郎，551鍋，住址：大阪府大阪市北區堂島北町一八三番邸。

(4)住友義左衞門，551鍋，住址：大阪府大阪市南區鰻谷東町一〇〇。

(5)田中藻三郎，400鍋，住址：長崎縣長崎市小川町四十番戶（原製造人馮華卿讓渡者）。

腦灶有三種：

(1)舊式（俗稱土鍋），10鍋爲一份，可熬樟片一百斤，一天蒸造二次，可產腦一、二斤。

(2)新式（模仿日本式之大灶），一桶可蒸熬樟片一百斤，一天可蒸造上腦三、四斤，腦油一、二斤，中腦二、三斤，腦油一斤，下腦一斤，腦油一斤（上中下係因樟樹之良否而相差）。

(3)日本式，爲日人業者所用之大灶，一桶可裝蒸樟片三百五十斤，一晝夜可蒸熬上腦七、八斤至八、九斤，腦油六、七斤。

因其產量相差很多，故大多改爲新式灶鍋製腦。製腦地區多由"熟番"頭目所領管（清代由撫墾總局發給墾單），故須向其頭目納山租（又稱山貢金），每份多者納三、四圓（大東河、獅

[124]《府公文類纂》，明治31年，永久保存追加，第9卷，第12案。

里興），少者納六、七角，或一圓至二圓。

光緒二十三年十二月底之製腦狀況如下：

(1)黃爾卿腦場：屬於頭目日阿拐、絲大尾、張有淮之界內，黃氏自己投資，雇漢人製熬。光緒二十三年五月十日，讓渡給黃敬堂，但實際仍由黃爾卿掌管。

(2)馮華卿、陳廣明：出資者爲臺北縣建昌街元江商合資公司（現爲日本興業公司），業務由製腦主任小川眞一負責處理。在小東河設日本灶70個，雇用日本人一百餘人從事製腦。該地區樟樹頗多，質佳，產量極多。惟工作人員常常患病，每月平均有病人十五、六人，公司常請醫師上山治療。光緒二十三年二月三十日，馮華卿將680鍋中之400鍋，讓渡給田中藻三郎，其餘則讓渡陳廣明。

(3)"熟番"頭目絲大尾、張有淮：係請漢人製腦而徵收山租。

(4)"熟番"頭目日阿拐，與日商富士商會奈須義質契約，在其批准地區內之石壁下製腦。

又將大湳山、湳半山、奇寮、水尾等26竈550鍋讓渡給樋口達次郎、藤田傳三郎、住友吉左衞等三人，合夥雇用日本人七、八十人製腦。

奈須與臺北縣千秋街丹平商原口伊太郎契約，設置日本灶十一座，雇用日本人二十餘人製腦，但多患惡疫，熬灶甚少，成績不佳。

(5)"熟番"頭目樟阿斗：將請准地區全部委任奈須義質，奈須與大阪起業組臺灣支部主任橫山岩次郎契約，在栢色窩築造日本灶十一座，雇用日本人十一人製腦，病人比較少，成績較佳。

(6)"熟番"頭目夏矮底：將其許可地區委任日人森永隆三製腦。該地區樟樹較少，多係穿鑿舊樹頭製腦。

(7)"熟番"頭目豆流明（豆流明死亡，由其長男豆英萬繼承）：將許可地區全部委任日人杉林小一郎，杉林乃與佐長組主任力安作一契約，在加禮山下，大窩鳳尾及大窩衆寮，設日本灶四十灶製腦。因樟樹不佳，又受交界五指山撫墾署“兇番”之襲擊，殺害日人及漢人，故製腦員工大部撤退，僅留十餘灶製腦⑫⑤。

大湖撫墾署：

在光緒二十三年十二月，管內經許可之樟腦製造業者有十六人，熬腦鍋數 1,940 鍋。各製腦所均發給門牌，記“字名”（地名）、腦主、腦長、腦丁名及號碼，一目瞭然。日商業者有柏井商會，在南湖大湖製腦⑫⑥。

臺中縣東勢角、埔里社撫墾署：

對准許製造樟腦之腦寮，均發給木製門牌，記號碼、地名、鍋數、腦戶、腦長、腦丁之姓名。並取締私造，保護業者⑫⑦。

林圮埔撫墾署：

該管區內從前製造樟腦者，有張汝珍、陳上達等九人，其中八人係外國商人投資者。撫墾署成立後，該業者均採取觀望之態度，不提出申請製腦。至光緒二十三年三月三十一日截期前，始一同提出申請製腦。乃從七月四日起，派員檢查腦寮，前後費六十四天調查完畢，並發給檢查後之木製牌照。製腦業者有：張汝珍（腦場在梘塗、頂梘塗）、鄭有三（腦場在嶺腳、油車坑、竹仔崙)、曾君定（腦寮在蠻大社小牡丹勢格社九芎根)、蔡永岱、蘇振芳、陳上達、陳紹唐、江傳發、鄭振安等九人。共有腦寮一百六十八處，鍋數 5,709 個。製腦業者與“番人”有關係之腦寮有二十三處，製腦業者均贈送物品給當地“番人”⑫⑧。

---

⑫⑤《府公文類纂》，明治31年，乙種永久，第13卷，第11案。

⑫⑥《府公文類纂》，明治31年，乙種永久，第13卷，第11案。明治31年，永久保存追加，第 9 卷，第14案。

⑫⑦同註⑫⑤。

⑫⑧《府公文類纂》，明治31年，乙種永久，第13卷，第11案。明治31年，乙種永久，第14卷，第 4 案。明治31年，永久保存追加，第10卷，第 1 、2 案。

光緒二十三年六月與九月之製腦業概況如下[129]：

月份	寮數	鍋數			其外廢鍋數		製腦產額			雇用人數	寮屬菜園		腦館主人數
		現熬	休熬	合計	寮數	鍋數	一月份平均	現在實產額	製腦總額		筆數	坪數	
							斤	斤	斤				
6月	167	3,606	1,746	5,352	8	221	351	13,179	18,363	807	47	136,800	9
9月	28	568	404	872	3	18	365	3,419	3,985	140	13	72,600	7

光緒二十三年六月與九月廢業腦場狀況：

月份	寮數	鍋數	廢寮附近樟樹欉頭				因番人關係	腦館主人數	備考
			立木	倒木	欉頭	合計			
6月	928	3,584	2,881	82	808	※4,500	28	10	※合計數字均不符
9月	2	80	2	10	9	※30		2	

至光緒二十三年十一月二十二日，有東京市神田區關口町森清右門代理村田賢吉，申請標售沙連堡茅埔莊白子仔樟樹以資製腦。翌光緒二十四年二月，核准其製腦。又光緒二十四年四月張汝珍、鄭有三、曾君定、蔡永岱、蘇振芳、陳上達、陳紹唐、江傳發、鄭振安等九人，均再請准製腦[130]。

蕃薯蓁撫墾署：

該管區內雖有樟樹繁茂，但腦業不盛。曾有漢人一人依日令第二十六號申請製腦，並獲批准，但未著手而讓渡給日本人。而

[129]《府公文類纂》，明治31年，乙種永久，第14卷，第4案。

[130]《府公文類纂》，明治31年，乙種永久，第14卷，第4案。明治31年，永久保存追加，第10卷，第1、2案。

該日人至光緒二十三年十二月，亦尚未興工。[131]

恆春撫墾署:

該管區內樟樹甚少，無樟腦製造業者。[132]

臺東撫墾署:

該管區內亦無樟腦製造業者。[133]

叭哩沙撫墾署:

光緒二十三年間，有日本人小田治輔由漢人讓渡栳爐從事製腦，此外並無他人製腦。其代理人爲小栗貞雄，在月眉山製腦場製腦。光緒二十三年十二月之生產量爲樟腦 603 斤，腦油 703 斤。小田治輔也在大湖桶山腦場設寮製腦[134]。

光緒二十四年一月中，月眉山腦場之生產量爲樟腦1,066斤，腦油 584 斤。大湖桶山腦場則在準備中，尙未生產[135]。

二月十八日，小田治輔在大湖桶山設日本式腦竈 6 個製腦。二月中，月眉山與大湖桶山之生產量爲樟腦 997 斤，腦油 459 斤[136]。

三月中，月眉山製腦場有23竈，但因工人不足而休熬17竈。僅產樟腦506斤，腦油273斤。大湖桶山農場則全月休熬[137]。

四月中，月眉山腦場仍因工人不足而休熬 17 竈。生產樟腦 893 斤，腦油 336 斤。大湖桶山仍全部休熬。

五月中，月眉山腦場仍休熬17竈，產腦 700 斤，腦油54斤。大湖桶山腦場仍休熬[138]。

---

[131]《府公文類纂》，明治31年，乙種永久，第13卷，第11案。

[132]同上註。

[133]同上註。

[134]《府公文類纂》，明治31年，乙種永久，第13卷，第11案。明治31年，乙種永久，第14卷，第 7 案。

[135]《府公文類纂》，明治31年，永久保存追加，第10卷，第 7 案。

[136]《府公文類纂》，明治31年，永久保存追加，第10卷，第 8 案。

[137]《府公文類纂》，明治31年，永久保存追加，第10卷，第 9 案。

[138]《府公文類纂》，明治31年，永久保存追加，第10卷，第10案。

(十一) 關於山林事項

關於山林之經營處分，最初於光緒二十二年（日明治二十九年）九月，以勅令第三百十一號，公布〈臺灣官有森林原野及產物特別處分令〉。嗣於十月八日，以府令第四十四號，頒行〈臺灣官有森林原野產物出售規則〉（原稱〈賣渡規則〉）。又於十月十日，以府令第四十七號，頒行〈臺灣官有森林原野出租規則〉（原稱〈貸渡規則〉）。並於光緒二十三年三月十二日，以民殖第三九三號，頒行臺灣官有森林原野產物出售（原稱賣渡）及臺灣官有森林原野出租（原稱貸渡）手續，付諸施行[139]。在初期標售之樹木，以樟樹、雜木、籐爲多。

一方面爲繁殖有用樹木，曾在各撫墾署設置苗圃栽培樹苗以便造林。並於光緒二十二年十二月，以民殖第五七七號，制定森林調查內規，聘任技正三人、技佐六人，從事森林調查[140]。蓋日人亦視臺灣之森林爲一寶庫也。如林圯埔撫墾署之初步調查，立即可採伐利用之針葉、濶葉森林就有十萬餘甲，總材積約有一億萬立方公尺[141]。但在撫墾署時期，日本政府尚未著手臺灣天然森林之開發。

五、結語

綜觀日據初期之撫墾制度，係承襲清末撫墾局遺制之過渡時期措施。其以綏撫安撫爲"理番"之方針，甚少動員軍警威壓山

---

[139]《府公文類纂》，明治30年，乙種永久，第2卷，第2案。《臺灣總督府報》，第17號，明治29年10月8日，頁6-8。第19號，明治29年10月10日，頁13。

[140]《府公文類纂》，明治30年，乙種永久，第2卷，第2案。

[141]《府公文類纂》，明治31年，乙種永久，第13卷，第11案。

胞，係全臺平地之臺胞抗日義軍蜂起，交戰激烈，日本軍警之武力集中對付抗日義軍所致。雖山胞未與臺胞聯合抗日，但日人亦恐山胞反抗，遭遇雙面夾擊，故到處宣撫山胞，贈與生活物品，並以酒食宴饗“番人”，討好山胞。且利用已往漢“番”之糾紛磨擦，挑撥臺胞與山胞之感情，甚至利用山胞攻擊抗日義軍。

(光22-25)

其撫墾制度雖僅維持二年，但其撫墾事業亦有若干成果。其初期相當重視“番語”之學習研究及“番社”“番情”之調查。故在其設立撫墾署一年之後，日人署員已能通曉各族“番語”，而廢已往清代遺下之通事，採用日人爲通譯，並編纂各族“番語集”。又派撫墾署員深入各地“番社”，調查“番社”社名、頭目、戶口、風俗習慣及各社“番情”，爲其統治及後來之“番族”調查奠定基礎。

在開發山地資源方面，則首重樟腦之製造，除允許清代樟腦製造業者，繼續從事製造樟腦外，有些想到新殖民地發財之日人，亦於撫墾署成立後之翌年，即光緒二十三年，搶先深入“番地”從事製腦。使當時臺灣之世界特產，得以不斷輸出獲利。

林野之開墾，則允許清代既得開墾權者繼續從事開墾外，亦允准新人之申請開墾。但開墾事業比較需長期方可見效，並且“番情”不穩，故短短二年間開墾成果不大。山林之經營，除標售樟樹、雜木、籐外，亦僅開始著手森林之調查而已。但嗣後豐富之山地資源之開發，諸如森林、竹林、製腦、製茶等事業，終皆歸日本國家資本及民間大財閥三菱、三井等所掠奪[142]。

至於撫育方面，日人雖盡力安撫、贈與生活物品、宴饗、訓戒其服從日人，革除出草馘首之陋習，教其從事農耕，家事技藝，但效果不彰，山胞仍屢次殺人馘首。例如大湖撫墾署管區，

---

[142]矢內原忠雄，《帝國主義下の臺灣》，東京，岩波書店，昭和4年，頁23-35。

在撫墾署成立後一年半之間，被山胞殺害者仍有一百九十人之多⑭，日人亦有多人被殺害。兇行並未因日人之安撫而減少。而山胞亦非心服日人之統治，而到處發生反日行動。

故光緒二十四年六月廢撫墾署後，臺灣總督兒玉源太郎乃將“理番”畫歸辨務署，全臺無論平地、山地均在其辨務署及支署警察統治之下。臺胞之武力抗日經其鎮壓後，日人乃進而鎮壓山胞。因此光緒三十二年至民國三年，乃有總督佐久間之全臺“番地”鎮壓大計畫，以軍警鎮壓山胞連續達九年之久，而其後期之五年計畫鎮壓，即耗費 1,624 萬日圓之鉅⑭。而至民國三十四年八月十五日，日本投降爲止，山地仍一直實施其警察統治。

——原載《臺灣文獻》38卷 1 期，民國76年

---

⑭《府公文類纂》，明治31年，永久保存追加，第 9 卷，第14案。

⑭井出季和太，《臺灣治績志》，臺北，臺灣日日新報社，昭和12年，頁431-466。

林本源之租館和武備與乙未抗日

一、林本源之拓墾與租館

板橋林本源家之祖籍是福建漳州府龍溪縣二十九都白石保吉上社，其渡臺始祖爲應寅公，於乾隆四十六年（一七八一年）東渡遷臺，初卜居淡水廳興直保新莊街①，開設私塾授徒。

其次子平侯，年十六，隨父來臺②，受雇於鄰居米商鄭谷

---

①據道光 27 年，布政使銜陳金城撰〈通議大夫林石潭先生家傳〉（王國璠，《板橋林本源家傳》，頁 1，民國74年，林本源祭祀公業）載：林平侯十六隨父來臺、平侯生於乾隆丙戌31年，歿於道光甲辰24年，故十六歲時爲乾隆 46 年。許雪姬撰〈林本源及其庭園之研究〉（《高雄文獻》第 3 、 4 期合刊，頁39，民國69年 6 月，高雄市文獻委員會），則據此以滿十六歲計算而作乾隆47年渡臺尋父應寅。王國璠編撰《板橋林本源家傳》（頁 8 ），則云：平侯年十六隨父來臺，乾隆45年春，至新莊。當爲計算之誤。
關於林本源之渡臺始祖應寅公之來臺日期，諸說不一。日人澁澤壽三郎撰，《林本源庭園案內》及劉如桐編《林本源庭園建築史料》，均作乾隆43年來臺。高橋彝男著〈林本源邸に就いて〉（《臺灣時報》第184、185期，昭和 10 年），則說平侯十八歲時，即可能是乾隆 35、6 年左右來臺。此說當爲錯誤，因平侯生於乾隆 31 年，乾隆 35、6 年只有五、六歲。如許雪姬前文所說：陳金城撰平侯傳時在道光27年，距離時間最近，且跟以後的事蹟能脗合，寧採用陳文十六歲說爲宜。

②平侯是隨父來臺，抑或尋父、省父來臺，亦諸說紛紛。臺灣知府仝卜年撰〈林公石潭傳〉、陳金城撰〈平侯傳〉，及《淡水廳志》等，均作隨父來臺。連橫《臺灣通史》，則作平侯年十六，來臺省父。淀川喜代治，《板橋街誌》，作平侯十六歲時，與兄林安然渡臺尋父。《林本源庭園案內》則說，平侯十八歲時，爲尋父來臺。

家。因擅長書算，勤勞奮發，頗受鄭氏信任。數年後積蓄銀數百元，鄭谷復借助千金，促平侯自立經商，因經營得法獲利甚豐，遂以致富。鄭谷年老欲歸唐山，平侯奉母利銀以還，谷不受，乃置產芎蕉腳莊③，歲收租息以餽之。後來與竹塹林紹賢合辦鹽務，並置帆船運輸貨物，往販南北洋，擁資數十萬元，以是富甲一方，乃納粟捐官，歷經縣丞，同知，潯州通判，攝來賓縣，桂林同知，南寧知府，柳州知府。嘉慶二十一年，以疾引退歸鄉④。

平侯離任返臺後，由原來之從商、任官，轉移從事拓墾，並收購土地、埤圳水權，積極經營產業。先是在嘉慶二十三年以前，平侯已以安邦之名義，在頂崁莊購置水田，遞年納業戶林光邦（即林成祖後裔）水租穀二十五石三升。嗣於嘉慶二十三年十二月，以番銀三百元，承典業戶林光邦在頂崁莊、芎蕉腳莊之水租穀五十一石三升，並設收租之處所，現耕佃人均照例挑運水租穀到收租處交納⑤，是爲後來林本源收購大安圳業戶權之先聲。嘉慶末年，復以林安邦之名義，以紋銀四千零三十兩，向瑠公

③連橫，《臺灣通史》（臺灣文獻叢刊第 128 種），第 6 冊，頁 927、928。芎蕉腳莊即今中和市中原里一帶。

④陳培桂，《淡水廳志》（臺灣文獻叢刊第172種），第 2 冊，頁269。連橫，《臺灣通史》（臺灣文獻叢刊第 128 種），第 6 冊，頁927、928。《板橋林本源家傳》，頁 1 、 2 、10-13。

⑤臨時臺灣土地調查局，明治34年，《臺灣舊慣制度調查一斑》，頁159、160。

按據《板橋林本源家傳》載，通議大夫林石潭先生家傳，其玄孫崇智謹按；平侯字向邦，惟後世多誤向邦爲安邦。但嘉慶23年之該典租穀字，係以林安邦之名義承典，其他如收購瑠公圳之水租權，宜蘭八寶圳之水份也都用林安邦之名義承購，可見安邦之名亦通用。

其承典之水租穀五十一石三升係包括頂崁莊林安邦自己遞年應納之水租穀二十五石三升及芎蕉腳莊黃觀成遞年應納水租穀二十六石。或即頂崁莊應納水租穀二十五石三升之水田即是平侯爲餽贈恩人鄭谷之租業。

圳業戶郭光祥卽郭光烈同侄章球等，購買大加臘內埔仔莊水圳水租，年收莊佃水租五百五十三石七斗之莊業⑥。

當是時，淡水廳閩、粵、漳、泉械鬥，蔓延數百村落。而新莊地當要衝，每爲兩族所爭，平侯乃於嘉慶二十四年（一八一九年），遷大嵙崁，建厦屋，啓田鑿圳，盡力農功，歲入穀數萬石。並開拓淡水平野⑦。道光三年，投資拓墾桃仔園，並擴展遠及噶瑪蘭。同年，並修築三貂嶺道路，以通淡水、蘭陽孔道⑧，便於拓墾經營。道光四年至六年之間，曾以林安承、林安邦老爺之名義，用番銀六百八十五元，承購紅水溝堡利澤簡堡八寶圳一百三十五份內之七十八份半⑨。至道光二十四年四月，平侯感染風寒而歿，享年七十九歲，葬於大嵙崁三層。（請參看附圖一、二）

道光二十七年，平侯之子國華、國芳，在枋橋建租館，名爲弼益館，是林家在枋橋建宅之始⑩。咸豐初年，國華、國芳兄弟，以所居大嵙崁靠近內山，土著蟠結，乃籌議移家平侯所開啓之地枋橋。於是擇弼益館之側築第，歷時兩載方落成。乃於咸豐

---

⑥據《臺灣舊慣制度調查一班》，頁 156、157，業戶郭光祥立杜賣水租契。按此契末尾文字有缺損，故立契年月不詳，惟當在嘉慶末年者。

⑦連橫，《臺灣通史》（臺灣文獻叢刊第128種），第6冊，頁928。《板橋林本源家傳》，頁14。

⑧《淡水廳志》（臺灣文獻叢刊第 172 種），第3冊，頁 413。

⑨臨時臺灣土地調查局，明治38年，《宜蘭廳管內埤圳調查書》，上卷，頁 279-315。

嗣後道光30年，再以銀元七百十元，收購四十九份。咸豐五年，再以銀元三十九元，收購四份半，共收購一百三十二份，最後全部以林安承名義全部收購。日據初期，圳主易名爲林本源，並雇圳長巡圳管理收水租。按《板橋街誌》云：林平侯（卽安邦）有兄名安然，安承與安邦之關係待考。

⑩劉如桐主編，《林本源庭園建築史料》，頁2，民國58年，臺北縣文獻委員會。

三年，遷入枋橋新厝，兄弟友愛，共業同居，號曰本源⑪。

林家移居枋橋後，淡北尚有未開之地，番界尤腴，國華、國芳乃招募佃人開墾，引水灌溉。當時大安圳屢受洪水崩壞，業戶林成祖之子孫經營困難，其孫林興邦（即步蟾）乃與國芳商量，由林本源出資承頂，而由本源之管事林新傳經營。灌溉土城、枋橋、港仔嘴、枋寮各莊水田約千餘甲。其水租爲土城莊每甲收六斗，冷水坑莊八斗，四汴頭莊以下收一石六斗⑫。又在咸豐年間，再以一萬銀圓購買瑠公圳之全部圳戶權，灌溉大加蚋堡之水田一千二百甲。其水租分爲埤租與梘租二種，埤租爲水量每甲收銀一兩二錢，梘租分爲每甲收銀一兩、九錢五分、九錢等三種⑬。同時也收購枋橋、枋寮、土城、樹林、柑園等附近已開拓之田園，歲入十數萬石⑭。

咸豐七年及同治元年，國華、國芳兄弟相繼逝世。國華有子二，長維讓、次維源，維源嗣祧國芳。維讓、維源兄弟，更擴展拓墾及水利之開發。相繼收購業戶林成祖等開鑿之永豐圳，灌溉

⑪連橫，《臺灣通史》（臺灣文獻叢刊第 128），第 6 卌，頁 929。淀川喜代治，《板橋街誌》，頁58、59。王國璠，《板橋林本源家傳》，頁21、22、25。

⑫臺灣總督府民政支部殖產課，《臺北縣下農家經濟調查書》，頁 106，明治32年。臺北廳總務課，《臺北廳志》，頁42、43，明治36年。

⑬《臺北縣下農家經濟調查書》，頁108、109。明有36年，《臺北廳志》，頁41。

按據《臺灣舊慣制度調查一斑》，頁157、158載：道光25年12月立退股歸管字云：瑠公圳之青潭溪全份埤圳水甲併大小梘埤頭，灌溉大加蚋堡田段千餘甲。於道光20年，由蘇簡記用蘇合德字號，同陳祥記，各備出二千五百元合承買郭淸和之圳戶權。道光25年12月，蘇簡記之半股，以番銀二千五百元賣與林益川，後再轉賣林本源。日明治36年時爲林鶴壽所有，一年以九百圓由阿頭莊阿根包攬經管，年可收水租三千三百圓，修護費用由包攬者負責。

⑭《板橋街誌》，頁 59、146。同治 6 年 4 月，太平橋碑（在樹林鎮太平街）。《臺灣通史》，第 6 卌，頁 929。

暗坑、尖山腳莊、南勢角莊水田三百七十甲，年收水租粟一千一百六十石⑮。在同治十年以前，復以林弼益（卽林本源）名義，招募十二股，修築海山堡福安陂，股份一千二百份，每股一百份，其中林本源占四百份，修竣後改名十二股圳，灌溉海山堡山子腳、彭福、陂內坑、潭底、獇仔寮、三角埔等水田四百六十五甲⑯。

光緒十一年九月五日，福建巡撫改爲臺灣巡撫後，劉銘傳乃奏辦撫墾內山，薦維源爲幫辦。清廷於光緒十二年二月十八日，命內閣侍讀學士林維源前赴臺灣幫辦臺北開墾撫番事務。並於是年四月，自厦門回臺就任⑰。全臺撫墾局設於大嵙崁，林維源就其在大嵙崁之別莊暫充臺灣撫墾大臣衙門⑱。另設行館於臺北六館仔。

維源自就任幫辦臺北撫墾事務後，大拓地利，至光緒十四年，墾闢新舊荒埔至七萬餘畝⑲。臺北沿山"番地"，種茶開田，已無曠土；而維源亦墾田愈廣，佃戶不下四、五千家⑳，歲

---

⑮明治36年，《臺北廳志》，頁43。日明治36年時，業主爲林景仁。
按日人大園市藏著《板橋と林本源家》（昭和5年，日本殖民地批判社），〈板橋街政の現狀〉云：永豐圳亦爲平侯開鑿之說，係錯誤。據《淡水廳志》及乾隆60年請約字，永豐圳和暗坑圳俱係乾隆年間，業戶林成祖及其孫林登選鳩佃開鑿者，並非平侯開鑿的。暗坑圳之初開在乾隆18年，乾隆60年再築，而永豐圳之開鑿早於暗坑圳之再築，是時平侯尙未遷臺，或剛來臺。永豐圳與大安圳同樣，淸季始由林本源收購。

⑯陳培桂，《淡水廳志》（臺灣文獻叢刊第172種），第1册，頁74。張福壽，《樹林鄉土誌》，頁96、97，昭和13年。

⑰《淸德宗實錄選輯》（臺灣文獻叢刊第193種），第2册，頁212。《劉壯肅公奏議》（臺灣文獻叢刊第27種），第3册，頁406。朱壽朋，《光緒朝東華續錄選輯》，頁131、132。

⑱連橫，《臺灣通史》，第3册，頁470。

⑲十一畝三合一甲，七萬餘畝約合六千一百餘甲。

⑳林正子，〈西仔反と全臺團練章程〉，《臺灣近現代史研究》，第5號，頁142，引吏科給事中萬培因奏摺，1984年12月。

收租穀二十六萬餘石㉑。因此林本源家在文山木柵、新店、暗坑、頭城、二城、三城、四城、五城、海山土城、成福、橫溪、三峽、大溪、龍潭、楊梅、關西、馬武督等一帶沿山擁有很多田園山林。劉銘傳鑑及臺灣中路暨後山一帶曠土尚多，亟須招墾，但非有勤實大員督率，實濟良難。而維源篤實忠勤，感激圖報，臺北已徵成效，自當推廣全臺，將對全臺治化俾益無疆，乃於光緒十四年十二月，奏請太常寺少卿林維源爲幫辦全臺撫墾事務。並於是年十二月二十一日，奉上諭照准，命太常寺卿林維源幫辦臺灣開墾"撫番"事務㉒。至光緒十五年三月，卞寶第、劉銘傳、林維源奏：全臺"生番"一律歸化，請將出力人員獎勵。清廷乃於三月五日諭示，除敍獎有功人員外，並著該撫等將"撫番"開墾事宜妥爲辦理，以靖疆圉。並咨請林維源廣招墾民，籌借官本，舉所有曠地盡行開闢㉓。於是林本源家之田園山林更加增多。當在全臺清丈之始，官紳半設難詞，阻撓大計，林維源田園較多，亦不避嫌怨，身先倡導，遇事出力，民情因之踴躍，未及兩年，全功已竟。

至光緒十九年，維源又向呂亮明之後裔，收購大安圳之柑林支圳㉔。而維源之夫人陳氏（訓舍之生母），亦見枋橋湳仔、社後、新埔一帶田園灌溉不便，乃投私財開鑿經後埔、湳仔至新埔之埤圳，從土城柑林埤引大安圳之水流，灌溉枋橋、新埔、社後一帶數百甲之水田，故名曰夫人圳㉕。

林本源家隨拓地之擴展，田園、佃戶增加，乃先後在各地設

㉑淀川喜代治，《板橋街誌》，頁63。

㉒《劉壯肅公奏議》，第3冊，頁 406、407。《清德宗實錄選輯》第2冊，頁 234。《光緒朝東華錄選輯》，頁 155。

㉓《劉壯肅公奏議》，第2冊，頁 234。《光緒朝東華續錄選輯》，頁 156。

㉔《臺北廳志》，頁 305，大正 8 年，臺北廳。

㉕《板橋街誌》，頁64。

有租館收貯租穀。在嘉慶二十三年以前，林安邦（即平侯）已在擺接堡頂崁莊購置有水田，遞年應納林光邦（林成祖之後裔）水租穀二十五石三升。至嘉慶二十三年十二月，承典林光邦在擺接堡頂崁莊及芎蕉腳莊共五十一石三升之水租穀，乃約定照例囑現耕佃人，挑運到安邦伯收租處交納㉖。可見當時林家雖尚未在枋橋地區設租館，但已有固定之收租處所。到道光二十七年，平侯之子國華及國芳乃在枋橋建租館，名為弼益館。而在咸豐初年以前，大嵙崁、桃仔園也已分別設有租館㉗。並陸續設立淡北及宜蘭各地之租館收貯租穀。

至清末日據初，光緒二十一年(日明治二十八年)陽曆八月十七日，據林本源管事林克成㉘之具禀（請參看附錄一），林本源之租館共有二十一座，分佈於臺北縣及舊宜蘭縣㉙兩縣管內，如下：

臺北縣管下：

㈠枋橋街住屋、租館全座。

㈡港仔嘴莊（今板橋市江子翠）租館四座。

㈢枋寮莊（今中和市）租館一座。

㈣基隆街租館一座。

㈤滬尾街（今淡水鎮）租館一座。

㈥蛇仔形莊（今八里鄉）租館一座。

㈦新莊街租館一座。

㈧西盛莊（今新莊市西盛）租館一座。

㉖《臺灣舊慣制度調查一斑》，頁159、160。

㉗《臺灣總督府公文類纂》，明治28年，乙種永久，第22卷，第十門軍事，第6案。

㉘林克成，名元建，字克成，號林郭中，芝蘭一堡洲尾莊人。初為林本源弼益租館書記，光緒甲申10年，該館管事林潤波去世，林維源乃命克成繼任管事。乙未割臺，維源携眷內渡歸厦門，林本源在臺所有事務及對外事務一切委克成處理（見林煥星編，《板橋林氏家譜》，《臺灣文獻》，27卷，2期，頁 334-337）。

㉙係指清代舊宜蘭縣，日據後明治28年6月28日，改設臺北縣宜蘭支廳。

㈨桃仔園街（在景福宮大廟口南側）租館一座。

㈩拔仔林莊（今大園鄉果林村）租館一座。

(十一)白沙堆莊（今觀音鄉）文山租館一座。

(十二)宋厝莊（今平鎭鄉宋屋村廣興）租館一座。

(十三)大嵙崁莊（今大溪鎭和平路六五至六九號）租館一座。（請參看附圖三）

(十四)新溪洲莊（今大溪鎭新溪洲）租館一座。

(十五)三層莊（今大溪鎭三層）租館一座。

(十六)隙仔莊（今大溪鎭缺仔）租館一座。

舊宜蘭縣管下：

(十七)頭圍街（今頭城鎭和平街一三七號）租館㉚一座。（請參看附圖四、五、六）

(十八)奇力簡（即利澤簡今五結鄉）租館一座㉛。

各地租館均雇有管事、壯勇、家丁，負責收貯租穀，搬運租穀，保護租館。在蘭陽地區收租俗曰"出水"。各租館雇用之人員十數人至二、三十人不等。據其佃戶說：林本源之租穀多比一般地主便宜約一成，如每甲一年可收五十石租者，林本源則約收四十五石，故在臺北、桃園、宜蘭地區民間風評甚佳。

在清末光緒年間至日據初期明治三十年代，林本源之田園、山林究竟有多少？其水田大小租、圳租、園稅、資產有若干？諸說不同，並無正確之統計數字。許雪姬在其〈林本源及其花園之研究〉一文㉜，已加以探討，並說：林家到底有多少田地，無人知曉，恐怕連林家後裔也難窺其全貌。在日據初期有關林本源所有田園、山林、資產之紀錄，有下列數項：

㉚頭城租館，稱爲大成館，又名蘭西吉記租館，其木匾在民國59年4月，尙懸掛在租館正門門楣上，今（76年2月）已失。租館占地一千餘坪，其院子空地均已建大厦。

㉛同註㉗。

㉜《高雄文獻》第3、4期合刊，頁65、67、68，民國69年6月。

㈠日明治二十八、九年，編輯之《新竹縣制度考》所載，林本源（即維源）在新竹縣治下所有田園租銀，共有田園六百四十七甲五分三厘二毫五絲，稅銀六百三十六兩五錢三分八厘（內五兩爲鐵路基地減去）㉝。

㈡日明治三十四年十二月，《臺灣慣習記事》，第一卷第十二號載：林本源財產總計約有三百十二萬圓，內土地五千三百甲，折價三百萬圓，地租三萬圓，其他十五萬圓㉞。

㈢日明治三十六年，《臺北廳志》載：林本源之資產約有二千萬圓，爲臺灣首富。林本源所有土地占臺北平原之過半，新竹、宜蘭亦有其土地，每年所收大小租超過四十萬石㉟。

㈣日明治年間林本源之不動產賬册載：田園土地計一萬七千五百餘甲，歲收十八萬八千三百餘石，園稅年收一萬九千三百餘圓㊱。

據說：至民國二、三年間，林本源分配財產時，除祭祀公業林本源之財產外，共有二十四、五萬石租，係按六記分配，各記之分配額如下：

㈠大房永記（維讓公派下）：熊徵（過房兼祧爾昌）六萬石。

㈡大房益記（維讓公派下）：熊祥三萬石。熊光一萬石。

㈢二房訓眉記（維源公派下）：（即訓壽與眉壽，眉壽即爾嘉，爾嘉也分配其兄訓壽之份額）六萬石。

㉝《新竹縣制度考》，臺灣文獻叢刊第101種，頁46、47。

㉞《臺灣慣習記事》，第1卷第12號，頁 164。

㉟明治36年，《臺北廳志》，頁25、38。
按據臺北廳之調查，當時大加蚋堡、興直堡之上田每甲一年二季之收成爲粟穀一百石，中田爲六十石，芝蘭三堡海濱沙田則僅收二、三十石，而地主所收租穀約爲一半，卽上田約爲四、五十石，中田約爲三十石，故四十萬石之租穀，約爲一萬多甲之租額。

㊱陳漢光，〈林本源家小史〉，《臺灣風物》，15卷，3期，頁43。

㈣二房祖椿記：祖壽二萬石。
（維源公派下）

㈤二房松柏記：
（維源公派下）
柏壽二萬石。
松壽二萬石。

㈥三房彭鶴嵩記：
（維得公派下）
彭壽約一萬石。
鶴壽約一萬石。
嵩壽約一萬石。㊲

另一說則謂：係按照祭祀公業林本源設定書所定，林本源公業不動產土地各房分配比率分配。

而於宣統二年（日明治四十四年）十二月四日，設置之“祭祀公業林本源”，據說：最初約有十萬石租，至日大正末年昭和初年，林柏壽接任管理人時則僅剩三、四萬石租云㊳，其中宜蘭方面就有五千餘石租云。至於其板橋林家本宅、祖祠、花園及原有二十一座租館、建地、附屬地都歸祭祀公業所有。最初祭祀公業林本源設定證書所定，其不動產土地各房之分配比率如下：

大房（維讓公派下）	林熊徵：陸拾分之拾	陸拾分之拾	共陸拾分之貳拾
	林熊祥：陸拾分之陸		
	林熊光：陸拾分之肆		
二房（維源公派下）	林景仁：陸拾分之肆		共陸拾分之叁拾
	林鼎禮：陸拾分之貳		
	林崇智：陸拾分之貳		
	林履信：陸拾分之貳		
	林祖壽：陸拾分之拾		
	林柏壽：陸拾分之伍		
	林松壽：陸拾分之伍		

㊲據民國59年4月6日，林熊光、林木土、林川、林衡道等，假臺北市基督教青年會館（YMCA）舉行之座談會紀錄。
㊳同上註。

三房（維得公派下）｛林彭壽：陸拾分之肆／林鶴壽：陸拾分之叁／林嵩壽：陸拾分之叁｝共陸拾分之拾㊴

至光復後民國六十四年，祭祀公業林本源之財產，則僅存有土地二百五十筆，面積爲六十一甲三分六厘八毫九絲，內田五甲九分四厘六毫三絲，旱（園）五甲二分一厘九毫八絲，建地八甲四分一厘八毫一絲，山林三十一甲二分七厘七毫三絲，池沼四甲一分七厘六毫五絲，堤一分二厘三毫三絲，墓地一甲一分三厘九毫八絲，水路六分一厘四毫七絲，原一甲一分五厘九絲，廟地一厘三毫八絲，雜種地三分七厘九毫二絲，道二甲九分一厘一絲。分布於臺北市，臺北縣之板橋市、中和市、土城鄉、樹林鎭、新莊市、八里鄉，桃園縣之桃園市、大園鄉、八德鄉、大溪鎭、龍潭鄉、平鎭鄉、楊梅鎭，宜蘭縣之宜蘭市、頭城鎭、礁溪鄉、壯圍鄉、三星鄉、五結鄉、蘇澳鎭等地區。建物有五所，如下：

㈠臺北市太平段二小段五四、五四～一地號，磚造五層，一二四坪。

㈡板橋市板橋段二八九地號，磚石木造瓦屋，三、一七〇坪三二。

㈢大園鄉拔仔林段二〇地號，土角瓦屋，三〇一坪。

㈣大溪鎭大溪段五四地號，土角瓦屋，一三四坪。

㈤頭城鎭頭城段三〇地號，石土角木造瓦屋，六〇坪二八。㊵

按關於林本源究竟有多少田園山林等土地及租穀，本來可根據日據初期明治三十一年，實施土地調查時之土地申告書及全臺土地業主查定名簿，統計林本源所有土地之面積，惟此檔案除新竹、桃園、苗栗地區之土地申告書九百多册，陳列於桃園土地改

㊴據《板橋林本源家傳》載，日明治44年12月4日，臺北地方法院公證第六千一百七十八號，祭祀公業林本源公業設定證書謄本。

㊵據祭祀公業林本源民國65年度收支決算書，頁 10-15。

革館外，其餘據說：臺灣省地政處已於民國六十八、九年間報燬，僅移送二十册（《土地業主查定名簿》、《土地申告書》、《民有大租名寄帳》及《大租權保償金臺帳》各五册）給臺灣省文獻委員會作爲樣本保存，本會未與地政處交涉接管上項全部檔案保存實至爲可惜。

二、林本源與分類械鬥、團練及其武備

淡北之有分類械鬥，係始於乾隆五十二年初，當時白石湖等處之漳泉、粵人分莊互殺，故新任淡水同知徐夢麟，乃於五月八日，會同副將徐鼎士、都司朱龍章、幕友壽同春等，抵白石湖山下，安撫居民㊶。嗣後嘉慶十一年六月，淡水廳屬漳、泉又分類械鬥，巡道慶保平之㊷。十四年五月，則漳、粵與泉分類械鬥，經知府楊廷理平之㊸。

如前所述，嘉慶二十一年，平侯辭柳州知府歸鄉後，原住之新莊爲閩粵、漳泉械鬥之要衝，因此平侯乃於嘉慶二十四年，遷居漳人村莊大嵙崁，從事拓墾，盡力農功。

道光二十三年，彰化發生分類械鬥，禍延四境，波及北臺，民不聊生，淡水廳同知曹謹，設衞大甲，阻其北侵。當時淡水廳住民驚慌失措，爭相逃避。此時平侯鎮靜如常，仍飲酒觀戲，談笑自若。衆人見此而云：吾儕復何憂？回歸家園，安堵如故。曹謹乃登門造訪道謝，曰："賴公得無恐。"㊹道光二十四年，

㊶周爾，《彰化縣志》（臺灣文獻叢刊第156種），第3册，頁370，民國51年，臺灣銀行。
㊷陳培桂，《淡水廳志》（臺灣文獻叢刊第172種），第3册，頁363，民國52年，臺灣銀行。
㊸《淡水廳志》（臺灣文獻叢刊第172種），第3册，頁364。
㊹《板橋林本源家傳》，頁3，陳金城撰，〈通議大夫林石潭先生家傳〉。

漳、泉又分類械鬥[45]。

至咸豐三年，平侯之子國華與國芳遷居枋橋。是年八月，漳、泉四縣分類械鬥。艋舺八甲莊之泉州同安縣人，聯合漳人攻擊西鄰之艋舺泉州安溪縣人及三邑人（即晉江、南安、惠安三縣人），企圖欲奪占沿淡水河之要地。近鄰三角湧、彭厝、枋橋、中和、新莊等處皆波及。艋舺之三邑人、安溪人乃聯合三角湧泉籍安溪人，燬八甲、新莊。四年春正月，中壢閩、粵又分類械鬥[46]。

咸豐五年八月，漳、泉分類械鬥復起。其勢之張，猶勝於疇昔，淡北各堡街莊悉被波及。枋橋地處要津粟倉充裕，泉人之桀驁者，欲取爲根據，居民心浮氣燥，不可終日。國華召集街莊父老，誡之曰："枋橋雖彈丸之地，尚有邏卒百人，忠義少壯又百人，足以嚏敵，何所懼。"於是爲便於攻守，乃斥貲萬兩在枋橋街周圍築城購械，以待其鋒。城壁高一丈五尺，厚二尺餘，並沿城壁之內側，築高六尺寬五尺之馬路，城壁每隔一丈五尺設槍眼以便射擊，造東西南北四大城門。且爲便於居民取挑水洗衣，在各大門之中間再設四個小門。各大城門並築城樓，又在北門口築高銃樓，募勇數百備攻守。俄而犯者果至，衆可數千，國華率外姓子弟百人登埤，發銃射擊，而其弟國芳指揮林氏驍勇敢死者衝其陣，混戰終日，擄獲不計，將繩以峻法。國華曰："是皆吾類，何可殺。"親爲解縛，放回去，論者欽其仁德[47]。

當時林本源家歲入租穀已有十數萬石，爲淡北之漳人領袖，在淡北大嵙崁、桃仔園、枋橋、港仔嘴、枋寮、新莊、八里坌等

---

[45]丁日健，《治臺必告錄》（臺灣文獻叢刊第17種），第2冊，頁270，民國48年，臺灣銀行。

[46]《淡水廳志》（臺灣文獻叢刊第172種），第3冊，頁365、366。張福壽，《樹林鄉土誌》，頁27，昭和13年。

[47]《板橋林本源家傳》，頁22、23。《板橋街誌》，頁59。

處，均建有租館。而林本源家在分類械鬥時，爲保護其住宅、租館、粟倉，乃購置軍火器械，派置家丁護衞。其所購置之軍火器械，有洋槍、來復槍、鳥槍、土擡槍、土槍、車砲、大砲、彈藥、銅帽等㊽。按清代臺灣海禁甚嚴，不但武器火藥甚至鐵鍋也列爲禁進口品㊾。惟當時國華已奉令捐貲辦理團練，故林家當以辦理團練之便，而購備槍砲彈藥。

咸豐八年七月，海盜黃位寇鷄籠，國芳乃以所練鄉團助戰，克敵立功。九年五月，漳、泉復鬥，新莊之漳、泉人起爭端，漳人得粵人之援助，泉人被迫退至大稻埕方面。樹林地方漳粵人之勢力亦極強大，故泉人多避難於三峽成福方面之泉人村莊㊿。禍之慘，前所未見。其時國華已逝世，國芳獨扼其衝，於枋橋城外四隅數百尺處，設寨建碉堡，架火砲，遴敢死者司射擊，懸掛鉅鑼，有驚鳴之，與城中相呼應。國芳每戰必親自臨陣登高處指揮，勇敢善戰，勇名盛極一時。並且每戰必論功行賞，厚恤戰死者，撫恤遺族，因此衆皆勇於効命。其鄉勇中有徐才、蕭祥、蕭木、劉楓、劉讚等數勇士㊿¹。

咸豐九年七月，滬尾黃龍安（又名黃阿蘭）率艋舺、新莊、坪頂、和尙洲、港仔墘、加蚋仔各街莊泉人豪勇三千餘人攻枋橋。新店溪而下，火光燭天，哭聲遍野。國芳在陴上，見滾滾人潮，馳騖於煙塵草澤中。喟然嘆曰："分類之禍，爲害大矣。二十餘年來，或分閩、粵，或分漳、泉，所爭者少不平耳。一閩人唱之，衆閩人從之；一粵人動之，衆粵人同之；一泉人鬥之，衆泉人攻之；一漳人爭之，衆漳人乘之。於是地無寧地，人無寧

㊽《臺灣總督府公文類纂》，明治28年，乙種永久，第22卷，第6案，板橋林本源管事林克成具稟及造報留存軍火數目清冊。

㊾張偉仁，〈略述內閣大庫檔案中有關臺灣的開闢史料〉。

㊿張福壽，《樹林鄉土誌》，頁27、28。

(51)淀川喜代治，《板橋街誌》，頁59。

人。稼穡不收，民生日削，長此以往，我先人所啓之地，將淪爲無間之獄矣。然今日之戰，不可不戰。今日不戰，則明日之和無以致。和之不成，漳泉無噍類也。”衆漳人感其言，呼嘯迎戰。枋寮、大安寮、土城、芝蘭漳人，亦聞訊合圍，濺血聲喧，及暮未息。如是漳人來効命者益衆。驅車擁盾，下溪州，取加蚋仔，將攻艋舺。國芳馳赴前線，誡之曰：“艋舺財賦之區，淡廳命脈所在，制軍有言，燬之者必論大辟。”勸衆請議和，泉人心亦動，恐被紿，因循至次年二月，始歸言好。國芳乃解散所部以安生業，並撥重金慰勞遺族。而爲追慕林本源總勇義士徐才之功德，乃在城南築廸毅堂，祀徐才（稱爲徐元帥）及陣歿義士[52]。

不意咸豐十一年，漳、泉雙方又發生互鬥。在閩浙總督慶端、福建巡撫瑞璸之奏報後有旨諭內閣云：“福建臺灣淡水廳紳士鹽運使銜候選郎中林國芳，因與泉州人民挾嫌，輒將泉人耕種該紳士之田恃強起換，另招漳州人民耕種，致激漳、泉民人互相鬥殺。該員復敢招募壯勇，四出焚搶，幾致激變，實屬爲富不仁，目無法紀。林國芳著即行革職，交慶端等派員提省，嚴行審辦；並勒令兩造交出兇要各犯，一併解省徹底根究，毋稍疏縱。”是以國芳已被革職，惟尚未被逮至省審辦[53]。

當漳、泉械鬥平息媾和後，兩方猶不通慶弔。維讓憂死灰復燃，以其妹嫁晉江舉人莊正爲妻。後莊正來臺，維讓兄弟請創大觀書社，集漳、泉兩籍之士而會之，月課詩文，厚給膏火，自是往來無間[54]。

至於林家之辦理團練，早在咸豐三年，候補道國華時，即

---

[52]《板橋林本源家傳》，頁25、26。《板橋街誌》，頁 137。

[53]《清穆宗實錄選輯》（臺灣文獻叢刊第 190 種），頁14，民國52年，臺灣銀行。許雪姬，〈林本源及其花園之研究〉，《高雄文獻》，第3、4期合刊，頁43，民國69年 6月。

[54]《板橋林本源家傳》，頁28。

由御史蔡徵藩奏：著署督等諭令國華，或捐貲助餉，或出力督團。[55]及光緒九年多，中法在安南事起，臺灣因基隆有產煤，淡水有海關，法軍乃圖進犯占領臺灣，以爲要求中法戰爭軍費賠償之擔保。當時臺灣防務內外均爲喫重，兵餉軍械均絀缺，分巡臺灣兵備道劉璈，以維源係全臺巨富，才亦優長，於防務應該首倡，而朝中大臣吏科給事中萬培因之奏摺也認爲："林維源田產尤富，辦團必自臺北始。臺北之團，又必自林維源、陳霞林二紳合辦始。"於是九年十一月十一日，劉璈乃勸令維源自備資斧，總辦臺北團練，捐助防務，招募壯勇二千五百名，編爲五營，半客半土，作爲屯軍，歸其統領。遵照楚軍營制，一律訓練，專顧臺北，報効兩年，約費銀三十萬兩，卽令借勇代工，尙可就地取償一半。無事分防內山，兼務開墾除害，藉以興利。有事調赴海防，聯辦團練。報國卽以保家，是一舉而數善。但維源疑懼交集，不敢承任，又不敢竟辭。乃認招土勇一營，希圖塞責。劉璈以其所籌辦法，斷非五營，並客土兼招，不能濟事。乃令知府陳星聚曉以利害，婉爲開導，以定責成。此亦經閩浙總督何璟及福建巡撫張兆棟批：臺北城工一事，旣勸維源獨捐，終歸勻捐，則募勇一事，不能無希冀倖免。應酌量定議，由陳守妥速商定，勿致遷延。光緒十年春間，維源乃擬訂募勇水陸團練認眞辦法，並捐銀二十萬兩，辦團練勇，協助防務[56]。

---

[55]《淸文宗實錄選輯》（臺灣文獻叢刊第189種），頁28，民國53年，臺灣銀行。

[56]劉璈，《巡臺退思錄》，頁 226-228，民國47年，臺灣銀行。林正子，〈西仔反と全臺團練章程〉，《臺灣近現代史研究》，第5號，頁116、117、122、134、142，1984年12月。許雪姬，〈臺灣近代化的幕後功臣林維源〉，《臺灣近代名人誌》，第1冊，頁16，民國76年，臺北，自立晚報社。《板橋林本源家傳》，頁 32、33。史威廉、王世慶合撰，〈林維源先生事蹟〉，《臺灣風物》，24卷，4期，頁 164，民國63年12月。

光緒十年八月，法將孤拔（A.A.P. Courbet）率艦侵犯北臺基隆、淡水，維源受督辦軍務劉銘傳之命，糾合臺北林姓集團，派遣兵勇五百餘名，開赴滬尾前線助戰。此時劉璈令維源捐軍餉一百萬兩，維源不許，抗議前此已捐五十萬兩，朝廷已允不再捐，以力有不逮，堅不應從。劉璈多方勸譬，維源乃認捐二十萬兩，請寬期分繳，並避居厦門㊼。

維源雖屢次捐鉅款，已力盡筋疲，但仍認捐報効洋銀二十萬元，以助餉需，因此，劉銘傳乃於光緒十年，上奏林維源允捐巨款請獎京秩片。同年十二月十三日降旨云："福建臺灣紳士三品銜候選道林維源，前有旨令其總辦臺北團練事宜，該員深明大義，於軍情緊要之時，接濟饟需，爲數甚鉅，深堪嘉尙，林維源著以四、五品京堂候補，以示優獎。"㊽而光緒十二年四月，林維源就任幫辦臺北開墾撫番事務後，爲保護開發山地邊際地帶之墾丁，防番襲擊，亦帶有兵勇。

至光緒二十年，中日戰爭發生，臺灣爲日人垂涎，維源仍任幫辦全臺撫墾事務太僕寺卿外，並奉旨留辦臺灣團防事務，維源乃再行辦理團練。並於光緒二十年十一月二十七日奏：臺灣團防就緒，並報効土勇二營，每月月餉五千兩，稟由試用巡檢潘光松、五品軍功黃南球分別管帶，擇要駐紮㊾。

如前所述，林本源家係因分類械鬥，辦理團練及撫墾而擁有

㊼《清德宗實錄選輯》（臺灣文獻叢刊第193種），第1冊，頁133、136、137，民國53年。《劉壯肅公奏議》（臺灣文獻叢刊第27種）第2冊，頁185、186，第3冊，頁332，民國47年。連橫，《臺灣通史》（臺灣文獻叢刊第128種），第6冊，頁930，民國51年。

㊽《劉壯肅公奏議》，第3冊，頁336、337。《清德宗實錄選輯》，頁170。朱壽朋，《光緒朝東華錄選輯》，頁98、99。

㊾《清德宗實錄選輯》，頁282。《光緒朝東華續錄選輯》，頁184。按據《臺灣總督府公文類纂》，乙種永久，第22卷，第十門軍事，第11案所載，光緒21年閏5月23日，東勢角外商阿眉諾夫之報告，當時黃南球已在苗栗組織義軍準備抵抗日軍。

軍械彈藥丁勇，並配備於其枋橋本宅館內及其各地租館，以資自衞防備。據說板橋林本源本宅置有把總一人，負責指揮訓練兵勇，雇用有兵勇五百名，守衞林家本宅、租館及枋橋城四城門，夜間負責巡更，壯勇衣服均蓋有“勇”字⑹。

光緒二十一年（日明治二十八年）陽曆五月三十一日，日軍侵臺。陽曆六月十七日，臺灣總督樺山資紀宣布正式施政。但義軍到處蜂起抗日，故日軍乃一面鎮壓，一面取締沒收民間私有之軍火器械。當日軍侵臺時維源舉家內渡，因此林本源家之管事林克成，乃於光緒二十一年（日明治二十八年）陽曆八月十七日，具稟呈報林本源家及各租館所配備之武器彈藥情形，並請准予暫留軍器，以備防衞。其具稟及造報留存軍火數目清册如下（請參看附錄一）：

> 具稟　擺接保枋橋林本源家管事林克成為稟明事：竊臺灣僻處蠻地，土匪“生番”時常搶殺，閩粵漳泉恒多械鬥，本源各鄉建設租館倉房，不得不備軍火器械以防不測。現值各處土匪未甚安定，暫為留防，原無他意，茲因收成新穀之時，各租館應派家丁人等，或挑、或負、或雇小船運載收貯。誠恐
> 大兵尋勦土匪，路過各村
> 貴麾下兵卒人等，未及週知本源家係善良，誤將各租館留存軍器搜取，並將挑運新穀之家丁船隻扣留擊打，有負
> 貴政府除暴安良之美意。至本源大嵙崁、桃仔園兩座租館，現
> 大軍借駐屯積糧食等物，我
> 大日本帝國軍務要緊，成已囑兩處管事，暫借別家收貯新

⑹民國59年4月6日，林熊光等座談會紀錄。

穀。惟大嵙崁館，桃仔園館所存軍火器械，係四十年前，閩粵械鬥及漳泉互鬥時購置，經於前日由貴兵驗明舊物收去。但兩館中均有舊存租穀，望乞飭知
貴兵官准許取出研糶。俟各處匪徒平定，
大軍凱旋，望將兩館交還，以資辦理佃租。合將本源各處租館住址另單列明。為此稟請

總督府/民政府大人，恩准各館軍器暫留防匪，通諭　貴兵勿得搜取，給憑二十一紙，分貼館內，並給各館挑運新穀通行路券，水陸勿阻，望懇施行，切稟。

明治二十八年八月十七日擺接保枋橋林本源管事林克成[命由/林居]

計粘各租館住址單壹紙（略）

造報留存軍火數目清册呈送

鑒

計開

一、枋橋街住屋/租館，計存：

洋槍壹佰伍拾貳桿，內有損壞不全。
槍彈共伍千柒佰陸拾枚。
來復槍捌拾伍桿，內有損壞不全。
土抬槍壹拾伍桿。
火藥陸佰伍拾觔。
鉛條叁佰肆拾觔。
銅帽捌拾盒。舊車礮捌尊。
壞大礮叁尊。

一、港仔嘴村租館四座，計存：

土槍壹拾捌桿。
火藥壹拾肆觔。

鉛彈柒觔零。

一、枋㯃街租館，計存：

鳥槍貳拾貳桿。

火藥壹拾叁觔。

鉛彈捌觔零。

一、宋厝村租館，計存：

土槍壹拾壹桿。

火藥壹拾貳觔。

鉛彈捌觔零。

槍彈貳千餘枚。

火藥壹拾壹觔。

鉛條柒觔零。

一、大料崁租館：此館原存軍火，已被火燒，現在無存。

一、桃仔園租館：此館原存軍火，已由貴官兵取去，現在無存。

宜蘭縣管下：

一、頭圍街租館：

一、奇力簡租館：

此兩館離臺北路途尚遠，所存軍火未知有無？若干，容查明再報，合併聲明。

以上各租館所存軍火，係照現在數目列入冊內，如遇土匪之時，或開銷若干、或遺失若干、或添置若干，隨時另報。

明治二十八年八月十九日

枋橋街林本源管事

林克成 [由命居林]

此外尚有附近大嵙崁之三層租館兼溪洲租管兩處，玆被土匪佔據，器物搶去甚多，其租館中軍火諒必有失，合併聲明。[61]

按林本源家之住宅及其二十一座租館，原均配備有槍砲等武器彈藥，惟據管事林克成造報之清册，則只有枋橋街林家住屋及枋橋街、港仔嘴村、枋寮街、宋厝村等七座租館有留存軍火數目。大嵙崁租館所存軍火已被火燒，桃仔園租館所存軍火已被日軍官兵取去。大嵙崁之三層、溪洲兩處租館之軍火，是否有被搶去，或留存多少未詳。宜蘭之頭圍街、奇力簡租館之軍火數量，因路途遠距未查明。此外基隆街、滬尾街、蛇仔形莊、新莊街、西盛莊，及桃仔園方面之拔仔林莊、白沙堆莊、隙仔莊等八處租館所存之軍火則未造報，其數目不詳。

而只其住宅及七座租館所留存之武器，就有洋槍、來復槍、土擡槍、土槍、鳥槍等各種槍枝共三一三桿，車礮八尊，大礮三尊，約有三連之火力。若連其所有租館之配備，合計當有近二營之兵力。其中以枋橋街住屋及租館之配備爲最多，計有洋槍、來復槍、土擡槍等二五二桿，槍彈五千七百六十枚，並有車礮八尊、大礮三尊等，其兵力在二連以上，可見其裝備相當強大。而港仔嘴莊、枋寮街、宋厝莊等租館，則有一班至二班之火力，足可防衞其各地租館。林本源家之兵力軍火，當爲清末北臺民間私人最強大之武備。這些武器彈藥在日據後不久乃被日本政府收繳，否則其所存車礮、大礮亦可保存，爲古蹟林本源園邸增添一些紀念之文物。至於壯勇則一直至光緒三十一、二年（日明治三十八、九年），日俄戰爭時仍留用云[62]。

---

[61]《臺灣總督府公文類纂》，明治28年，乙種永久，第22卷，第十門軍事，第6案。

[62]民國59年4月6日，林熊光等座談會紀錄。

三、林本源與乙未抗日

光緒二十一年中日戰爭失利，日人調兵艦圖攻取臺灣，軍情緊急。總督張之洞具奏："以臺灣作押，借用洋款，藉資保衛。"惟各國均守局外，勢不能行。因此署臺灣巡撫唐景崧乃於二十一年二月十一日電奏："請飭太僕寺卿林維源籌備百萬，暫補防費。"二月十四奉諭云："著照所請，即飭該京卿如數籌借，由戶部指撥各省關實銀分三年歸清，不得稍有延欠。其借入之款，著仿照借華款辦法，酌給利息；俟繳足百萬之數，仍由該部奏請將該京卿破格獎敍。"二月二十六日再奉旨："電寄唐景崧；前經戶部覆奏：「請派林維源借銀一百萬以資軍饟。」業經依議行矣。現在臺灣軍情緊急，需饟甚殷，著唐景崧傳知林維源，先行籌措現銀四十萬兩，以濟要需。該京卿愛國厚恩，誼關桑梓，諒不至膜視推諉也。"⑥③二十一年春，當日軍侵臺之前，維源之團練兵，曾分守南部恒春、打狗等地，防禦日軍⑥④。

二十一年三月訂定馬關條約，清廷割讓臺澎歸日本，臺人義不臣倭，紳民決心死守，推唐景崧為總統，設議院，衆舉林維源為議長，辭之不就⑥⑤。而守軍節節失利，基隆陷落。維源見大局已去，乃於舊曆五月十日（新曆六月二日）夜七時，即日軍進入臺北城前五日，從淡水乘斯美輪，舉家內渡⑥⑥。並帶六百萬兩返

---

⑥③《清德宗實錄選輯》，頁288、289。

⑥④王炳耀，《中日戰輯選錄》，頁20。史威廉、王世慶合撰，〈林維源先生事蹟〉，《臺灣風物》24卷，4期，頁 172。

⑥⑤連橫，《臺灣通史》，第6冊，頁 930。

⑥⑥《臺灣總督府公文類纂》，明治28年，乙種永久，官房，第2卷，第7案，日臺灣總督府所派臺灣人間諜之報告。楊提臺亦於5月10日同乘斯美輪內渡。按林維源之內渡日子，另有舊曆5月13日及5月18日等說。

厦門。而命其管事林克成代管其在臺之財產⑥⑦。唐景崧則於日軍進入臺北城前二天，卽舊曆五月十三日（卽大稻埕霞海城隍廟年例祭典日，新曆六月五日）早晨一時，親自放火燒巡撫衙門，帶四百名官兵由滬尾遁回大陸。據日方所派間諜之報告說："當時居民知之，鳴鑼追擊唐等搭乘輪船，滬尾民兵追至碼頭開槍射擊之。一小時後滬尾之王統領亦追至，並上船欲殺唐景崧，唐涕泣向王曰：'請宥我，願贈足下十六萬兩。'乃拾一命，帶銀四百兩及隨從粤兵若干，經香港返大陸。"⑥⑧

當日軍侵臺後，頻傳日本兵慘酷無道，臺北地區人心慌恐，富裕者競搭輪船小舸逃避大陸。有"夕載數百，而朝有數千西望海岸"之光景，運輸從未見如此頻繁。尤其艋舺地區之居民，每百名之中有八十名逃避大陸內地云⑥⑨。

舊曆五月十五日（新曆六月七日），日軍進入臺北城，卽派先遣支隊南下偵察，並雇用不肖之臺人爲其間諜，提供抗日義軍之情報。五月二十三日（新曆六月十五日），有臺民向日軍兵站部稟報，並呈報陸軍局參謀部後轉報民政局。略說：枋橋街之林本源家，擁有兵勇二萬，由統領劉順治、營帶黃老虎、總巡簡成德等紮大營準備死戰。分別駐紮擺接保及大嵙崁等租館，圖由背後奇襲南侵竹塹之日軍。並請懲辦林家兵勇之統領劉順治、營帶黃老虎、總巡簡成德等三人。其稟報全文如下：

> 現今在枋橋頭街之林維源，擁有家產數千萬金，田園八十萬租，兵勇二萬，由統領劉順治、營帶黃老虎、總巡簡成德等管帶指揮，紮大營準備死戰。並分別駐於擺接保及大嵙崁等租館，企圖由背後襲擊南侵竹塹之日軍。今如不先

⑥⑦林克成所用印章，刻曰"由命居林"。

⑥⑧《臺灣總督府公文類纂》，明治28年，乙種永久，官房，第2卷，第7案，臺灣總督府所派臺灣人間諜之報告。

⑥⑨《臺灣總督府公文類纂》，明治28年，乙種永久，第22卷，第10案。

懲辦上列三人之罪，則爾後日本兄弟總會受其害。他們外觀假裝悦服，惟心中存霸圖，兵多糧足，軍械火藥充足，盡藏匿於枋橋。若不申明此事，百姓亦將受其害。白天用兵勇截運殺人，夜則用火攻搶，村民何以聊生，地方何以安堵乎。伏乞大日本總督閣下，為順民計謀，懲辦上列三人，則庶民幸甚；而地方安堵，不勝感恩之至。⑳

此奸民密報說：林本源家擁有田園八十萬石租及兵勇二萬，顯屬誇大。但林維源內渡後，其所屬兵勇初確仍參加抗日戰役。而在臺北、淡水一帶抵抗日軍之義軍，例如被日本憲兵逮捕斬殺之烈士紀井、林巖等，均供述北部抗日之軍費，大多爲林維源捐獻，交由英商“得忌利士”洋行（Douglas Lapraik & Co.）之買辦薛棠谷分配給各義軍首領云㉑。維源雖然內渡，但捐鉅額軍費給北臺抗日義軍抵抗日軍，仍有其貢獻。

但光緒二十一年（日明治二十八年），新曆六月下旬，日軍派偵察搜索隊近衞騎兵二十三騎，經枋橋、土城，欲偵察三角湧方面軍情時，其騎兵在大安寮被我抗日義軍襲擊戰死二十騎，而其逃回之三騎則由林本源家之團練勇護送至駐在新莊之日本憲兵隊㉒。又至光緒二十二年（日明治二十九年）初，曾玉所統領之抗日義軍，攻擊枋橋街城之日警支署時，林本源家已爲日軍警控制之下，故其團練勇之團長劉讚及壯勇、家丁等，均被迫參與日本警方對抗抗日義軍㉓。

——原載《臺灣文獻》38卷4期，民國76年

---

⑳《臺灣總督府公文類纂》，明治28年，乙種永久，官房，第2卷，第7案。

㉑《臺灣總督府公文類纂》，明治28年，乙種永久，第22卷，第22案，內務部長牧朴眞，秘第7號〈匪徒狀況報告〉。

㉒淀川喜代治，《板橋街誌》，頁42、43。

㉓日明治36年，《臺北廳志》，頁91、92。《板橋街誌》，頁46、47。

圖一　林公石潭墓碑(民國六十五年五月攝)

圖二　大溪三層林石潭墓(民國六十五年五月攝)

圖三　大溪租館遺址(民國五十八年四月攝)

(桃園)

圖四　頭城租館(一)(民國五十八年四月十八日攝)

(宜蘭)

圖五　頭城租館(二)(民國七十六年二月二十二日攝)

圖六　頭城租館(三)(民國七十六年二月二十二日攝)

附錄一：林本源管事林克成所具之稟及造報留存軍火數目清冊。

（轉載自臺灣總督府公文類纂明治二十八年乙種永久第二十二卷第十門軍事第六案）

具稟擺接保枋橋林本源家管事林克成為稟明事竊臺灣僻處蠻地土匪生番
時常搶殺閩粵漳泉恒多械鬥本源各鄉建設租館倉房不得不備軍火器械以
防不測現值各處土匪未甚安定暫為留防原無他意茲因收成新穀之時各租館
應派家丁人等或挑或負或僱小船運倆收貯誠恐
大兵尋剿土匪路過各村
貴麾下兵卒人等未及週知本源家係善良誤將各租館留存軍器搜取并將挑運
新穀之家丁船隻扣留擊打有負
貴政府除暴安良之美意至本源大科崁桃仔園兩座租館現
大軍借駐屯積粮食等物我
大日本帝國軍務要緊成已囑兩處管事暫借別家收貯新穀唯大科崁館桃仔園館
所存軍火器械係四十年前閩粵械鬥及漳泉互鬪時購置經於前日由貴兵驗明
舊物收去但兩館中均有舊存租穀望乞飭知
貴兵官准許取出研糶俟各處匪徒平定
大軍凱旋望將兩館交還以資辦理佃租合將本源各處租館住址另單列明為此
稟請
總督府民政府大人恩准各館軍器暫留防匪通諭貴兵勿得搜取給過二十一紙分貼館內并給
各館挑運新穀通行路券水陸勿阻望懇施行切稟

明治二十八年八月十七日

擺接保枋橋林本源管事林克成

計粘各租館住址單壹紙

謹將各租館住趾列單呈

鑒

臺北縣管下

枋橋街住屋租館全座

港仔嘴莊租館一座

枋寮莊租館一座

基隆街租館一座

滬尾街租館一座

桃仔園街租館一座

拔仔林莊租館一座

臼沙堆莊文山租館一座

宋厝莊租館一座

大科崁莊租館一座

蛇仔形莊租館一座

新莊街租館一座

西盛莊租館一座

新溪洲莊租館一座

三層莊租館一座

隙仔莊租館一座

宜蘭縣管下

頭圍街租館一座

奇力簡租館一座

以上統共二十一座

造報留存軍火數目清冊呈送

鑒

計開

一枋橋街住屋租館計存

洋鎗壹百伍拾貳桿內有損壞不全

鎗彈共伍千柒百陸拾枚

來復鎗捌拾伍桿內有損壞不全

土抬鎗壹拾伍桿

火藥陸百伍拾觔

鉛條叁百肆拾觔

銅帽捌拾盒

舊車礮捌尊

壞大礮叁尊

一滬仔嘴村租館四座計存

土鎗壹拾捌桿

火藥壹拾肆觔

鉛彈柒觔零

一港仔嘴村租館四座計存
土鎗壹拾捌桿
火藥壹拾肆觔
鉛彈柒觔零（子彈）
一宋厝村租館計存
土鎗壹拾壹桿
火藥壹拾貳觔
鉛彈捌觔零
鎗彈貳千餘枚
一大科崁租館此館原存軍火已被火燒現在無存
一桃仔園租館此館原存軍火已由貴官兵取去現在無存
宜蘭縣管下
一頭圍街租館
一奇力簡租館

一枋寮街租館計存
鳥鎗貳拾貳桿
火藥壹拾叁觔
鉛彈捌觔零
火藥壹拾壹觔
鉛條柒觔零

此兩館離臺北路途尚遠所存軍火
知有無若干容查明再報合併聲明
以上各租館所存軍火係照現在數目列
冊內如遇土匪之時或開銷若干或遺失
干或添置若干隨時另報

明治二十八年八月十九日
枋橋街林本源管事
林克成

此外尚有附近大科崁之三層租館蕭溪洲租館兩處其
被土匪佔踞器物搶去甚多其租館中軍火諒必有失
併聲明

〔臺灣研究叢刊〕

清代臺灣社會經濟

1994年8月初版　　定價：新臺幣450元
2006年4月初版第二刷

著　　者　王 世 慶
發 行 人　林 載 爵

出版者　聯經出版事業股份有限公司
台北市忠孝東路四段555號
台北發行所地址:台北縣汐止市大同路一段367號
電話:(02)26418661
台北忠孝門市地址:台北市忠孝東路四段561號1-2F
電話:(02)27683708
台北新生門市地址:台北市新生南路三段94號
電話:(02)23620308
台中門市地址:台中市健行路321號
台中分公司電話:(04)22312023
高雄門市地址:高雄市成功一路363號
電話:(07)2412802
郵政劃撥帳戶第0100559-3號
郵撥電話:26418662
印刷者　世和印製企業有限公司

行政院新聞局出版事業登記證局版臺業字第0130號

本書如有缺頁，破損，倒裝請寄回發行所更換。　ISBN 957-08-1225-7 (精裝)
聯經網址 http://www.linkingbooks.com.tw
信箱 e-mail:linking@udngroup.com

國家圖書館出版品預行編目資料

清代臺灣社會經濟／王世慶著．
--初版．--臺北市：聯經，1994年
588面；14.8×21公分．(臺灣研究叢刊)
ISBN 957-08-1225-7（精裝）
〔2006年4月初版第二刷〕

1.社會-臺灣-清領時期(1683-1895)
2.社會-臺灣-日據時期(1895-1945)

540.9232 83005475